카멀라 해리스 자서전

우리가 가진 진실

카멀라 해리스 자서전

우리가 가진 진실

지은이 / 카멀라 해리스
옮긴이 / 송숙자 이윤지 조가은 조지현
펴낸이 / 조유현
편 집 / 이부섭
디자인 / 박민희
펴낸곳 / 늘봄

등록번호 / 제300-1996-106호 1996년 8월 8일
주소 / 서울시 종로구 동숭4길 9 (동숭동 19-2)
전화 / 02)743-7784 Fax. / 02)743-7078 E-mail / book@nulbom.co.kr

초판발행 / 2021년 6월 25일
ISBN 978-89-6555-094-5 03340

※ 값은 표지에 있습니다.

카멀라 해리스 자서전

우리가 가진 진실

- 한 미국인의 여정

카멀라 해리스 지음

늘봄

사랑하는 남편 더그에게

항상 인내하며 사랑해주고,

뒤에서 조용히 지지해주는 당신,

고맙습니다. 무엇보다도

나는 당신의 유머 감각을 사랑합니다.

차 례

서문

매일 아침 남편 더그는 보통 나보다 먼저 일어나 침대에서 그날의 조간신문을 읽는다. 만일 신문을 읽던 남편이 한숨이나 "헉~" 하는 소리를 낸다면 나는 그날 하루가 어떨지를 충분히 예상할 수 있다.

2016년 11월 8일, 그러니까 나의 상원의원 선거운동 마지막 날은 무난하게 시작되었다. 나는 그날 최대한 많은 유권자를 만났고, 나도 집에서 가까이 있는 학교 투표소에서 투표했다. 예감이 좋았다. 당선 축하연을 위해 큼지막한 공간을 빌렸고, 샴페인을 터트릴 준비도 되어있었다. 하지만 파티를 즐기기 전 나는 첫 선거운동부터 시작한 우리만의 전통을 지키기 위해 가족과 가까운 친구들과 함께 저녁을 먹으러 나섰다. 친척들, 사촌들, 시댁 식구들, 그리고 많은 친구가 전국에서 심지어 해외에서까지 날아와 축하를 건네기를 고대하고 있었다.

더그 특유의 한숨 섞인 신음이 들렸을 때, 나는 창밖을 내다보며 우리가 얼마나 멀리 왔는지 회상하고 있었다.

"이것 좀 봐."

그는 내게 휴대폰을 건네며 말했다. 대선 개표가 시작되었는데, 무슨 일이 일어나고 있는 것이 분명했다. 매우 안 좋은 일이…. 우리가 식당에 도착했을 때 두 후보 간의 격차가 매우 줄어들어 있었다. 나도 더그처럼 신음이 흘러나왔다. 「뉴욕 타임스」의 예측 결과는 그날 아주 길고 어두운 저녁이 이어질 것임을 암시하고 있었다.

우리는 식당 한쪽에 마련된 작은 방에 자리를 잡았다. 예상대로 감정과 아드레날린이 고조되고 있었지만, 우리가 기대했던 이유 때문은 아니었다. 한편 캘리포니아에서는 아직 선거가 마감되지 않았지만 내가 당선될 것이라고 낙관했다. 그러나 우리는 그토록 고대하던 축하연을 준비하면서도 내내 충격적인 숫자와 결과를 보여주는 화면에 고정되어있었다.

그때 아홉 살배기 알렉산더가 눈물을 글썽이며 내게 다가왔다. 나는 모임에 참석한 다른 아이가 놀려댔다고 생각하며 물었다.

"이리 오렴, 우리 귀염둥이. 무슨 일 있었니?"

알렉산더는 고개를 들어 나를 쳐다보았다. 목소리가 떨리고 있었다.

"카멀라 이모, 저 남자가 이기면 안 돼. 저 사람이 대통령이 되진 않겠지, 그치?"

알렉산더의 걱정은 내 가슴을 미어지게 했다. 나는 어떤 아이도 그런 감정을 느끼지 않기를 바라왔다. 우리는 8년 전 버락 오바마(Barack Obama)가 대통령에 당선되었을 때 기쁨의 눈물을 흘렸었다. 그러나 이제는 알렉산더가 두려워하는 모습을 보게 된 것이다.

나는 알렉산더의 아버지 레지와 함께 아이를 위로하기 위해 밖으로 데리고 나갔다.

"알렉산더, 슈퍼 히어로들이 가끔 악당의 공격을 받아 엄청 큰 위기에 빠지는 거 알지? 그럴 때 히어로들은 어떻게 하지?"

"맞서 싸워요."

알렉산더가 훌쩍였다.

"그렇지, 엄청 큰 용기를 갖고 말이야. 슈퍼 히어로들은 너처럼 큰 용기를 가지고 있어. 그래서 그들은 항상 악당에게 맞서 싸우는 거야. 그러니 걱정 마! 우리도 슈퍼 히어로들처럼 맞서 싸울 생각이란다."

얼마 지나지 않아 나의 선거운동본부로 AP통신의 인터뷰 요청이 왔다. 아직 식당에 있을 때였다.[1)]

"여러분이 저와 모든 과정, 모든 시간, 모든 순간에 함께해준 것이 얼마나 고마운지 말로 표현할 수 없어요."

나는 항상 사랑으로 응원하는 가족과 친구들에게 말했다.

"저에게 너무나 큰 의미랍니다."

나는 그곳에 함께 있었던 사람들, 이별할 수밖에 없었던 사람들, 특히 사랑하는 어머니에 대한 고마움에 벅차올랐다. 벅찬 감동에 나는 잠시 눈을 감았다. 그러나 곧, 나도 다른 사람들처럼 텔레비전으로 눈을 돌렸다.

저녁 식사를 마친 뒤 우리는 천여 명 이상이 모인 당선 축하연장으로 향했다. 나는 이제 후보자가 아닌 미국 상원의원 당선자였다.

영광스럽게도 캘리포니아주에서는 처음이었고, 미국 역사상 두 번째 흑인 여성 상원의원이었다. 나는 각기 다른 계층 출신으로 구성된, 미국의 1/8 정도에 해당하는 3,900만 명을 대표하게 되었다. 지금도 마찬가지지만 그것은 엄청난 영광이자 나를 겸허하게 만드는 위치였다.

내가 무대 뒤 대기실로 들어서자 우리 팀은 박수와 환호를 보냈다. 사실 그때까지도 얼떨떨했다. 우리 중 누구도 무슨 일이 일어나고 있는지 완벽하게 이해하지 못하고 있었다. 나는 나를 둘러싼 한 명 한 명에게 고마움을 전했다. 우리는 한 가족이었고, 믿을 수 없는 여정을 함께했다. 그들 중 몇몇은 내가 처음으로 지방검사장 선거에 나섰을 때부터 나와 함께해왔다. 그러나 이제, 선거운동을 처음 시작한 지 거의 2년이 지난 지금, 우리는 새로운 산을 넘어야 했다.

나는 힐러리 클린턴(Hillary Clinton)이 첫 여성 대통령으로 당선될 것이란 전제로 당선 소감을 준비했었다. 하지만 지지자들을 만나기 위해 무대에 오를 때 그 연설문을 대기실에 놓아두어야 했다. 나는 무대에서 연회장을 둘러보았다. 발코니 끝까지 사람으로 가득했고, 그들 중 대부분은 대선 결과를 지켜보며 충격에 휩싸여있었다.

나는 청중들에게 앞으로 우리가 짊어질 의무가 있다고 말했다. 또한, 이 의무에는 걸려있는 것들이 많다고 강조했다. 미국을 하나로 통합하고, 미국의 근본적인 가치와 이상을 지키기 위해 헌신해야 할 것이라고 말했다. 나는 알렉산더를 포함한 모든 어린이를 생각하며 이 질문을 던졌다.

"후퇴할 것입니까, 싸울 것입니까? 우리는 싸워야 합니다. 저는 이 싸움에 앞장서겠습니다."

축하연이 끝나고 그날 밤을 함께 보내기로 한 친척들과 함께 우리 집으로 갔다. 우리는 잠옷으로 갈아입고 모두 거실에 모였다. 몇몇은 소파에 앉았고, 몇몇은 바닥에 앉았다. 모두 그 상태로 텔레비전을 보고 있었다.

아무도 무슨 말을 해야 할지, 어떻게 해야 할지 모르는 상태였다. 모두 이 상황을 각자의 방법으로 견디고 있었다. 나는 남편 더그 옆에 앉아서 커다란 도리토스 과자를 봉지째 먹었다. 혼자서, 부스러기조차 남기지 않고….

나의 선거운동이 막 끝났지만, 곧 또 다른 운동이 시작되리라는 것은 명백했다. 모두의 참여를 요구하는 운동이었다. 이번 운동은 미국적인 정신을 회복하기 위한 투쟁이 될 것이었다.

그 후 몇 년 동안 우리는, 트럼프 정부가 국내에서는 백인우월주의자들과 연대하고, 해외에서는 독재자들에게 아첨하는 꼴을 봐왔다. 정부는 어머니의 품에서 아기를 빼앗는 인권침해를 자행했고, 중산층을 무시하면서 기업과 부자들에게 감세를 퍼부었다. 기후변화에 대한 대응을 무산시켰고, 건강보험을 무력화시키고, 여성의 신체 통제권을 박탈했다. 자유롭고 독립적인 언론을 포함해 눈에 보이는 모든 사람과 모든 것들을 공격했다.

이것은 우리의 최선이 아니다. 미국인들은 우리가 이보다 더 낫다는 것을 알고 있다. 하지만 이제는 그것을 증명해야 하는 시간이 왔다. 나의 영웅 서굿 마셜(Thurgood Marshall)이 1992년 7월 4일에 한 연설은 지금과 같은 시국에 깊은 울림을 준다. 그는 다음처럼 말했다.

> 우리는 타조처럼 문제를 외면할 수 없습니다. 민주주의는 공포 속에서 번영할 수 없습니다. 자유는 증오 속에서 피어날 수 없습니다. 정의는 분노 속에 뿌리내릴 수 없습니다. 미국은 이제 무관심에 반대해야 합니다. 냉소에 반대해야 합니다. 우리는 공포, 증오, 불신에 반대해야 합니다.[2)]

이 책은 이러한 소명과 우리의 투쟁이 진실을 말하는 것에서부터 시작하고 끝나야 한다는 나의 신념에서부터 시작된다.

나는 이 시기에 상호 신뢰보다 중요하고 가치 있는 해결책은 없다고 믿는다. 신뢰를 주고 신뢰를 받는 것, 그리고 신뢰 관계에서 무엇보다 중요한 것은 우리가 진실을 말하는 것이다. 우리가 말하고 주장하는 것은 의미를 갖는다. 우리가 우리의 말에 부여하는 가치가 바로 남들에게도 가치가 된다.

가장 난해한 문제들을 진솔하게 밝히고, 모두가 꺼리는 대화를 감행하고, 사실을 명백하게 밝히지 않고서는 그 문제들을 해결할 수 없다.

우리는 인종차별주의, 성차별주의, 동성애 혐오, 트랜스젠더 혐오, 그리고 반유대주의가 이 나라에 실재한다는 그 진실을 말해야 한다. 우리는 미국 원주민을 제외한 (부유한 미래를 꿈꾸며 자발적으로 왔든, 노예선에 강제로 실려 왔든, 끔찍한 과거를 피해서 왔든) 모두가 이민자의 자손이라는 그 진실을 말해야 한다.

우리가 먼저 진실을 말하지 않는 한 미국 노동자들에게 존엄과 자유를 주는 경제를 만들 수 없다. 그동안 사람들에게 더 많은 일을 더 적은 돈을 받고, 더 오래, 덜 안정적으로 노동할 것을 강요했다는 사실 말이다. 지난 40년간 의료비, 등록금, 주거비가 모두 급등했지만, 임금은 오르지 않았다. 중산층은 적금할 여유도 없이 입에 풀칠만 하며 살아가고 있다.

우리는 폭발 직전인 미국의 재소자 수에 대해서도 진실을 말해야 한다. 미국은 정당한 사유 없이 지구상의 어떤 나라보다도 더 많은 사람을 감옥에 가두고 있다. 우리는 경찰의 폭력, 인종적 편견, 무장하지 않은 흑인 남성들이 살해당하는 현실에 대해 말해야 한다. 우리는 지역사회에 중독성 있는 인조마약(opioid)을 뿌려댄 제약회사에 대해, 미국인들의 돈을 빨아먹고 파산하게 만드는 페이데이 대부업체와 영리 대학에 대해 진실을 말해야 한다. 우리는 규제 완화, 투기, 그리고 기후변화 부정을 신념으로 삼는 탐욕스럽고 약탈적인 기업에 대해 진실을 말해야 한다. 나는 그러고자 한다.

이 책은 정책 강령이나, 50개 조 계획안이 아니다. 내 삶과 내가 만나온 사람들의 삶에서 수집한 아이디어, 가치관, 그리고 그것들과 관련된 이야기들이다.

시작하긴 전에 마지막으로 두 가지만 언급하고자 한다.

첫째, 내 이름은 “카멀라”라 발음한다. 콤마(comma)와 발음이 비슷하다. 카멀라는 인도 문화에서 중요한 의미를 지닌 ‘연꽃’을 뜻하는 이름이다. 연꽃은 수중에서 자라는데, 강바닥에 단단히 뿌리내린 채 꽃을 수면 위에서 피운다.

둘째, 이 책의 이야기들이 내게 매우 사적이란 사실을 알아주었으면 한다. 내 가족, 나의 어린 시절, 그리고 내가 쌓아온 삶에 관한 이야기이기 때문이다. 이 책을 통해 여러분은 나의 가족과 친구와 동료, 그리고 팀을 만나게 될 것이다. 내가 그들을 소중히 여기는 것처럼 여러분도 그들을 기꺼이 여겨주길 바란다. 또한, 이 책의 이야기들을 통해 그들 없이는 그 어떠한 것도 혼자 이루지 못했을 것이라는 나의 진심이 전달되었으면 좋겠다.

— 카멀라 D. 해리스

1장 국민을 위해 : 유모차에서 백악관까지

나는 지금도 캘리포니아주 오클랜드에 있는 알라메다 카운티 고등법원으로 처음 출근할 때가 기억난다. 1988년 로스쿨 마지막 여름 방학 때였는데, 다른 9명의 학생과 함께 지방검찰청 하계 인턴십에 참석하던 차였다. 검사가 되어 사법개혁에 앞장서고, 취약자들을 보호하고 싶다는 생각에서였다. 하지만 그때만 해도 현장 가까이에서 일을 해본 적이 없었기에 진로 결정을 유보하고 있었다.

메리트호숫가에 위치한 법원 건물을 태양이 밝게 비추고 있었는데, 주변 건물들보다 더 높고 더 위엄이 있었다. 어떤 각도에서 보면

화강암 기둥과 콘크리트 탑이 금빛 지붕과 만나는 높이까지 솟아있어 마치 이국의 수도에서 볼 수 있는 건축물처럼 경외감을 불러일으켰다. 그런데 다른 각도에서 보면 아르데코 스타일의 엄청나게 거대한 웨딩케이크 모양이었다.

알라메다 카운티 고등법원은 그 자체가 전설이라 할 수 있을 정도로 특별한 곳이었다. 당시 법원장이었던 얼 워런(Earl Warren)은 후에 캘리포니아주 법무부 장관이 되었고, 그 후 영향력이 막강한 연방대법원장이 되었으니 말이다. 그날 캘리포니아주의 초기 역사를 모자이크로 제작한 멋진 로비를 지나가면서 마음속으로 그분을 생각했다. "인종차별이란 본질적으로 불평등한 것"이란 워런의 주장이 이곳 캘리포니아주 버클리까지 오는 데 15년이란 세월이 흘렀다. 내가 다녔던 초등학교는 캘리포니아주에서 두 번째로 강제 버스통학을 통해 인종차별 폐지를 시도했었는데, 나는 이 문장이 나를 위해 때맞춰 와준 것이 고마웠다.

나는 오리엔테이션 장소에 제일 먼저 도착했다. 몇 분 후에 나와 함께 인턴으로 일하게 될 동료들도 속속 도착했다. 그중에 여자는 에이미 레스너(Amy Resner)뿐이었다. 오리엔테이션이 끝나자마자 나는 그녀와 전화번호를 교환했다. 남성이 대부분인 환경에서 여성 동료가 있어서 기분이 좋았다. 그녀와는 지금까지도 가장 가까운 친구로 지내고 있고, 그녀 아이들의 대모(代母)가 되기도 했다.

여름 내내 인턴이었던 우리에게는 당연히 힘이나 영향력이 별로 없었다. 불러주는 곳에서 지시받은 업무만 하면 되었는데, 그런 와중에 스스로 중요한 것은 배우고 또 관찰하는 것이 우리의 능력이었다.

예컨대 형사사법제도가 내부에서 어떻게 기능하고 있는지, 언제 그 정당성을 부여하는지, 또 언제 부여되지 않는지를 관찰할 기회였다. 음주(약물)운전에서 살인까지 형사 사건을 맡은 검사들과 일을 하도록 배정을 받아 사건의 부분 부분을 하나로 취합할 기회도 얻었다.

한 번은 나의 사수였던 검사가 마약 범행 장소를 급습했던 때가 있었다. 나로선 결코 잊을 수 없는 사건이었다. 경찰은 현장에서 마약으로 폐인이 된 많은 사람을 체포했다. 그들 중에는 단지 구경만 했을 뿐 혐의가 없던 한 사람이 있었다. 그녀는 어쩌다 그곳에 있었을 뿐이다. 나는 그녀를 본 적이 없다. 그녀가 누구인지, 어떻게 생겼는지 알지 못했다. 나와 그녀는 아무런 연관도 없었다. 다만 수사기록을 검토하고 있었을 뿐이다. 하지만 그녀에게는 나의 눈길을 끌 만한 무엇인가가 있었다.

그날은 금요일 늦은 오후였고, 사람들 대부분이 주말을 앞두고 퇴근을 서두르고 있는 상태였다. 그러니 십중팔구 그녀는 월요일까지 판사를 만날 수 없고, 주말 동안 구금된 상태로 지내야만 할 처지였다.

이 여자는 주말에 하는 일이 없을까? 일을 해야 한다면 회사에 자신의 현재 사정을 알려줘야 하지 않을까? 잘못하면 해고당할 수도 있을 텐데? 하는 의문이 들었다.

그보다 더 중요한 것은 그 여성에게는 어린 자녀들이 있다는 점이었다. 아이들은 엄마가 유치장에 있다는 것을 알까? 수감되어있다는 것을 안다면 아이들은 엄마가 나쁜 일을 했다고 생각할 것이다. 게다가 당장 그 아이들을 누가 돌봐줄까? 그럴 사람은 있을까? 어쩌면 아동보호국에서 관여할지도 모른다. 맙소사, 그렇게 되면 이 여성은 양육권을 상실할 수도 있다.

그렇게 그 여성은 자신의 가정과 생계, 자신이 속한 공동체에서의 위상, 존엄성, 자유 등 모든 것이 위태로운 상황이었다. 더구나 아무런 잘못도 하지 않았는데 말이다.

나는 곧바로 법원 서기에게 달려가서 당장 그녀의 사건을 먼저 처리해달라고 요청했다. 통사정을 한 것이다. 판사가 단 5분 만이라도 판사석으로 돌아올 수 있다면 그 여성이 집으로 돌아갈 수 있을 것이라는 생각에서였다. 그때 내 마음속에는 오직 그녀와 아이들 생각뿐이었다. 마감 시간을 몇 분 앞두고 판사가 돌아왔다. 나는 판사가 사건 검토하는 것을 지켜보고 들으면서 판결을 내리기만을 기다리고 있었다. 드디어 판사가 의사봉을 두드렸고, 그렇게 그 여인이 석방되었다. 그녀는 저녁 시간에 맞추어 집으로 돌아갔다. 그녀를 다시 볼 기회는 없었지만, 결코 잊지 못할 것이다.

이 사건은 내 인생에서 결정적인 순간이었다. 형사사법제도의 한계 상황에서 그와 같은 관여가 얼마나 고귀하고 인간적인가를 명징하게 보여준 사건이었다. 비록 한정된 권한밖에 없는 인턴에 불과했지만, 관심만 기울인다면 정의를 실천할 수 있다는 것을 깨달았다. 그리고 검사로 일하면서 온정적인 사람을 만난다는 것이 얼마나 소중한가를 증명해주는 순간이었다. 내가 지방검찰청 검사장에 선출되기 수년 전에 경험했던 이 사건은 내가 가장 중요하게 생각하는 승리 중 하나였다. 나는 그 여성이 집으로 돌아가고 있다는 것을 알았다.

이 일을 통해 나는 내가 원하는 일이 무엇인지, 내가 봉사하고자 하는 대상이 누구인지를 알게 되었다.

법원은 내가 성장한 곳과 그리 멀지 않은 곳에 있었다. 나는 1964년 캘리포니아주 오클랜드에서 태어났다. 어린 시절에는 오클랜드와 버클리의 경계 지역에서 살았다.

아버지 도널드 해리스(Donald Harris)는 1938년 자메이카에서 태어났다. 아버지는 총명한 학생이었고, 버클리 캘리포니아대학에 입학 허가를 받은 뒤 미국으로 이주했다. 대학에서 경제학을 전공한 아버지는 스탠퍼드대학교에서 경제학을 가르쳤고, 지금은 명예교수로 재직 중이다.

어머니의 삶은 동쪽으로 수천km나 떨어진 인도 남쪽에서 시작되었다. 어머니 샤말라 고팔란(Shyamala Gopalan)은 1남 3녀 중 맏딸로 태어났다. 아버지처럼 어머니도 재능있는 학생이었고, 외조부모는 과학에 열정을 보였던 딸에게 격려와 지원을 아끼지 않았다.

어머니는 19세에 델리대학을 졸업했지만, 거기서 멈추지 않았다. 전혀 와본 적 없는 나라, 그것도 생소했던 버클리대학교 대학원에 지원했다. 부모로서 딸을 그렇게 보낸다는 것이 얼마나 어려운 것인지 나로서는 상상조차 안 된다. 비행기를 타고 세계를 여행하는 것이 겨우 시작되던 때였다. 서로 연락하며 지내는 것조차 그리 간단한 문제가 아니었다. 그런데도 어머니가 캘리포니아로 가겠다며 허락을 구했을 때 외조부모님들은 반대하지 않았다. 고향을 떠나 영양학과 내분비학 박사를 따기 위한 여정을 시작했던 1958년, 그때 어머니는 10대였다. 후에 어머니는 유방암 연구로 진로를 바꾸었다.

어머니는 학위 과정을 마치면 인도로 돌아갈 생각이었다. 조부모님들은 중매결혼을 했는데, 외할머니가 그랬던 것처럼 어머니도 그 길을 따라갈 참이었다. 하지만 운명은 다른 계획으로 이끌었다. 버클리 재학 시절, 민권운동에 참여하는 동안 아버지를 만나면서 사랑에 빠져버린 것이다. 그와 결혼해 미국에 남겠다는 결행은 자기 결정과 사랑을 택한 어머니의 최종적인 선택이었다.

부모님은 딸만 둘 두었다. 어머니가 25세에 박사학위를 받았던 그해에 나도 세상에 태어났다. 사랑하는 동생 마야는 2년 후 세상에 나왔다. 어머니는 집안 내력에 따라 출산하는 순간까지 일을 계속했는데, 한 번은 실험실에서 양수가 터졌고, 두 번째는 사과 튀김을 만드는 동안 똑같은 일이 일어났다고. (들은 바로는 어머니가 산부인과에 가기 전에 모든 일을 다 끝내놓겠다고 고집을 부렸다.)

나의 어린 시절은 근심 없는 행복한 나날이었다. 야외활동이 너무 좋았고, 어렸을 때 아버지는 내가 자유롭게 뛰어놀길 원했던 기억이 난다. 그래서 어머니에게 "샤말라, 그냥 뛰게 내버려 둬"라고 말하곤 했다. 그리고는 내게 고개를 돌려 "뛰어, 카멀라. 최대한 빨리 뛰라고!" 나는 얼굴에 부딪히는 바람을 느끼면서 무슨 일이든 할 수 있다는 생각이 들었다. (그러니 어머니가 벗겨진 내 무릎 위에 밴드를 붙여주던 기억도 많다는 것은 그리 놀랄 일은 아니다.)

우리 집에는 음악이 넘쳤다. 어머니는 어리사 프랭클린(Aretha Franklin)의 초기 작품부터 에드윈 호킨스 싱어스(Edwin Hawkins Singers)의 가스펠송까지 즐겨 불렀다. 인도에서 노래로 상을 받기도 했다는 어머니의 음성을 듣는 것이 좋았다. 아버지도 어머니 못지않게 음악을 좋아했다. 재즈를 즐기셨는데, 앨범이 너무 많아 한 쪽 벽에 설치한 선반을 가득 채울 정도였다. 나는 셀로니어스 멍크(Thelonious Monk), 존 콜트레인(John Coltrane), 마일스 데이비스(Miles Davis)의 음악을 들으면서 잠이 들곤 했다.

하지만 부모님 사이의 조화는 오래가지 않았다. 갈수록 상황이 더 꼬였다. 두 분은 서로에게 다정하지 않았다. 나는 두 분이 서로 사랑했다고 생각했지만, 기름과 물 같은 관계가 되어버린 것이다. 내가 다섯 살이었을 때 두 분은 성격 차이로 파경에 이르렀다. 얼마 후 아버지가 위스콘신대학으로 부임하면서 별거하게 되었고, 두 분이 이혼한 것은 그 후 몇 년이 지나서였다. 그 과정에서 다툼은 금전 문제가 아니라 책 소유권이 누구에게 있는가였다.

나는 종종 두 분이 좀 더 나이가 들고, 정서적으로 더 성숙했다면, 어쩌면 결혼생활이 유지되었을지도 모른다는 생각을 하곤 한다. 그런데 당시 부모님은 너무 젊었다. 게다가 어머니에게는 아버지가 첫 번째 남자였다.

그러니 두 분 모두 어려웠을 것이다. 어머니에게 이혼은 전혀 생각해보지 못했던 실패였을지도 모른다. 어머니에게 결혼은 사랑 못지않은 저항이었다. 그 때문에 외조부모에게 결혼을 알리는 것조차 힘들었을 것이다. 그러니 이혼 사실을 알리는 것은 더더욱 힘겨운 일이었을 것이다. 외조부모님들께서 딸에게 "그러게 내가 뭐라고 했니"라고 말씀하셨을 것 같지는 않지만, 그랬다손 치더라도 그 말들이 어머니 마음속에 별다른 반향을 일으키지는 못했을 것이다.

마야는 부모님이 별거하는 동안 아직 걸음마 중인 아기였기에 무슨 일이 일어나고 있는지 알 수가 없었다. 그래서 아무런 어려움도 느끼지 못했을 것이다. 나는 종종 마야가 경험해보지 못한 것들이 있다는 사실 때문에 미안할 때가 있다. 나는 두 분이 행복하던 시절을 알고 있지만, 마야는 전혀 그런 경험이 없기 때문이다.

그래도 아버지는 여전히 우리 삶의 한 부분을 점유하고 있었다. 우리는 주말에 아버지를 만났고, 여름이면 팔로 알토에서 아버지와 함께 시간을 보내곤 했다. 하지만 우리를 양육한 것은 어머니였다. 우리가 여성으로 성장하는 과정에서 모든 책임은 온전히 어머니 몫이었다.

어머니는 대단한 분이었다. 152cm를 겨우 넘길 정도로 단신이었지만, 내 눈에는 185cm처럼 크게 보였다. 머리가 좋았고, 강단이 있었으며, 격정적인가 하면 보호 본능도 강했다. 그리고 너그럽고 성실하면서도 유머가 있었다. 어머니에게는 오직 두 가지 목표, 즉 두 딸을 키우는 것과 유방암을 종식하는 것밖에 없었다. 그래서 우리를 키울 때 강하게 밀어붙였고, 기대도 높았다. 그 과정 내내 마야와 나를 특별하게 만들었다. 마치 우리가 원하는 것이라면 어떤 일이라도 해낼 수 있을 것이라는 식으로 말이다.

어머니는 정치 활동과 시민을 위한 지도력이 자연스러운 가정에서 성장했다. 외할머니 라잠 고팔란(Rajam Gopalan)은 고등학교에 다닌 적도 없지만 노련한 공동체 조직책이었다. 남편에게 학대를 당하는 여성들을 받아들였고, 그 남편들을 소환해 상황을 더 좋게 만들거나, 직접 찾아온 여성들을 돌보았다. 또 마을 여성들을 한곳에 모아 피임을 위한 교육도 했다. 외할아버지 P. V. 고팔란은 인도 독립을 위해 투쟁했다. 인도가 독립된 후에는 외교관으로 잠비아에 파견되어 외할머니와 함께 피난민들의 정착을 돕는 일을 했다. 외할아버지는 농담처럼 외할머니의 활동적인 성향 때문에 당신이 언젠가 어려움에 부닥쳤었다는 이야기를 하곤 했다. 하지만 외할아버지는 외할머니의 그런 활동을 멈추게 할 수 없다는 것을 알고 있었다. 어머니도 그런 외조부모님들로부터 삶의 목적과 의미란 다른 사람들을 위해 봉사하는 것이라는 것을 배웠다. 그리고 마야와 나 또한 어머니로부터 똑같이 그렇게 배웠다.

어머니는 외할머니에게 강인함과 용기를 물려받았다. 외할머니의 이런 성향이 외할아버지와의 사이에 방해가 된 것도 아니었다. 어머니는 외조부모님께 물려받은 예리한 정치의식을 발전시켰다. 어머니는 역사의식을 지녔으며, 투쟁에 대한 인식도 가지고 있었다. 또한, 불공정에 대한 사고도 가지고 있었다. 태어나면서부터 영혼 속에 정의감이 각인되었던 것이다.

부모님들은 종종 나를 유모차에 태우고 민권운동 행진에 참여하곤 했다. 지금도 무리 지어 움직이는 다리들, 에너지 넘치는 구호와 노랫소리가 물결처럼 가득했던 어린 시절 그 현장의 기억이 떠오른다. 가족 간에 토론할 때에도 핵심 주제는 사회 정의였다. 어머니는 그 시절 내가 유모차에서 칭얼거렸던 이야기를 하면서 웃곤 했다. 그런 나를 달래려고 어머니가 나에게 "뭐를 원하니?"라고 물었는데, 내가 큰소리로 "자유!"라고 대답했다는 것이다.

어머니는 친한 친구들에게 둘러싸여 지냈는데, 그들은 친자매들 같았다. 버클리 시절 친구였으며, 내가 "메리 이모"라고 부르는 분도 그들 중 한 분으로 나의 대모이다. 그분들은 1960년대 초 논의되고 형성된 민권운동을 통해 만났다. 이 운동은 오클랜드 거리에서 버클리 캠퍼스의 스프로울플라자(Sproul Plaza)까지 이어졌다. 흑인 학생들이 불의에 저항하는 목소리를 내자 열정적이고, 명민한 지성을 가진 젊은 남녀가 그룹을 형성하기 시작했고, 어머니와 메리 이모도 그 그룹에 속해있었다.

그들은 평화로운 시위에 참여했고, 경찰이 시위대를 물대포로 공격했던 일도 있었다고 했다. 베트남 전쟁에 반대하고, 시민권과 투표권을 요구하는 행진에도 참여했다. 그 외에도 버클리에서 마틴 루터 킹 주니어의 연설도 함께 들었다. 어머니는 마틴 루터 킹 주니어도 만났다고 했다. 한 번은 반전 시위 행진을 하던 중 오토바이 폭주족과 대치하는 일도 있었다고 했다. 그 외에도 어떤 시위 현장에서는 시위에 반대하는 폭력 사태가 일어나는 바람에 유모차에 타고 있던 나의 안전을 위해 무작정 달릴 수밖에 없었던 일도 있다고 했다.

하지만 나의 양친과 친구들은 단순한 시위대 이상이었다. 그들은 목적한 이념을 추진하기 위해 공동체를 조직한 사상가들이었다. 메리 이모와 프레디 삼촌(메리 이모의 남동생), 나의 부모님, 그리고 12명이 더 모여 학교에서 금서로 지정했던 흑인 작가들의 글을 읽는 독서 클럽을 조직했다. 일요일이면 하몬 거리에 있는 메리 이모와 프레디 삼촌 집에 모였고, 그곳에서 랄프 엘리슨(Ralph Ellison)을 탐독하고, 카터 G. 우드슨(Carter G. Woodson)에 대해 논의를 벌이는가 하면, 두 보이스(W. E. B. Du Bois)에 대한 토론을 벌이기도 했다.[1] 그리고 인종차별, 아프리카 독립, 개발도상국에서의 해방운동과 미 대륙에서의 인종차별 역사에 관한 이야기도 했다. 그냥 토론으로 그치는 것은 아니었다. 투쟁해야 한다는 절박함이 있었다. 그래서 르로이 존즈(LeRoi Jones)와 패니 루 해머(Fannie Lou Hamer) 등 민권운동가들과 지식인 지도자들을 조직에 받아들였다.

버클리를 졸업한 메리 이모는 샌프란시스코주립대학교(SFSU)에서 교편을 잡았는데, 그곳에서도 흑인과 관련된 일을 널리 알리고 고양하는 일을 계속했다.[2] SFSU에는 학생들이 운영하는 실험적인 칼리지가 있었는데, 1966년 내가 오브리 삼촌으로 알고 있던 어머니의 또 다른 소중한 친구가 이 대학 최초의 흑인학과에서 가르쳤다. 그 캠퍼스는 고등교육의 의미와 실체를 재정의하는 실험적인 장소가 되었다.

그들은 어머니의 사람들이었다. 가족이 없는 나라에서 그들이 가족이 되어준 셈이다. 또한, 그들에게는 어머니가 가족이었다. 인도를 떠나 미국에 도착한 거의 바로 그 순간부터 어머니는 흑인 공동체를 선택했고, 그곳에서 환영받았으며, 또 그 사람들과 함께 지냈다. 어머니의 새로운 미국 생활의 바탕이었던 셈이다.

메리 이모와 레노어 이모는 어머니가 신뢰하는 분들이었다. 나 또한 어머니의 멘토 중 한 분으로 어머니를 두 날개로 품어준 하워드라는 빼어난 내분비 학자와의 추억을 소중하게 간직하고 있다. 소녀 시절 그분은 일본 여행에서 가져온 진주 목걸이를 나에게 선물해 주었다. (그 후 진주는 내가 가장 좋아하는 보석이 되었다.)

나는 또 어머니의 남동생 발루와 두 자매 샤랄라와 친니(나는 젊은 엄마란 뜻에서 "치티"라 불렀다)와 무척 친했다. 하지만 수천km

나 떨어진 곳에 살고 있어서 거의 만나지 못했다. 지금도 여러 차례의 장거리 전화, 간헐적인 인도 여행, 앞뒤 빼곡히 글씨를 쓴 편지들과 카드를 통해 친근함과 위로, 그리고 믿음이라는 가족의 감정으로 거리감을 메운다. 그렇게 나는 처음으로 비록 매일매일은 아닐지라도 사람들과 매우 가까운 관계를 유지할 수 있다는 것을 배웠다. 어떤 형식이든 우리는 늘 다른 사람을 위해 그곳에 있었다.

나의 어머니, 외조부모, 그리고 이모들과 삼촌들은 자연스럽게 우리가 남아시아에 뿌리를 두고 있다는 것을 자랑스럽게 여기게 해주었다. 우리에게 인도식 이름을 지어준 것도 사실 그런 유산을 물려받으라는 뜻이다. 또한, 우리는 인도 문화를 강하게 인식하고, 또 인정하면서 성장했다. 어머니는 사랑이나 좌절의 감정을 모국어로 표현하곤 했는데, 그런 어머니의 순수한 감정들이 거의 모두 나와 맞닿아 있었고, 그것이 나에게 맞는 것처럼 느껴졌다.

어머니는 자신이 흑인 딸 둘을 키우고 있다는 것을 매우 잘 이해하고 있었다. 자신이 선택한 모국이 마야와 나를 흑인 소녀로 인식할 것을 알고 있었기에, 우리를 확신과 긍지가 넘치는 흑인 여성으로 성장시키기로 결심했던 것이다.

부모님이 별거한 후 1년쯤 지나서 우리는 버클리시에서 평지에 속하는 밴크로프 웨이에 있는 복층 건물 꼭대기 층으로 이사했다. 그곳 주민들은 열심히 일하고, 이런저런 비용 지출을 주저하지 않으며, 서로 가까운 관계를 유지하면서 살았다. 그곳은 자녀들에게 투자를 아끼지 않는 공동체였으며, 열심히 일하면서 세상에 옳은 일을 한다면 아이들이 자신들보다 더 나은 생활을 하게 될 것이라는, 아메리칸 드림 중 가장 기본적인 신조를 믿고 있었다. 우리는 재정적으로 넉넉한 편은 아니었지만, 내면에 간직한 가치들 때문에 다른 종류의 부를 누릴 수 있었다.

어머니는 매일 아침 나와 동생의 등교준비는 물론 당신의 출근준비로 분주했다. 아침은 보통 카네이션(Carnation) 시리얼(초콜릿, 딸기, 바닐라 중 우리가 선택한 맛)을 타주시곤 했다. 특별한 날엔 팝타르트(Pop Tarts)를 먹을 수 있었다. 어머니는 아침을 근사하게 차려줄 여유가 없었다.

나는 어머니와 작별 뽀뽀를 한 후 사우전드옥스초등학교(Thousand Oaks Elementary School)로 가는 통학버스를 탔다. 나중에 알았지만, 당시 우리 학교는 인종차별 철폐를 위한 정책(흑백인종 통합학교)을 실험하는 학교 중 하나였는데, 평지에 사는 노동 계층 흑인 어린이들이 탄 버스와 버클리 힐스(Berkeley hills)에 사는 부유한 백인 아이들이 탄 버스가 서로 다른 방향에서 도착했었다. 하지만 그때 내가 아는 것이라곤 커다란 노란색 버스가 우리를 학교에 데려다준다는 것이 전부였다.

1학년 때 사진을 찾아보면, 사진에서처럼 다양한 환경에서 성장했다는 것이 정말 다행스럽다는 생각이 든다. 임대주택에 사는 아이들이 있는가 하면 교수 자녀들도 있었는데, 그만큼 우리는 다양한 무리에 속한 셈이었다. 기억해보면 휴일엔 다양한 문화를 즐길 수 있었고, 학교에서는 10여 개의 언어까지 배울 수 있었다. 부모님들(나의 어머니 포함)이 1일 교사로 참여한 시간에는 과학이나 예술 관련 수업이 진행되었던 것도 기억난다. 1학년 담임이었던 프랜시스 윌슨 선생님은 학생들과 유대가 깊었다. 윌슨 선생님은 캘리포니아 해스팅스대학 로스쿨 졸업식 때 참석해 나의 졸업을 축하해주기도 했다.

마야와 내가 학교를 마쳤을 때 어머니는 여전히 직장에 계실 때가 많았다. 그래서 우리 집에서 두 집 아래에 있는 셸턴 댁에 가곤 했다. 셸턴 부부는 어머니가 오브리 삼촌을 통해 알게 된 사람인데, 서로 사랑과 배려로 오랫동안 인연을 유지해온 분들이었다.

루이지애나주에서 이사 온 레지나 셸턴 부인은 오브리 삼촌의 고모였다. 셸턴 부부는 처음에 자택 지하에서 어린이집을 운영했는데, 후에 우리가 사는 아파트 아래쪽으로 옮겼다. 셸턴 부부는 어린이들이 인생에서 가능한 최선의 출발을 할 수 있도록 돕고자 노력했다. 그분들이 운영하는 어린이집은 작지만 친근한 분위기였다. 벽에는 프레데릭 더글러스(Frederick Douglass), 소저너 트루스(Sojourner Truth), 해리엇 터브먼(Harriet Tubman) 등 지도자들의 포스터가 붙어 있었다. 마야와 내가 어렸을 때 처음 알게 된 조지 워싱턴은 사실 탐험가 조지 워싱턴 카버(George Washington Carver)였다. 우리는 지금도 선생님이 조지 워싱턴 대통령에 관한 이야기를 들려주었을 때 마야가 '나도 그분을 알고 있어. 땅콩 일을 한 분이지!'라며 자랑스럽게 생각했었던 기억을 떠올리며 웃곤 한다.

셸턴 부부는 방과 후 프로그램도 운영했는데, 마야와 나는 그곳에서 웃고, 떠들고, 재미있는 놀이를 하면서 오후 시간을 보내곤 했다. 우리는 그곳을 '집'이라고 불렀다. '집' 주위에는 언제나 아이들이 뛰어다니며 웃고, 놀이를 즐기곤 했다. 마야와 나는 셸턴 부부의 딸은 물론 그곳에 온 다른 어린이들과 매우 친하게 지내며 성장했다. 아이들은 모두 잭슨 파이브(Jackson Five)와 결혼할 것이라고 했는데, 마야는 마이클을 나는 티토를 남편감으로 생각했다. (사랑해요. 티토!)

셸턴 부인은 마야와 나의 제2의 어머니가 되었다. 우아하면서도 마음이 따뜻했던 셸턴 부인은 남부 지역 특유의 자비와 친절함을 갖춘 분이었다. 물론 내가 좋아했던 파운드 케이크와 얇게 썬 비스킷은 말할 것도 없다. 게다가 명석하고, 성품이 너그럽고, 사려가 깊은 분이었다.

함께 나누어 먹으려고 내가 직접 레몬바를 만들었던 때를 결코 잊을 수 없다. 어느 날 어머니의 요리책을 보고 레몬바를 만들어보았는데 제법 그럴싸했다. 뿌듯했고, 자랑하고 싶었다. 내가 만든 레몬바를 접시에 담아 셸턴 부인댁으로 가지고 갔다. 부인은 그녀의 동생과 내 어머니와 함께 식탁에 앉아서 차를 마시고 있었다. 나는 자랑스럽게 나의 창작물을 식탁에 내려놓았다. 셸턴 부인이 큼지막한 조각을 집어 들었다. 그런데 맛을 보지 않았던 나는 설탕 대신 소금을 넣었다는 사실을 알 수가 없었다.

맛을 보던 셸턴 부인은 입술에 살짝 주름이 잡혔을 뿐 우아한 남부 억양으로 "음~ 얘야! 맛있구나… 그런데 소금을 너무 많이 넣은 것 같구나… 그래도 정말 맛있어!"라고 했다. 집으로 돌아오면서 잘못했다는 생각이 들지 않았다. 오히려 내가 매우 잘했고, 단지 아주 작은 실수를 했을 뿐이라고 생각했다. 아주 짧은 순간이었지만 나에게 자연스럽게 자신감을 심어준 순간이었다. 나는 내가 무슨 일이든 할 수 있다고 믿게 되었다.

그렇게 셸턴 부인은 나에게 너무도 많은 것들을 가르쳐주었다. 그녀는 항상 상담이나 지원이 필요한 어머니들에게 손을 내밀었다. 단지 포옹이 필요한 어머니들에게도 마찬가지였다. 이런 일들을 자기 일로 여겼기 때문이었다. 셸턴 부인은 내가 기억하는 것보다 더 많은 어린이를 수양 자녀로 삼았는데, 그중에는 아예 입양한 소녀 샌디도 있다. 샌디는 나와 가장 친한 친구가 되었다. 셸턴 부인은 언제나 사람들에게서 가능성을 보았다. 무엇보다도 그분의 그런 점이 좋았다. 또 이웃의 한부모나 조손 가정의 아이들도 후에 훌륭한 인물이 될 수 있다는 기대를 가지고 그들에게도 투자했다. 그렇지만 이런 일들에 관해 떠벌리지는 않았다. 셸턴 부인은 스스로 대단한 일을 한다고 생각하지 않았다. 오히려 소년 소녀들이 자발적으로 자신의 가치를 확대하는 것에 지나지 않는다고 생각했다.

셸턴 댁에서 집에 돌아오면 어머니는 책을 읽거나 노트에 옮겨 적거나 저녁을 준비하고 있었다. 아침을 빼면 어머니는 요리하는 것을 즐겼다. 나는 주방에 앉아서 요리하는 어머니를 바라보면서 냄새를 맡고, 또 함께 먹는 것을 좋아했다. 주방과 찬장에는 절단용 중국식 칼과 온갖 양념이 가득 채워져 있었다. 나는 어떤 양념을 쓰느냐에 따라 오크라가 남부 흑인들의 전통 음식이나 인도 요리가 될 수 있다는 것이 마음에 들었다. 어머니는 오크라를 진한 수프처럼 만들기 위해 마른 새우와 소시지를 추가로 넣거나, 강황과 겨자씨와 함께 튀겨내기도 했다.

어머니는 요리도 과학자처럼 했다. 언제나 실험을 하는 편이었는데, 굴·쇠고기볶음 요리를 해주거나 감자로 유대인식 팬케이크를 만들어주는 날도 있었다. 심지어 나의 도시락도 어머니에게는 창작을 위한 실험이었다. 친구들은 도시락으로 볼로냐식 샌드위치나 땅콩버터 샌드위치를 싸 온 내게 묻곤 했다. "카멀라, 오늘은 뭐 싸 왔니?" 그러면 나는 어머니가 늘 웃는 얼굴이나 바보를 그려준 갈색 종이봉투를 열고는 "흑색 호밀빵에 크림치즈와 올리브를 올렸네!"라고 대답하곤 했다. 사실 모든 실험이 성공적이었던 것이 아니라는 점은 인정해야겠다. 적어도 내 나이 또래 친구들 입맛에는 그랬다. 하지만 어머니가 그랬듯, 무엇이든 달랐던 바로 그 점이 나를 특별하게 만들어주었다.

어머니는 요리하는 동안 종종 어리사 프랭클린 음악을 틀어놓곤 했고, 나는 거실을 무대 삼아 춤을 추고 노래를 부르기도 했다. 우리는 자주 니나 시몬(Nina Simone)의 노래를 어리사 프랭클린이 리바이벌한 「To Be Young, Gifted and Black(젊고 재능있는 흑인이 되기 위하여)」를 듣곤 했는데, 흑인의 긍지를 찬양하는 내용이었다.

우리 대화는 거의 모두 주방에서 이루어졌다. 함께 요리해서 먹는 것을 자주 하고 즐겼기 때문이었다. 어렸을 때 스칸디나비아식 바이킹요리(smorgasbord)를 함께 만들었던 기억이 있다. 쿠키 절단기로 빵의 형태를 만들고, 겨자와 마요네즈 피클을 곁들여서 예쁜 이쑤시개와 함께 접시에 담았다. 조각낸 빵 사이에 넣는 재료는 전날 밤 요리하고 남은 것들을 냉장고에 보관했다가 사용했다. 나는 여러 해가 지나서야 '남은 재료'를 사용해 바이킹요리를 만들었다는 것을 알게 되었다. 그렇게 어머니는 언제나 평범한 것을 재미있게 만드는 방법을 알고 있었다.

웃음도 많았다. 어머니는 「펀치와 주디(Punch and Judy)」라는 인형극을 무척이나 좋아했는데, 주디가 나무 밀대를 들고 펀치를 쫓곤 했다. 어머니는 주방에서 주디처럼 우리를 쫓는 연기를 하면서 엄청 많이 웃었다.

물론 웃는 날만 있었던 것은 아니다. 토요일은 '자질구레한 일을 하는 날'이었다. 동생과 나에게도 각자의 몫이 있었다. 어머니는 강인했으며, 방종을 인내하지 못하는 성격이었다. 동생이나 내가 집안의 자질구레한 일로 칭찬을 받는 경우가 드물었다. 행여 내가 칭찬을 바라기라도 하면 어머니는 "당연히 너희들이 해야 할 일인데 내가 왜 손뼉을 쳐줘야 하지?" 하며 주의를 환기하곤 했다. 언젠가 당시 겪었던 극적인 사건을 이야기하면서 공감을 구하려 할 때도 어머니는 별다른 반응을 보이지 않았다. 오히려 "그래, 너는 거기서 무엇을 했지?"라고 되물었다. 돌이켜보면 어머니에게 힘이 있고, 권위가 있다는 것을 가르치고자 했는지도 모른다. 그럴 수도 있겠다. 그렇더라도 어머니의 그런 반응은 지금도 너무 심했다는 생각이 든다.

하지만 그런 어머니의 강인함은 언제나 변치 않는 사랑과 성실함과 지지를 동반하는 것이었다. 마야나 내게 나쁜 일이 있었거나, 날씨가 너무 오랫동안 흐려서 우울한 기분에 젖는다면, 어머니는 케이크나 선물을 챙겨주면서 '생일 아닌(unbirthday) 생일파티'라며 선심 쓰기를 좋아했다. 어떤 때는 우리가 좋아하는 것들을, 초콜릿칩 팬케이크나 '스페셜 K(카멀라의 K를 써서)'라며 곡물로 만든 쿠키를 만들어주기도 했다. 또 가끔 재봉틀을 꺼내 우리와 인형 옷을 만들어주었다. 심지어 승용차를 사면서 색깔을 우리에게 고르라고도

했다. 우리가 좋아하는 노란색을 골랐는데, 그 후 그런 일을 시키지 않은 것으로 볼 때 우리에게 색깔 선택을 맡겼던 것을 후회했던 것 같기도 하다. (덕분에 주차장에서 우리 차를 쉽게 찾을 수 있었다.)

일주일에 세 번 존스 부인 집에도 찾아가곤 했다. 부인은 피아노 연주자였는데, 당시만 해도 이 분야에서 흑인 여성에게는 선택의 여지가 많지 않았다. 그래서 그녀는 피아노 선생님이 되었다. 부인은 엄격하고 진지한 편이었다. 내가 교습 시간이 얼마나 남았나를 알기 위해 시계를 볼 때마다 자로 내 손가락을 톡톡 두드리곤 했다. 어떤 밤에는 메리 이모 집에 가서 셔먼 삼촌과 체스를 두기도 했다. 삼촌은 실력이 매우 좋았고, 또 넌지시 게임에 관해 이야기해주는 것을 좋아했다. 전략적이어야 하고, 계획이 있어야 하며, 미리 다양한 각도에서 상황을 고려해서 상대방의 행동을 예견하는가 하면, 그런 행동에 허를 찌르는 그런 아이디어가 있어야 한다는 말이었다. 종종 삼촌은 슬쩍 내가 이기게 해주었다.

일요일에는 다른 아이들과 함께 셸턴 부인의 스테이션 왜건 뒷좌석에 올라타 23번가에 있는 교회에 가곤 했다. 내가 어린 시절 배운 성경을 기억해보면 "자신을 대변할 수 없는 사람들을 위해 소리 높여 말하라", "가난하고 필요한 사람들의 권리를 옹호해줘라" 하고 요구하는 사랑의 하나님이었다. '믿음'이라는 단어가 동사도 된다는 것을 알게 된 것도 그곳이었다. 나는 신앙대로 살면서 그것을 행동으로 보여주어야 한다고 믿는다.

마야와 나는 어린이 성가대였는데, 내가 좋아하는 곡은 「우물가의 여인처럼(Fill My Cup, Lord)」이었다. 어느 어머니날 우리가 어머니들에게 바치는 시를 낭독했던 기억이 난다. 우리는 각자 '어머니(mother)'라는 단어 중 알파벳 하나를 골라서 그 형태로 자세를 만들었다. T자를 맡았던 나는 두 팔을 양쪽으로 활짝 뻗고 서 있는 자세를 했다. 'T는 어머니가 나를 배려하고, 또 모든 면에서 사랑해주는 시간(time)을 의미했다.'

일주일 중 내가 가장 좋아하는 날은 목요일 밤이었다. 목요일에 그로브가의 더비 모퉁이에 있던 조그만 베이지색 건물에 오면 우리를 찾을 수 있었다. 한때 시체 안치소로 쓰였던 이 건물은 활기가 넘쳤다. 그 안에는 레인보우 사인(Rainbow Sign)이라는 흑인 문화센터가 있었다.

레인보우 사인에는 공연과 영화 상영을 위한 공간, 갤러리, 춤 연습실 등이 있었다. 큰 주방이 딸린 식당도 있었는데 그곳에는 언제나 찜닭, 미트볼, 맛탕, 옥수수빵, 복숭아 주스 등 누군가 해놓은 맛있는 요리들이 있었다. 낮에는 무용, 외국어, 연극, 미술 수업이 있었다. 밤에는 걸출한 흑인 사상가들과 당대의 미국 문화와 비평적 사고의 선두에 있는 남녀 학자들, 무용수들, 그리고 정치인들이 참여하는 강의, 영상 상영, 공연 등이 있었다.

레인보우 사인은 1971년 9월, 뛰어난 상상력의 소유자인 콘서트 기획자 메리 앤 폴라(Mary Ann Pollar)가 구상해 흑인 여성 10명과 함께 발족한 곳이다. 센터의 이름 레인보우 사인은 어리사 프랭클린이 부른 흑인 영가 「Mary Don't You Weep(메리 울지 말아요)」의 가사 "하나님이 노아에게 무지개 신호를 주셨도다 / 이제 더 이상 비를 내리지 않을 것이고 다음은 불을 내릴 것이니(God gave Noah the rainbow sign / no more water, the fire next time)"에서 영감을 받아 지었는데, 회원용 브로셔에 이 가사가 인쇄되어 있었다. 제임스 볼드윈(James Baldwin)은 자신의 저서 『단지 흑인이라서, 다른 이유는 없다(The Fire Next Time)』에서 이 가사를 똑같이 사용했다. 볼드윈은 폴라의 가까운 친구였고, 레인보우 사인의 고정 강연자였다.

어머니와 우리는 종종 레인보우 사인에 갔다. 사람들은 우리를 "샤말라와 여자아이들"로 불렀다. 달리 말해 우리는 한 팀이었고, 한 사단이었다. 우리는 언제나 함박웃음과 따뜻한 포옹으로 환영받았다. 레인보우 사인에는 공동의 지향점과 포용적인 분위기가 있었다. 그곳은 지식, 의식, 그리고 힘을 모으기 위한 장소였다. 비공식 표어는 '민중의 사랑을 위해(For the love of people)'였다. 레인보우에서는 어린이를 동반한 가족들이 특별한 환영을 받았는데, 여성의 가치와 비전을 핵심으로 반영하려는 노력이었다.

폴라는 언젠가 한 언론인에게 "우리가 하는 모든 일에, 우리가 내놓은 가장 훌륭한 오락들에 '당신을 둘러보라. 이 일에 대해 생각해 보라'는 메시지가 숨어 있다"고 말했다. 센터는 어린이에서 고등학생에 이르는 청소년들을 위한 예술 교육뿐 아니라, 성인 교육에 버금가는 비전을 담은 특별 프로그램을 마련해 청소년들이 직접 센터에서 초빙한 강사나 공연자들을 만나고 어울릴 수 있도록 했다.[3)]

베이(Bay) 지역은 걸출한 흑인 지도자들의 고향이었으며, 어떤 곳에서는 흑인의 자긍심이 충만하기도 했다. 사람들이 방방곡곡에서 이곳으로 몰려들었다. 덕분에 나처럼 레인보우 사인에서 시간을 보내는 어린이들은 그곳을 찾은 수많은 비범한 남녀들을 통해 자신의 미래상을 그려볼 수도 있었다. 1971년에는 하원의원이었던 셜리 치숌(Shirley Chisholm)이 대통령 출마를 모색하던 중 이곳을 방문했다. 그녀는 자신의 선거 캠페인처럼 "매수당하지 않고 휘둘리지 않는 힘"을 설파했다. 『컬러 퍼플(The Color Purple)』로 퓰리처상을 수상한 앨리스 워커(Alice Walker)가 레인보우에서 낭독회를 가졌으며, 자서전 『새장에 갇힌 새가 왜 노래하는지 나는 아네(I Know Why the Caged Bird Sing)』로 흑인 여성으로서는 첫 번째 베스트셀러 작가가 된 마야 안젤루(Maya Angelou)도 이곳에서 낭독회를 가졌다. 니나 시몬도 이곳에서 공연했는데, 그때 내 나이 일곱 살이었다. 후에 알게 된 사실이지만, 버클리시 최초의 흑인 시장이었던 워런 와이드너(Warren Widener)는 니나 시몬이 1972년 3월 31일부터 이틀 동안 이곳에 머물렀던 것을 기념해 3월 31일을 니나 시몬의 날로 선포했다.

나는 웃음, 음식, 에너지 등 레인보우 사인의 활기찬 분위기를 좋아했다. 그리고 무대에서의 강력하면서도 재치 넘치는 연설과 때로는 짓궂은 관객들의 농담도 마음에 들었다. 예술적인 표현과 야망, 그리고 지성이 멋진 것임을 알게 된 것도 그곳이었다. 음식, 시, 정치, 음악, 춤, 그리고 미술과 함께 하는 것이 다른 어떤 것보다 뇌에 좋은 영향을 미친다는 사실을 알게 된 것도 그곳이었다.

또 어머니의 일상적인 가르침이 그곳에서 논리적으로 확장되는 것을 지켜보며, 나의 미래가 어떨지를 상상해보기 시작한 장소이기도 했다. 어머니는 우리를 키우면서 '너무 어렵다'는 말은 절대로 변명이 될 수 없다고 가르쳤으며, 훌륭한 사람이 된다는 것은 자신보다 더 큰 무엇인가를 지향하는 것이며, 성공이란 다른 사람들이 성취할 수 있도록 도와주는 행위로 측정될 수 있다는 것을 믿게 해주었다. 어머니는 우리에게 "투쟁은 어떤 경우에도 더 많은 공정함을 획득하기 위한 것이다. 따라서 관행이라는 이유로 제약을 받아서는 안 된다"고 말했다. 나는 레인보우 사인에서 그런 가치들이 실제 행동으로 실천되고, 원칙들이 구체화하는 모습을 목격할 수 있었다. 많은 사람이 비슷한 경험을 했겠지만, 그것은 내가 아는 유일한 시민 육성 방법이었다.

나는 버클리에서 매우 행복했다. 하지만 중학교 때 우리는 그곳을 떠나야 했다. 어머니에게 몬트리올에 있는 맥길대학과 유대인종합병원에서 학생들을 가르치고 연구를 이끌어달라는 제안이 들어왔다. 어머니로서는 연구를 더 진전시킬 기회였기에 몹시 탐나는 제안이었다.

하지만 나는 그리 신나지 않았다. 내 나이 열두 살이었고, 학기 중간에 2월의 햇빛이 충만한 캘리포니아를 떠나 눈이 3m나 쌓이는 데다 프랑스어를 써야 하는 먼 도시로 간다는 것이 나를 우울하게 했다. 어머니는 우리를 데리고 나가 처음으로 오리털 재킷과 벙어리장갑을 사주면서 마치 북부의 엄청난 겨울을 탐험이라도 시킬 것처럼, 아니면 모험을 떠나는 것처럼 생각하게 하려 했다. 하지만 나는 그렇게 생각하기 힘들었다. 상황이 더 안 좋아졌는데, 프랑스어를 배우면 좋겠다며 이웃에 있는 '눈의 숙녀(Notre-Dame-des-Neiges)'라는 이름을 가진 프랑스어 학원에 등록했다고 말했을 때였다.

그것은 어려운 변화였다. 내가 아는 프랑스어라고는 기껏해야 발레 수업에서 보비 부인이 큰소리로 "드미-플리에(Demi-plié) 그리고 위로!"라고 외치던 단어가 고작이었다. 그래서 전학을 가면 온종일 오리처럼 "뭐라고(Quoi) 뭐라고(Quoi) 뭐라고(Quoi)?" 하며 고함만 지를 것이라고 농담을 하곤 했다.

그렇게 몬트리올에서 성장기를 보내게 되었다. 언젠가는 마야와 나는 우리 집 건물 밖 잔디밭에서 아이들이 축구를 할 수 없다는 사실에 저항하는 시위를 벌였다. 기쁜 소식은 우리의 요구가 관철되었다는 것이다.

이 일을 계기로 어머니에게 미술학교로 전학시켜달라고 부탁했다. 전학을 시켜준다면 역사와 수학 외에도 바이올린, 프렌치 호른, 케틀드럼도 열심히 하겠다고 다짐했다. 그로부터 1년 후 우리는 「Free to Be…You and Me」를 처음부터 끝까지 연주할 수 있었다.

나는 고등학교에 입학할 때쯤 되어서야 새로운 환경에 적응했다. 여전히 고향과 친구들과 가족이 그리웠지만, 방학과 휴가 기간엔 기쁜 마음으로 아버지나 셸턴 부인과 함께 있을 수 있었다. 그렇게 대체로 모든 것에 익숙해졌다. 그러나 여전히 극복하지 못했던 것은 고국에 대한 그리움이었다. 고향으로 돌아가고 싶다는 생각이 간절했던 것은 이런 그리움 때문이었다. 그래서 대학은 당연히 고향으로 돌아가서 다닐 생각이었다.

나는 두 분이 서로 대화하지 않을 거라는 것을 알면서도 부모님을 졸업식에 초대했다. 졸업식에 부모님 모두 있었으면 해서였다. 나는 앞에서 두 번째 줄에 앉아서 졸업식에 참석한 사람들을 바라보던 일을 결코 잊을 수 없다. 어디에도 어머니가 보이지 않았다. '어디 계시지?' 궁금하면서도, '아버지 때문에 안 오신 걸까?' 하고 생각했다. 졸업식이 막 시작될 참이었다. 그때 갑자기 강당 출입문이 열리더니 항상 청바지와 운동화 차림이었던 어머니가 아주 화사한 붉은 드레스에 굽이 높은 구두를 신은 모습으로 들어오고 있었다. 그랬다. 어머니는 내게 상처를 줄 분이 아니었다.

고등학교 시절 나는 대학 진학과 그 이후의 내 미래에 대해 더 구체적으로 고민하기 시작했다. 부모님이 자기 일에 만족하는 모습을 보아온 것처럼 나도 내게 어울리는 직업을 가질 것이라고 생각했다. 또 나는 메리 이모, 윌슨 선생님, 셸턴 부인, 그리고 누구보다 존경하는 어머니 등 일련의 탁월한 여성들을 보고 자랐다. 그분들은 자기들이 영향을 미칠 수 있는 각자의 영역에서 다른 사람들을 이끌면서 남들과는 다른 삶의 길을 걸었다.

매우 일찍 씨앗을 뿌렸다고는 해도 확실하게 언제부터 내가 법조인이 되겠다는 결심을 했는지 정확하게 기억나지 않는다. 나의 롤모델은 민권운동을 이끌었던 위대한 인사 중 서굿 마셜, 찰스 해밀턴 휴스턴(Charles Hamilton Houston), 콘스탄스 베이커 모틀리(Constance Baker Motley) 등 변호사였다. 나는 공정에 관심이 많았고, 또 공정을 성취하는 수단이 법이라고 생각했다. 하지만 내가 직업으로 변호사를 선택하게 된 것은 주위 사람들이 변호사를 믿고 의지하는 대상이기 때문이었다. 셔먼 삼촌과 절친 헨리도 변호사였다. 게다가 사람들은 가정이나 이웃에 문제가 생겼을 때 "헨리를 찾아야 해, 셔먼을 불러야 해, 그들이라면 어떻게 할지 알 거야, 바로 잡을 방법을 알 거라고" 하는 소리를 듣곤 했다. 나도 헨리나 셔먼처럼 사람들이 찾는 사람이 되고 싶었다. 도움을 줄 수 있는 사람이 되고 싶었다.

그래서 대학에 가게 된다면 제대로 시작하고 싶었다. 그렇다면 서굿 마셜의 모교보다 더 좋은 대학이 없을 듯싶었다.

나는 모교를 추어올리는 크리스 이모로부터 하워드대학교(Howard University)가 얼마나 좋은 곳인지를 자주 들었다. 하워드대학은 남북 전쟁이 끝난 후 2년 뒤 창립된 이래로 날로 성장해온 남다른 유산을 가진 학교였다. 많은 고등교육기관이 흑인 학생들에게 문을 닫았을 때도 이 학교는 그렇지 않았다. 인종에 대한 분리와 차별이 나라의 법일 때도 그러지 않았다. 젊은 흑인 남녀도 리더가 될 수 있는 능력과 잠재력을 인정하는 사람이 거의 없을 때도 마찬가지였다. 하워드에서는 여러 세대의 학생들이 높은 목표에 대한 확신을 가지고, 목표에 도달할 수 있도록 교육받으며 지혜와 덕을 쌓았다. 나도 그 대열에 끼고 싶었고, 1982년 가을 나의 첫 번째 대학기숙사인 이튼타워(Eton Towers)에 입주했다.

신입생 오리엔테이션에 참석하기 위해 크램톤 강당으로 들어가던 때가 생각난다. 강당엔 사람들이 가득 차 있었다. 나는 주위를 둘러보면서 '천국이다!'라고 생각했다. 수백 명의 학생이 모두 나와 비슷해 보였다. 그들 중에는 동문 자녀도 있을 것이고, 가족 중에서 처음으로 대학에 입학한 학생도 있었을 것이다. 교실이나 이웃에서 오랫동안 소수였던 흑인 학생들도 있었을 것이다. 도시에서, 농촌에서, 그리고 누군가는 아프리카에서, 카리브제도에서, 또 아프리카 디아

스포라로 여기저기서 살아온 학생도 있었을 것이다.

하워드 학생 대부분이 그렇듯 나도 야드(the Yard)를 좋아했다. 캠퍼스 중심에 있는 야드는 도시의 한 블록 정도의 면적에 잔디가 깔려있었다. 한가운데 서서 야드를 둘러보면 오른쪽에는 스텝을 연습하는 젊은 무용수나 악기를 연주하는 음악가들을 볼 수 있고, 왼쪽에는 경영대학 학생들이 서류 가방을 들고 이곳저곳을 누비는가 하면, 흰색 가운을 입은 의대생들이 실습실로 향하는 모습을 볼 수 있다. 그룹을 지어 웃거나 진지하게 토론을 벌이는 학생들도 눈에 띈다. 학보 「힐탑(The Hilltop)」의 칼럼니스트는 축구팀 스타와 어느 성가대원은 수학동아리 회장과 어울리고 있었다.

이런 점이 하워드대학의 아름다움이었다. 모든 신호가 학생들에게 어떤 사람이든 될 수 있다고 알려주었다. 우리는 젊고, 재능이 있으며, 그리고 흑인이지만 무엇이 되었건 우리의 성공을 방해할 수 없다는 것을 알려주었다. 캠퍼스는 타인이 선택한 상자에 갇힐 필요가 없는 그런 장소이다. 하워드에서는 자신의 모습 그대로 들어와서 원하는 사람이 되어 떠난다. 그러니 잘못된 선택이란 있을 수가 없다.

그렇다고 우리가 위대한 인물이 될 능력이 있다는 말만 들었던 것은 아니다. 그런 가능성을 실현해내기 위해 도전해야 했다. 지도자 역할을 수행하기 위해, 그리고 다른 사람과 미국, 나아가 세계에 영향력을 갖기 위해 재능을 연마해야 한다고 배웠다.

나는 학교생활을 즐겼다. 신입생 때 처음으로 선거에도 출마했다. 교양학부 학생회장을 뽑는 선거였다. 나의 첫 번째 선거유세였던 셈인데, 당시 경쟁 후보였던 셸리 영은 오클랜드 출신으로 달변가였던 것으로 기억된다. 부풀린 머리에 화려한 귀걸이를 했는데, 어찌나 성격이 당당한지 이후로도 그런 상대를 만나본 적이 없다.

경제학회 회장을 맡아 토론을 벌이기도 했고, 100년도 더 전에 하워드 여성 9명이 모여 설립했다는 여성 클럽 '알파 카파 알파(Alpha Kappa Alpha)'에도 가입했다. 금요일이면 친구들과 어울려 가장 좋은 옷으로 갈아입고 야드 주변에 나타나곤 했고, 주말에는 내셔널 몰(National Mall)에 가서 남아공의 인종차별에 반대하는 시위에 참여하기도 했다.

하워드 재학 중 과외로 한 일도 많다. 연방거래위원회(Federal Trade Commission)에서도 인턴으로 일했는데, 그날 자 신문을 읽으면서 위원회에 관한 기사가 있으면 오려 붙여서 복사한 후 보고 하는 것이었는데, 말하자면 스크랩 담당이었다. 국립기록관(National Archives)에서는 조사 업무를 맡았고, 연방인쇄국(Bureau of Engraving and Printing)에서는 안내 업무를 맡았었다. 안내원들에게는 모두 무전기와 아이디가 발급되었는데, 내 아이디는 비밀요원의 암호명처럼 'TG-10'이었다. 한 번은 몇 시간 동안 귀빈 안내를 한 후 대기 중이었는데 계획이 바뀌면서 메인 구역에 있는 루비 디(Ruby Dee)와 오시 데이비스(Ossie Davis)를 찾으라는 지시가 있었다. 만나보니 두 사람은 내로라하는 인물 특유의 후광을 내뿜고 있었는데, 어느 순간 그들은 나를 대화에 끌어들였고, "젊은 흑인 여성이 공공 업무를 하는 것이 자랑스럽다"고 말해주었다. 전설적인 두 걸출한 인물이 젊은 나에게 관심을 표해주었던 그때 감동을 잊을 수가 없다.

2학년 여름 방학에는 캘리포니아주 상원의원 앨런 크랜스턴(Alan Cranston) 의원실에서 인턴을 하게 되었는데, 30년 후 내가 상원의원에 당선되어 그 사무실을 사용할 것이라고 누가 예상했겠는가? (나는 지금도 나의 의원실 인턴들이 앉는 곳 가까이에 당시 보좌관이 나에게 보내준 감사편지를 액자에 넣어 걸어두고 있다.) 나는 종종 인턴들과 함께 국회의사당 지하를 지나갈 때면 "여기에 여러분의 미래가 있다!"라고 말하곤 한다. 그해 여름 매일 의사당으로 출근하는 것이 좋았다. 당시 우편물 분류하는 인턴에 불과했지만, 변화를 만들어낼 수 있는 현장에서 일하고 있다는 생각에 전율을 느꼈다. 그래도 마음이 끌렸던 곳은 길 건너편에 있는 대법원 건물이었다. 숨막히게 후텁지근한 날이면 나는 길을 건너가서 그 웅장한 건물의 입구 위쪽 대리석에 새겨진 "법 앞에 평등(equal justice under law)"이라는 문구를 읽었다. 그러면서 그런 세계를 그려보았다.

나는 하워드를 졸업하고 오클랜드로 돌아와 UC 해스팅스대학(UC Hastings College) 로스쿨에 입학했다. 2년째 되는 해에는 흑인 학생회 회장에 선출되었다. 당시 흑인 학생들은 백인 학생들에 비해 일을 구하는 것이 어려웠다. 그런 상황을 변화시키고 싶었던 나는 로스쿨 흑인학생회장 자격으로 모든 주요 법률사무소들에 전화해서 담당 직원들에게 우리가 호텔에서 일자리박람회를 열고 있는데 대표들을 보내달라고 요청했다.

지방검찰청에서 일하는 것이 내 소명이고, 그 소망이 너무 간절하다는 것을 깨달은 나는 나의 결정을 친구들, 그리고 가족들과 함께 나눌 생각에 흥분했다. 그런데 그들은 달가워하지 않는 것 같았다. 그리 놀라운 반응은 아니었지만, 하나의 명제를 논증하듯 내 선택을 그들에게 설명해야 했다.

미국은 검사의 힘을 불의의 도구로 사용한 깊고 어두운 역사가 있다. 나는 무고한 사람들의 혐의를 날조하고, 충분한 증거도 없이 유색인종에 혐의를 씌우는가 하면, 검사들이 피고인의 혐의를 벗겨줄 정보를 은닉하는 등 법률을 부적절하게 적용해온 사례들을 알고 있어서 주변 사람들이 신중한 반응을 보이는 것도 이해할 수 있었다. 하지만 다른 사례들도 많다.

남부의 KKK(Ku Klux Klan)단을 추적했던 용감한 검사들 이야기를 알고 있다. 그리고 부패한 정치인과 타락한 기업을 끝까지 파헤쳤던 검사들 이야기도 알고 있다. 1961년 법무부 장관 로버트 케네디가 자유의 기수단(Freedom Riders)을 보호하기 위해 법무부 공무원들을 파견했으며, 그다음 해에는 흑인 입학을 반대하며 폭동을 일으켰던 미시시피대학교에 연방 집행관을 보내 입학원서를 낸 제임스 메러디스(James Meredith)를 보호해준 사실도 알고 있다.

나는 평등한 정의가 염원이었음을 잘 알고 있었다. 때로는 법률의 힘이 계산에 따라 평등하게 적용되지 않는다는 것도 알았다. 그러나 잘못된 제도가 불변일 필요가 없다는 것도 알고 있다. 나는 그러한 관행들을 변화시키는 일에서 모종의 역할을 하고 싶었다,

어머니가 좋아하고 즐겨 하던 말은 "남의 입방아에 오르내리지 마, 그리고 너를 스스로 내세우지도 마"였다. 나는 그렇게 했다. 변화를 만들어내고자 하는 나의 소망은 늘 정의를 요구하며 소리를 높이고 행진하던 주변 어른들에게 둘러싸여 지내왔던 환경에서 비롯된

것이라는 것을 알고 있다. 하지만 건물 내부에, 정책이 결정되는 탁자에 자리하는 것 또한 그에 못지않게 중요하다는 것도 알고 있다. 활동가들이 행진하며 문을 두드릴 때, 나는 그 반대편에서 서서 그들에게 문을 열어주고 싶었다.

나는 상상 속에서 검사가 되고 있었다. 어머니의 무릎에서 얻은 지혜부터, 레인보우 사인의 강당과 하워드의 야드에서 얻은 나만의 경험과 관점이라는 렌즈를 통해 검사직을 수행하고 싶었다.

그 지혜가 내게 말한 중요한 부분은 형사사법과 관련해 잘못된 선택을 받아들이라는 요구가 지속되고 있다는 것이었다. 너무 오랫동안 우리는 범죄에 엄격해질 것인가 범죄에 유연해질 것인가 하는, 즉 공공의 안전에 대한 현실을 무시하고 지나치게 단순화해버린 두 가지 선택사항밖에 없다고 들었다. 사람들은 이웃에서 발생한 범죄를 근절시킬 것을 바라고, 이웃의 과도한 폭력을 제지해주기를 바란다. 사람들은 경찰이 동네에서 살인을 저지른 자를 추적해서 체포하기를 원하고, 반면 인종 차별적인 시각으로 인적 사항을 사용하지 말 것을 바랄 수 있다. 사람들은 사건의 중대성과 책무, 특히 연쇄 살인자의 경우에 감금이 필요하다고 생각할 수 있고, 또 부당한 감금에 대해서는 반대할 수도 있다. 나는 무엇보다도 이런 다양한 견해들을 실오라기처럼 함께 엮어내는 것이 중요하다고 믿었다.

여름 인턴이 끝날 즈음 나는 기쁜 마음으로 지방검사보 제안을 수락했다. 이제 남은 것은 로스쿨에서 마지막 과정을 모두 끝내고 변호사 시험을 보는 것이었다. 합격하면 법정에서 일을 시작할 수 있을 것이다.

1989년 봄 로스쿨을 졸업하고 7월에는 변호사 시험을 치렀다. 한 여름의 몇 주 동안 나의 장래는 너무나 밝고 또렷해 보였다. 꿈꿔왔던 삶의 카운트다운이 시작된 것이다.

그런데 예기치 않게 도중에 멈춰버렸다. 11월, 주 당국으로부터 변호사 시험에 불합격했다는 어처구니없는 통보를 받았다. 나는 도저히 이해할 수 없었다. 너무도 엄청난 일이어서 감당하기 힘들었다. 어머니는 언제나 나에게 "어떤 일이든 허술하게 하지 마라"고 주의를 시키곤 했다. 나는 언제나 그 말씀을 마음에 새겼다. 나는 성실했고, 완벽주의자였다. 그런데 이 상황을 어떻게 받아들일 수 있을까? 그러나 불합격 통지서를 손에 받아든 그때 내가 변호사 시험 준비를 허술하게 했다는 것을 깨닫고 있었다. 그때까지 살아오면서 가장 허술하게 말이다.

다행스럽게도 나는 법원에서 계속 일을 할 수 있었다. 인턴으로 계속 근무할 수 있게 해주었고, 또 2월에 다시 시험을 칠 수 있도록 공부할 수 있는 공간도 배정해주었다. 그런 배려가 너무 고마웠지만, 사무실에 나가는 것이 힘겨웠다. 스스로 미숙하고 무능하다는 생각이 들어서였다. 나와 함께 인턴으로 근무했던 다른 친구들은 모두 합격했다. 내가 어느 사무실 앞을 지날 때였다. "카멀라는 꽤 똑똑한데, 왜 떨어졌지?" 하는 소리를 들었다. 비참하고 당혹스러웠다. 그들은 내가 기만했다고 생각할 수도 있겠단 생각이 들었다. 그래도 나는 매일 머리를 꼿꼿이 세우고 일터로 나갔고, 두 번째 시험에서는 합격했다. 나는 내가 너무도 자랑스러웠다. 법원의 직원이란 사실도 영광스러웠다. 그래서 출근하자마자 일을 시작하려 했다. 하지만 로스쿨에서나 변호사 시험에서도 나 같은 초보자가 법원에서 어떤 일을 해야 하는지 배우지 못했다. 그 상황이 나를 제외한 모든 사람이 다른 말을 쓰는 외계 행성에 발을 디딘 것 같은 느낌이었다. 인턴일 때는 상부의 감독하에 법정에서 사람들을 대표할 수 있었다. 하지만 혼자 법정에 서게 되는 것은 처음이었다.

나는 사건 수사기록을 수십 번이나 검토하면서 준비했다. 모든 내용을 조사하고 또 연습했으며, (후에는 여성들도 바지를 입을 수 있게 되었지만, 당시 여성 검사들에게 의무였던) 스커트 정장도 마련했다. 그렇게 내가 할 수 있는 모든 것을 다했다. 그래도 기대가 너무 높아서인지 충분하다는 생각이 들지 않았다.

나는 복도를 따라 내려가 법정으로 들어갔다. 피고인 측, 가족들, 증인들, 그리고 법원 직원들이 방청하는 자리를 지나 사건을 기다리는 법조인들이 대기하는 난간 앞에 정렬된 좌석 중 내 의자에 자리를 잡았다. 초조하고, 흥분되고, 또 아드레날린이 솟는 느낌이었다. 대체로는 자랑스러웠지만 엄청난 책임감도 느꼈다. 나의 책무가 우리 사회에서 가장 취약하고 목소리를 낼 수 없는 계층에 속한 사람들을 보호해주어야 한다는 생각 때문이었다. 내 차례가 되었을 때 나는 검사 측 책상에서 일어나 연단으로 나가 모든 검사가 그랬듯이 선서했다.

"국민을 위해, 카멀라 해리스입니다."

미국에 검찰이 있는 것은 우리 중 누군가에게 가하는 범죄가 우리 모두를 대상으로 한 것이라고 인식하기 때문이다. 따라서 당연히 우리의 형사사법제도가 힘 있는 자가 약한 자에게 해를 끼친 행태에 대해 단죄하는 건 맞지만, 그렇다고 약한 편이 홀로 정의를 구현할 것으로 기대하지 않는다. 우리는 그것을 오직 집단적인 관점에서 심판해야 한다. 그 때문에 검사들은 무조건 피해자를 대변하지 않고 그보다는 '국민'을 대변하며 사회 전반을 대변한다.

나는 희생자들과 일을 하면서 원칙을 지켰는데, 그들의 존엄성과 안전이 언제나 최우선이었다. 누군가 자신의 가장 개인적인 세부사항이 걸려있다는 것을 알면서도 그 사연을 나누고 또 반대 심문에 응한다는 것은 엄청난 용기가 필요하다. 그런데도 증인석에 설 때는 우리 모두의 이익을 위한 것이고, 법을 어긴 사람들에게 합당한 대가와 책임을 지게 하려는 것이다.

"국민을 위해"란 서약은 나의 나침반이었고, 또 가장 중요한 힘이다. 검사인 나에게는 누군가에게 처벌을 내릴 것인가 여부, 또 처벌을 내려야 한다면 죄명과 형량을 결정할 수 있는 권한이 있다. 협상을 통해 소송 동의를 끌어내고, 판결을 하고, 보석을 요청할 수 있다. 비록 이제 막 검사 업무를 시작했지만, 나는 날카로운 펜으로 누군가의 자유를 박탈할 수 있는 권한을 가지게 된 것이다. 공방을 끝낼 즈음 나는 배심원석으로 다가갔다. 나는 원고를 보지 않고 자유롭게 논고를 진행하는 것이 피고인의 유죄 평결을 끌어내기 위한 최선의 방식이라고 생각했다. 배심원들의 눈을 들여다보고 싶었다. 눈을 감은 상태에서도 360도 각도에서 사건 전체를 충분히 파악하고 있어야 한다는 생각이 들었다.

발언을 마치고 검사석으로 돌아올 때 누군가 나를 바라보고 있다는 것을 느낄 수 있었다. 오리엔테이션 첫날 만났던 내 친구 에이미 레스너가 얼굴에 함박웃음을 머금고 자리에 앉아서 나를 응원해 주고 있었다. 우리 둘은 모두 자신의 길을 가고 있었다.

하루의 일과는 매우 바빴다. 검사들은 저마다 100건이 넘는 사건을 효율적으로 처리하고 있었다. 우리는 예비 청문회에서 반론을 제기하고, 음주(약물)운전 사건들과 자잘한 절도사건 등 강도가 낮은 사건을 담당하기 시작했다. 그래도 시간이 지나면서 점점 더 많은 사건이 쌓였고, 나도 승진을 하게 되었다. 그리고 중범죄를 다루게 되면서 그러한 사건들은 나를 완전히 다른 차원으로 내몰았다.

이제 경찰 수사기록을 면밀하게 검토하고, 증인들을 심문하게 되었다. 검시관과 함께 앉아서 부검 사진들을 상세하게 점검했고, 그럴 때마다 누군가의 자녀들이나 부모들의 시선을 마주해야 했다. 용의자가 경찰에 체포되면 나는 경찰서에 가서 투-웨이 미러(two-way mirror) 바깥쪽에서 심문을 진행하는 조사관들과 내용을 주고받았다.

일단 중범죄를 담당하게 되자 살인 사건이 배정됐다. 금요일 오후에 서류 가방을 받았는데 그 안에는 무선호출기(1990년대 초에 유행), 펜과 뜯어 쓰는 메모장, 형법 사본 1부, 긴급 전화번호가 들어있었다. 다음 주부터 호출기가 울린다면 그것은 살인 사건이 발생했다는 신호였으며, 내가 현장에 있어야 한다는 것을 의미했다. 그것은 자정에서 오전 6시 사이에 서둘러 침대에서 빠져나와야 한다는 것을 뜻하기도 했다. 내 역할은 현장을 온전히 보전하고, 헌법적 보호조치를 그대로 유지하면서 합법적으로 증거를 수집해 법정에서 인정받을 수 있도록 하는 것이었다. 나는 종종 우리가 무슨 일이 일어났는지 알고 있는 것과 무슨 일이 일어났는지 증명할 수 있는 것 사이에는 차이가 있다는 것을 피해자와 그 가족들에게 설명해야 했다. 체포와 유죄 판결 사이에는 엄청나게 큰 차이가 있다. 그리고 두 상황을 일치시키기 위해서는 합법적으로 취득한 증거가 필요하다.

나는 법정에 있는 것이 편안했다. 그곳의 리듬을 이해했기 때문일 것이다. 나는 특이한 분위기도 편안하게 마주할 수 있었다. 이후 나는 주로 성범죄를 다루는 부서로 옮겨갔는데, 그곳에서의 일은 강간범들과 아동성착취범들을 구속하는 것이었다. 까다롭고 우울했지만, 상당히 중요한 일이었다. 나는 그 과정에서 수많은 소녀와 때로는 소년들도 만났는데 그들은 학대당하고, 방치되었고, 거의 모든 경우 신뢰하는 가까운 사람들에 의해 피해를 당했다.

이런 사건들이 특별히 어려운 것은 종종 유죄 판결을 내리기 위해 강간 피해자로부터 증거를 확보해야 한다는 점이다. 그 때문에 많은 날을 오클랜드의 하이랜드종합병원에서 피해자들을 만나 함께 걸으며 법정에서 증인석에 선다는 것이 어떤 의미가 있는지, 그것이 어떤 경험일 것인지에 대해 이야기를 나누었던 경우도 있었다. 어떤 희생자들에게는 증인석에 서는 것이 상상조차 할 수 없는 일이고, 드러내고 싶지 않은 개인사를 공개해야 하는 것을 의미하는 것이었다. 성폭력을 당한다는 것은 엄청나게 고통스럽고 괴로운 경험이다. 그런 감정적인 상처를 안고 증인석에 선다는 것, 특히 가해자가 법정에 있고, 더구나 가해자가 가족이나 친구일 경우, 게다가 피고 측 변호인이 배심원들을 향해 진실을 말하지 않는다면서 반대 심문을 당할 것이라는 사실을 알고 증인석에 선다는 것은 엄청난 용기와 강인함이 필요하다. 그러니 그러한 상황을 견뎌낼 수 없다며 법정에 서지 않겠다는 피해자를 비난할 수는 없다.

종종 아주 어린 아동들을 대상으로 한 사건에서처럼 피해자의 의지뿐 아니라 낮은 입증 가능성 때문에 유죄 판결을 얻어내는 것이 어려운 경우가 있다. 나에게 가장 괴로운 사건은 바로 그런 경우다. 내가 잊을 수 없는 사건 중 작고 조용한 여섯 살 소녀가 열여섯 살 오빠로부터 성폭력을 당했던 사건이다. 나는 이 사랑스러운 아이가 어떻게 하면 자신이 겪은 이야기를 하게 할 수 있을까, 그리고 이 아이기 판사 앞에서 그 이야기를 다시 할 수 있을까를 탐색해야 했다. 그래서 오랫동안 그 아이와 장난감을 가지고 놀고, 게임을 하면서 믿음을 얻으려고 애를 썼다. 하지만 내가 그렇게 노력을 한다 해도 아이가 자신이 받은 고통을 판사에게 정확하게 설명할 수 없다는 것을 깨달았다. 그래서 나는 허탈한 심정으로 욕실에서 울었던 기억이 난다. 결국, 나는 소녀의 오빠를 기소할 수 있는 충분한 증거를 확보하지 못했다. 당사자의 증언 없이는 합리적 의심만 있을 뿐 증명할 도리가 없었다. 검사가 힘을 가졌다고는 하나 그렇게 무기력할 수 있다는 것을 확실하게 느꼈던 때가 그 후로도 그렇게 많지는 않았다.

이상의 사례들은 성범죄자들에게서 어린이들을 보호하는 데 따르는 어려움 중 일부일 뿐이다. 그리고 문제는 판사에게도 있다. 종종 그들은 어린이들보다는 어른들을 더 믿은 경향이 있다. 피해자 나이가 어릴 경우 더욱 그렇다. 나는 이따금 이웃의 청년들과 함께 입양 가정에서 도망쳤던 열네 살 소녀의 사건을 떠올린다. 그 청년들은 그녀의 편이 되고, 보호자가 되는 대신 소녀를 빈집으로 데리고 가 윤간을 자행했다. 그렇게 소녀는 이미 어린 나이에 어른들은 믿을 수 없는 존재라는 걸 알게 되었다. 냉소와 적대감으로 무장하고 있었는데, 나는 이 가엾은 소녀에게서 어린 시절부터 이어져 온 공포를 느낄 수 있었다. 그러면서도 껌을 씹으면서 법정에 들어오는 모습, 어쩌면 무례한 태도로 퇴장당할 수도 있을 이 소녀를 보면서 판사가 어떤 생각을 할 것인지 정확하게 알고 있었다.

나는 그들이 이 소녀를 보면서 과연 연이은 폭력에 무고하게 희생된 어린 피해자라고 생각할 것인가? 아니면 누군가 피력했듯이 오로지 "부적절한" 옷차림에 방점을 두는 것은 아닐까? 걱정했다.

배심원들도 인간적인 감응과 반응을 하는 사람이다. 그래서 나는 오직 사실만을 판단하는 쪽으로 그들을 움직이게 할 기회가 있다면 그들의 처지에서 그들을 만나야 한다는 것을 알고 있었다. 그런데 그들은 소녀에게 감응을 보이지 않았다. 호감을 느끼지 않았다. 그래서 나는 판사에게 "형법에 따르면 특정인만을 보호하는 것이 아니다"라는 점을 환기하면서, "이 소녀는 어린아이다. 그러니 달려드는 약탈자들에게서 보호받을 필요가 있다. 게다가 피고들이 이 소녀를 희생자로 고른 이유 중에는 여러분들이 그녀에게 무관심할 것이고, 또 믿어주지 않으리라고 판단한 것도 있었다"고 주장했다.[4] 결국, 유죄 판결을 받아냈지만, 그 판결이 소녀에게 얼마만큼 의미가 있었는지 확신할 수가 없다. 소녀는 재판이 끝난 후 사라져버렸으니 말이다. 몇몇 수사관들에게 그 소녀를 찾아달라고 요청했으나 샌프란시스코 거리에서 매춘을 하고 있다는 간단한 보고를 받았을 뿐 사실을 확인할 수는 없었다. 그 후로 소녀를 다시 본 적이 없다.

우리는 그리 어렵지 않게 당면한 제도적인 문제들이 가진 무게를 체감할 수 있다. 그 소녀에게 성폭력을 저지른 자들을 투옥하는 것은 다른 어린이들에게 가할 수 있을 위험을 방지한다는 의미가 있다. 하지만 사건이 이미 발생했을 경우는 어떻게 해야 할까? 제도를 통해 소녀를 도와줄 것인가? 유죄 판결을 내렸다 해도 그 소녀에게는 그것이 전부가 아니다. 그리고 돌고 도는 폭력에 갇혀있는 상황에서 벗어나게 해줄 만큼 충분한 것도 아니다. 그 현실, 그런 현실에 관해 무엇인가를 해야 한다는 생각이 내 머릿속 앞뒤, 때로는 마음의 이면, 때로는 두개골 앞에서 불쑥불쑥 되살아났다.

1998년 알라메다 카운티 지방검사실에서 근무한 지 9년이 지나, 만(Bay)을 가로질러 샌프란시스코 지방검찰청으로 발령을 받았다. 나는 주로 폭력과 연쇄범죄를 다루는 형사부에서 일하게 되었다. 처음에는 새로운 업무가 그리 탐탁지 않았다. 그렇다고 알라메다 카운티에서 계속 일하고 싶었던 것은 아니었다. 샌프란시스코 지방검찰청은 그다지 좋은 평가를 받지 못하고 있었다.

검찰청이 비정상적으로 운영되고 있다는 점이 마음에 걸렸다. 그렇지만 나는 승진해서 여기에 왔고, 검사로 구성된 팀 하나를 총괄하는 업무를 맡게 된 것이다. 나에게는 성장의 기회였다. 게다가 나의 친구이자 멘토였으며 수석 검사였던 딕 이글하트(Dick Iglehart)가 적극적으로 나를 추천했다. 두려움을 느끼면서도 제안을 받아들였지만 얼마 지나지 않아 우려했던 일이 사실로 드러났다.

사무실이 엉망이었다. 두 사람이 컴퓨터 한 대를 사용했고, 서류

정리 시스템도 없었으며, 사건들을 추적할 수 있는 데이터도 정리가 되어있지 않았다. 검사들이 사건을 종결하면 파일을 쓰레기통에 던져버린다는 소문까지 돌고 있었다. 1990년대 후반이었는데도 이메일조차 없었다.

게다가 아예 수사에 착수조차 하지 않은 사건들이 엄청나게 쌓여 있었다. 검사들은 분노하면서 수사 책임을 경찰 탓으로 돌렸고, 경찰은 유죄로 기소하지 않는다며 검사들을 원망했다. 최고위직에서 내리는 결정은 독단적이고 자의적으로 보였고, 직원들의 윤리는 바닥이었다. 이렇게 유해한 환경이 일련의 해고 사태로 인해 최악의 상황으로 치달았다. 어느 금요일 점심을 마치고 사무실로 돌아온 14명의 검사 책상에 해고 통지서가 놓여있었다. 참으로 절망적인 상황이었다. 해고 통보를 받은 사람들은 울며 소리를 질렀고, 곧 두려움이 공포에서 광기로 발전했다. 검사들은 서로 두려워했다. 해고를 당할까 두려운 나머지 동료들이 자신의 등 뒤에서 칼을 꽂지 않을까 하는 공포에 사로잡히기도 했다. 몇몇은 해고 통보를 받은 동료들의 송별파티에도 불참하기 시작했는데, 파티에 참석했다는 사실로 자신도 해고 대상이 될 수 있다는 염려에서였다.

그렇게 엄청난 불안은 계속되었고, 그것이 일상 업무에만 해당하는 것은 아니었다. 나는 지방검사가 진보적인 검사가 될 수 있는 것에 대한 전체적인 생각을 과소평가하고 있다고 믿었다. 내가 생각하는 진보적인 검찰이란 공정한 관점과 경험을 바탕으로 힘을 사용하고, 중대 범죄 해결을 위해 책임소재를 분명히 하고, 그 무엇보다는 바람직한 것은 범죄를 사전에 방지함으로써 안전한 공동체를 만드는 것이었다. 이상의 일들을 효율적으로 수행하기 위해서는 전문성 있는 운영이 필요했다.

18개월 후에 나는 생명줄을 잡았다. 샌프란시스코 지방검찰청 루이즈 렌(Louise Renne) 검사장이 내게 일자리를 주었다. 루이즈는 여성으로서 그 자리에 오른 첫 번째 인물이었다. 그녀는 개척자였으며, 권총사업과 담배 사업, 남성 전용 클럽들까지 두루 관심을 넓혀 온 두려움이 없는 여성이었다.[5] 그녀는 나에게 당시 공석으로 남았던 아동 및 가정 담당 부서 운영에 관심이 있는지 알고자 했다. 나는 그 직책을 맡을 용의는 있지만 단지 개별적인 사건을 다루는 검사가 되고 싶지는 않다고 했다. 내가 원했던 것은 개별 사건들보다는 정책 관련 업무를 맡아서 제도를 전반적으로 향상시키는 일이었다. 입양 가정에서 생활하는 젊은이들이 소년원에 들어오는 경우가 너무 빈번해지고, 또 성인 범죄에 편입되는 현상이 증가하고 있던 때였다. 내가 정책 관련 업무를 원했던 것은 바로 그러한 절망적인 흐름을 막고 싶었기 때문이었다.

루이즈는 전적으로 찬성했다.

나는 지방검찰청에서 2년 동안 일했다. 우선 성폭력 피해 청소년 문제를 연구하는 대책위원회를 발족시켰다. 전문가들, 성폭력 피해자들, 그리고 지역의 명망가로 구성한 대책위에서 샌프란시스코시 자문위원회에 건의 사항을 제출하기로 했다.

그 일을 위해 나는 노마 호탤링(Norma Hotaling)을 파트너로 삼았다. 그녀는 우리가 해결하고자 했던 일들을 직접 경험했다. 소녀 시절 성폭력을 당했고, 노숙자가 되었으며, 헤로인에 중독된 적도 있었다. 게다가 30차례 이상 매매춘으로 체포된 적도 있었다. 그녀는 결국 행복한 삶으로 돌아갔지만 그런 경우는 흔치 않다. 이제 노마는 완전히 헤로인을 끊었고, 대학에 들어가 보건교육 학위도 취득했다. 졸업 후에는 자신이 받은 학위를 이용해 여성들을 광범위하게 반복되고 있는 매매춘에서 벗어날 수 있도록 구제해주는 프로그램을 만들었다. 그녀야말로 나와 함께 팀이 되어 일할 수 있는 최고의 적임자였다. 그리고 무엇보다도 내가 그녀를 높이 평가하는 것은 용기 있게 자신의 사연과 경험을 공개해 다른 사람들의 이익을 위해 사용했다는 점이다.

우리가 우선시했던 것 중 하나는 매춘을 하는 젊은이들에게 사랑과 성원 또는 지원, 그리고 치료를 받을 수 있는 안전한 장소를 만드는 것이었다. 여러 해 동안 얻은 경험으로 성폭력 피해자들이 갈 곳이 없다는 것, 그들에게 도움이 필요하다는 것을 알게 되었다. 그들은 대부분 부모란 단어에 물음표를 쳤다. 많은 경우 위탁환경에서 도망쳐 나왔다. 사람들은 종종 경찰에 체포되었던 성폭력 피해 청소년들이 왜 다시 포주나 자신들을 '돌봐주었던' 나이가 든 매춘부들에게 돌아가는지에 대해 궁금해했다. 하지만 그리 이상한 일이 아니다. 이런 어린 소녀들이 달리 돌아갈 곳이 어디 있겠는가?

우리 대책위는 성폭력 피해 청소년을 위한 집, 그러니까 약물 남용과 정신건강을 치료해줄 수 있는 피난처 설립, 학교로 복귀할 수 있는 재원 마련과 취약한 청소년을 안전하고 건강하게 그리고 올바른 길을 갈 수 있도록 지원하는 연대를 구축할 것을 제안했다. 우리는 공공교육 캠페인은 물론 안전 가옥 설립을 위한 기금마련을 촉구했다. 공중화장실과 버스에 포스터를 붙여 절박한 상태의 피해자들이 주변을 어슬렁거리는 포주의 접근보다 먼저 필요한 정보를 얻을 수 있도록 했다.

우리는 또 마사지 업소로 위장한 매춘 사업의 고리를 단절하는 것이 중요하다고 여겨 자문위원회에 그 업소들을 최우선으로 조사할 수 있는 법 집행 명령을 내려달라고 요청했다.

기쁘게도 자문위원회는 우리의 청원을 채택하고 기금도 마련해 주었다. 덕분에 첫 2년 동안 20여 명의 도주 여성을 구할 수 있었다. 그리고 법 집행 명령에 따라 우리 도시에서 36곳에 가까운 매춘업소가 문을 닫았다.

그렇게 우리가 하는 일에 성취가 쌓였고, 힘이 생겼으며, 상하원 의원 없이도 중요한 정책을 만들어낼 수 있다는 것을 증명해 보였다. 그리고 문제점을 알게 되면 내가 그것을 해결함으로써 도움을 줄 수 있다는 확신도 가질 수 있었다. 그 세월 동안 나는 "그래, 너는 무엇을 했지?"라며 힘주어 말했던 어머니의 말씀을 떠올리면서 갑자기 그 말씀이 옳았다는 생각이 들었다. 그러니 다른 사람이 나타날 때까지 기다릴 필요가 없다는 생각이 들었다. 내가 먼저 시작하면 될 일이었다.

내가 선출직으로 시선을 돌리게 된 것도 바로 이런 깨달음이 계기가 되었다. 당장 시급한 현안은 지방검찰청을 바로잡는 것이었다. 카운티 검사실에서 중요한 성과를 올리는 동안 지방검찰청은 자멸하고 있었다. 핵심적인 업무에 헌신해온 재능과 경험을 겸비한 검사들의 노력이 평가절하되고 또 좌초되고 있었다. 그만큼 중죄인들이 자유롭게 활보하고 있었다. 나뿐만 아니라 우리 모두가 이 상황을 알고 있었다. 하지만 그것은 시급히 해결된 문제는 아니었다. 그래서 나에겐 이 문제 또한 해결해야 할 과제가 되었다.

나는 검찰청 전반에 실추된 명예를 찾아주고, 지원하며, 또 힘을 실어주고 싶었다. 하지만 지방검찰청을 운영하기 위해서는 검사장이 되어야 했고, 검사장이 되기 위해선 선거에 출마해야만 했다. 선거운동은 엄청 큰일이고, 또 가볍게 시작할 수도 없었다. 그래서 나는 친구들, 가족들, 동료들, 나의 멘토들에게 의견을 구했다. 우리는 방어해야 하는 반론에 대비해 길고도 활기찬 토론을 벌였다. 출마에 따르는 장단점을 모두 고려했다.

사람들은 대체로 내 생각을 지지했지만, 걱정도 했다. 반대편 후보자가 될 사람은 나의 최고 상급자였고, 널리 알려진 인물이었으니 말이다. 그는 자신의 별명 KO처럼 호전적인 성품으로도 유명했는데, 젊은 시절 권투 경기에서 여러 차례 상대방에게 결정적인 타격을 가했던 성과에서 얻은 별명이요 유명세였다. 선거유세는 치열할 뿐 아니라 비용도 만만치 않다. 게다가 나는 후원금을 모았던 경험도 없었다.

이런 상황에서 내가 선거에 출마하는 것이 과연 타당할까? 도무지 알 수 없었다. 하지만 '관망하는 것'이 나의 선택일 수 없다는 생각이 점점 확신으로 바뀌었다. 나는 민권투쟁에 관해 제임스 볼드윈이 언급했던 많은 말들을 생각했다. 그는 "우리가 자구책을 마련하는 일에 내일은 없다"고 했고, "그 시간은 언제나 바로 지금"이라고 했다.

2장 선거 : 정의로운 목소리를 대변하기 위한 출발선

"카멀라, 서둘러라, 우리 늦겠다." 어머니는 인내심을 잃고 있었다. "잠깐만, 엄마" 하고 소리쳤다. (그렇다. 예전에도 그랬고 앞으로도 내게 어머니는 항상 '엄마'일 것이다.) 우리는 자원봉사자들이 모여 있는 선거운동본부로 가는 길이었다. 어머니는 종종 자원봉사들을 통솔하셨고, 꾸물거리는 성격이 아니었다. 모두가 어머니 샤말라의 말을 경청했다.

우리는 마켓 근처에 있는 내 아파트를 나와 샌프란시스코 도심의 부자 동네와 명소를 지나, 도시 남동부에 있는 베이뷰-헌터스 포인트라 알려진, 오래전부터 흑인들이 주로 거주하고 있는 지역으로 가고 있었다. 베이뷰는 20세기 중반 미국 전투함을 건조하던 헌터스 포인트 해군조선소가 있던 곳이다. 1940년대, 조선소라는 좋은 일자리와 주변의 저렴한 집값은 인종차별에서 벗어나 기회와 안정을 찾고 싶었던 수천 명의 흑인을 불러모았다. 이렇게 모여든 흑인 노동자들이 강철을 구부리고 철판을 용접해 미국의 제2차 세계대전 승리에 도움을 주었다.

하지만 다른 비슷한 지역들과 마찬가지로 베이뷰도 전쟁이 끝난 뒤 낙후된 지역으로 전락했다. 조선소가 문을 닫았을 때, 그 자리를 대신할 만한 다른 일자리가 생기지 않았다. 아름다웠던 고택에 판자가 덧대어졌고, 유독성 폐기물이 토양과 물 그리고 공기를 오염시켰으며, 마약과 폭력이 거리를 더럽혔고, 극심한 가난이 오랫동안 이곳에 대물림되고 있었다.[1] 이곳은 형사사법제도가 공정하게 적용되지 않았고, 또한 미해결 범죄들이 만연한 곳이었다. 베이뷰에 사는 사람들은 대부분 몇 대째 샌프란시스코에 뿌리를 내린 집안들인데, 그들은 자신들이 고향이라 부르는 이 번창한 도시의 가능성으로부터 (문자 그대로, 그리고 비유적으로) 단절되었다. 샌프란시스코 사람들에게 베이뷰는 굳이 일삼아 가보지 않는다면 결코 가볼 일이 없는 그런 장소였다. 고속도로를 따라 지나치는 때도 없었고, 다른 지역으로 가기 위해 가로질러야 할 일도 없었다. 그곳은 너무나 비극적인 방식으로, 그곳 이외의 세상에서는 보이지 않는 곳이 되었다. 나는 그곳을 바꾸는 데 일조하고 싶었다. 그래서 나는 나의 선거운동본부를 베이뷰의 가장 중심부인 3번가와 갈베즈 거리 사이에 두었다.

정치 고문들은 날 보고 미쳤다고 했다. 그들은 어떤 자원봉사자도 베이뷰로 오려고 하지 않을 것이라고 말했다. 하지만 애초에 내게 선거에 출마하도록 동기를 부여한 것은 바로 베이뷰와 같은 장소들이었다. 나는 도심에 멋진 사무실을 차리기 위해 출마한 것이 아니었다. 나는 자신의 목소리를 내지 못하는 사람들을 대표하고, 단지 일부가 아니라 모든 이웃에게 공공의 안전을 약속하기 위해 출마했다. 더군다나 나는 사람들이 베이뷰에 오려고 하지 않을 것이라는 말을 믿지 않았다. 그리고 내가 옳았다. 사람들이 찾아왔다. 그것도 수십 명씩.

미국 전체와 마찬가지로, 샌프란시스코도 다양한 인종들이 서로 분리된 채 살고 있는데, 용광로보다는 사실 모자이크에 가깝다. 그런데도 우리 선거운동은 각각의 공동체의 완전한 활성화를 주장하는 사람들의 관심을 끌었다. 차이나타운·카스트로 지구·퍼시픽 하이츠·미션 디스트릭트 등지에서, 백인·흑인·아시아계 그리고 라틴계를 불문하고, 부자와 노동자계층, 남녀노소, 동성애자와 이성애자 등 각계각층에서 자원봉사자와 후원자들이 몰려들었다. 한 무리의 10대 그라피티 예술가들은 선거운동본부 뒷벽에 스프레이 페인트로 "정의"란 커다란 글씨 장식을 해주었다. 일부는 유권자들에게 전화를 걸고, 일부는 테이블에 둘러앉아 홍보물 봉투를 붙이고, 몇몇은 우리가 지역사회와 하고자 하는 일을 설명하기 위해 집집마다 찾아가는 등 선거운동본부는 자원봉사자들로 북적거렸다.

우리는 제 시간에 본부에 도착했다. 나는 먼저 어머니를 내려드렸다.

"다리미판 가지고 왔지?" 하고 어머니가 물었다.

"네, 당연하죠. 뒷좌석에 있어요."

"그래, 알았다. 사랑해." 어머니가 차 문을 닫으며 말했다.

차를 몰고 떠나려는데 어머니가 "카멀라, 청테이프는?" 하고 소리쳤다.

물론 청테이프도 가지고 왔다.

나는 다시 도로로 진입해 가장 가까운 슈퍼마켓을 향해 차를 몰았다. 식료품 매장의 러시아워에 해당하는 토요일 오전이었다. 나는 주차장으로 들어가 빈자리에 차를 세웠다. 다리미판과 청테이프를 챙긴 다음 이미 여러 차례 사용해서 약간 해어진 선거 피켓을 집어 들었다.

만약 공직에 출마하는 것이 매력적으로 보인다면 겨드랑이에 다리미판을 끼고 주차장을 가로지르는 내 모습을 상상해보시라. 아이들이 호기심 어린 눈으로 다리미판을 쳐다보며 손가락질할 때, 엄마들이 아이들을 재촉하며 지나가던 모습이 기억난다. 그들을 비난할 수는 없다. 내가 비정상까지는 아닐지라도, 분명 그 자리에 어울리는 것은 아니었으니까.

다리미판은 생각보다 좋은 야외탁자 역할을 했다. 나는 슈퍼마켓 입구 쪽 쇼핑카트 보관소 근처에 다리미판을 세우고 거기에 "카멀라 해리스, 정의를 위한 목소리"라고 적힌 선거 포스터를 붙였다. 선거운동이 막 시작되었을 무렵 나는 친구 안드레아 듀 스틸(Andrea Dew Steele)과 함께 선거 공약들을 정리했다. 기본적으로 내 소개와 나의 주장들을 요약해 종이 위에 적은 것들이었다. 이후 안드레아는 선거를 통해 공직에 출마하려는 민주당 여성들을 모집해서 훈련하는 단체인 이머지 아메리카(Emerge America)를 설립했다. 나는 다리미판 위에 선거 홍보물과 후원회원 가입 서류를 올려놓았다. 드디어 유세가 시작된 것이다.

사람들이 쇼핑카트를 밀고 나오며 햇살을 피해 자기 차를 어디에 주차했는지를 기억하려 애쓸 때였다. 나는 "안녕하세요! 이번 지방검사장 선거에 출마한 카멀라 해리스입니다. 여러분의 많은 지지 부탁드립니다" 하고 인사했다.

솔직히 나는 유권자들이 내 이름을 기억해주는 것만으로도 충분했다. 선거운동 초반에 샌프란시스코 카운티에서 내 인지도가 얼마나 되는지 설문조사를 했었다. 6%라는 엄청난 숫자가 나왔다. 100명 중 6명이 내 이름을 들어봤다고 대답한 것이다. 혹시 무작위 설문 전화 중 한 통을 어머니가 받은 것은 아닌가 하는 의심까지 들 정도였다.

그렇다고 선거가 쉬울 것이라고 생각하지는 않았다. 내가 누군지 전혀 알지 못하는 더 많은 사람에게 나를 소개하고, 내가 무엇을 위해 출마했는지 알리기 위해 열심히 노력해야 한다는 것도 알고 있었다.

처음 선거에 출마한 사람들은 낯선 사람들과의 교류에 어색함을 느낀다. 그것은 당연한 일이다. 길에서 자신을 지나쳐가는 사람을 붙들고 대화를 시작하거나, 퇴근길 버스를 기다리는 사람들에게 말을 걸거나, 누군가의 가게에 불쑥 들어가 주인과 대화를 시도하는 것은 쉬운 일이 아니다. 나는 마치 식사 중에 전화를 건 텔레마케터처럼,

부모님은 버클리에서
민권운동을 하면서
처음 만났고,
곧 결혼했다.

어머니와 어머니의 절친인 레노어 이모는
버밍엄의 잔혹 행위 반대 시위에 참여했다.

엄마는 스물다섯 살이 되었을 때
박사학위를 받았고,
무엇보다 내가 태어났다.

버클리대 경제학 박사과정 시절의
자랑스러운 우리 아빠.(1965년 4월)

내가 19개월이었을 때 자메이카의 스패니시타운을 방문했다.
어머니, 나 그리고 친할아버지 오스카 조셉.

자메이카에서 증조할머니 아이리스 피니건과 함께.

프레디 삼촌을 만나러 할렘을 방문했다.
할렘은 내게 항상 신비로운 곳이었다.(1966년 9월)

세상에서 가장 행복했던 순간은
여동생 마야를 처음 만났을 때다.
(1967년 3월)

잠비아의 루사카로 외할머니와 외할아버지를
뵈러 갔을 때 할아버지와 함께.
할아버지는 아프리카 국가들이 독립했을 때
잠비아의 인도 외교관이었다.
할아버지는
내게 가장 소중한 사람 중 한 분이자,
내 인생에 가장 큰 영향을 끼친
인물 중 한 분이다.

1968년 크리스마스.
마야와 내가
산타클로스를 기다리고 있다.

부모님 이혼 후 밀리바 거리의 아파트 앞에서 나, 마야, 엄마.
이후 우리는 '샤말라와 여자아이들'이라고 불렸다.(1970년 1월)

멋진 아프로펌 자랑 중.(1970년 여름)

버클리에서 두 번째 흑백인종 통합학교인 사운전드옥스초등학교를 다니던 시절.
윌슨 선생님이 담임이었던 1학년 때이다.
가운데 흰색 스웨터를 입고 있는 아이가 나다.

나의 여섯 살 생일파티.
사진에는
유치원 시절부터 지금까지 절친인
스테이시 존슨도 있다.

보비발레스튜디오에서 동생과 나.
난 춤추는 것을 좋아하는 아이였다.
사실 지금도 좋아한다.

일곱 살 때 가장 아꼈던
인조가죽 재킷.(1971년 12월)

자메이카에서 친척과 함께. 사진 오른쪽에 반쯤 나온 아이가 마야다.

1972년 외할머니와 외할아버지가 방문하셨을 때. 왼쪽 차는 어머니의 (마야와 내가 고른) 노란색 승용차. 오른쪽 계단을 올라가면 우리 집이 있다. 아래층에는 유치원이 있었다.

'부모님 회사 견학 가기' 같은 문화가 만들어지기 전부터 어머니는 나와 동생을 버클리대 연구실에 데리고 갔다. 어머니가 가졌던 두 가지 꿈은 두 딸을 무사히 키우는 것과 유방암을 종식하는 것이었다.

우리 집 앞에서 마야와 나.
뒤에 밴크로프트 유치원 간판이 보인다.
우리는 위층에 살고 있었다.

어머니는 항상 "카멀라, 너는 앞으로 많은 것들을 처음으로 하게 될 거야. 하지만 네가 그 일을 하는 마지막 사람이 되지 않도록 힘쓰렴" 이라고 말씀하셨다.

셸턴 부인의 집 앞에서 그녀의 손녀 사니야를 안고 있다.
셸턴 부인의 집은 항상 아이들, 맛있는 요리, 그리고 사랑이 가득했다.

하워드대학교 신입생 시절, 우리는 매주 백화점 앞에서 아파르트헤이트 철폐와
남아공 투자철회를 위해 시위했다. 왼쪽은 친구 그웬 휘트필드.(1982년 11월)

자메이카 베릴에서 친할머니와 함께.

1989년 5월, UC해스팅스대학교 로스쿨 졸업식. 초등학교 1학년 때 담임이셨던 윌슨 선생님(왼쪽)도 축하하러 오셨다. 어머니도 무척 자랑스러워했다.

알라메다 카운티 지방검사실에서
일하기 시작한 후에도 나는 셸턴
부인의 부엌에서 따뜻한 포옹과
맛있는 음식을 즐기곤 했다.

샌프란시스코 여성회관에서 지방검사장 선거운동을 시작했다.
사진은 연설하고 있는 어머니. 어머니는 자원봉사자들을 모집하고,
홍보물을 발송하고, 기타 등등 중요한 일들을 맡아주셨다.
사진에는 샌프란시스코 장학사 소피 맥스웰과 피오나 마,
그리고 주의회 의원 마크 레노의 모습도 보인다.

사랑하는 우리 가족.
감사하다는 말로도 부족한
크리스 이모, 프레디 삼촌,
그리고 메리 이모.
항상 나를 응원해주고,
필요한 순간에 항상 곁에 있었다.
샌프란시스코의 한
재즈 클럽에서 진행된
지방검사장 선거운동 중에
찍힌 사진이다.

2003년 11월 선거날, 우리는 선거 결과가 발표되기 시작할 때쯤 저녁 식사를 하러 갔다.
매제 토니 웨스트, 내 친구들인 매튜 로스차일드와 마크 레노, 그리고 선거운동 컨설턴트인
짐 리발도가 초기 결과들을 종이 식탁보에 적고 있다.
식사 후 가져온 결과표는 지금도 내 사무실 한쪽을 장식하고 있다.

몇 주 후 결선투표에서 승리하며 나는 샌프란시스코 최초의 여성 지방검사장이 되었다.
사진 속 나는 선거운동본부에서 봉사자들이 그라피티 아트로 쓴 '정의'라는
단어 앞에 서 있다. 나의 왼쪽 어깨 뒤에 어머니가 서 계셨다.
어머니 뒤에는 크리스 커니와 검사 데니스 헤레라.
크리스는 이후 나의 수사국장이 되었다.

취임 후 내가 일하게 될 사무실을 처음 방문해보았다.
가운데 덩그러니 놓인 의자 외에는 텅 비어있었다. 기꺼이 자리에 앉았다.

지역 행사에 어머니와 함께 참석하는 것은 매우 즐거운 일이었다.
이 사진에서 우리는 설날 퍼레이드를 즐기고 있다.(2007년)

유권자들에게서 정중한, 혹은 가끔은 불친절한 거절을 당했다. 그렇지만 더 자주 점점 내 주장에 귀 기울여주는 사람들을 만날 수 있었다. 그들은 자신의 일상생활에 영향을 미치는 쟁점, 즉 가정 폭력을 단속하거나, 위험에 처한 아이들을 위해 더 나은 선택지를 만드는 것 등 가정과 지역사회에 대한 자신들의 희망을 솔직하고 열정적으로 이야기하기도 했다. 몇 년이 지난 지금도 버스 정류장에서 그렇게 이야기 나누었던 것을 기억하는 사람들과 마주치곤 한다.

이상하게 들릴지 모르지만, 아직도 생생하게 기억에 남는 것은 배심원들의 선택이었다. 검사로 일할 당시, 나는 법정에서 다양한 배경을 가진 배심원들과 이야기를 나누며 많은 시간을 보냈다. 나는 그들에게 질문한 후 그 답변을 바탕으로 그들의 우선순위와 관점을 파악하려 노력했다. 반대 측 변호사가 내 말을 끊으려 노력하는 부분이 없다는 것뿐, 선거운동도 그것과 비슷했다. 나는 사람들을 만나는 것을 좋아한다. 때때로 어린 아기를 앉힌 쇼핑카트를 밀며 식료품점을 나오는 엄마를 만나 그녀들의 삶과 힘겨운 노력들, 그리고 어린 딸의 핼러윈 의상에 대해 20여 분이 넘는 대화를 나누곤 했다. 헤어지기 전에, 나는 그녀의 눈을 바라보며, "당신이 나를 지지해주었으면 좋겠어요"라고 말했다. 놀랍게도 그녀는 그 누구도 자신에게 직접적으로 그런 부탁을 한 적은 없었다고 말했고, 이런 일은 후에도 종종 있었다.

나도 이런 과정들이 처음부터 자연스러웠던 것은 아니다. 나는 언제나 내가 해야 할 일에 관해 이야기하는 것을 좋아했다. 하지만 유권자들은 단순한 정책 이상의 것들에 대해 듣고 싶어 했다. 그들은 나의 개인적인 부분들에 대해서도 알기를 원했다. 내가 누구인지, 내 삶은 어땠는지, 어떤 경험이 지금의 나를 만들었는지 등. 그들은 내가 누구인지를 아주 근본적인 부분에서부터 이해하기를 원했다. 하지만 나는 스스로에 관해 말하지 말라고 배우며 자랐다. 자신에 관해 떠벌리는 것은 자아도취적이며 허영심 같은 것이라고 생각하며 성장했다. 그런 이유로, 그들의 질문들이 어떤 동기에서 나왔는지는 이해하지만, 거기에 익숙해지기까지 시간이 좀 걸렸다.

나의 첫 번째 선거인 이번 검사장 선거에는 여러 명의 후보가 출사표를 던졌는데, 그래서 결선투표가 불가피했다. 하지만 여론 조사는 (시간이 지남에 따라 지지율 상승곡선을 그리는) 우리가 결선투표까지 간다면, 5주 후에는 승리할 수 있을 것으로 예측했다. 나는 선거일 당일 해뜨기 전부터 선거가 끝나는 시간까지 길거리에서 악수하며 시간을 보냈다. 절친 중 한 명인 크리셋이 마지막 유세를 돕기 위해 날아왔다. 마치 마라톤 끝자락의 마지막 400m를 전력 질주하는 것 같은 기분이었다. 가슴이 제멋대로 두근거렸다. 결과가 나오기 시작하자, 나는 가족과 친구들 그리고 선거운동본부 간부들과 함께 저녁을 먹으러 나갔다. 선거본부장인 짐 스턴스가 사무실에서 개표 상황을 지켜보며 전화로 알려주었다. 음식이 하나씩 나오는 사이, 절친인 캘리포니아주 주 의원 마크 레노, 동생 마야, 선거 고문인 짐 라발, 그리고 친구 매튜 로스차이드가 계속해서 개표 상황을 기록했다. 그들은 각 선거구 상황이 보고될 때마다 파스타를 먹는 틈틈이 종이 식탁보 위에 득표 상황을 고쳐 적었다.

현대의 선거운동은 빅데이터와 분석 및 정교한 투표율 모델에 의

존한다. 하지만 내 경험으로 보면 친구와 펜 그리고 한 그릇의 스파게티도 그만큼 효과적이다.

막 식당을 떠나려던 참에, 마야가 내 팔을 움켜쥐었다. 새로운 개표 소식이 들어왔다.

"오, 세상에, 언니가 해냈어!" 마야가 소리 질렀다. "언니가 결선에 올랐다고!" 그 말을 확인하기 위해 나는 직접 득표 계산을 해보았다. 나는 마야를 바라보고, 마야는 나를 바라보며 우리는 서로 "이게 믿어져? 우리가 정말로 해냈다고!"라고 말했던 것이 생각난다.

결선투표는 5주 뒤에 열렸다. 비가 오는 날이었고, 나는 흠뻑 젖은 채 버스 정류장에서 유권자들과 악수를 하며 하루를 보냈다. 그날 저녁, 내가 바랐던 대로, 우리는 승리했다.

우리는 선거운동본부에서 파티를 열었고, 나는 퀸의 「We Are the Champions」이 울려 퍼질 때 연단으로 나갔다. 나는 내 앞의 친구들, 가족들, 조언자들, 자원봉사자 등 그 군중들 속에서 하나의 공동체를 보았다. 가장 가난한 지역에서 그리고 가장 부유한 지역에서 온 사람들이 있었다. 경찰관들이 지지자들과 함께 경찰 개혁을 위해 싸웠다. 젊은이들이 어르신들과 함께 환호했다. 내가 언제나 현실에서 실현하고자 원했던 것이 그곳에 반영되어 있었다. 가장 중요한 것은 우리는 우리를 갈라놓은 것보다 훨씬 더 많은 공통점이 있다는 점이다.

이 글을 쓰는 지금, 내가 지방검사장으로 취임한 지 거의 15년이 지나고 있었다. 업무를 시작한 이후, 어떤 식으로든 거의 모든 시간을 형사사법제도의 개혁을 위해 보냈다. 나는 이 일을 추진하며 지방검사장으로서 두 번의 임기를, 주 법무부 장관으로서 거의 두 번의 임기를 보냈다. 또 상원의원으로서 취임 6주 만에 형사사법개혁 입법안을 제출했다.[2] 2004년 취임식 당일 아침, 물론 형사사법개혁이란 쟁점들이 내게 얼마나 중요한지를 너무나 잘 이해하고 있었지만, 그것이 나를 샌프란시스코에서 새크라멘토로, 그리고 워싱턴 DC로 이끌 것이라고는 당시로써는 상상조차 하지 못했다.

지방검사장 취임식은 1945년 유엔헌장이 서명되었던 곳과 같은 장소인 샌프란시스코 전쟁기념관과 공연예술회관이 함께 있는 허브스트극장에서 열렸다. 이제 우리는 서로 다른 종류의 역사를 만들어 나가겠지만, 여전히 통합이 그날의 메시지였다. 어머니는 나와 로널드 조지(Ronald George) 사이에 서 계셨는데, 그는 내가 취임선서를 할 캘리포니아 대법원의 대법원장이었다. 나는 나와 대법원장 사이에 서 계셨던 어머니의 얼굴에 담긴 순수한 자부심을 보았던 것을 잊지 못한다.

식장에는 각계각층에서 온 수백 명의 사람으로 가득 찼다. 고수들이 북을 쳤고, 청소년합창단이 노래를 불렀다. 목사님 중 한 분이 축도를 해주셨고, 중국인 용춤 무용수들이 통로를 오가며 춤을 추었다. 또 샌프란시스코 게이 남성합창단이 우리 모두에게 세레나데를 들려주었다. 다문화적이고, 다민족적이고, 너무나 훌륭하고 가장 아름다운 방식들로 다소 흥분되었던 자리였다.

당시 오클랜드 시장이었던 제리 브라운(Jerry Brown)이 맨 앞줄에 앉아 있었다. 그는 자신의 아버지가 60년 전 바로 오늘 나와 똑같은 취임선서를 했다고 말해주었다. 같은 날 개빈 뉴섬(Gavin

Newsom)이 시장에 취임하면서 샌프란시스코에 새로운 정치의 장이 열리고 있음을 분명히 느낄 수 있었다.

나는 악수를 하고 포옹을 받는 그 모든 기쁨을 만끽하며 인파들 사이를 헤치고 나왔다. 식이 끝나갈 무렵, 한 남성이 어린 두 딸과 함께 내게로 다가왔다.

그는 "오늘 이 아이들에게, 자신과 비슷하게 생긴 사람이 커서 무엇을 할 수 있는지를 보여주고 싶었어요"라고 말했다.

취임식이 끝나고, 나에게 배정된 사무실을 보기 위해 살짝 빠져나왔다. 내 의자에 앉았을 때 어떤 기분일지 알고 싶었다. 나는 공보담당인 데비 메슬로와 차를 몰아 법원으로 향했다. 간선도로 바로 옆에 서 있는, 브라이언트가 850에 있어 '850'이라고도 불리는, 회색 건물은 엄숙하고 당당했다. 나는 그곳을 "끔찍할 만큼 멋진 일터"라고 농담하곤 했었다. 이 건물에는 지방검사장실 외에도 경찰서와 형사법원, 견인사무소, 군 교도소, 검시관실 등이 함께 있었다. 이곳에서 사람들의 삶이 (가끔은 영원히) 바뀌는 장소라는 사실에는 의심의 여지가 없었다.

"우와~" 나는 내 사무실을 둘러보았다. 아니 정확하게 말하자면, 텅 빈 사무실을 둘러보았다. 인사이동이 있어서 거의 모든 자리가 비워진 상태였다. 한쪽 벽에 철제 캐비닛이 세워져 있었고, 그 위에는 1980년대의 왕(Wang) 컴퓨터가 놓여있었다. (다시 말하지만, 당시는 2004년이었다.) 사무실에서 이메일을 사용하지 못하는 것이 당연했다. 한쪽 구석에는 플라스틱 쓰레기통이 있었고, 바닥에는 헐거워진 전선이 몇 가닥 튀어나와 있었다. 새로운 사무실 창문 너머로 보석금 대출회사들이 줄줄이 보였다. 이 또한 형사사법제도가 가난한 사람들에게 더 많은 벌을 주고 있음을 매일같이 상기시켰다. 사무실에는 책상이 없었다. 책상이 있던 자리에 의자만 덩그러니 놓여 있었다. 하지만 괜찮았다. 내가 원했던 것은 바로 그 의자였다. 나는 내 자리에 앉았다.

주변이 고요했다. 그 자리에 앉아서 여기까지 오게 된 과정을 돌아보았으며, 앞으로 내가 해야 할 일들에 대해 심사숙고했다.

나는 내가 사법개혁에 적임자이며, 지금까지의 그 누구보다 더 잘할 수 있다는 믿음 때문에 출마했다. 더욱이 나 자신이 내가 경험한 것보다 더 큰 무엇인가를 대표하고 있음을 알고 있었다. 그 당시 나처럼 생겼거나 나와 비슷한 출신을 가진 지방검사 수는 많지 않았다. 지금도 여전히 별로 없다. 2015년의 한 보고서에 따르면, 미국의 선출직 검사 중 95%는 백인이었고, 또 79%가 백인 남성이었다.[3)]

내가 일선 검사로서 형사사법제도의 최전선에서 보낸 10년이라는 시간은 아주 값진 시간이었다. 나는 그 시간 동안 사법제도가 무엇을 위한 것이었는지, 무엇을 위한 것이 아니었는지, 그리고 무엇을 할 수 있는지를 알았다. 법정은 정의의 진원지가 되어야 했지만, 종종 엄청난 불공정함의 진원지였다. 나는 그 양쪽이 다 진실임을 알고 있었다.

나는 폭력 피해자가 몇 년 뒤 가해자가 되어 나타나는 것을 보았을 정도로 충분히 오랜 시간을 법정에서 보냈다. 나는 너무나 많은 범죄가 발생하는 지역에서 성장해서, 외상후스트레스장애(post-traumatic stress disorder) 수치가 전쟁 지역에서 자란 아이만큼이나 높은 아이들과 함께 일을 한 적도 있었다. 18세가 되기 전까지 6번이나 위탁 가정을 바꾸어야 했던 아이들을 만난 적도 있었다. 그 아이들은 범죄의 사슬에서 벗어날 가망은 전혀 없이 그저 제도적 장치만이 바뀔 뿐인데도, 하나의 악조건에서 또 다른 악조건으로 도망치는 것을 보았다. 단지 자신들이 태어난 환경과 거주지의 환경 때문에 암울한 미래가 결정된 아이들을 보아왔다. 검사로서 나의 업무는 법을 위반한 자들을 잡아 그 책임을 묻는 것이었다. 하지만 그 체제 또한 이들과 이들이 속한 공동체에 어떤 책임이 있지 않을까?

대신 체제가 고안한 것은 이미 불이익을 받고 있는 지역사회를 더욱 더 비참하게 만드는 대량 투옥의 시대였다. 미국은 세계 어느 나라보다 더 많은 사람을 감옥에 보내고 있다. 2018년 현재, 210만 명의 재소자가 주나 연방 교도소에 갇혀있다.[4] 미국에는 이보다 더 적은 인구를 가진 주가 15개나 된다. 마약과의 전쟁이 많은 사람을 이 체제 속으로 끌어들였다. 그것은 형사사법제도를 마치 조립라인처럼 변화시켰다. 나는 그것을 가까이서 지켜보았다.

처음 일을 시작했을 때, 나는 몇 명 되지 않는 검사들이 수백 건의 마약 사건을 다루는 (일명 브리지라고 알려진) 알라메다 카운티 지방검사실의 한 부서에 배정되었다. 무수한 사건들 속에는 악당들이 존재했다. 분명히 많은 마약상이 청소년들에게 자신들을 위해 다른 청소년들에게 마약을 팔 것을 강요했다. 하지만 너무나 많은 사건 파일들이 다른 이야기를 했다. 단순히 약간의 코카인을 소지했다는 이유로 체포된 남자가 있었고, 단지 자신의 집 현관 입구에 앉아 있었을 뿐인데, 사건의 영향권에 있었다는 이유로 체포된 여성도 있었다.

이런 사건들은 비극적으로 기소된 만큼이나 입증도 쉬웠다. 거리 정화에 급급한 나머지, 우리는 공중보건 위기를 유죄라고 단정했다. 코카인 유행이 치명적인 바이러스처럼 퍼지자, 치료나 예방에 초점을 두지 않고, 사람들을 무차별적으로 잡아들였다.

새 사무실에 혼자 앉아 있으려니, 초임 검사 시절 우연히 복도에서 몇몇 동료들이 나누는 대화를 듣게 되었을 때가 생각났다.

"갱단 가입 혐의를 더할까?"라고 그들 중 하나가 말했다.

"그가 갱이었다는 것을 증명할 수 있어?"라고 다른 사람이 물었다.

"이봐. 그가 입고 있는 옷을 봤잖아. 그들이 어디에서 그를 차에 태웠는지도 봤고. 그는, 이름이 뭐더라? 그 래퍼의 카세트테이프도 가지고 있었잖아."

나는 복도로 걸어나갔다. "이봐요. 다들 알고 있겠지만, 내 가족들이 그 동네에 살고 있어요. 내게는 그런 스타일로 옷을 입는 친구들도 많고, 그리고 지금 내 차에 그 래퍼의 카세트테이프가 있어요."

나는 내가 왜 출마했는지, 누구를 돕기 위해 여기에 있는지, 그리고 유죄 판결을 받아내는 것과 유죄에 대한 확신을 갖는 것의 차이가 무엇인지 곰곰이 생각해보았다. 결국, 나는 내가 희생자들을 위해 그곳에 있다는 것을 깨달았다. 범죄의 희생자들과 형사사법제도의 희생자들 양쪽 모두를 위해.

진보적인 검사가 된다는 것은 이러한 이분법을 이해하고 실천하는 것이다. 누군가가 다른 사람의 목숨을 빼앗거나, 아이가 학대를 받거나, 여성이 성폭행을 당했을 때 그 가해자에게 마땅히 엄중한

벌을 주어야 한다는 것을 이해해야 한다. 이것이 정의의 절대적인 규범이다. 하지만 공정성을 보장해야 마땅한 사법제도에 그렇지 못할 때가 있음을 또한 이해해야 한다. 진보적인 검사의 임무는 그렇게 소외된 사람을 살피고, 목소리를 낼 수 없는 사람들을 대신하여 목소리를 높이고, 단순한 결과들이 아닌 범죄의 원인을 보고 처리하고, 불공정함으로 이어지는 불평등과 부당함에 한 줄기 빛을 비추는 것이다. 그것은 모든 사람에게 처벌이 필요한 것이 아니라, 많은 사람에게, 아주 간단한 도움이 필요하다는 사실을 인식하는 것이다.

문을 두드리는 소리가 났다. 데비였다. "준비됐나요?" 그녀가 웃으며 물었다.

나는 "금방 나갈게" 하고 대답했다. 나는 다시 한번 침묵 속에 숨을 들이켰다. 그런 뒤 서류 가방에서 펜과 메모장을 꺼내 목록을 만들기 시작했다.

막 책상에 앉으려는데 사무보조원이 들어왔다. "검사장님, 또 다른 어머니께서 오셨어요."

"고마워요. 금방 나갈게요."

그녀를 맞이하기 위해 복도를 지나 로비로 향했다. 일을 시작한 지 몇 주밖에 지나지 않았지만 이렇게 나서는 것이 처음은 아니었다. 그리고 어떤 여성이 찾아와 "카멀라와 이야기하고 싶어요. 카멀라 하고만 이야기하겠어요"라고 말하는 것도 처음 있는 일은 아니었다. 이 여성이 왜 나를 찾아왔는지 알고 있었다. 그녀는 살해당한 아이의 어머니였다.

여인은 내 품에 거의 쓰러질 듯했다. 그녀는 뼛속까지 비통함으로 가득했다. 너무나 슬퍼했고, 너무나 지쳐 있었다. 그런데도 이곳까지 찾아온 것이 그녀의 집념을 증명하고 있었다. 그녀가 거기에 온 것은 자신의 아이를 위해, 그녀가 잃어버린 아이를 위해, 길거리에서 총에 맞아 숨진 청년을 위해서였다. 아들이 죽은 지 몇 달이 지났지만, 살인자는 여전히 거리를 자유롭게 활보하고 있었다. 이 사건은 내가 취임했을 당시 샌프란시스코 경찰서에서 담당하고 있던 70건이 넘는 미해결 살인 사건 중 하나였다.

이들 중 몇 명은 이전부터 알고 있었고, 다른 이들은 선거운동을 하던 도중에 만났다. 이들 중 대부분은 범죄율이 높은 동네에서 사는 흑인 또는 라틴계였고, 모두 자신의 자식들을 너무나 깊이 사랑했다. 이들은 살인 사건 피해자의 어머니들이라는 모임을 만들었다. 반쯤은 위로 모임 성격이었고, 반쯤은 옹호 단체였다. 그들은 서로에게서 슬픔을 이겨내고 극복하는 것을 배웠다.

그들은 내가 자신들을 도울 수 있을지는 확신하지 못했지만, 적어도 내가 그들을 만나줄 것으로 생각했다. 나 또한 말 그대로 그들을 만나볼 생각이었다. 그들을 만난 후 그들의 아픔과 고통을, 그리고 피 흘리는 그들의 영혼을 보았다. 무엇보다도 그들은 내가 자신들을 사랑으로 가득하며, 비탄에 젖은 어머니들로 본다는 사실을 알았다.

이것은 참으로 비극적인 일인데, 만약 한 어머니가 자동차 사고나 전쟁으로 자녀를 잃었다는 이야기를 들으면, 사람들은 자연스럽게 동정과 염려가 섞인 반응을 보인다. 하지만 길거리의 폭력 사건으로 아이를 잃었을 때는 (마치 예상했었다는 듯) 대부분 어깨를 으쓱하는 정도로 대중들의 반응이 달라진다. 자녀를 잃었다는 끔찍한 비극이 아니라 또 하나의 통계자료일 뿐이다. 마치 아들의 죽음이 발행한 상황이 그의 목숨의 가치를 정의하는 듯하다. 마치 그 어머니가 겪는 상실감이 덜 타당하고, 덜 고통스럽고, 동정할 가치가 덜한 듯이 반응한다.

나는 좀 더 사적인 대화를 나누기 위해 그녀를 내 사무실로 안내했다. 그녀는 자기 아들이 총에 맞아 사망했지만, 아무도 체포되지 않았고, 아무도 신경 쓰지 않는 것 같다고 말했다. 그녀는 부검실에 찾아가 아들의 신원을 확인했을 때의 그 순간을, 너무나 차갑고, 생기 없이 누워있는 아들의 모습을 머릿속에서 지울 수 없다고 털어놓았다. 그녀는 단서가 될 만한 사실들을 살인 사건 담당자에게 메시지로 남겼지만 아무런 응답도 받지 못했다고 말했다. 그녀는 아무런 일도 일어나지 않았고, 아무런 일도 일어나지 않을 것처럼 여기는 그 이유를 이해할 수 없었다. 그녀는 내 손을 잡고, 내 눈을 똑바로 바라보았다. 그녀는 "그 아이는 소중했어요. 내게는 지금도 소중해요"라고 말했다.

"내게도 그는 소중하답니다"라고 말하며 그녀를 안심시켰다. 그의 삶은 모든 사람에게 소중했어야 했다. 나는 팀원들에게 가능한 한 빨리 살인 사건 담당자들 모두를 회의실로 불러모으라고 말했다. 이 모든 사건이 어떻게 진행 중인지 알고 싶었다. 살인 사건 담당자들은 영문도 모른 채 모였다. 그 당시 나는 지방검사장이 수사관들을 회의실로 소집하는 것이 흔한 일이 아니라는 사실을 몰랐다. 한 명 한 명에게 그들의 미해결 살인 사건의 실태를 브리핑하라고 요구했고, 피해 가족들에게 정의를 보여주기 위해 무엇을 할 것인지에 대해 자세한 내용을 물었다. 나는 아주 매서운 질문들을 던졌고, 담당자들을 강하게, (나중에 알게 되었지만) 그들이 생각했던 것보다 더 강하게 밀어붙였다. 덕분에 다들 다소 심기가 상하기는 했다. 하지만 그것은 옳은 일이었고, (예전에 누군가 이미 실행한 적이 있는지와 상관없이) 해야 하는 일이었다.

그들은 나의 호출을 진지하게 받아들였다. 회의가 끝난 지 한 달도 지나지 않아, 경찰은 목격자들이 앞으로 나서는 것을 격려하기 위한 새로운 캠페인을 시작했다. 그리고 결과적으로, 우리는 쌓여있던 미해결 살인 사건을 25%나 줄일 수 있었다. 모든 사건을 다 해결할 수는 없었지만, 모든 사람이 사건 해결을 위해 최선을 다해 노력했다.

몇몇 사람들은 내가 너무 단호하다는 사실을 놀라워했다. 또 몇몇 사람들은 어떻게 흑인 여성인 내가 더 많은 유색인종 청년들을 감옥에 가두는 것을 묵인하는지에 의문을 제기하기도 했다. 형사사법 체계에 깊은 결함이 있다는, 거기에 근본적인 문제가 있다는 사실에는 의심의 여지가 없다. 그리고 우리는 그것을 개선해야 한다. 하지만 어머니의 고통을, 아이들의 죽음을, 지금 이 순간에도 거리를 활보하고 다니는 살인자를 간과하거나 무시할 수는 없다. 나는 이토록 심각한 범죄를 저지르는 사람들에게 심각한 결말이 있어야 한다고 믿었다.

나는 말다툼 중에 (말 그대로) 여자친구의 머리 가죽을 벗겨낸 남자를 포함해서 상상할 수 있는 거의 모든 종류의 범죄들을 다루어왔다. 다른 사람에게 너무나 흉악하고, 말로 표현할 수 없는 행위를 저지른 범죄자들을 기소해왔다. 사람들이 살해당한 살인 현장을 다녔고, 살인을 저지른 사람들에 대한 유죄 판결을 받아냈다. 법정에서 판사가 종신형을 선고하는 동안 나는 냉혹한 살인범들의 얼굴을 마주 보았다. 나는 특정 사건에 더 가혹한 형벌을 구형하는 것을 두려워하지 않았다. 예를 들어, 나는 2004년 캘리포니아에서 미성년 소녀들과 성관계를 위해 돈을 지불한 사건에 대한 형량을 연장하는 법안을 통과시켰다. 나는 아동 성폭력은 그렇게 처벌해야 한다고 믿었다.[5)]

하지만 덜 심각한 범죄에 대해서는 상황이 똑같지 않으며, 또 그래서도 안 된다는 점을 분명히 해두겠다. 처음 카운티 교도소를 방문했을 때를 기억한다. 너무나 많은 젊은이가 그곳에 있었고, 대부분 흑인이거나, 라틴계이거나 가난했다. 너무나 많은 이들이 중독과 절망, 그리고 가난이라는 이유로 그곳에 있었다. 그들은 아이들을 그리워하는 아버지들이었다. 그곳에 있는 많은 청년이 사실상 아무런 선택의 여지가 없어서 갱단에 끌려 들어간 것이었다. 대부분이 폭력을 저질러서 구속된 것이 아니라, 대량 투옥의 물결에 휩쓸려 여기까지 흘러왔다. 사람들의 삶이, 그들의 가족 그리고 지역사회와 함께 파괴되었다. 이들은 잃어버린 가능성을 상징하는 살아있는 기념비였고, 나는 그것을 허물고 싶었다.

1977년 샌프란시스코의 중심부 웨스턴 에디션에서 내 친구 라테파 사이먼(Lateefah Simon)이 태어났다. 그녀는 코카인 유행이 막 통제되기 시작하던 당시, 한때 중산층이 살던 지역에서 성장했다. 그녀는 마약이 자신의 지역사회에 어떤 작용을 하는지를 보았다. 자기 파괴적인 중독을 부추기고, 이미 겉보기에도 너무나 보잘것없는 사회적 안전망 속에서 살아가려고 고군분투하는 가족들에게 더 큰 짐을 얹어주고, 아버지가 사라지고, 심지어는 모성애라는 어머니의 가장 뿌리 깊은 본능까지도 좀먹어 가는 것을 보았다. 라테파의 어린 시절 꿈은 사람들을 돕는 것이었다. 하지만 점점 나이가 들면서 그녀는 누군가의 도움이 필요한 수많은 사람 중 하나가 되었다. 결국, 가게 물건을 훔쳤다는 이유로 보호관찰을 받게 되었고, 고등학교를 중퇴했다.

하지만 그때 누군가가 그녀의 삶에 끼어들었다. 당시 라테파는 10대였고, 타코 벨에서 하루에 8시간씩 근무를 하고 있었는데, 한 빈민구제 상담원이 그녀에게 기회를 알려주었다.[6] 샌프란시스코에는 길거리에서 방황하거나 어려움에 부닥친 소녀들과 젊은 여성들을 대상으로 직업 훈련을 포함한 사회복지사업을 펼치는 '젊은 여성을 위한 지원센터(the Center for Young Women's Development)'가 있었다. 이 센터에서 그곳에서 일할 새로운 직원을 모집하고 있었다. 라테파는 구명줄을 보았고, 그것을 움켜쥐었다.

10대 소녀였던 그녀는 지원센터에서 일을 시작했고, 혼자서 딸을 키웠다. 곧 누구도 그녀를 막을 수 없게 되었다. 그녀는 어디든 찾아갔다. 지방 정부의 관련 회의들을 찾아가 인신매매를 당하는 소녀들을 도울 수 있는 변화를 요구했고, 사탕과 함께 콘돔을 나눠주며 가난한 지역의 거리에서 도움을 구할 방법들에 대한 정보들을 알려주었다. 그리고 센터로 자신의 이웃에 사는 취약 계층 소녀들을 불러들여 함께 일했다. 라테파는 "저는 저와 같은 또래의 소녀들에게서 회복력을 보았습니다. 정말로 가진 것이 아무것도 없지만, 그들은 어떻게든 하루를 버텨냈습니다. 그리고 다음 날도 그다음 날도요"라고 회상했다.[7)]

지원센터의 이사진들은 일을 대하는 그녀의 집념과 숙련도와 리더십에 감명을 받았고, 이제 19세에 불과한 그녀에게 행정 책임자를 맡아달라고 부탁했다. 그녀는 그 일을 흔쾌히 받아들였는데, 내가 라테파를 알게 된 것도 그때였다.

나는 시검찰청에서 라테파처럼 여성을 위한 공동체에 속한 사람들과 함께 작업하고 있었다. 나는 각지에서 찾아온 취약한 여성들을 위한 '스스로 권리 찾기' 강좌를 진행하고 있었고, 라테파에게도 동참해달라고 요청했다. 라테파가 천재라는 것을 알 수 있었는데, 그렇게 생각한 사람이 나만이 아니었다. 그녀는 2003년에 권위 있는 '맥아더지니어스상'을 수상한 최연소 여성이 되었는데, 유일한 고졸 검정고시(General Equivalency Diploma) 합격자이기도 했다.

내가 지방검사장이 되었을 때, 나는 종종 '만약 라테파가 물건을 훔치는 대신 담배 한 갑을 집었더라면 어떻게 되었을까? 만약 보호관찰이 아니라 감옥에 수감되었다면 어떻게 되었을까?' 하는 생각을 했었다. 나는 중범죄의 유죄 판결이 무엇을 의미하는지 알고 있다. 그것은 단지 감옥에서 보내는 시간에 관한 것이 아니다. 오히려 출소 후의 삶에 대한 판결이다. 국가로서 우리는 절망에 빠진, 희망을 잃은 수감자를 세상으로 내보내는 것을 전문으로 한다. 그들에게 약간의 현금과 버스표를 쥐여주고, 중범죄를 저지른 사람이라는 전과 기록을 남긴다. 채용 과정에서 거절당하고 (고용주 대부분이 바라는 것은 그런 경력이 아니다), 돈을 벌 방법을 찾지 못하는 경우가 다반사이다. 감옥을 나서는 순간부터 다시 수감될 위기에 처하게 되는 것이다. 결국, 같은 동네의 같은 사람들과 같은 구석으로 몰리게 되고, 유일하게 달라진 것은 그들이 이미 한 번 복역했다는 사실뿐이다. 감옥은 (종종 피할 수 없는) 그 자체의 중력을 가지고 있다. 미국 전역에서 매년 수십만 명의 사람들이 석방되는데, 그중 70%가 3년 안에 다시 범죄를 저지른다. 결코, 현재 상황이 더 나아지지 않는다는 것이다.[8)]

나는 대담하고 뛰어난 정책실장 팀 살라드를 포함해 내가 신뢰하는 자문위원들을 불러모아 이런 질문을 던졌다. 실제로 효과적인 사회적응 프로그램은 무엇이 있을까? 아니 생각을 바꾸어서, 공공의 안전을 제공하는 가장 좋은 방법이 애초에 범죄를 예방하는 것이라면, 사람들의 재범을 막기 위해 우리가 할 수 있는 것은 무엇일까?

만약 우리가 그들을 정상적인 삶으로 복귀시킬 수 있다면?

그 질문에 대한 대답이 내가 팀과 함께 개발할 프로그램의 이름 '백온트랙(Back on Track, 정상복귀)'이 되었다. 이 프로그램의 핵심은 구원의 힘에 대한 나의 믿음이었다. 구원은 많은 신앙에 뿌리를 둔 오래된 개념이다. 이 개념은 우리 모두가 실수할 수 있다는 것은 전제로 하는 것이며, 일부에게서는 그 실수가 범죄의 수준까지 도달한 것이다. 행위에는 반드시 결과와 책임이 따라야 한다. 하지만 결과에 따른 빚을 모두 갚은 뒤에는, 그들에게 정착할 방법을 제시하는 것이 시민 사회의 책무가 아닐까.

처음에는 엄청난 반발이 있었다. 당시의 형사사법 정책은 여전히 더 가혹한 형벌이나 경찰의 군대화를 지향하는 추세였다. 많은 사람이 형사사법 체제가 충분한 처벌을 이행하지 않는다고 믿는 분위기였다. 다행히도 10년이 넘는 시간이 흐르면서 그런 태도는 더 균형 잡힌 접근을 위한 공간을 열어주는 방향으로 개선되었다. '백온트랙'과 같은 사회적응 프로그램이 이제는 주류사회의 일부가 되었다. 하지만 프로그램 도입 초기에는 정기적으로 함께 일을 했던 사람들을 포함해 집중적인 반발을 샀다. 그들은 검사가 하는 일을 사람을 감옥에 보내는 것으로만 보았다. 범죄를 저지른 사람들이 출소했을 때 무슨 일이 일어나는지에는 관심을 두지 않았다. 그런 일은 다른 누군가의 일이라고 생각했다. 그러면서 내가 귀중한 시간과 자원을 낭비한다고 비난했다. 사람들은 내게 "당신은 범죄자들을 내보낼 것이 아니라 가둬야 한다"고 말하곤 했다.

그래도 우리는 끈기 있게 버텼다. 그것이 내가 사무실을 운영하면서 중요하게 여겼던 것 중 하나였다. 결국, 우리가 주도권을 잡을 것인지 아닌지는 내 손에 달린 것이었다. 나를 비판하는 말들에 귀를 기울였지만, 거기에 얽매이지는 않았다. 나는 변화를 만들고 싶었고 그렇게 할 수 있다는 것을 증명하고 싶었다.

그렇게 나는 팀과 함께 작업했다. 우리는 (내가 종종 신병훈련소에 비유하곤 했던) 엄격한 프로그램을 참가자들에게 적용함으로써 기회를 만들고 싶었다. 거기에는 약물 검사 및 치료뿐만이 아니라 직업 훈련, 고졸 검정고시(GED) 과정, 지역사회 봉사, 육아 및 금융 수업 등이 포함되어 있었다. 지방검찰청에서 기획을 주도했지만, 지역사회 봉사 및 취업 교육을 총괄한 굿윌인더스트리즈(Goodwill Industries)부터 프로그램 참가자들의 구직에 도움을 준 샌프란시스코 상공회의소와 그 회원사들, 그리고 귀중한 수습 기회들을 제공한 지역 노동조합에 이르기까지 여러 분야의 중요한 파트너들을 모아냈다.

'백온트랙'은 (물론 접근방식이 온정적이었지만) 아주 엄격하게 설계되었다. 이것은 사회복지 프로그램이 아니라 법 집행 프로그램이었다. 첫 참가자들은 모두 비폭력적 범죄를 저지른 초범들이었다. 참가자들은 먼저 유죄를 인정하고, 자신들을 이곳까지 오게 한 자기의 행동에 대한 책임을 받아들여야 했다. 우리는 참가자들이 프로그램을 성공적으로 완수한다면 그들의 전과를 삭제해주겠다고 약속했고, 그것이 그들을 더욱 노력할 수 있도록 독려했다. 우리는 모서리부터 점진적으로 다듬어가는 그런 프로그램을 고안한 것이 아니었다. 그것은 탈바꿈이었다. 우리는 초범자인 젊은이들의 가능성을 믿었고, 또 그들이 그런 자신을 볼 수 있기를 원했다. 우리는 모든 참가자가 가장 높은 목표에 도달하기를 원했다.

이 프로그램을 관리할 사람을 지목해야 할 때, 한 사람이 떠올랐다. 라테파에게 전화를 걸었다.

그녀는 처음에 내켜 하지 않았다. 검찰을 위해 일하는 자신을 상상해본 적이 없다고 했다. 그러면서 "권력자를 위해 절대로 일하고 싶지 않아요"라고 말했다.

나는 미소지으면서 "권력자를 위해 일하는 게 아니에요. 당신을 위해 일하는 거예요"라며 걱정하지 말라고 말했다.

라테파는 믿을 수 없을 정도로 열심히 일했다. 백온트랙의 학생들도 마찬가지였다. 그 노력의 결실을 함께 나누었던 날 밤을 결코 잊을 수 없다.

법원 업무가 모두 끝난 후였지만 팀원들과 라테파, 그리고 사무실 동료들이 모두 모였다. 우리는 복도를 따라 배심원 회의실로 향했다. 회의실에 들어갔을 때 그곳에는 꽃과 풍선이 가득했다. 부산스럽고 즐거운 분위기는 평상시의 배심원실과는 달랐다. 하지만 그날 밤은 일상적인 그런 밤이 아니었다. 나는 회의실 앞쪽으로 걸어가 첫 번째 백온트랙 졸업식을 시작했다.

18명의 남녀가 출입문으로 들어와 자리에 앉았다. 거의 예외 없이 처음 졸업식 가운을 입어보는 이들이었다. 그들 중 아주 소수만이 이런 행사에 친구와 가족들을 초대했거나, 사랑하는 사람들에게 행복의 눈물을 흘리게 하는 기회를 가져본 경험이 있었을 것이다. 이 축하 행사는 어렵게 마련한 자리였고, 그들은 그 모든 순간을 누릴 자격이 있었다.

프로그램을 시작한 지 1년 만에 참가자 전원이 검정고시에 합격했고, 안정된 직장을 얻었다. 그들은 모두 200시간 이상의 사회봉사 활동을 마친 상태였다. 자식을 둔 아버지의 경우 밀렸던 양육비를 모두 지급했으며, 모두 마약에서 벗어났다. 그들은 그럴 수 있다는 사실을, 그리고 그렇게 해냈음을 증명했다.

우리는 그들에게 했던 약속을 바로 이행했는데, 그들은 자신들의 노력과 성공의 대가로 졸업장과 함께 대기하고 있던 판사로부터 전과 기록 삭제 명령도 받아냈다.

전직 사회복지사이자, 샌프란시스코에서 가장 오래 근무한 판사인 내 친구 존 디어맨을 포함한 다수의 고등법원 판사들이 백온트랙 졸업식을 주재해주었다. 이들 중에는 민권운동의 아이콘인 셀턴 핸더슨(Thelton Henderson)이 있었다. 그는 1963년 마틴 루터 킹 목사의 자동차가 고장 나자, 킹 목사가 셀마에 갈 수 있도록 자신의 자동차를 빌려주었다.[9]

백온트랙은 빠르게 그 장점을 증명했다. 2년 뒤, 같은 범죄를 저지른 다른 수감자들의 재범률이 50%인 데 반해, 백온트랙 졸업생들의 재범률은 10%에 그쳤다. 그것은 또한 세금의 현명하고 효과적인 관리법을 보여주기도 했다. 백온트랙 참가자 한 명당 5,000달러의 비용이 들었는데, 중범죄 사건을 기소하는 데 1만 달러, 누군가를 1년 동안 교도소에 가두는 데 약 4만 달러 이상의 비용이 든다.[10]

지방 공무원들에게는 국가 정책을 수립할 권한이 없다. 자신들의 관할권 밖에서는 아무런 영향도 미치지 못한다. 하지만 훌륭한 아이디어를 실행함으로써 비록 아주 작은 규모일지라도, 다른 사람들이 따라 할 수 있는 좋은 사례는 만들어낼 수 있다. 이것이 백온트랙을 고안한 우리의 주된 목표였다. 우리는 주 정부와 연방 정부의 지도자들에게 사회복귀 기획이 효과가 있음을, 그것을 시도할 가치가 있음을 보여주고 싶었다. 이런 이유로 오바마 법무부가 백온트랙을 표본 프로그램으로 채택했을 때 특히나 기뻤다.

이후 내가 주 법무부 장관 선거에 출마했을 때 이 프로그램을 주 전체로 확산시키기 위해 애썼다. 우리는 LA 카운티와 협력해 캘리포니아에서 가장 큰 교도소 안에 백온트랙-LA를 만들기 위해 노력했다.

어느 날 법무 보좌관인 제프 차이와 다니엘 수보르와 함께 프로그램 참가자들을 만나러 간 일이 있다. 우리가 도착했을 때, 음악 동아리에서 나를 위해 만든 노래를 들려주겠다고 했다. 나는 "대단하군요. 모임 이름이 뭐죠?" 하고 물었다. 대답이 나를 미소짓게 했는데, 콘트라밴드(남북 전쟁 당시 도망 노예의 새로운 신분)였다. 유대인의 납작모자 야물케를 쓴 중년 남성, 마이클 잭슨 흉내를 잘 내는 마른 사내, 산타나(Carlos Santana)의 영향을 받은 것이 분명한 기타연주자, 이글스(the Eagles)의 분위기가 풍기는 키보드 연주자 등 그들은 매우 근사한 모습이었다. 알고 보니 노래 제목이 「Back on Track」이었다. 후렴구가 "나는 정상 생활로 돌아왔네. 그리고 다시 돌아가지 않을 거야"였다. 모두가 정말 몰입해 있었고, 매우 즐거워했으며, 굉장히 자랑스러워 보였다.

우리는 모두 손뼉을 치며 환호했다. 나는 웃고 있었지만, 기쁨의 눈물도 흘렸다. 그들의 진심에 감동했고, 다른 사람들도 이 모습을 보았으면 했다. 불가능하다고 여겼던 것들 속에 엄청난 아름다움이 있었다.

지방검사장 임기 중 백온트랙 졸업식이 열릴 때마다 아래 기수 프로그램 참가자들을 반드시 참석시켰다. 그곳에서 자신들의 미래가 어떻게 펼쳐질지를 직접 확인하게 했다. 그리고 축사를 할 때마다 다음을 강조했다. 백온트랙은 우리보다 당신들에게 훨씬 더 의존하고 있는 프로그램이다. 여기서 이룬 성취는 당신들의 것이며, 또한 여기서 이룬 성취가 여러분들이 생각하는 것보다 훨씬 값지고 크다는 점 말이다.

나는 그들에게 "사람들이 여러분을 지켜보고 있습니다. 그들이 여러분들을 지켜보고 있습니다. 그리고 여러분들의 성공을 보면서, 그들은 아마도 '우리도 따라 할 수 있을 거야. 우리 지역에서도 이런 프로그램을 시도해봐야겠어'라고 생각할 것입니다. 이곳에서 여러분 개개인의 성공이 언젠가 여러분이 한 번도 만난 적이 없는, 이 나라의 다른 어딘가에 살고 있는 누군가의 기회가 될 수 있다는 사실을 알아야 합니다"라고 말했다.

지방검사장 업무를 처음 시작했을 때 앞으로 해야 할 일들의 목록을 만들었다. 하고 싶은 일이 많았고, 해야 할 일도 많았다. 하나도 놓치는 것이 없도록 제대로 하고 싶었다. 심지어 '벽에 페인트칠하기'도 목록에 있었다. 물론 진지했다. 나는 항상 너무 작아서 건드릴 필요가 없는 문제는 없다고 믿어왔다. 대단치 않은 일처럼 들릴 수도 있다. 하지만 이 사무실에서 일하던 사람들은 지난 몇 년 동안 페인트칠을 하지 않았다. 단순히 부서 전체에 퍼져있는 위축된 분위기에 대한 비유가 아니다. 직원들은 대체로 사기가 저하되어 있었다. 그들은 저평가되었고, 힘을 빼앗겼으며, 지쳐 있었다. 페인트를 새로 칠하는 단순한 업무지만 직원들에게 내가 지금 상황 파악을 마쳤다는, 그리고 앞으로 상황이 바뀔 것이라는 명확한 신호를 주고 싶었다.

나는 업무 향상을 위해 필요한 것이 무엇인지를 묻는 설문을 돌렸다. 가장 많은 요구 중 하나가 새 복사기 구비였다. 알고 보니, 검사들이 종이가 자꾸 걸리는 낡은 복사기 때문에 허투루 시간 낭비하는 일이 잦았다. 나는 곧바로 몇 대의 복사기를 주문했고, 사무실에 새 복사기가 도착했을 때 사람들은 내 예상보다 더 크게 기뻐했다.

이런 일은 간단한 일이었다. 그러나 더 큰 목표는 전문성을 회복하는 일이었다. 업무를 전문화하는 것은 정의를 바로 세우는 데 직접적인 연관이 있다. 검사들은 자신의 업무에 관한 한 최고의 상태에 있어야 했다. 나는 타성에 젖었을 뿐만 아니라 서로 반목하기까지 하는 지방검찰청을 이끌게 되었다. 나는 그 분위기를 쇄신해 하나의 팀으로 일하도록 만들고 싶었다. 나는 매주 월요일, 중범죄를 담당하는 검사들을 불러모아 그들이 맡은 사건 내용과 지난주의 판결 내용을 동료 검사들 앞에서 발표하게 했다. 자신의 차례가 되면 그들은 자리에서 일어나 자신이 맡은 사건의 법적 쟁점들과 어떤 변론이 제시되었는지, 판사는 어떤 반응을 보였는지, 증인들과는 어떤 문제가 있었는지 등등을 이야기했다. 마지막으로 나는 그 사건의 결과에 상관없이 항상 박수를 이끌어냈다. 이기고 지는 것은 그리 중요한 문제가 아니었다. 업무의 전문적인 수행에 박수를 보내는 것이었다.

내가 보기에 전문성은 부분적으로 검찰청 내에서 일어나는 일들에 관련된 것이다. 하지만 또한 검찰청 밖에서 하는 행위들과도 관련이 있다. 나는 젊은 검사들을 훈련시킬 때 "이 점을 분명히 하자. 여러분은 국민을 대표한다. 따라서 여러분들이 국민이 누구인지를 정확히 알기를 원한다"라고 말하곤 했다. 나는 팀원들이 그들이 겪어보지 못한 공동체에 대해 배우고, 이웃들의 소식을 접하고, 지역 축제와 공동체 포럼에 참석하라고 말했다. "국민을 위해"의 국민은 그들 모두를 의미하기 때문이다.

분명히 샌프란시스코 지방검찰청만 부실하게 운영되던 유일한 정부 기관은 아니었다. 또 내가 잘못 관리된 조직을 떠맡아 더 잘 운영하려고 노력했던 첫 번째 사람도 아니었다. 하지만 검찰청 체질을 바꾸는 것은 기차를 정시에 운영하는 것보다, 도덕과 효율성을 향상시키는 것보다, 예산과 밀린 업무 그리고 유죄 판결 비율보다 더 중요한 일이었다. 그것은 정의 자체였다. 지방검찰청에서의 역기능은 필연적으로 부정의를 낳는다. 검사들도 인간이다. 최상의 상태가 아닐 땐 최상의 업무를 수행할 수 없다. 그러나 검사들의 업무가 최상의 상태가 아니라는 것은 감옥에 가야 할 사람이 자유롭게 거리를 활보하고, 감옥에 가지 말아야 할 사람이 철창 안에 갇히게 된다는 의미였다. 이것이 바로 기소권을 가진 검사의 독특한 힘이다.

나는 해야 할 일의 목록을 단기, 중기, 장기 세 범주로 나누었다. 단기는 '2주', 중기는 '2년', 그리고 장기는 '오랜 시간이 걸리더라도'로 구분했다. 그 목록의 반대편에는 우리가 직면하고 있는 문제 중, 내가 직접, 내 임기 중에, 심지어 내 경력을 통틀어서도 해결할 수 없을 것으로 생각하는 문제들을 적었다. 사실 거기에 적힌 것들이 가장 중요한 일들이다. 그것은 (정치적인 순간에서 뿐만 아니라 역사적인 순간에서도) 더 큰 시각을 가져야 할 부분이다. 형사사법제도의 핵심적인 문제점들은 새로운 것이 아니다. 대대로 그 제도를 바꾸기 위해 싸워온 사상가, 운동가, 지도자들이 있었다. 나는 어렸을 때 그런 사람들을 많이 만났다. 이 다루기 어려운 이슈를 목록에 추가하는 이유는 그것들이 새로운 것이 아니라 큰 문제이기 때문이다. 사람들이 수십 년 혹은 수백 년 동안 거기에 맞서 싸워왔기 때문에, 그리고 이제 그 의무가 내 것이 되었기 때문이다. 중요한 것은 내 몫의 경주를 얼마나 잘 달리는가 하는 것이다.

내게 이런 생각을 심어준 것은 어머니였다. 나는 시민의 권리와 평등한 정의를 위해 싸우는 사람들에게 둘러싸여 자랐다. 또한, 어머니의 직업에서도 그것을 보아왔다. 어머니는 유방암을 연구했다. 동료들과 마찬가지로, 어머니도 환자를 위한 완전한 치료법을 발견하고자 애썼다. 하지만 어머니는 먼 곳에 있는 꿈에 집착하지 않았다. 당장 자신의 눈앞에 있는 일에 집중했다. 그 일이 하루하루, 한 해 한 해 우리를 목표에 더 가까이 다다르게 만든다고 믿었다. 어머니는 "자신의 눈앞에 있는 일에 집중하다 보면 나머지는 저절로 따라온다"고 말하곤 했다.

그것이 더 완벽한 화합을 만들기 위해 도입해야 할 정신이며, 우리가 긴 서사(敍事)의 일부라는 인식과 또 우리의 역사가 어떻게 쓰일지에 대한 책임이다. 더 빈틈없고, 더 공정하며, 더 효율적인 형사사법제도를 만들기 위한 싸움에는 해야 할 일들이 대단히 많다. 무엇이 문제인지는 알고 있다. 그러니 소매를 걷어붙이고 고치기 시작하자.

내가 상원의원이 된 첫 번째 해에 초점을 맞추었던 주요 쟁점 중 하나는 미국의 보석 제도, 즉 재판을 기다리는 동안 감옥에서 벗어나 대기할 수 있는 제도이다. 그것이 사람들의 삶에 강요한 불평등의 범위와 규모를 볼 때, 이제야 겨우 세간의 주목을 받기 시작한 쟁점이다.

미국에서는 유죄가 입증되기 전까지는 무죄이며, 다른 사람에게 해가 되지 않거나 도주의 우려가 없다면 반드시 감옥에서 재판을 기다리지 않아도 된다. 이것은 적법한 절차를 위한 기본적인 전제조건이다. 배심원들이 유죄로 판결하고, 판사가 선고를 내리기 전까지는 자신의 자유를 고수할 수 있다. 이것이 바로 권리장전이 과도한 보석금을 명확하게 금지하고 있는 이유이다. 그리고 바로 정의가 보여야 할 모습이다.

하지만 미국의 보석 제도는 그렇지 못하다. 미국의 평균적인 보석금 액수는 1만 달러이다. 하지만 4만5,000달러의 수입을 가진 일반 가정의 경우, 평균 예금 잔액이 2,530달러이다. 그 금액의 차이가 너무나 커서, 구금된 사람들 10명 중 9명은 그 보석금을 낼 여유가 없다.[11] 이런 이유로 보석 제도는 부유한 사람들을 우대하고 가난한 사람들을 궁지에 몰아넣는다. 보석금을 내면 당장 그 자리를 벗어날 수 있고, 사건이 끝난 뒤 전액을 모두 돌려받을 수 있다. 그럴 수 있는 여유가 없는 사람들은 감옥에서 고달픈 시간을 보내거나, 결코 돌려받을 수 없는 (아주 비싼) 수수료를 지출해서 보석보증인을 써야 한다.

나는 지방검사장 시절 많은 이들이 (정의의 전당을 벗어나) 거리를 가로질러 보석금 대출업소를 찾는 것을 보았다. 그들은 보석보증인에게 지급할 현금을 구하기 위해 소유물을 저당 잡혔고, 착취당하듯 월급을 저당 잡혔다. 또 친구나 교회에 도움을 요청하는 등 온갖 수단들을 동원한다는 것을 알고 있었다. 또 충분히 무죄를 주장할 수 있는 사건들에 해당하는 사람들도 단지 감옥에서 나와 직장이나 가정으로 돌아가기 위해 유죄 청원을 한다는 사실도 알고 있었다.

「뉴욕 타임스」 일요판은 타깃 매장에서 기저귀를 구매하다 체포된 한 싱글맘 이야기를 보도했다.[12] 그녀는 자신이 쇼핑하는 동안 보호소에 있는 친구에게 아이를 맡겼는데, 아동복지법 위반 혐의로 체포되어 리커스교도소에서 2주를 보냈다. 이 젊은 엄마는 1,500달러의 보석금을 낼 형편이 못됐고, 그녀가 감옥에서 풀려났을 때 이미 아이는 위탁 가정에 맡겨져 있었다. 또 다른 사건은 16세의 칼리프 브라우더(Kalief Browder)가 배낭을 훔쳤다는 이유로 뉴욕에서 체포된 경우였다. 그의 가족은 3,000달러의 보석금을 마련할 수 없었고, 그는 재판을 기다리며 감옥에서 지내야 했다. 그는 어떤 재판이나 판결도 없이 독방에서 3년이라는 막막한 시간을 보내야 했다. 처음부터 끝까지 비극적인 이야기였다. 2015년 칼리프는 리커스에서 풀려난 직후 자살했다.

형사사법제도는 사람들의 가난을 처벌했다. 그 안에 정의는 어디에 있고, 합당함은 어디에 있는가? 그것이 어떻게 공공의 안전을 증진할 수 있겠는가? 2000년부터 2014년 사이 미국 수감자들의 95%를 재판을 기다리는 사람들이 차지했다. 이 사람들 중 대부분은 유죄 판결을 받아본 적이 없는 비폭력적인 사건의 피고인들로, 이들이 수감되어 재판으로 기다리는 동안 정부는 하루 3,800만 달러의 예산을 사용했다. 누군가가 보석으로 감옥에서 나올 수 있는지 없는지가, 그가 은행에 얼마나 많은 돈을 가지고 있는지를 근거로 해서는 안 된다. 피부색도 마찬가지이다. 똑같은 혐의의 경우 흑인이 백인보다 35%나 더 많은 보석금을 낸다. 라틴계도 거의 20%를 더 낸다.[13] 우연의 일치가 아니다. 이것이 우리 형사사법제도의 현실이다. 우리는 이것을 바꾸어야 한다.

2017년, 나는 임의로 보석금을 지정하는 것이 아닌, 위험의 정도나 도주 위험을 평가하는 시스템으로 보석 제도를 대체할 것을 각 주에 권장하는 법안을 발의했다. 만일 누군가가 대중에게 위협이 된다면 그는 구금되어야 한다. 하지만 그런 것이 아니라면 자유의 대가로 돈을 청구하는 사업을 해서는 안 된다. 이 법안에 공동 서명한 사람은 (대부분의 사안에서 서로 격렬히 반박하는) 켄터키 출신의 공화당 랜드 폴(Rand Paul) 상원의원이다. 이것은 그와 내가 동의하는 쟁점 중 하나이며, 우리 모두가 동의해야 하는 쟁점이다. 이것은 정당을 초월할 수 있는, 또 초월하는 쟁점이고, 우리가 그 쟁점을 완성해낼 것이다.

이미 예전에 이행했어야 하는 또 다른 쟁점은 마리화나를 합법화하는 것을 시작으로 실패한 마약과의 전쟁을 마무리하는 것이다. FBI의 2016년 발표에 따르면, 모든 강력 범죄 숫자보다 마리화나 소지로 체포된 사람의 수가 더 많다.[14] 2001년부터 2010년 사이, 700만 명 이상의 사람들이 단순히 마리화나를 소지한 이유로 체포되었다.[15] 이들은 대다수가 흑인과 라틴계로 엄청난 불균형을 보였다. 극명한 예를 들자면, 2018년 1/4분기에 뉴욕 경찰이 체포한 마리화나 소지 혐의자 중 93%가 유색인종이었다.[16] 이러한 인종적 불균형은 너무도 놀랍고 부당하다. 우리는 마리화나를 합법화한 후 그것을 규제할 필요가 있다. 그리고 마리화나 관련 비폭력적인 범죄로 체포되고 수감된 사람들의 범죄 기록을 삭제해서 그들이 다시 삶을 영위할 수 있게 해야 한다.

하지만 그것을 합법화할 때 아직 해결하지 못한 과제들도 있음을 인정하며 개방된 시각으로 이를 시행해야 한다. 음주 측정기처럼 사법 당국자들이 일관되게 신뢰할 수 있는 장치가 없다. 우리는 이것을 위해 투자해야 한다. 또한, 우리가 마리화나의 효과에 대해 모르고 있다는 사실도 인정할 필요가 있다. 마리화나가 1급 마약류로 규정되어 있어서 의사나 과학자들은 그 효과에 대해 단지 제한된 연구만 진행할 수 있었다. 우리는 모든 위험을 이해할 필요가 있다. 그것은 우리 스스로 연구에 헌신하고, 과학자들의 말에 귀를 기울인 후 그 정보들에 따라 행동해야 한다는 것을 의미한다.

또한, 약물 중독을 공중보건의 위기가 아니라 공공 안전의 위기인 것처럼 다루는 것을 중단해야 한다. 마약 중독으로 고통받는 사람들에게 형사사법제도가 관여할 때, 우리의 목표는 그들을 돕는 것이어야 한다. 이제 우리는 중독이 질병이라는 사실을 인정해야 한다. 중독은 사람들이 원하지도, 의도하지도 않았던 방식으로 그들의 삶에 혼란을 일으킨다. 중독은 사람을 차별하지 않으며, 법 또한 그래서는 안 된다는 사실을 인식해야 한다. 누군가 중독으로 고통받을 때, 형사사법제도의 개입이 그들의 상황을 개선하지 못한다. 오히려 더 나빠진다. 그들에게 필요한 것은 치료이고, 우리는 그것을 제공하기 위한 제도 마련을 위해 싸워야 한다.

그리고 심지어 징역형이 필요한 범죄를 저질렀을 때조차, 우리는 이들이 구제될 수 없다거나 두 번째 기회를 가질 자격이 없다는 의견을 거부해야 한다. 우리는 아직도 최소 의무형량 제도를 채택하고 있으며, 이 중 많은 경우가 인종적으로 불균형하다. 우리는 그동안 비인간적일 정도로 지나치게 가혹한 판례들을 만들어온 지난 수십 년간의 사례들을 털어내야 한다.

다행히도 우리는 진전을 보이기 시작했다. 우리가 백온트랙을 소개한 이후 10년 사이에 33개 주가 감금에 대한 대책들을 권장하고, 범죄 재발을 감소시키는 것을 목표로 하는 새로운 판결과 교화 정책들을 채택했다.[17] 그리고 2010년 이후 23개 주에서 재소자 수가 줄어들었다. 하지만 처벌이 범죄와 비례하게 만들기 위해서는 여전히 많은 노력이 필요하다.[18]

우리는 또한 수감 시설 안에서 발생하는 일들을 개선할 필요가 있다. 현재 구속된 사람 중 여성의 비율이 빠르게 증가하고 있다. 그들 중 대부분은 엄마이고, 대다수가 진단이나 치료를 받아본 적 없는 폭력에 대한 트라우마를 가진 생존자들이다. 또 많은 이들이 기본적 위생이나 생리적 보건을 지원하지 않는 시설에 수감되어 있다. 지금 이 순간에도 임신한 상태로 수갑을 차고 있는 여성들이 존재한다. 어떤 주에서는 출산 중에도 수갑을 채웠다. 나는 교도소에 있는 여성들을 방문했었는데, 화장실이나 샤워실에서도 남성 교도관의 감독을 받는 등 그들이 직면한 성적 폭력의 위험에 관한 이야기들을 들었다. 나는 2017년에 이러한 쟁점들 일부를 다루기 위한 법안을 공동 발의한 것이 자랑스러웠다. 여성 재소자에 관한 공론화는 처음이었기 때문이다. 우리가 해야 한다.

현재 가장 시급한 과제 중 하나는 최근 몇 년 동안 우리가 만들어왔던 중대한 진전들을 헐뜯으려는 사람들과 맞서 싸우는 일이다. 트럼프 정부는 마약과의 전쟁을 다시 강화하고, 재활 대신 구속을 강조하며, 오바마 정부 시절에 시작되었던 시민권 침해에 대한 수사를 뒤로 미루고 있다. 심지어 오바마 법무부와 특정 경찰 부서 간에 이루어진, 국민의 헌법적 권리를 침해하는 정책과 관행들의 종식을 의미하는 합의마저도 찢어버리려고 시도하는 중이다. 이제 막 진전을 보이며 피상적으로나마 다루기 시작한 이러한 쟁점들에 대해 뒤로 물러설 수는 없다. 맹렬한 긴박감을 가지고 대응해야 한다. 정의가 그것을 요구한다.

우리가 반드시 해야 할 한 가지는 형사사법제도에 전반적으로 작용하는 인종적 편견을 정면으로 마주하는 것이다. 그 노력은 '흑인의 삶도 중요하다'는 점을 명백하고 솔직하게 밝히는 것이며, 그 진실을 말하려는 것에서부터 시작된다. 다음 사실들은 명확하다. 2014년 미주리주 퍼거슨시에서 블랙라이브스매터운동(Black Lives Matter movement)의 불씨가 발화된 이후 4년이 지난 현재, 주 검찰청은 흑인 운전자들이 자동차에서 끌려 나올 확률이 이웃의 백인 운전자들보다 80%나 더 높다는 보고서를 발간했다.[19] 미국 전역에서 경찰관이 흑인 운전자의 차를 세웠을 때, 그의 차가 수색당할 확률은 백인 운전자인 경우보다 3배는 더 높다.[20] 흑인 남성과 백인 남성이 마약을 하는 숫자는 비슷하지만, 2배나 더 많은 흑인이 체포된다.[21] 그리고 평균적으로 3배나 더 많은 보석금을 내야 한다. 흑인들이 구속될 확률은 백인들보다 6배나 더 높다.[22] 그리고 유죄 판결을 받으면 흑인들의 형량은 백인들보다 20%나 더 길다.[23)] 라틴계 남성들의 상황이 더 나은 것은 아니다. 정말로 끔찍하다.

내 말의 요지는 하나다. 흑인의 삶도 중요하다. 하지만 그것을 인식하고 연대하는 것으로는 충분치 않다. 이런 일이 생기는 것을 허용하는 제도적인 인종차별에 대한 힘겨운 진실을 받아들여야 한다. 그리고 그러한 이해를 바탕으로 정책과 관행을 실질적으로 바꾸어야 한다.

주 법무부 장관 시절, 경찰국장 래리 월리스(Larry Wallace)가 이끄는 고위 지도부를 한 자리에 불렀다. 경찰들이 가진 암묵적인 편견을 수정하고 절차적 정의 훈련을 위한 프로그램을 실행하라고 지시했다. 암묵적인 편견은 눈 깜짝할 사이에 생겨난다. 그것은 이방인에 대한 순간적인 판단을 위해 우리의 뇌가 사용하는 무의식적인 속기이다. 무엇보다도 일선 경찰관들은 항상 초 단위의 판단을 내려야 하는데, 이런 암묵적인 편견이 치명적인 결과를 가져올 수 있다.

내가 제시한 주제는 껄끄러운 문제였지만 어쩌면 당연한 일이었다. 경찰 간부들은 공정한 법 집행을 위해 선서를 하고, 자신의 삶을 헌신했다. 자신의 부하직원들이 편견을 지니고 있다는 생각을, 그리고 그것이 지역 공동체에 영향을 미친다는 사실을, 그래서 훈련이 필요하다고 곰곰이 따져본다는 것은 쉬운 일이 아니었다. 하지만 우리는 솔직한 대화를 나누었고, 경찰 간부들도 훈련의 중요성에 동의했다. 그뿐만 아니라 훈련 과정을 만들고, 모양을 갖추고, 지휘하는 것을 돕겠다고 나섰다.

그래서 경찰국장 래리와 나의 법무 보좌관 수지 로프터스는 경찰

학교에 적용하고 주 전역의 사법 집행 기관에 제공할 수 있는 교육 과정을 개발하기 위해 노력했다. 우리는 오클랜드와 스톡턴경찰서 그리고 안전한 지역 공동체를 위한 캘리포니아 파트너십 교육 프로그램을 만들었고, 스탠퍼드대학의 제니퍼 에버하르트 교수에게 효과 검증을 맡겼다. 이것은 전국 어디에나 제공되는 최초의 주 단위의 암묵적 편견 수정과 절차적 정의 과목이 되었다.

우리 중 그 누구도 이 훈련의 성취 결과에 대해 그리 순진한 기대를 하지는 않았다. 이런 노력 하나만으로 체제 안의 편견을 제거할 수는 없을 것이다. 암묵적인 편견뿐만 아니라 노골적인 편견도 제도 속에 파고 들어와 있었다. 미국에서 인종차별은 현실이고, 경찰서는 면역이 되어있지 않았다. 동시에 우리는 더 나은 훈련이 진정한 차이를, 경찰 대부분이 자신의 암묵적인 편견들을 잘 구별할 수 있는 더 나은 이해를 만들어낼 것이라고 기대했다. 훈련 과정과 관련해 합의가 힘겨웠던 것은 인종차별에 대한 인식이 누군가에게 내재해 있으며, 그런 차별적 인식이 그대로 거리에서 적용된다는 점이었다.

또 다른 진실을 드러낼 필요가 있다. 미국에서 경찰 폭력이 발생하고 있으며, 어디에서 발생했든 그것을 반드시 뿌리 뽑아야 한다. 스마트폰 등장으로, 단지 특정 지역에서만 알려졌던 현실들이 이제 전 세계로 퍼진다. 더는 그런 일이 일어나지 않는 것처럼 행동할 수가 없다. 비무장 상태의 월터 스콧(Walter Scott)이 경찰관에게서 도망치다 등에 총을 맞는 영상을 무시하거나 부인할 수 없다. 필란도 카스티예(Philando Castile)가 운전면허증을 꺼내려다 경찰에게 7발의 총을 맞았을 당시 그의 여자친구의 소름 끼치는 비명을 무시할 수 없다. 그녀의 네 살짜리 어린 딸이 뒷좌석에 있는 상태에서 일어난 일이었다. "괜찮아, 엄마… 괜찮아, 내가 엄마 옆에 있잖아"라고 어린 딸은 가슴 아픈 위로의 말을 했다. 담배를 판매한 혐의로 체포되던 중 경찰에게 목이 졸려 사망한 에릭 가너(Eric Garner)의 "숨을 쉴 수가 없어"라는 절박한 말을 잊을 수가 없다.

그리고 이런 비극들이 반복적으로 발생하고 있음을 기억해야 한다. 대부분은 동영상이 없고, 세상에 드러나지도 않는다. 만약 사람들이 거리를 순찰하는 경찰들의 살인, 구타 및 가혹 행위를 두려워해야 한다면, 과연 정말로 우리가 자유로운 사회에 살고 있다고 말할 수 있을까?

경찰들이 이런 사건들에 대한 책임을 회피하려고만 하는 이 시점에서 우리는 정의의 기준에 대해 어떤 말을 할 수 있는가? 필란도 카스티예를 쏜 미네소타의 경찰은 2급 과실치사 혐의로 기소되었다. 하지만 무죄로 석방되었다. 오하이오에서는 자동차 추격전 끝에 한 경찰관이 자동차 후드로 올라가 탑승자인 티머시 러셀(Timothy Russell)과 말리사 윌리엄스(Malissa Williams)에게 49발의 총을 쏘았는데, 이 두 사람은 모두 비무장이었다. 경찰관은 기소되었지만, 무죄로 석방되었다. 펜실베이니아에서는 경찰관이 눈밭에 엎드린 비무장의 운전자를 뒤에서 쏘았다. 이 또한 살인죄에 대해서 무죄가 선고되었다.

우리의 사법제도 안에 경찰 폭력에 대한 심각한 처벌이 없다면, 그것이 경찰들에게 어떤 메시지를 보낼까? 지역 공동체에는 어떤 메시지가 전달될까? 공공의 안전은 공공의 신뢰에 의존한다. 그것은 국민이 자신들이 공정하고 투명하게 대우를 받을 것이라는 믿음에 의존한다. 공정성과 객관성의 개념이 깊숙이 자리를 잡는 것은 사법제도에 의존한다. 그것은 우리의 헌법이 요구하는 기본적인 품위에 의존한다.

하지만 백인보다는 흑인과 라틴계 사람들이 더 저지당하고, 체포당하고, 유죄 판결을 받을 확률이 더 높을 경우, 경찰서가 마치 군대처럼 좋은 장비를 갖추었으면서도 그 치명적이 무기의 터무니없는 사용에 관한 결과를 책임지지 않는다면 누가 공공 기관과 경찰을 신뢰하겠는가?

경력의 대부분을 법 집행 기관에서 쌓아온 사람으로서 하는 말이다. 경찰관들에게 엄청난 존경을 가진 사람으로서 하는 말이다. 경찰들은 자신의 공직에 자부심을 가질 만하고, 그들의 업무는 칭찬받아 마땅하다. 나는 그들의 일이, 하루하루가 얼마나 위험한지, 사랑하는 이가 자신의 업무를 마치고 무사히 집으로 돌아올 것인가를 걱정하는 것이 가족들에게 얼마나 힘든 일인지 알고 있다. 나는 업무 중에 사망한 수많은 경찰관의 장례식에도 다녀왔다. 하지만 이점 또한 분명하다. 경찰을 대변하거나 아니면 경찰의 책임을 물어야 한다는 식의 제안은 잘못된 선택이다. 나는 양쪽 모두를 지지한다. 내가 아는 사람들도 양쪽 모두를 지지한다, 그 부분에 대한 진실 또한 이야기해보자.

실수하지 말자. 우리는 이 점과 함께 망가진 형사사법제도의 모든 측면을 떠안아야 한다. 우리의 법과 기준을 바꿀 필요가 있다. 그리고 그렇게 하는 것을 자신의 사명으로 삼는 그런 사람을 선출할 필요가 있다.

따라서 가장 큰 문제점과 최고의 해결책이 모두 존재하는 검찰청에 개혁적 인물을 들여보내야 한다. 검사는 우리 사법제도 안에서 가장 강력한 힘을 지닌 행위자들이다. 그들은 자신이 하는 업무에 우선권을 매길 수 있는 힘이 있다. 그들은 기업과 소비자 사기 사건부터 성폭력 범죄까지 자신의 시간과 관심을 집중할 수 있는 일을 선택할 수 있다. 그들에게는 범죄자를 감옥에 가둘 권한이 있지만, 또한 경찰이 과도한 힘을 사용한 사건이나 정당한 사유 없이 압수와 수색을 한 사건을 기각할 수 있는 기소권을 가지고 있다. 우리는 이런 종류의 권력을 행사할 각계각층의, 서로 다른 배경과 경험을 가진 사람들이 필요하다.

또한, 조직과 개인이 의미 있는 변화를 만들어낼 수 있도록 외부에서 압박을 지속할 필요가 있다. 주 법무부 장관이었을 당시, 샌프란시스코는 경찰관들의 보디 카메라 의무 착용을 시행한 첫 번째 주가 되었다. 그것이 올바른 일이었기 때문이지만, 블랙라이브스매터운동이 강력한 압박을 만들어주었기 때문에 그렇게 할 수 있었다. 전국적인 안건으로 떠오른 블랙라이브스매터운동이 내가 조직 내부에서 그런 일을 해낼 수 있는 공간을 만들어주었다. 종종 그런 식으로 변화가 일어났다. 그리고 나는 내가 이룬 이런 개혁에 우리 사무실의 모든 조력자만큼이나 이 운동에 도움을 받았다. 그들에게 공로를 돌린다.

민권운동과 사회 정의를 위한 투쟁에 참여하는 것은 실의에 빠진 사람들을 위한 것이 아니다. 그것은 중요한 만큼 어렵고, 그 승리가 결코 패배의 신맛만큼 그리 달콤하지 않을 수도 있다. 하지만 자신이 잔혹하게 거부당한 이들의 혈연이라고 생각해보라. 그리고 우리 앞에 높이 쌓인 장애물들에 좌절하고 낙담했을 때, 내게 영감을 준 인물 중 한 명으로 미국 연방법원에 입성한 최초의 흑인 여성 콘스턴스 베이커 모틀리(Constance Baker Motley)의 말을 떠올리자.

> 남들의 격려와 기대가 없어도 나는 단념하지 않았다. 오히려 정반대였다. 나는 억누를 수 없는 열정을 가진 사람이었다.

3장 수면 아래로 가라앉은 중산층 서민의 삶

나는 어린 시절 거의 임대주택에서 살았다. 그러나 어머니는 그 집에 대해 오히려 자랑스럽게 생각했다. 방금 자른 꽃들로 장식된 집 안은 언제나 손님을 맞을 준비가 되어있었다. 벽에는 리로이 클라크(LeRoy Clarke)의 그림과 프레디 삼촌이 일했던 할렘스튜디오미술관(Studio Museum in Harlem)이 배출한 화가들의 작품 포스터를 장식해놓았다. 어머니가 인도나 아프리카에서 가져온 조각상들도 있었다. 그렇게 어머니는 집 분위기를 편안하게 만드는 일에 정성을 기울였고, 실제로도 따뜻하고 흠잡을 데가 없었다. 그래도 어머니가 더 간절히 원하는 것이 있었다. 바로 우리 소유의 집이었다.

어머니는 먼저 현실적인 면을 조목조목 따져 그것이 현명한 투자라고 했다. 하지만 거기에는 그 이상의 의미가 있었다. 그것은 어머니의 아메리칸 드림의 모든 퍼즐을 맞추는 일이었다.

어머니는 마야와 내가 아직 어릴 때 첫 번째 집을 사고 싶어 했다. 우리가 안정적인 환경에서 성장하길 바라서였다. 하지만 어머니가 계약금을 마련한 것은 그로부터 여러 해가 지나서였다.

내가 고등학교에 다닐 때 비로소 가능했으니 말이다. 마야와 내가 학교에서 집에 돌아왔을 때 어머니가 사진을 보여주었다. 막다른 골목에 있는 1층짜리 진한 회색 집이었는데, 널판을 얹은 지붕이었고, 잔디가 깔린 마당과 바비큐를 할 수 있는 공간이 있었다. 사진을 보여주는 어머니는 무척 들떠있었고, 사진을 보는 우리 또한 아주 기분이 좋았다. 어머니의 기뻐하는 모습과 오클랜드로 다시 돌아올 수 있다는 사실이 마냥 좋았다. 말 그대로 어머니가 해낸 거였다. 나는 친구들에게 사진을 보여주면서 "여기가 우리 집이야"라고 자랑스럽게 말하곤 했다. 그 집은 우리 가족 추억의 한 조각이 될 곳이었다.

2010년 캘리포니아 프레즈노(Fresno)에 갔을 때가 기억난다. 그때 프레즈노의 주민들은 은행의 재산 압류 통보를 받고 그들의 삶이 파괴될 위기에 놓여있었다.

프레즈노는 '태양의 정원'이라 불리는 캘리포니아주의 산호아킨밸리(San Joaquin Valley) 지역에서 가장 큰 도시다. 이곳은 세계에서 가장 풍요로운 농산물 생산지역으로 미국에서 소비되는 과일과 채소의 상당 부분을 공급하고 있는데, 코네티컷주 인구와 맞먹

는 400만이 넘는 사람들이 아몬드와 포도 재배로 생계를 꾸리는 지역이다.[1)]

수많은 중산층 사람들은 프레즈노에서의 삶이 아메리칸 드림의 가장 좋은 예라고 생각했다. 그곳은 약속의 땅이었으며, 교외에 단독 주택을 소유할 수 있는 곳이었다. 다시 말하면 미국의 생명력과 유동성, 그리고 희망을 상징하는 곳이었다. 2000년대 초 산호아킨밸리의 평균연령이 아주 낮았는데, 그중 40%를 라틴계가 점유하고 있었다.[2)] 이곳으로 이주해온 사람들은 샌프란시스코나 새크라멘토로의 출퇴근에 6시간이나 걸렸지만, 주택을 보유한 미국인이 되었다는 자부심과 그에 따른 삶의 안정 등 그것을 상쇄할 만한 충분한 가치가 있다고 생각했다.

하루가 멀다고 계속되는 교외 개발은 마치 현금 작물을 추수하려는 듯 그 비옥한 토지에 개발의 삽을 꽂고 있었다. 하지만 이런 현상은 그리 오래가지 못했다. 프레즈노에 불었던 부동산 붐은 결국 경제적 재앙으로 닥쳤다.

9·11 테러가 발생하면서 전 세계 중앙은행들이 금리를 인하했다. 그렇게 풍부한 자본 환경이 조성되자 대부업자들은 점점 더 공격적으로 '이자만 내는 대출', '무이자 대출(zero down)', 심지어 수입이나 직업, 재산이 없는 사람에게도 대출해주는 '닌자(Ninza) 대출'이라는 상품까지 만들어 사람들을 유혹했다. 그 결과 이런 이벤트성 금리 대출상품이 끼어있는 고위험성 서브프라임 모기지론(주택담보대출)이 주택 시장에 넘쳐났다. 대부업자들은 주택 구매자들에게 대출 상환이 불가능할 경우 그전에 다시 대출을 받아 갚으면 된

다고 안심시켰다. 주택 가격은 계속 오를 것이기 때문에 어느 정도 위험을 감수할 만하다고 부추겼다.

한편 세계의 투자자들은 더 큰 이익을 추구하고 있었는데, 그것은 더 큰 위험을 담보로 도박을 벌이는 것과 마찬가지였다. 월가의 금융사들은 행복한 비명을 지르면서 투자자들의 욕구를 충족시키기 위해 서브프라임 모기지론을 담보로 잡은 증권을 발행했다. 그렇게 담보증권을 사들인 투자자들은 당연히 은행들이 지급능력이 있는 모기지론에 대해서만 증권을 발행했다고 믿었다. 사실 투자자 중에 자신들이 시한폭탄을 사들였다는 것을 깨달은 사람은 극소수에 불과했다.

놀랍게도 그와 같은 모기지 담보증권 중 절반 정도는 은행들의 대차대조표에도 올라갔다. 모기지론보다 담보증권을 보유하는 것이 전통적인 규제를 피하는 데 도움이 된다고 판단했기 때문이다. 이런 주기가 점점 빠르게 돌고 돌면서 근근이 연명하다가 결국에는 궤도를 이탈하는 것으로 막을 내렸다. 2006년 주택 시장은 정점에 있었으나, 희미하게 위기의 조짐이 나타나고 있었다.

그러다가 은행과 투자자들이 그 불량 증권들을 투매하기 시작하면서 상황이 더욱 나빠졌다. 월가가 병합을 시작했다. 베어스턴스는 실패했고, 리먼브러더스는 파산을 신청했다. 신용대출은 씨가 마르기 시작했고, 경제는 나락으로 떨어졌다. 2009년 즈음 프레즈노 지역의 주택 가격이 절반 이상 떨어졌는데, 이는 전국에서 최악의 하락률이었다.[3] 동시에 주민들의 실직도 이어졌다. 2010년 11월경에는 실업률이 17%까지 치솟았다.[4]

한편 이벤트 대출상품의 이자율이 폭발하면서 채무자들의 모기지론 금리가 2배까지 올랐다. 필사적인 주택 소유자들에게 사기꾼과 협잡꾼들이 마치 독수리처럼 몰려들어 압류를 풀어주겠다고 약속을 해놓고 돈만 갈취해 도주하는 사건들이 발생했다.

이런 일이 전국 각지에서 일어났다. 1999년 로스앤젤레스에서 동쪽으로 40km 떨어진 곳에 주택을 구매했던 카리나와 후안 산틸란의 이야기다. 후안은 20년 동안 잉크 생산공장에서 일했고, 카리나는 보험을 팔았다. 「애틀랜틱(the Atlantic)」은 "산틸란이 주택을 구입한 후에 사람들이 찾아와 금융 상품을 팔기 시작"했는데, "쉽게 돈을 벌 수 있는 기회라 말하면서 주택을 담보로 하면 분명히 수익을 낼 수 있다"고 말했다고 보도했다. 수백만의 미국인들이 그랬듯이 산틸란 가족도 집을 담보로 변동금리 담보대출을 받았다. 당시만 해도 매달 내야 하는 돈은 1,200달러였다. 그런데 2009년이 되자 3,000달러로 늘어났고, 더구나 카리나는 직장마저 잃었다. 갑자기 집을 잃을 수도 있는 상황에서 한 회사에 연락해 집을 지켜주겠다는 약속을 받았다. 수수료로 6,800달러를 냈는데, 후에 사기당했다는 것을 알았다. 이들 부부는 집을 장만한 지 10년 만에 네 명의 자녀에게 집을 떠나야만 한다는 사실을 알릴 수밖에 없었다.[5)]

이와 같은 사연들은 유독 프레즈노와 스톡턴(Stockton)에서 흔히 들을 수 있었다. 지역 지도자들은 연방 정부에 재난지역 선포와 지원을 호소했다. '재난지역'이란 이웃이 완전히 해체되고 또 전국에서 가장 높은 담보 이자율 때문에 곤경에 빠진 지역을 말한다. 때로는 모기지 상환이 너무 벅차서 야반도주하는 가족들도 생겨났다. 그 때문에 반려동물들도 버려졌다. 야생동물보호협회(Humane Society)에 따르면 그런 현상은 리틀록(Little Rock)에서 클리블랜드와 앨버커키(Albuquerque)에 이르기까지 전국적인 현상이었다.[6] 프레즈노를 방문했을 때 나도 버리진 개들이 떼를 지어 어슬렁거린다는 이야기를 들었다. 나는 걸으면서 마치 자연재해 후유증을 앓고 있는 곳에 있다는 느낌이 들었다. 하지만 그곳의 재난은 인간이 만들어낸 것이었다.

부동산 폭락이 바닥을 쳤을 때 전국에서 840만 명이 일자리를 잃었다. 대략 500만에 달하는 주택 소유자들이 모기지를 최소한 2개월 이상 체납했다.[7] 그리고 250만 건의 압류가 시작되었다.[8]

250만 건의 압류가 시작되었다고 말하는 건 어딘가 냉정한 면이 있다. 인간적인 비극과 상처를 추상적으로 보이게 만들기 때문이다.

압류는 통계가 될 수 없다.

압류는 압류 통보를 받고 침묵 속에서 고통스러워하는 남편이, 자신이 곤경에 처해 있다는 것을 알면서도 자신의 실패가 너무도 수치스러워 아내에게조차 사실을 말하지 못하게 한다. 압류는 아내가 은행에 전화를 걸어 아이들이 해당 학년을 마칠 때까지만이라도 시간을 더 달라고 호소하는 것이다. 압류는 또 문을 두드려 집에서 나가줄 것을 명령하는 보안관이기도 하다. 할머니가 집 앞에 서서 낯선 사람들이 자신이 한평생 모아온 살림살이들을 마당에 내놓은 상황을 지켜보면서 눈물짓는 것이다. 그리고 시청 계단에서 이웃으로부터 자신의 집이 경매에 나왔다는 이야기를 듣게 되는 것이다. 그것은 자물쇠를 바꾸는 것이고, 꿈을 버리는 것이다. 그것은 어린이가 처음으로 부모도 겁에 질릴 수 있다는 것을 알게 되는 것이다.

집을 잃은 많은 사람이 파산에 얽힌 자신들의 한 많은 이야기를 나에게 들려주었다. 그런 상황이 수개월 동안 별다른 진전 없이 계속되었고, 언론에서는 압류과정에서 벌어진 불법들에 대한 폭로가 이어졌다. 그 폭로에 따르면 은행에서 모기지 서류를 찾을 수 없는 사람들이 있었고, 은행에서 말하는 것보다 수만 달러나 적은 액수의 대출을 받은 사람들도 있다. 플로리다주의 한 남자는 모기지론을 한 푼도 받지 않고 현금으로 산 집이 압류되어 매매 처분을 당했다고 했다.

이중 추적을 하는 과정에서 이런 사실들이 드러났다. 연방 정부와의 프로그램을 통해 은행들은 채무자들의 대출 기간 변경 작업에 들어갔다. 이런 조치는 채무자들이 보다 편안하게 자택에서 거주할 수 있게 하기 위한 것이었다. 그러나 채무자들은 주택에 대한 임의저당회수권을 상실한 후, 심지어는 대출 기간 변경 조치가 이루어진 후에도, 또 몇 개월 동안 새로 삭감된 금액을 송금한 후에도, 은행은 제2의 방안을 두고 작업을 하고 있었다.

분명히 무엇인가 잘못되어 있었다. 하지만 2010년 9월 말까지만 해도 그것이 얼마나 터무니없이 불미스러운 것인지는 알려지지 않았다. 마침내 뱅크오브아메리카, JP모건, 웰즈파고 등 미국에서 가장 규모가 큰 은행들이 2007년 이후로 일명 '대리 서명(robo-signing)'으로 알려진 수법을 이용해 사람들의 주택을 불법적으로 압류해왔다는 사실이 밝혀졌다.

우리는 은행의 모기지 담당 직원들이, 압류를 신속하게 처리하기 위해, 월마트 직원이나 헤어스타일리스트 등 금융에 대한 전문적 지식이 없는 사람들을 '대리 서명자'로 모집해 수천 명의 압류 서명을 받아냈다는 사실을 알게 되었다.

대리 서명자들은 자신들이 대리 서명했던 서류들에 대해 거의 혹은 전혀 알지 못했다고 인정했다. 그들이 했던 일은 이해하고 평가하는 것이 아니라 단순히 서명하거나 다른 사람의 이름을 위조하는 것이었다. 그들은 시간당 10달러를 받았으며, 실적에 따라 보너스도 받았다고 했다. 그러니 책임소재도 불분명했고, 투명성도 밝힐 수 없게 된 것이다. 법률이 요구하는 기본적 분별조차 없었다. 은행은 신속하게 대차대조표에 불리한 대출을 더 많이 제거할수록 주식도 빠르게 반등할 수 있었다. 게다가 설사 법을 위반했다 하더라도 나쁠 것은 없었다. 벌금만 내면 해결되기 때문이었다. 은행들이 벌금을 사업상 경비로 간주한다는 사실을 알고 마음이 아팠다. 그것은 오로지 손익계산만 고려한 처사기 때문이었다. 그것은 그들의 탐욕 때문에 발생하는 피해에는 전혀 개의치 않는 전통적으로 이어져 온 월가 문화의 충격적인 한 단면이었다.

나는 검찰청에 근무하면서 고령자나 퇴역 군인을 상대로 한 모기지 사기 사건을 기소하면서 그 실상을 직접 볼 수 있었다. 2009년 지방검찰청에서 일하는 동안 나는 오랜 관행을 깨고 연방 정부 소관이었던 업무를 우리 검사실 내에 사기 관련 부서를 만들어 수사하도록 했다. 하지만 압류 위기가 고조되면서, 보다 규모가 큰 사건을 맡아, 나쁜 행위를 일삼는 은행들을 추적하고 싶은 마음이 강해졌다. 그리고 그런 기회를 얻을 수 있을 것 같았다.

2010년 10월 13일 50개 주의 모든 법무부 장관이 소위 다주(multistate) 간 합동 조사에 착수하기로 합의했다. 그것은 압류 위기 속에서 은행들의 행태를 밝히기 위한 포괄적이고 전국적인 법률 집행 노력으로 제기된 조치였다. 나도 그 대열에 합류하고 싶었지만 작은 문제가 하나 있었다. 당시 나는 캘리포니아주 법무부 장관이 아니었다.

다주 간 합동 조사 결정이 발표되었을 때 나는 선거운동 중이었다. 투표일까지 3주가 남아 있었다. 여론은 박빙이었다.

2010년 투표일, 나는 법무부 장관 선거에서 지고 있었다. 그런데 3주 후 최종 승리했다.

나는 관례대로 친구들과 가족들과 함께하는 저녁을 시작했다. 그런 후 우리는 당선 축하연장으로 갈 참이었다. 행사장은 나의 소중한 친구 미미 실버트(Mimi Silbert)가 설립한 (약물 중독자들에게 재활과 직업 훈련을 시켜주는) 딜런시스트리트재단(Delancey Street Foundation)에서 열릴 예정이었다. 우리가 도착했을 때 마침 결과가 조금씩 나오기 시작했다. 지지자들이 모여서 결과를 기다리고 있었는데, 그들 뒤에는 TV 카메라용 받침대가 서 있었고, 기자들도 무대를 향해 서 있었다. 우리는 참모들이 모여 있는 옆방으로 들어갔다. 참모들은 책상 4개를 사각으로 배치한 후 자리에 앉아서, 인터넷을 통해 새 소식을 점검하면서 득표 상황을 체크하고 있었다. 나는 상기된 기분으로 한 사람씩 일일이 인사를 건네면서 모든 어려운 일을 해준 것에 감사를 표했다.

그때 나의 수석 참모였던 에이스 스미스가 나를 한쪽으로 끌어당겼다.

나는 "어떨 거 같아요?" 하고 물었다.

에이스는 "오늘 밤이 매우 길 것 같아요"라고 대답했다. 경쟁 후보가 앞서고 있었다.

나는 언제나 당연한 것이 없다는 것을 알고 있었다. 심지어 많은 동료 민주당원들조차 나의 당선 가능성을 희박하게 점쳤고, 또 그들 중에는 대놓고 그렇게 말하는 사람도 있었다. 한 오랜 정치 전략가는 캘리포니아대학 어바인캠퍼스 연설에서 "여성이고, 소수 인종이며, 사형반대자이고, 부패의 대명사인 샌프란시스코 지방검찰청의 검사장이기 때문에" 내가 선거에서 이길 승산이 전혀 없다고 공언하기도 했다.[9] 구태의연하기 짝이 없는 흑백 논리였다. 나의 시각과 경험으로 볼 때 내가 가장 강력한 후보였다고 확신했지만, 유권자들도 그렇게 생각했는지는 알 수 없었다. 지난 몇 주 동안 나는 너무도 많이 행운을 비느라고 손가락 마디마디가 통증에 시달릴 정도였다.

밤 10시가 되어서도 결과를 장담할 수 없었다. 내가 뒤쫓고 있었지만 여러 지역구에서 아직 결과가 보고되지 않고 있었다. 에이스는 내게 지지자들을 만나보라고 권했다. "카메라가 그리 오래 대기하지는 않을 것이니, 지지자들에게 보낼 메시지가 있다면 지금 하는 것이 좋겠어요"라고 했다. 현명한 생각 같았다.

나는 대기실을 빠져나와 연설할 내용을 정리한 다음 정장 상의를 여미고 연단 위로 올라갔다. 청중들에게 오늘 밤은 좀 길어질 것이지만 그래도 좋은 밤이 될 것이라고 말했다. 나는 경쟁 후보를 시

시각각 앞지르고 있다고 말했다. 나는 청중들을 안심시키면서 우리의 선거운동에 대해, 그리고 우리가 무엇을 상징하는지를 상기시켰다. 그러면서 "이번 선거는 나보다 훨씬 더 큰 의미를 가지고 있습니다. 이번 선거는 어떤 한 사람의 승리보다 훨씬 더 큰 것을 의미합니다"라고 말했다.

연설 도중 참모들의 움직임에 변화를 느꼈다. 사람들의 감정이 격해지는 것 같았다. 후에 참모들 방으로 돌아왔을 때 알게 된 것인데, 나의 절친 크리셋과 바네사가 소파에 앉아 와인을 마시면서 내 연설을 듣고 있었다고 했다. 그러던 중 크리셋이 바네사에게 말했다.

"카멀라가 모르는 거 같아."

"그래, 카멀라가 모르는 거 같아."

"말해줄 거니?"

"아니, 너는?"

"나도 못 하겠어."

연설을 끝내려 할 때 오랫동안 소통분과를 맡아온 데비 메슬로가 다가오더니 입 모양으로 "당장 연단에서 내려와 방으로 돌아갑시다" 하는 신호를 보냈다. 불길한 조짐이었다. 그래도 연설을 마저 마치고 데비 쪽으로 걸어가고 있는데 어느 기자가 나를 막아섰다.

그 기자는 마이크를 들이밀면서 "무슨 일이 일어났는지 아세요?" 하고 물었다.

나는 "우리는 서로 훌륭하게 경쟁했고, 오늘은 긴 밤을 보내야 할 것 같군요"라고 대답했다.

그러자 기자는 영문 모를 표정을 지었고, 나도 마찬가지였다. 그녀의 질문과 나의 대답은 헛돌았다. 무슨 일이 생겼는지 나는 전혀 알지 못했다. 결국, 참모들 방에 도착하고 나서 상황을 알 수 있었다. 내가 연단 위에서 향후 과제에 대해 말하는 동안 지역 신문 「크로니클(the San Francisco Chronicle)」이 경쟁 후보가 이겼다고 보도했다. 그러니 사람들이 울상이 된 것도 이상한 것은 아니었다. 그 상황에서 나 홀로 연단에 서서 우리가 아직도 승산이 있다고 생각하며 열심히 연설하고 있었다.

우리 지역 신문이 반대편에 섰다는 것을 알고 나는 복부를 세게 얻어맞은 느낌이었다. 나와 참모들은 허탈해진 기분으로 휴게실에 아무렇게나 앉아 있었다. 여러 달 동안 열심히 일하고 난 후 고조되었던 감정이 피로감으로 변하고 있었다. 나는 그들의 축 늘어진 어깨와 슬픈 표정을 둘러보았다. 자원봉사자들을 이런 상태로 집에 돌려보낼 수는 없었다.

에이스가 내게로 오더니 "자 들어봐요. 지금 득표수를 검토해보니 우리가 강세였던 지역의 득표수는 아직 집계되지 않았어요. 그러니 「크로니클」의 발표는 너무 섣부르고, 우리에겐 아직 희망이 있어요"라고 했다.

나는 그가 미래를 볼 수 있는 사람이라고는 생각하지 않았다. 그렇지만 그는 허풍쟁이가 아니었다. 게다가 그는 누구보다도 캘리포니아의 각 선거구를 꿰뚫고 있었다. 어쨌든 그가 아직 승산이 있다고 생각한다면 믿어볼 만했다. 나는 지지자들에게 포기하지 말자고 다독였다.

경쟁 후보 생각은 달랐다. 밤 11시쯤 LA에서 당선 소감을 발표하고 있었으니 말이다. 우리는 현장에서 올라오는 최신 정보를 업데이트하면서 서로에게 힘을 주었다. 새벽 1시경 나는 어린 시절부터 사촌처럼 친하게 지내온 친구로 오클랜드에서 치킨과 와플 식당을 경영하고 있는 드렉에게 몸을 기대면서 "너희 식당 아직 영업 중이지?"라고 물었다.

그러자 그 친구는 "걱정 마, 내가 알아서 할게"라고 대답했다.

아니나 다를까, 얼마 안 있어 프라이드 치킨과 옥수수빵, 그리고 채소와 설탕에 조린 마가 딜런시 거리에서 배달되어 선거운동본부를 온통 냄새로 채우면서 식욕을 자극했다. 우리는 알루미늄 접시 주변에 둘러앉아 그 음식들을 먹었다. 한 시간쯤 지나자 선거구 중 89%의 지역에서 접전을 벌이고 있었다.

마야에게 물었다. "피곤해서 그러는데 내가 떠난다면 문제 될 사람이 있을까?"

마야는 "아니, 모두 언니가 들어가 쉬었으면 하는데 무슨 문제가 있겠어" 하며 안심시켜주었다.

나는 집으로 가 한두 시간 정도 잠을 청했는데, 뉴스 헬리콥터들의 선회 소리에 깜짝 놀라 잠에서 깼다. 샌프란시스코 자이언츠가 56년 만의 월드시리즈 우승을 축하하기 위해 마켓 거리를 따라 행진을 벌이고 있었다. 거의 모든 시민이 오렌지와 검정색 옷을 입고 있었다.

하지만 자이언츠의 우승만이 좋은 소식은 아니었다. 개표가 더 진행되면서 비록 수천 표였지만, 내가 앞서고 있었다.[10] 거리에서 음악 소리가 높아지고, 하늘에서 색종이들이 비 오듯 쏟아지던 바로 그날, 우리의 선거는 이제 간신히 능선을 타고 정상으로 향해 가고 있는 것처럼 느껴졌다.

아직 200만 표 정도가 덜 집계된 상황이었기에 앞으로 몇 주 동안은 결과를 알 수 없을 가능성이 컸다. 모든 카운티가 개표를 마치고 검표까지 하려면 한 달 정도의 시간이 걸렸다.

전화가 울렸다. 베이 지역의 유명한 변호사이자 절친인 존 케커였다. 그는 최고의 변호사들을 모으는 중이라고 했다. "카멀라, 만일 재검표를 해야 한다면, 당신을 변호할 준비가 되었다는 말이지"라고 말했다. 하지만 재검표를 한다 해도 조만간에 이루어질 일은 아니었다. 나와 경쟁 후보 중 누군가 재검표를 요청할 수 있는 가장 이른 날짜는 11월 30일이었다.

한편 선거운동본부의 책임자 브라이언 브로코우는 수십 명의 자원봉사자에게 휴가를 반납하고 일터로 복귀해줄 것을 독려했다. 자원봉사자들은 주 전역의 카운티를 돌아다니면서 실시간으로 득표 상황을 감시하고, 불법적인 사례가 있으면 보고했다. 그런 날들이 몇 주로 늘어났다. 추수감사절이 빠르게 다가오고 있었다. 그러는 동안 내내 롤러코스터 같은 상황이 나타나서 상당히 고통스러웠다. 내가 맡았던 배심원단이 결정을 내리기 위해 숙고를 계속하는 동안 법정 밖에서 기다릴 수밖에 없었던 기억이 떠올랐다. 그나마 위안이 된 것은 추수감사절 주말까지는 득표 카운트를 하지 않을 것이란 점이었다. 그래서 팀원들을 집으로 보내 가족들과 함께 보낼 수 있도록 했다.

수요일 이른 아침, 나는 뉴욕으로 가는 비행기를 타기 위해 공항으로 가고 있었다. 추수감사절 휴가를 마야와 그의 남편 토니, 그리고 조카 미나와 함께 보내기 위해서였다.

고속도로를 벗어나고 있는데 경쟁 후보를 지지했던 지방검사로부터 문자를 받았다. "당신과 일할 수 있기를 간절히 바랍니다"라는 내용이었다.

나는 참모에게 전화를 걸어 "도대체 무슨 일이죠? 무슨 소문이라도 들었나요?"라고 물었다.

"상대 후보가 기자 회견을 하겠다는 소식을 들었어요. 현재 우리가 아는 바는 그게 전부예요"라고 했다. 마침 공항에 도착하는 중이었다. "무슨 일인지 알아보고 연락드릴게요." 다른 소식을 듣지 못한 채 나는 보안검색대를 통과해 비행기에 탑승했다. 내 좌석은 통로 쪽에 있었다. 자인언츠 모자와 셔츠를 입은 탑승객들이 지나가면서 나에게 "카멀라, 아직 승리 소식 없어요? 상황이 어떻게 되고 있죠?"라고 물었다. 나는 미소를 지으면서 "글쎄요. 저도 모르겠어요"라는 말밖에 달리 도리가 없었다.

그런 후 전화를 꺼내 보니 부재중 전화가 한 통 와있었다. 음성 메시지도 남겼는데, 경쟁 후보가 보낸 것으로 통화하고 싶다는 내용이었다. 막 전화를 걸었는데 마침 비행기 문이 닫히면서 승무원들이 휴대 전화를 꺼달라고 요청하고 있었다.

그는 "결과에 승복합니다. 그것을 알려주려 전화했습니다"라고 했다.

나도 "당신도 훌륭한 레이스를 펼쳤습니다"라고 말했다.

그러자 그는 "나의 승복이 얼마나 대단한 일인지 당신도 알 겁니다" 하고 말했다.

나는 "감사합니다. 가족들과 즐거운 추수감사절 보내시기 바랍니다"라고 대답했다.

선거는 그렇게 끝났다. 전체 투표수 900만 표 중에서 선거구당 평균 3표 정도 앞선 수로 당선되었다.[11] 나는 안도했고, 흥분했으며, 당장 일을 시작할 준비가 되어있었다. 모두에게 전화를 걸고 싶었지만, 내가 탄 비행기는 빠른 속도로 활주로를 빠져나가 상공을 비행하고 있었다. 와이파이를 사용할 수도 없었다. 21일 동안의 선거 일정이 마감되던 그 날, 나는 별도리 없이 비행기 좌석에 앉아 있을 수밖에 없었다. 그 5시간 동안 나는 홀로 생각에 잠겼다.

개표 집계가 너무 오래 걸렸기 때문에 당선 발표 후 장관 선서까지는 한 달밖에 남아 있지 않았다. 게다가 나는 선거와는 무관하게, 세상을 떠나신 어머니를 여전히 애도하고 있었다. 어머니는 1년 전 그러니까 길고 힘겨운 선거운동이 막 궤도에 오르기 시작했던 2009년 2월 세상을 떠났다. 이 일에 대해서는 다음 장에서 다시 이야기하겠지만, 어머니 죽음은 나의 모든 것을 빼앗긴 것 같은 슬픔이었다. 나는 이번 선거가 어머니에게 어떤 의미가 있는지를 알고 있었다. 나는 어머니가 살아서 오늘의 결과를 목격하기를 바라고 바랐었다.

2011년 1월 3일 새크라멘토에 도착한 나는 캘리포니아박물관(California Museum for Women, History, and the Arts) 계단을 걸어 내려가 군중들에게 인사를 건넸다. 취임식은 훌륭했다. 래리 커클랜드 감독(Bishop)의 개회 축원으로 시작해서 가스펠 가수의 성가로 마무리되었다. 깃발들이 물결쳤고, 참석했던 귀빈들은 발코니에서 아래를 내려다보았다. 내가 취임 선서를 하는 동안 마야는 셸턴 부인의 성경책을 들고 있었다. 하지만 가장 선명하게 떠오르는 기억은 연설하는 동안 과연 어머니 이야기를 침착하게 해낼 수 있을까 하고 걱정했던 일이다. 연습하고 또 연습했는데도 그때마다 목이 메었기 때문이다. 하지만 중요한 것은 반드시 어머니의 이름을 알려야 했다. 내가 거둔 모든 성과는 어머니가 없었더라면 불가능했기 때문이었다.

군중들을 향해 "오늘 이 맹세를 하면서 나는 모든 캘리포니아주 시민들이 중요하게 생각하는 원칙을 지지합니다"라고 말했다.

그 원칙이란 이후 몇 주에 걸쳐 시험대에 오르게 될 그런 원칙이었다. 그달 말 3만7,000명에 달하는 주택 소유자들이 LA 거리를 행진하며 은행들을 향해 모기지 조건을 변경해 집에 계속 살 수 있게 해달라는 청원에 참여했다.[12] 플로리다주에서도 며칠 동안 팽팽한 줄다리기가 이어지고 있었다. CBS TV 프로그램 「60분(60 Minutes)」의 진행자 스콧 펠리(Scott Pelley)는 압류 위기 사건을 다루면서 "1930년대에는 사람들이 줄 서서 빵을 기다렸다. 그런데 지금 미국에서는 동이 트기도 전에 사람들이 밖으로 나가 거리를 행진하며 모기지 해결을 호소하고 있는 힘겨운 상황이 벌어지고 있다"고 했다.[13]

나는 취임 첫날 고위급 직원들을 따로 불러 '다주 간 합동 실태조사 사업'에 즉각적으로 참여하라고 지시했다. 이 업무 수행을 위해 오랫동안 같이 일했던 브라이언 넬슨(Brian Nelson)을 법무부 차관으로, 마이클 트론코소(Michael Troncoso)를 장관실 대변인으로 임명했다. 두 사람에게 사건을 깊이 파악하고 빨리 해결하도록 지시했다.

장관실 내에서 전투를 준비하고 있는 가운데 외부적으로는 우리가 누구를 위해 싸우는지를 지속적으로 환기시켰다. 우리가 개최한 모든 행사마다 나를 만나서 직접 도움을 청하려는 사람들이 때로는 5명 혹은 10명, 20명씩 찾아왔다. 그들 대부분은 담보대출 서류와 압류 통지서, 자필 메모가 가득 담긴 서류봉투를 지참하고 있었다. 그들 중에는 나를 만나기 위해 수백km를 운전해서 온 사람도 있었다.

결코 잊을 수 없는 사람이 있는데, 스탠퍼드에서 있었던 소규모 건강 관련 행사 진행을 잠시 멈추게 했던 한 여성이었다. 그녀는 객석에서 일어나 "도와주세요. 장관님께서 제발 도와주세요. 은행에 전화해서 우리 집에서 계속 살 수 있도록 말해주세요. 제발, 간곡히 부탁드립니다" 하며 눈물을 흘리면서 절망에 가득한 목소리로 말했다. 가슴 아픈 일이었다.

나는 그 여성처럼 법무부 장관을 직접 만날 수는 없지만, 각자의 삶을 위해 투쟁하고 있는 사람들이 수천 명이 있다는 사실도 알고 있었다. 우리는 주 전역을 다니면서 각 지역의 주민센터에서 원탁회의를 열어 그들을 만났다. 그들이 나를 보기를 원했고, 우리도 그들을 만나려고 했다. 그것은 우리가 은행 관계자들을 만났을 때, 우리가 누구를 대표하는지를 보여주기 위해서였다. 어떤 모임에서였는데, 나는 은행 관련 문제를 두고 한 남성과 이야기를 나눴다. 그때 옆에서 조용히 놀고 있던 그 남성의 어린 아들이 다가와 아빠를 쳐다보면서 묻는 것이었다.

"아빠, '수면 아래로'가 무슨 말이에요."

나는 소년의 눈에서 엄청난 두려움을 느낄 수 있었다. 아빠가 정말로 수면 아래로 가라앉고 있다고 생각한 모양이었다.

곰곰이 생각해보면 정말로 끔찍한 일이다. 수많은 사람이 가라앉고 있다는 것을 은유적으로 표현한 것이었다. 여전히 더 많은 사람이 벼랑 끝에서 손톱으로 버티고 있었다. 그리고 그런 상태로 날이 갈수록 사람들은 손아귀의 힘을 잃고 점차 절망의 나락으로 떨어지고 있었다.

우리는 은행과 싸우는 수많은 사연을 접했는데, 그 싸움의 이유가 지적이거나 학문적인 것이 아니라 바로 자신의 삶과 직접적으로 연결되어 있었다는 점이다. 한 번은 주택 소유자들과의 원탁 모임 때였다. 한 여성이 1997년에 집을 장만하면서 매우 뿌듯했다고 했다. 성인이 된 후 처음으로 마련한 집이었다고. 그러다 2009년 초에 대출금 한 달 치를 미납하게 되었다. 그녀는 은행에 전화해서 조언을 구했다.[14] 은행에서는 도움을 주겠다고 했다. 그러면서 은행은 그녀에게 몇 달 동안 수많은 서류를 작성해서 팩스로 보내게 했고, 아무런 설명도 없이 그녀에게 서류를 보내 서명을 강요하는가 하면, 질문에 대한 답을 요구하는 그녀에게 묵묵부답이었다. 그러는 사이에 그녀의 집은 자신도 모르게 발밑에서부터 압류를 당하고 있었다.

눈물을 참으면서 자신의 사연을 털어놓던 그녀는 "미안합니다. 고작 집 한 채를 가지고…"라고 했다. 하지만 다른 모든 사람과 마찬가지로 그녀도 그것이 결코 '고작 집 한 채'가 아니라는 것을 알고 있었다.

나는 3월 초순 처음으로 다주 간 합동조사단 회담에 참여했다. 약자로 NAAG(National Association of Attorneys Generals)로 불리는 전국법무부장관협의회는 워싱턴 DC에 있는 페어몬트호텔에서 연례 다주 간 합동조사단 회담을 열고 있었다. 팀원들과 함께 나도 그곳으로 날아갔다. 50개 주에서 참석한 법무부 장관들은 주 이름 알파벳 순서에 따라 배열된 의자에 앉았다. 나는 아칸소주와 콜로라도주 사이에 앉았다.

안건이 일반 사업에서 다주 간 합동 실태조사에 관한 내용으로 옮겨가자 나는 조사가 철저하게 수행되지 않고 있다는 느낌을 받았다. 아직도 해소되지 않은 의문점들이 많았다. 그런데도 그들은 해결이 다 된 듯 이야기하고 있었다. 테이블 위에 숫자 하나가 있었는데, 나는 그것으로 기본적인 거래가 끝난 것이라는 인상을 받았다. 이제 각 주들 간에 돈을 어떻게 분배할 것인지만 남은 것 같았다. 그것이 실상이었다.

어이가 없었다. 무엇을 근거로 그런 결정을 내렸을까? 도대체 왜 이런 식으로 처리하려 할까? 조사를 끝내지도 않았는데 어떻게 해결안을 가지고 타협을 할 수 있단 말인가?

하지만 가장 충격적인 것은 해결방안으로 구제금융 선택한 것은 아니었다. 그것은 은행들이 문제해결 대가로 그들이 저질렀던 범죄에 대한 면책이었으며, 앞으로 제기될 어떤 주장에 대해서도 면죄부를 받는 것이었다. 대리 서명 때문에 발생한 문제들에 대해 은행 측과 합의함으로써 집값 폭락을 초래했던 모기지 담보증권과 관련해 향후 제기될 수 있는 일체의 소송을 금지하는 것을 의미했다.

휴식 시간에 나는 우리 팀을 불러모았다. 우리가 내놓은 해결방안을 오후에 있을 회의에서 또다시 안건으로 삼아야겠다는 생각에 서였다.

하지만 나는 팀원들에게 "오후 회의에 참석하지 않겠다. 저들이 이미 요리를 끝냈다고 생각하기 때문"이라고 말했다. 만약 내가 회의에 합류한다면 나머지 안건을 다룰 것이다. 그들은 처음 참석한 법무부 장관이 우려를 표했다는 이유만으로 이미 결정한 해결안을 되돌리지는 않을 것이다. 하지만 내가 타협안은 철회하자고 강력히 주장한다면 몇 사람의 마음을 움직일 수 있었을 것이다. 캘리포니아주는 다른 주에 비해 압류 건수가 월등히 많았기 때문에 은행들의 책임도 가장 크게 부각 되는 주였다. 은행들이 내 동의를 얻지 못한다면 다른 어느 주와도 이번 합의안을 실행할 수 없을 터였다. 내가 할 수 있는 것은, 내가 해결책을 가지고 있으며, 또한 그 방법을 실행할 각오가 되어있다는 것을 분명하게 알리는 것이었다. 따라서 나와 내 팀원이 오후 회의에 빠진다면, 내 빈자리가 그들에게 내 메시지를 전달하는 아주 훌륭한 방식이 될 것이라고 예상했다.

나는 팀원들과 함께 페어몬트호텔을 나와 택시를 타고 연방 정부 법무부로 향했다. 도중에 톰 페릴리(Tom Perrelli)에게 전화를 걸어 그를 만나러 가는 중이라고 알렸다. 페릴리는 미국 법무부 차관으로서 다주 간 합동 실태조사를 감독하는 것이 그가 맡은 업무 중 하나였다. 나는 차관에게 당시 압류 위기로 가장 심한 타격을 입은 10개 도시 중 7개 도시가 캘리포니아주에 속해있다고 말했다. 내가 할 일은 그 진상을 규명하는 것이었다. 그래서 나를 배제하고 이번 해결안을 결정한다면, 내가 책임지고 있는 사안에 절대로 서명할 생각이 없다고 말했다.

패릴리 차관은 이번 경우 내가 직접 조사를 한다 하더라도 결코 원하는 결과를 얻을 수 없을 것이라고 말했다. 대형은행을 수사하는 일은 어느 한 주, 심지어 미국에서 가장 큰 주라 할지라도 해낼 수 없을 것이라고 말했다. 게다가 그와 같은 분쟁은 여러 해가 걸린다고도 했다. 따라서 캘리포니아주가 합당하게 원하는 것을 얻게 된다고 하더라도 도움이 필요했던 사람들은 이미 집을 잃은 후가 될 것이라고 말이다. 그 때문에 전반적인 조사가 이루어지지 않은 것이라고 했지만, 단지 시간의 문제만은 아니었다.

그날 오후 늦게 나는 당시 재무부 소비자금융보호국(CFPB)에서 일하고 있던 엘리자베스 워런(Elizabeth Warren)을 찾아갔다. 나는 이 사안에 대한 우려를 제기했고, 그녀 또한, 염려가 된다고 했다. 나에게 동조해주었고, 협력적이었다. 연방 공무원이기 때문에 터놓고 우리의 길을 가라고 말할 수는 없겠지만, 내가 계속 주장을 한다면 그녀도 양해해줄 것이라는 강한 느낌이 들었다.

우리는 그날 밤 비행기를 타고 캘리포니아로 돌아와 즉시 작업을 시작했다. 전국법무부장관협의회에서 결정한 해결안에 따르면 캘리포니아주의 상황을 참작해 보상금이 20억에서 40억 달러가 될 것이라는 소문이 돌았다. 법무부 소속의 몇몇 법조인들은 그 정도 액수면 수용할 만하다고 생각했다. 그런데 액수가 많다는데 무엇과 비교해서 많다는 것일까? 은행들의 불법적인 행위 때문에 20~40억 달러보다 훨씬 많은 액수의 피해를 보았다는 사실을 고려하면 실제로는 너무나 적은 액수였다.

당면한 어려움은 우리 법무부가 이런 난제들에 해답을 줄 수 있는 역량을 갖추지 못하고 있었다는 사실이다. 따라서 우리에게 필요한 것은 법조인이 아니라 경제학자들과 통계 전문가였다. 우리가 진행하는 게임에 구멍이 있다는 것을 깨닫고 나는 몇몇 전문가를 영입해 숫자를 낱낱이 파악하는 일에 배치했다. 나는 카운티 별로 곤경에 처한 주택 소유자들이 얼마나 되는지를 파악하고 싶었다. 그것은 구제 대상을 구체적으로 정하기 위해서였다. 나는 또한 우리가 다루고 있는 일을 인간적인 면에서 이해하고 싶었다. 현금을 제공함으로써 얼마나 많은 사람에게 도움을 줄 수 있을지, 얼마나 많은 사람이 구제 대상에서 탈락해 스스로 살길을 찾아야 할 것인지, 압류 위기로 인해 피해를 본 어린이들이 얼마나 되는지 등을 파악하고 싶었다.

내가 우려했던 대로 결과는 수용할 수 있는 수준이 아니었다. 은행들은 자신들이 초래한 피해에 비해 턱도 없이 적은 액수를 제시했다.

나는 팀원들에게 "우리는 다주 간 합동 실태조사에서 나온 해결안을 절대로 받아들일 수 없다"고 말했다. 그러면서 바로 지금 독자적인 수사를 개시해야 한다고 했다. 그리고 "우리는 다른 사람들이 벌인 파티에 초대된 손님일 뿐이다. 게다가 자동차도 없는 손님이다"라고 말했다. 그러니 "우리가 운전하고 떠날 수 있도록 준비해야 한다. 우리만의 자동차를 준비하자"고 했다.

취임도 하기 전에 나는 팀원들과 함께 사기 사건을 조사하기 위한 주 전체의 힘을 모으기 위한 계획 수립에 착수했다. 지금이 바로 그 시간이었다. 그해 5월, 우리는 신뢰할 수 있는 수사관들은 물론 소비자 대상 사기, 기업 사기, 그리고 기타 형사범죄를 맡아온 최고의 민완 검사들을 불러모아 법무부 산하에 모기지사기범죄특별수사팀(Mortgage Fraud Strike Force)을 출범시켰다.

대리 서명 사건 수사가 우리의 중요한 업무였지만, 그 외에도 우리의 활동 영역은 더 넓었다. 미국 내 모기지 사업 중 62%를 점하고 있던 패니매이(Fannie Mae)와 프레디맥(Freddie Mac)의 저당증권도 수사하고 싶었다.[15] JP모건 채이스가 캘리포니아주 공무원연금공단에 매각한 모기지 담보증권에 대해서도 수사하고 싶었다. 그리고 취약한 주택 소유자들을 대상으로 압류를 풀어주겠다고 약속해 그나마 얼마 안 남은 돈을 갈취한 약탈자들도 추적하고 싶었다.

다주 간 합동조사단에서는 우리의 독자적인 수사 소식을 듣고 격분했다. 은행들은 내가 문제를 일으키고 있다면서 분노했다. 이제 그들이 합의했던 해결안은 이행 불가능한 것이 될 수도 있었다. 내가 목표로 삼았던 것도 바로 그것이었다. 이제 각 주의 법무부 장관들과 은행들은 우리의 행동에 대해서 우려를 표하는 대신 답변을 내놓아야 할 처지에 놓였다.

여름 동안 우리는 이 문제에 대해 투 트랙으로 접근했다. 하나는 수사였고, 다른 하나는 협상이었다. 그 때문에 우리 팀원들은 캘리포니아주 각지를 출장 다녔으며 워싱턴을 오가는 등 밤낮없이 온종일 일에 매달려야 했다. 협상은 여전히 지지부진했다. 은행들은 우리 요구에 난색을 보였고, 동시에 캘리포니아주의 압류율이 눈에 띄게 증가했다.

8월이 되자 뉴욕주 법무부 장관이 다주 간 합동조사단에서 발을 뺐다. 그 여파로 모두가 나를 주시했다. 나도 물러설 것인가?

나는 그럴 준비가 되어있지 않았다. 은행들이 우리의 요구에 호응하게 하려고 가능한 모든 합리적인 수단을 활용하고 싶었다. 우리가 제시한 협상안 중 중요한 것은 실제로 개혁이 실행되는 것이었다. 개혁을 선택할 것인가 아니면 돈을 선택할 것인가. 둘 중 하나는 잘못된 선택일 수 있었다. 하지만 나는 두 가지 모두를 원했다.

무엇보다도 중요한 것은 시간이었다. 이미 싸늘하게 식어버린 시체, 사람들은 이미 세상을 떠난 망자를 두고 처벌과 배상을 이야기하는 것 같았다. 하지만 당시의 피해는 여전히 진행되면서 확산하는 중이었다. 협상이 진행되는 동안에도 수십만이 넘는 주택 소유자들이 압류 통보를 받고 있었다. 그것도 매일 그리고 실시간으로 일어나고 있었다. 엄청난 면적, 그곳에 주소와 우편번호를 둔 사람들이 수십만 달러의 수면 아래로 빠져들고 있었다. 나는 팀원들과 함께 매주 숫자를 세세하게 들여다보았다. 집을 잃은 후 30일, 60일, 90일이 지난 사람들의 숫자를 표시한 도표에서 절망의 정도를 가늠할 수가 없었다.

협상 테이블에서 발을 빼기 전에 나는 마지막으로 캘리포니아주를 위해 공정한 거래와 진정한 구제가 실현되기를 원했다.

그때까지 마이클과 캘리포니아 법무부의 노련한 팀원들이 하루하루 협상을 이끌어왔다. 다음 협상은 9월에 있을 예정이었고, 주요 은행들의 법률자문단이 나에게 참석을 요청했다. 그들이 나의 참석을 요청한 것은 테이블 건너편에서 나를 평가해보려는 속셈이 분명했다. 난데없이 새로 등장한 법무부 장관을 알아봐야겠다는 심산이었을 것이다. 나 또한 그들을 평가해보고 싶었다.

우리는 협상을 주최한 디베보이스앤플림턴(Debevoise & Plimpton)의 워싱턴 법률사무소에 도착했다. 안내를 받아 커다란 회의실에 들어갔는데 그곳에는 12명이 넘는 사람들이 모여 있었다.

몇 차례 관례적인 인사를 마친 후 우리는 길고 위압적인 회의 테이블에 자리를 잡았다. 나는 주빈석에 앉았다. 대형은행 법률자문들이 '월가의 외과 의사'라는 별명을 가진 사람을 비롯해 최고의 변호사들로 구성된 팀과 함께 참석했다.

회의 시작부터 긴장감이 감돌았다. 뱅크오브아메리카의 자문위원이 첫 번째로 나서더니 우리가 은행에 엄청난 고통을 주고 있다며 불만을 제기했다. 농담이 아니었다. 그녀는 과정이 절망적이었으며, 은행이 총체적인 트라우마를 겪으면서도 전 직원이 모든 수사에 응했다. 또 엄청난 피해를 감수하면서 업무지침도 변경했다고 했다. 모두가 지쳤다고 말했다. 그러면서 캘리포니아주의 대답을 듣고 싶다고 했다. 무엇이 불법입니까? 하는 식이었다.

나는 즉시 반박했다. "고통을 이야기하고 싶다고요? 당신들이 저지른 고통에 대해 알고서 그런 소리를 합니까?"라고 되물었다. 그것은 내가 본능적으로 느낀 감정에 대한 반응이었다. 주택 소유자들의 고통을 가볍게 여기고 또 무시하는 태도에 너무도 화가 났기 때문이었다. "캘리포니아주에서는 100만 명에 달하는 어린이들이 학교에 갈 수조차 없습니다. 부모가 집을 잃었기 때문입니다. 고통을 이야기하는데 그렇다면 내가 알려주겠습니다"라고 말했다.

은행 대표들은 침착했지만 방어적이었다. 그들은 문제의 본질은 갚을 능력이 없으면서도 모기지를 받았다는 것이라며 주택 소유자들을 탓했다. 그런 주장은 나에게 가당치도 않은 것이었다. 나는 계속해서 실제 삶에서 주택구매 과정이 어떤 것인가를 생각하고 있었다.

주택을 구매하는 것은 대부분 사람에게 가장 큰 금융거래다. 그 액수는 그들이 그때까지 거래해온 모든 금융거래를 합친다 해도 가장 큰 비중을 차지한다. 따라서 한 사람의 삶에서 가장 결정적인 순간에 속하며, 그동안의 자기 노력에 대한 증거이기도 한 것이다. 그들은 그 과정에 관여한 사람들을 신뢰했다. 은행이 대출을 받을 자격이 있다고 말해주면, 은행 측에서 대출 액수를 검토했으리라 생각했을 것이며, 자신이 융통할 수 있는 액수보다 더 많은 금액을 대출해주었다고는 생각하지 않았을 것이다. 그렇게 대출 신청이 받아들여지면 새로운 집으로 이사할 생각에 매우 기뻤을 것이다. 그리고 서류 작업을 끝낼 때가 되면 기본적으로 서명만 남은 셈이다. 그리고 펑! 하고 샴페인을 터트릴 수도 있을 것이다. 중개인이 거기에 있고, 거래 은행 담당자가 그곳에 있고, 그래서 그 사람은 마음속으로 최고의 이익을 얻었다고 믿었을 것이다. 은행 사람들이 자신 앞에 서류 뭉치를 내려놓았을 때도 그 사람은 당신들을 믿고 서명을 한다. 그리고 서명, 또 서명, 또 서명이 이어진다.

나는 그곳에 있는 변호사들을 자세히 살펴보았다. 나는 그들 중 누구도 자신들의 첫 번째 집을 마련하면서 담보대출 서류를 일일이 읽어보았던 경험이 없었다는 것을 확인할 수 있었다. 내가 아파트를 살 때는 그러지 않았다.

은행원들은 자신들이 거래에 관여한 사람들에게 무엇을 이야기 했는지 아니면 그 사람들이 어떤 사람인지에 대한 아무런 이해 없이 담보대출에 관한 이야기를 했다는 느낌이 들었다. 그런데도 고통받는 주택 소유자들의 성격과 가치에 대해 엄청난 억측을 하는 것 같았다. 나는 그런 사람들을 수없이 만났다. 그리고 그들에게 주택을 산다는 것은 단지 투자가 아니었다. 그것은 성취이자 자아실현이었다. 나는 셸턴 부인을 떠올렸다. 그분은 늘 아침이면 앞마당에서 장미 가지치기를 하고, 잔디를 깎거나, 비료를 주곤 했다. 어느 한 시점에서 나는 참석한 변호사에게 "혹시 자신의 집 잔디밭을 자랑스럽게 생각하는 사람을 알지 못하는 것 아닌가요?" 하고 물었다.

공방이 계속되었다. 그들은 내가 굴복할 것이라고 착각했던 것 같았다. 하지만 나는 양보하지 않았다. 회의가 거의 끝날 무렵 JP모건의 법률자문위원이 끼어들었는데, 그는 그것이 꽤 영리한 전략이라고 확신한 것 같았다. 자신의 부모도 캘리포니아 출신이고, 나에게 투표했으며, 나를 좋아한다고 말했다. 그러면서 내가 자신들의 제안을 받아들인다면 캘리포니아주 유권자들도 진정으로 기뻐할 것이라고 했다. 대단한 정치적 발언이었다. 그는 스스로 그렇게 생각했을 것이다.

나는 그의 눈을 똑바로 응시하면서 "이 자리가 법 집행에 대한 사안을 다루는 자리인 걸 상기시켜야 합니까?"라고 물었다. 실내가 조용해졌다. 45분이 지났고, 대화는 충분히 길었다. 나는 참석자들에게 "보세요. 당신들이 제안한 금액은 당신들이 초래한 손실에 비하면 어림도 없습니다"라고 했고, "그리고 당신들은 내가 무슨 말을 했는지를 알아야 합니다. 모든 것을 수사할 것입니다. 모든 것을 말이죠"라고 말했다.

그러자 웰즈파고(Wells Fargo)의 법률자문이 나에게 "좋습니다. 캘리포니아주에서 계속 수사할 생각이라면 왜 우리가 당신과 같은 결정을 내려야 하죠?"라고 물었다.

나는 "결정은 당신들이 알아서 하세요"라고 대답했다.

회의장을 떠나면서 나는 모든 타협안을 철회하기로 마음먹었다.

그리고 나의 결심을 통보하는 공문을 작성했다. 하지만 발송은 주식시장이 마감되는 금요일 저녁까지 기다리기로 했다. 내 발언이 주가를 움직일 수 있을 것이고, 또 그것이 내가 바라는 것은 아니었기 때문이다. 나의 결심은 눈길을 끌거나 볼거리를 연출하거나 아니면 주가를 폭락시키기 위한 것이 아니었다. 이것은 수백만의 사람들을 위해 그들에게 필요하고, 당연한 도움을 줄 수 있도록 정의를 구현하는 일이었다.

공문의 내용은 "지난주 나는 합의에 진전이 있으리라는 희망을 품고 워싱턴에 갔다. 그러나 캘리포니아 시민들은 우리가 받아들일 수 있는 것보다 더 넓은 범위까지 청구권 해제를 인정해야 한다는 것과 적절한 수사가 이루어지지 않은 것에 대해 해명을 요구하고 있다. 고심 끝에 캘리포니아 주택 소유주들이 기다려온 거래는 이것이 아니라는 결론을 내렸다"였다.

전화가 오기 시작했다. 내가 너무 강력한 적을 만들고 있다며 걱정하는 친구들로부터, 은행들이 나를 법무부 장관에서 물러나게 하려고 수천만 달러를 쓰고 있다면서 마음을 단단히 하라고 경고해주는 정치 고문들과 "당신이 무슨 일을 하고 있는지 알기를 바란다"는 캘리포니아 주지사까지. 그리고 나를 다시 협상 테이블로 불러내려는 백악관과 정부 관계자들로부터도 전화가 쇄도했다. 압력은 대단했고, 또 집요했다. 오랜 동지는 물론 오랫동안 적대적으로 지내왔던 사람들, 중립적인 사람들까지 사방에서 압력이 들어왔다.

그러나 또 다른 압력도 있었다. 수백만 명에 달하는 주택 소유자들이 우리의 전략을 바탕으로 움직여온 활동가들, 단체들과 함께 목소리를 높였다. 그랬다. 우리는 혼자가 아니었다.

그래도 힘겨운 시기였다. 잠들기 전 나는 "하나님, 제가 바른 일을 할 수 있도록 도와주소서"라고 짧게 기도하곤 했다. 내가 옳은 길을 선택하고 있으며, 그 여정을 계속 갈 수 있도록 용기를 달라고 기도했다. 무엇보다도 나를 믿어주는 가정들이 안전하고 무사하기를 기도했다. 그들이 얼마나 엄중한 상황에 부딪힌 것인가를 알았기 때문이었다.

나는 종종 어머니를 떠올리면서 이럴 때 어머니라면 어떻게 했을까 하고 생각하곤 한다. 어머니는 확신이 있으면 즉시 움직이라고 했을 것이다. 단호한 결심은 어렵다. 그 결과가 분명하지 않기 때문이다. 하지만 본능이 바른길을 가고 있는지를 말해줄 것이다. 그리고 어떤 결정을 내릴 것인가도 알게 될 것이다.

그동안 나는 델라웨어주 법무부 장관 보 바이든(Beau Biden)과 좋은 친구이자 동지가 되었다. 은행 분야는 보 바이든의 주력 분야였는데, 델라웨어주는 은행들로 인한 압류 위기가 다른 주에 비해 상대적으로 심각하지 않았다. 그 때문에 어떤 상황에서도 머리를 숙이고 노선을 그대로 따른다고 하더라도 문제가 될 것이 없었다. 그러나 보는 그런 인물이 아니었다. 원칙에 충실하고 용기를 가진 사람이었다.

애초부터 그는 합의안에 계속 반대해왔다. 그는 내가 주장했던 핵심 내용을 강력히 지지했다. 은행이 제안한 기금이 충분치 않고, 사건을 사기의 범주에서 수사하지 않았다는 점을 질타했다. 나처럼 보 바이든도 증거입증과 서류를 원했다. 은행들이 담보대출을 그대로 보유한 상태에서 압류를 진행하고 있다는 사실을 증명하기 원했다. 그는 입장을 철회하지도 않았다. 또 직접 수사를 개시했고, 우리는 적극적으로 우리가 가진 정보를 공유했다. 내가 한창 공격을 받고 있을 때 보와 나는 매일, 때로는 하루에도 여러 차례 대화를 나누곤 했다. 그렇게 우리는 서로에게 힘을 주고 있었다.

나의 투쟁을 적극적으로 동조해준 사람들이 또 있다. 매사추세츠주 법무부 장관이었던 마사 코클리(Martha Coakley)였는데, 그녀는 강단 있고 명석했으며 꼼꼼하게 일 처리를 했다. 그리고 지금 나와 함께 상원의원으로 활동하고 있는 전 네바다주 법무부 장관이었던 캐서린 코르테스-마스토(Catherine Cortez-Masto) 또한 훌륭한 동지였다. 네바다주도 캘리포니아주처럼 상당한 위기를 겪고 있었고, 2007년부터 법무부 장관으로 재직하던 그도 2008년에 독자적으로 모기지사기범죄특별수사팀을 구성했다. 그녀도 나처럼 은행들과의 투쟁을 결심했고, 2011년 12월에는 나와 힘을 모아 압류 사기 및 위법 행위를 적발하기 위해 수사에 착수했다.[16] 캐서린만큼 훌륭하고 과단성 있는 동지를 만나는 것은 어려울 것이다.

은행들과 싸움이 한창일 때 나는 팀원들과 함께 계속해서 출장을 다녔다. 워싱턴에 갔을 때였는데, 우리는 그때 겨울옷을 입고 있었고, 다음 날 플로리다로 가야 한다는 것이 문제였다. 브라이언과 나는 계절에 맞는 옷을 사기 위해 조지타운에 있는 한 옷가게에 들어갔다. 그곳에서 우리는 서로 상대방의 옷 고르는 안목을 비판했는데, 그때의 경쾌하고 즐거웠던 기분을 지금도 잊을 수 없다.

1월까지도 은행들의 분노는 가라앉지 않았다. 마이클이 내 집무실로 들어오더니 "방금 JP모건 법률자문과 통화했습니다. 우리가 한 발짝도 물러서지 않을 것이라는 점을 주지시켰어요"라고 말했다.

나는 "그쪽에서 뭐라고 하던가요?"라고 물었다. 마이클은 "계속 고함을 지르더군요. 끝이라면서 말이죠. 우리가 너무 밀어붙인다, 정말 심하다, 그러더니 전화를 끊어버리더군요"라고 말했다.

나는 팀원들을 집무실로 불러서 우리가 취할 수 있는 다음 단계를 모색했다. 우리가 협상 가능성을 무산시킨 것은 아닐까, 아직도 기회는 있는 것인가, 정확하게 해둘 필요가 있었다. 잠시 조용히 앉아서 상황을 전반적으로 살펴보던 중 갑자기 좋은 생각이 떠올랐다. 나는 옆방에 있던 비서에게 다 들리는 인터폰을 통해 "제이미 다이먼(Jamie Dimon)과 전화 연결해줘요" 하고 부탁했다. 이 글을 쓰고 있을 때 다이먼은 JP모건 체이스의 회장 겸 CEO를 겸직하고 있었다.

팀원들이 깜짝 놀라면서 "전화하지 마세요. 변호사를 통해야 합니다"라고 했다. 그래도 나도 "상관없어요. 전화 연결해줘요"라고 했다.

나는 우리에 갇힌 느낌이었는데, 변호사나 다른 중개인들을 거쳐 끝도 없이 애매한 흥정을 해야 하는 것에 피로감을 느꼈다. 그래서 당사자와 직접 담판을 짓고 싶었다. 또 상황을 고려했을 때 그러한 접근이 필요하다는 생각이 들었다.

10초쯤 지나서 비서가 집무실로 들어와 "다이먼 씨 연결되었습니다"라고 했다. 나는 (내 마음속 오클랜드) 귀걸이를 빼고 수화기를 들었다.

다이먼은 내 목소리를 듣자마자 "당신들이 우리 주주들의 재산을 도둑질하고 있습니다!" 하며 고함을 질렀다. 나도 즉시 "당신네 주주들이라고요? 당신네 주주라고 말씀하셨나요? 우리 주주들은 캘리포니아주 주택 소유자들입니다. 당신이 와서 그 사람들을 한 번 만나보세요. 그들에게 누가 도둑질을 했는지 직접 말하라는 말입니다"라고 받아쳤다. 잠시 그 상태로 머물렀다. 마치 개싸움을 벌이는 것 같았다. 후에 자리에 동석했던 어느 간부는 그 모습을 보면서 "이건 정말 이판사판이로군"이라 생각했었다고 회상했다.

사실 나는 그동안 다이먼을 대리하는 변호사들과 협상을 주고받았다. 그 때문에 협상에 진전이 없었을 수도 있었다. 서로 간에 흥분이 가라앉자 나는 우리 측 요구 사항을 상세하게 제시했다. 대리인을 통해 걸러진 것이 아닌, 내가 우리 측 요구 사항을 직접 전달함으로써 그를 이해시키고자 했다. 대화 말미에 그는 자기 쪽 간부들과 회의를 거쳐 그들이 취할 수 있는 것이 있는지 생각해보겠다고 했다.

나는 다이먼 쪽에서 무슨 일이 있었는지 알지 못한다. 하지만 2주 후에 은행 측이 굴복했다. 마침내 결과를 보면, 원래 협상 테이블에 올라와 있던 20~40억 달러 대신 180억 달러를 확보하게 되었고, 종국에는 주택 소유자들에게 200억 달러 상당의 구제금융을 지원할 수 있었다. 캘리포니아 시민들에게는 엄청난 승리였던 셈이다.

합의안에는 은행들이 약속을 이행하는지를 연방 정부가 감시하겠다는 내용도 들어있었다. 하지만 캘리포니아주의 피해 상황과 그 실상이 얼마나 드러날 것인가는 의심스러웠다. 그래서 우리는 자체적으로 모니터 요원을 고용해 우리 주에서 합의안이 제대로 이행되고 있는지를 감시하게 했다.

나는 워싱턴으로부터 주요 언론과의 인터뷰 및 법무부와 백악관에 축하연이 있을 예정이니 참석해달라는 요청을 받았다. 하지만 나는 우리 팀원들과 캘리포니아에 있고 싶었다. 이번 일은 함께 나누어야 할 우리들의 승리였기 때문이었다. 그 외에도 우리는 앞으로 있을 싸움을 준비할 필요도 있었다.

합의안은 단지 시작에 불과했다. 이 협정엔 구제금융 외에도 주택 소유자들이 은행의 압류를 더 쉽게 거부할 수 있도록 은행 측에 여러 가지 규정을 개혁하도록 요구했다. 하지만 합의안의 유효 기간이 3년에 불과했다. 따라서 이후에 캘리포니아주 주택 소유자들이 입을 수 있는 피해를 방지하기 위해 유효 기간을 영구적으로 확대할 수 있는 법안 마련이 필요했다. 은행들이 영원히 그 악명 높았던 착취행위를 하지 못하게 하고 싶었다. 그리고 은행들이 규정을 위반할 경우 주택 소유자들이 개별적으로 소송을 제기할 수 있는 권한을 행사할 수 있도록 해주고 싶었다. 우리는 의회의 동조자들과 협력해 아이디어를 취합해서 법안을 만들었는데, '캘리포니아 주택 소유자 권리장전(California Home-owner Bill of Rights)'이라고 명명했다.

하지만 은행과 관련된 새로운 법률이 의회를 통과하는 것이 쉬운 일은 아니었다. 새크라멘토에서 은행들이 엄청난 영향력을 가지고 있었기 때문이었다. 은행들의 저항을 무산시키기 위해서는 그보다 앞서 유사한 경우에 적용되는 두 가지 법안을 먼저 통과시켜야만 했다. 그렇게 되면 전면적인 압력을 가할 수 있을 터였다.

처음에 우리가 제안한 법안에 대한 반응이 싸늘했다. 사람들은 그 법안은 상정되는 즉시 무산될 것이라고 했다. 은행 측의 막강한 로비를 당해낼 수 없을 것이라는 충고였다. 입법의 정당성은 법안의 타당성 여부와는 거의 관계가 없어 보였다.

나는 우리가 마련한 법안을 발의하기 위한 전략으로 당시 주의회 하원의장이었던 존 페레스(John Pérez)를 만났다. 존은 정책과 정치에 모두 정통한 드문 인물이었다. 그는 주택 소유자 권리장전의 중요성에 관한 생각에 완전히 동의했고, 또 은행 측의 반발을 무마시키기 위해 자신의 권한을 사용할 준비가 되어있었다,

그렇게 노력하고 있던 어느 날, 페레스 의장이 나를 새크라멘토에 있는 릴랜드스탠퍼드맨션(Leland Stanford Mansion)으로 초대해 주었던 일이 생각난다. 주의회 민주당 정책을 조율하는 자리였는데, 페레스는 전략적으로 설득이 필요한 의원들은 물론 나와 뜻을 같이 하는 강력한 동조자 2명과 한 테이블에 앉도록 내 자리를 배정했다. 우리는 저녁을 먹으면서 법안에 관한 많은 이야기를 나눴다. 그 무렵 나는 은행들의 행태, 즉 주택 소유자들을 희생시켰던 그들의 수

법들에 대해, 나 자신이 상상했던 것보다 더 많이 알고 있었다. 함께 한 자리에 내가 경험한 것들을 이야기할 수 있었던 것이 도움이 된 것 같았다. 모임이 끝났을 때 참석자 중에서 한두 사람에게 심경의 변화가 생겼다는 느낌이 들었다.

의원들은 누구도 자신이 은행 편이라는 것을 표나게 드러내지는 않았다. 하지만 대화를 거듭하는 동안 자신들이 내가 제안한 법안을 지지할 수 없는 교묘한 변명거리들을 찾고 있었다. 당신이 이렇게 해준다면, 당신이 저렇게 해준다면, 어떤 단어에 방점만 찍지 않았어도 하는 식으로 말이다.

어느 민주당 의원은 내게 "카멀라, 압류 조치가 왜 그렇게 나쁘다는 것인지 모르겠소. 우리 지역 경제에 좋은데 말이오. 은행들이 압류하게 되면 페인트공과 정원사를 고용해 낡은 집들을 말끔하게 변신시킬 수도 있지 않겠소"라고 했던 말을 잊을 수 없다. 정말로 그럴까? 그렇다면 이 사람은 화재진압 장비사업에 도움이 된다는 이유로 방화(放火)를 저질러도 상관없다고 말하고 있는 것일까? 나는 그들이 은행의 하수인에 불과하다는 것을 정당화하는 행태를 보면서 충격을 받았다.

페레스 의장이 의회에서 분투하고 있을 때, 나는 고전적인 수법으로 주택 소유자들을 위한 보다 공정하고 적합한 시스템이 무엇인지를 알리는 일을 계속했다. 여러 단체가 힘을 모아 주택 소유자 권리장전 법안을 통과시키기 위해 압력을 행사했다. 이런 일에는 조직된 힘이 무엇보다 중요하다. 수많은 사람이 의원들에게 항의 전화를 해대는 통에 전화선이 불통이 되기도 했다.

그러나 더 중요한 것은 조직적인 노력만이 아니었다. 바로 그들의 존재 방식의 변화였다. 새크라멘토 분위기는 다소 냉소적이었다. 한 집이 압류당하면 그 가족들은 거주지를 떠나 다른 곳으로 이사를 가야 한다. 그렇게 되면 그들은 더 이상 지역구 사람이 아니게 되고, 유권자가 아니게 된다. 따라서 의원들에게 그들의 분노는 일시적이다. 반면 은행은 새크라멘토에 계속 있을 것이고, 은행의 분노는 보복을 초래할 수 있는 문제였다. 하지만 노동자들의 조직적인 투쟁이 암시하는 것은 그들이 이곳에서 치열하게 투쟁할 영구적인 존재가 되었다는 점이다. 그들은 단순히 임금을 더 받기 위해서가 아니라, 집을 사는 등 삶의 모든 면에서 존엄하게 대우받기 위해서 싸웠다. 그것은 의원들에게 강력한 메시지가 되었다. 은행 편에 설 것인가, 노동자에게 응답할 것인가?

투표일이 가까워지자 나는 예고 없이 의원들 방을 방문했다. 나를 피하는 의원들이 많았다. 또 나는 핵심 팀원들을 그들에게 보내기도 했다. 나의 법무 보좌관 브라이언 넬슨은 자신의 책상에 앉아서 업무를 보다가 내 전화를 받기라도 하면, 그것도 곤란했었다고 기억한다. 내가 "왜 책상에 앉아 있어요?"라고 추궁했기 때문이었다. 또 "왜 의사당에 가지 않았죠? 중요한 일이 있다는 건 알지만 그래도 이 일보다 중요하겠어요. 당장 의사당을 한 바퀴 돌아봐요. 누구도 우리를 피할 수 없게 해야 해요"라고 했었으니까.

법안이 표결에 부쳐졌을 때, 우리는 여전히 과반수를 확보하지 못했다. 많은 의원이 기권할 계획이었는데, 명분으로는 어느 쪽 입장에도 서지 않겠다는 의사표시였다. 하지만 우리에겐 41표의 찬성표가 필요했다. 기권은 반대나 다름없는 것이었다.

페레스 의장은 계획이 있었다. 개표를 지연시킬 테니, 그 사이 우리가 의원들을 설득하라는 것이었다. 페레스는 만약 의원들이 투표에 참여하지 않으면 투표 시간을 무한정 연장하겠다고 암시했다. 또 그는 자신과 의견이 같은 한 의원에게 투표가 시작되면 의사진행 발언을 하게 해두었다.

그 의원은 "투표가 최장 시간 동안 진행되는 이유가 무엇입니까?"라고 물었다.

페레스는 "내가 아는 바로는 현재까지 가장 길었던 투표 시간은 1시간 45분입니다. 하지만 아직은 내가 경쟁력이 있습니다. 더 길게 할 용의도 있습니다"라고 대답했다. 그 순간 의원들은 모두 그의 발언이 진담이라고 생각했다. 투표가 계속되는 동안 녹색등이 하나씩 추가되기 시작했다.

나는 대럴 스타인버그(Darrell Steinberg) 상원의장 집무실에서 폐쇄회로 화면을 통해 투표 상황을 지켜보고 있었다. 투표장에 없거나 뒤에서 어슬렁거리는 의원들이 눈에 들어왔다. 나는 그들에게 "의원님, 아직 투표하지 않으셨네요. 투표하세요. 지금이요"라는 문자 메시지를 보냈다. 페레스가 계속 반복하고 또 반복해서 똑같은 말을 했듯이, 우리도 한 사람 한 사람씩 의원들의 투표를 독려했다. 존은 경매 진행자처럼 "투표하시기로 했던 의원님들 모두 투표했습니까?"라고 묻곤 했다.

그 시간이 마치 영원처럼 느껴졌다. 그런데 사실은 5분에 불과했고, 우리는 41표를 획득했다. 존은 투표 마감을 선언했고, 우리는 승리했다. 이 법안은 상원에서도 통과되어 주지사의 서명을 거쳐 법으로 공표되었다. 사람들이 불가능하다고 했던 것을 우리가 해냈다. 그것은 기쁨의 순간으로 기억될 것이고, 정치가 (만드는 과정을 보면 결코 먹을 마음이 들지 않는) 소시지 제조 과정과 같더라도 거기에 영감을 줄 수 있고 또 좋은 일을 해낼 수 있다는 것을 알려주는 순간이기도 했다.

한편, 모기지사기범죄특별수사팀은 강하게 몰아붙이고 있었다. 수많은 사기범을 수사해 기소했다. 규모가 큰 사기범죄단 우두머리 중에는 24년 형을 선고받아 주 감옥에 투옥된 사람도 있었다. 수사팀의 탁월한 수사 노력 덕분에 JP모건은 180억 달러라는 최고 액수의 보상금 외에도 모기지 담보증권 손실분 보상으로 3억 달러를 더 캘리포니아주 연금기금에 지급했다. 우리는 또 선트러스트모빌리티로부터 5억5,000만 달러, 시티그룹으로부터 2억 달러, 뱅크오브아메리카로부터 5억 달러의 모기지 보상금을 받았다.

이것은 확실히 중요한 승리였다. 하지만 우리가 원한 진정한 승리는 아니었다. 그와 같은 조치가 많은 사람에게 도움이 되었다고는 하지만, 아직도 미국 전역에서 수백만의 사람들이 여전히 고통을 받고 있기 때문이었다. 그리고 수십억 달러를 환수했다고는 하지만 수많은 시민이 집을 잃었다. 경제에 미친 구조적 피해가 너무도 깊어서 어느 정도 구제를 받았다고는 해도 수많은 사람이 모기지를 갚지 못한 채, 여전히 극한 상황에 몰려 있었다. 일자리도 없었다. 그러니 임금도 없었다.

수많은 미국인이 신용이 파괴되는 상황을 목격했다. 자녀들의 교육비를 모으고 있던 부모들의 꿈이 안개처럼 증발했다.[17] 가정들은 실업, 무주택, 갑작스러운 학군 변경까지 이런저런 스트레스를 동시에 받아야 했다. 의학잡지 「랜싯(the Lancet)」은 "경기 침체 기간 동안 미국 내 실업자가 늘어나면서 1,330명이 자살했다. 이는 3.8% 증가한 것이다"라고 분석했다.[18]

여러 면에서 이번 파탄의 여파가 2018년 현재까지 이어지고 있다. 프레즈노에는 경제난 발생 이전의 집값보다 낮게 평가되는 집들이 엄청나게 많다.[19] 전국적으로는 중산층의 재산이 거의 소진되었는데, 아직도 거의 회복되지 못하고 있다.

연구에 따르면 흑인 가정들이 안고 있는 부담이 더욱 크다.[20] 미국시민자유연합(American Civil Liberties Union)의 의뢰로 사회과학연구회가 독자적으로 발표한 내용에 따르면 2007~2009년 사이의 경제 위기로 인한 백인 가정과 흑인 가정의 어려움이 유사했으나, 2011년이 되면서 "백인 가정의 손실은 제로 수준으로 낮아졌지만, 흑인 가정의 경우 13% 정도 더 큰 손실을 보았다"고 한다. 따라서 "2031년이 되면 흑인 중산층의 자산이 대불황 이전의 자산보다 9만8,000달러가 더 적을 것"이라는 전망이 나왔다.

달리 말하면, 미래 세대가 과거 세대의 어리석음과 탐욕 때문에 고통을 받게 될 것이라는 뜻이다. 우리는 이미 일어난 일을 바꿀 수는 없다. 하지만 다시는 그런 일이 일어나지 않도록 준비할 수는 있을 것이다.

그런데 월가는 여전히 변화가 없다. 일부 규정만 변했을 뿐이다. 그리고 그들은 오바마 정부에서 시도했던 월가 개혁을 무산시키기 위해 총력을 기울이고 있다. 그들은 개혁안 철폐에 실패할 경우까지 가정하는 등, 가능한 모든 수단을 동원하고 있다. 「월스트리트 저널」의 분석에 따르면 2010~2017년 사이에 주요 은행들이 비은행권이나 소위 그림자 은행에 분산하는 방식으로 서브프라임론(subprime loans)에 3,450억 달러를 투자했다.[21)]

「월스트리트 저널」은 또 "은행들은 신용이 좋지 않은 소비자와 이익구조가 불안한 기업들을 직접 상대하는 것보다 비은행권과 거래하는 것이 더 안전하다고 말한다"고 지적했다. "이런 모습을 보면 은행들이 금융위기 이후 그들이 포기했다고 말한 더 위험한 대출과 여전히 깊이 연관되어 있다는 것을 의미한다"고 했다.

그러던 중 2017년, 트럼프 대통령이 한 남성을 지명해 소비자금융보호국(CFPB)을 운영하도록 했는데, 그는 오히려 이 부서를 '농담'처럼 여기면서, 내부에서 부서 폐지에 앞장섰다. 2018년 의회는 월가에 대한 규제를 강화하는 대신 필수적인 보호 대상에서 중견 은행들을 제외해버렸다. 이런 조치는 용납할 수 없을 뿐 아니라 황당무계한 횡포였다.

그러니 아직도 해야 할 일이 많다. 우리가 은행들의 터무니없고 무모한 행동에 피로감을 느낀다면, 은행들이 또 다른 침체 상황을 만들려는 것을 좌시하지 않겠다면, 주택 소유자들은 대차대조표로 일괄적으로 묶어 판매할 수 있는 그런 대상이 아니라 존엄과 존경으로 대우해야 하는 대상이라는 생각에 동의한다면, 그다음 우리가 해야 할 일은 오직 한 가지다. 우리의 목소리를 높이고, 우리 모두 투표에 참여해야 한다는 것.

4장 웨딩 벨 : 약자와 소수자를 향한 따뜻한 시선

어떤 나라를 처음 방문할 때면, 나는 그 나라의 가장 상급법원을 방문하려 노력한다. 그곳들은 단순히 법정이라는 건물이 아니라 어떤 메시지를 전달하기 위해 세워진 특별한 종류의 기념비이기 때문이다. 예를 들어, 뉴델리에 있는 인도 대법원은 균형 잡힌 정의의 척도를 상징하도록 설계되었고, 예루살렘에 있는 이스라엘 대법원은 법의 불변성을 표현하는 직선과 정의의 유동성을 표현하는 곡선이 벽과 유리에 결합해 있다. 이런 건축물들은 말을 한다.

미합중국 대법원도 마찬가지이다. 내 생각에는 그 어떤 건물보다도 아름답다. 건축양식은 민주주의의 초창기를 상기시키고, 마치 현대의 파르테논 신전 앞에 서 있는 기분이 든다. 웅장하고, 위풍당당하면서도 위엄과 절제가 있다. 코린트식 기둥들이 줄지어 서 있는 정문 계단을 걸어 올라가면, 그 건물에 담긴 미국 건국의 포부를 알 수 있다. 건물 위쪽의 돌에는 "법에 따라 평등한 정의"라는 말이 새겨져 있다. 그리고 그것이 2013년 3월 26일 나를 대법원으로 이끈 바로 그 약속이었다.

내가 도착했을 때, 건물이 최상의 모습을 보여주지 않았음을 인정한다. 커다란 대리석 덩어리가 깨져 바닥에 떨어진 이후 수리 작업이 지연되어, 건물은 여전히 비계에 둘러싸여 있었다. 눈에 거슬리는 부분을 최소화하기 위해, 스크린 위에 실물 크기의 건물 외관을 프린트한 고해상도의 사진이 정면에 걸려있었다. 커다란 해변용 티셔츠 위에 비키니 사진을 프린트해놓은 정도의 사실감은 있었다. 그렇다고 해도, 건물의 웅장함은 의심할 여지가 없었다.

나는 법정 안의 내 자리로 안내되었다. 대법관들이 건물 내에서 사진이나 동영상 촬영을 허락하지 않기 때문에, 이 장소는 국민 대부분이 결코 본 적이 없는 곳이었다. 분명히 나도 이날까지 한 번도 본 적이 없었다. 나는 경외심을 느끼며 주위를 둘러보았다. 근사한 분홍색 대리석, 선명한 붉은색 주름과 정교한 무늬의 천장, 9개의 텅 빈 의자가 놓여있는 위압적인 판사석. 이 안에서 이루어진 모든 역사가 계속해서 생각났다. 하지만 후대를 위해 보존된 박물관이나, 게티즈버그(Gettysburg) 같은 장소들과는 달리 대법원은 그 역사가 진행 중이고 살아있으며, 모든 결정에 따라 계속해서 펼쳐지는 곳이다.

10시가 조금 지나서, 9명의 판사가 법정 안으로 들어와 자리에 앉을 때까지 기다렸다.

존 로버츠(John Roberts) 대법원장이 "사건 번호 12-144, 홀링스워스 대 페리 사건에 대한 쟁점을 듣겠습니다"라고 말했다.

이것은 캘리포니아주 안에서 동성 커플의 결혼을 금지한다는 법안인, 2008년 법안을 주민투표로 통과시킨 발의안 제8조에 반대하는 소송이었다. 아주 오래 끌어온 사건이었다.

캘리포니아주는 자유주의의 보루로서 명성을 떨칠 수도 있었지만, 2000년 유권자들은 주민투표로 발의안 제22조(Prop 22)를 통과시켰다. 발의안 제22조는 주 상원의원인 윌리엄 피트 나이트(William Pete Knight)의 이름을 따서 '나이트 발의안'이라고 불렸는데, 결혼을 이성 간의 결합으로 규정한 것이 특징이었다. 그 후 몇 년 동안 우리는 길거리에서, 투표로, 그리고 법정에서 이것에 반대하는 투쟁을 했다. 심지어 당시 고등학생이었던 조카 미나 또한 그 활동에 참여했다. 언젠가 미나를 데리러 학교에 갔는데, 그녀가 교내집회에 참석하던 기억이 난다. 교실로 들어갔을 때, 어린 미나는 앞장서서 동급생들을 모으고 있었다. "이건 나이트 발의안이 아니야! 나이트 메어야!"

2004년 밸런타인데이 주간 동안, 당시 샌프란시스코 시장인 개빈 뉴섬은 동성 커플의 결혼을 허락하기로 했다.

나는 LA로 가기 위해 공항으로 가는 길이었지만, 가기 전에 샌프란시스코 시청에 들르기로 마음먹었다. 건물 주변에는 한 무리의 사람들이 안으로 들어가려고 줄을 서서 기다리고 있었다. 그들은 그게 누구든 자신이 사랑하는 사람과 결혼할 수 있는 권리를 정부가 인정해주는 순간을 학수고대하고 있었다. 그 기쁨과 기대가 뚜렷이 보였다. 몇십 년을 기다려온 커플도 있었다.

나는 차에서 내려 시청 계단을 올라가다 시청 공무원과 마주쳤다. 그녀는 반가운 미소를 지으며 "카멀라, 좀 도와주세요. 결혼식을 진행하는 데 사람이 더 필요해요"라고 말했다. 나는 기쁜 마음으로 힘을 보탰다.

나는 수많은 시청 공무원들과 함께 혼인서약을 받았다. 우리는 구석구석까지 인파로 넘쳐나는 시청 강당에서 다 함께 결혼식을 진행했다. 여러 커플을 맞이하고, 그때 그 자리에서 한 쌍 한 쌍 결혼을 성사시키는 동안, 그곳에는 온갖 놀라운 흥분이 가득 쌓여갔다. 그것은 내가 이전에 겪었던 그 어떤 흥분과도 달랐다. 그리고 너무나 아름다웠다.

하지만 오래지 않아, 그 결혼식들은 무효가 되었다. 너무나 행복하고 희망으로 가득했던 커플들은 자신들의 결혼이 법적으로 인정받지 못한다는 사실을 알리는 공문을 받았다. 그것은 이들 한 사람 한 사람에게 엄청난 좌절이었다.

2008년 5월, 캘리포니아 대법원이 그 사건을 구조하기 위해 나섰다. 대법원은 동성 간의 결혼 금지가 위헌이라 판결했다. 이는 성 소수자(LGBTQ : lesbian, gay, bisexual, transgender, queer) 커플들에게 언제나 당연히 누려야 할 동등한 존엄성을 깨닫는 길을 마련해주었다. 샌프란시스코 지방검사장으로서의 내 취임 선서를 받았던 로널드 조지(Ronald George)가 다수 의견을 전했다. 그 이후 6개월 동

안 1만8,000명의 동성 커플들이 캘리포니아에서 결혼 서약을 했다.[1)]

하지만 2008년 11월, 버락 오바마가 대통령으로 선출되었던 바로 그날 밤, 캘리포니아주 시민들은 주민투표를 통해 동성 커플의 결혼을 인정하지 않겠다는 캘리포니아주 헌법 수정 발의안 제8조를 간발의 차로 통과시켰다. 이것은 주 헌법의 개헌이기 때문에 주의 입법부나 사법부 제도 내에서는 뒤집을 수가 없었다. 더는 새로운 결혼식을 진행할 수가 없었을 뿐만 아니라 이미 결혼한 부부들도 잔인하고 불확실한 상태에 놓여있었다.

이제는 연방법원이라는 한 가지 분명한 경로만 남아 있었다. 당시 채드 그리핀(Chad Griffin)이 이끌던 미국평등권재단(The American Foundation for Equal Rights)은 캘리포니아주를 상대로 발의안 제8조가 모든 국민에게 평등권과 적법한 절차를 부여한 수정헌법 14조를 침해한다는 소송을 제기하는 것이 최선의 대응책이라는 결정을 내렸다. 이것은 시민권과 정의에 관한 문제였고, 그리핀과 그의 팀은 이 사건을 연방대법원까지 끌고 갈 계획이었다. 이 단체는 부시 vs 고어 사건에서 서로를 상대로 싸웠던 변호사들을 선임했고, 크리스 페리(Kris Perry)와 샌디 스티어(Sandy Stier), 폴 카타미(Paul Katami)와 제프 자릴로(Jeff Zarrillo) 이 두 동성 커플을 대신해 소송을 제기했다. 이들은 바로 그들과 같은 처지에 있는, 단순히 사랑하는 사람과의 결혼이라는 인간의 존엄성을 간절히 바라는 수백만 명의 사람들을 법정에서 대표하는 것이었다.

이 소송이 그 첫 번째 싸움 무대인 미합중국 연방 지방법원으로 가는 데까지 8개월이 걸렸다. 법정에서 판사는 증언을 듣고, 증거들을 검토하고, 자신 앞에 놓여있는 사실들을 토대로 발의안 제8조가 크리스, 샌디, 제프, 그리고 폴의 권리를 침해하는지를 결정했다. 2010년 8월 4일, 본 워커(Vaughn Walker) 부장 판사는 발의안 제8조가 위헌이라고 결정 내리면서, 그들의 편을 들어 동성 커플의 결혼에 대한 권리를 지지했다. 이것은 환상적이고 중대한 뉴스였다. 하지만 일반적인 관례대로 워커 판사는 이 사건이 상급법원에 항소할 때까지 판결의 집행을 기다리기로 했다. '유예'라고 알려진 법적 개념이다.

이 판결이 내려졌을 때 나는 주 법무부 장관 선거에 출마한 상태였다. 이 판결은 순식간에 선거운동의 핵심 쟁점이 되었다. 그 결정에 항소할 권리는 캘리포니아주 법무부 장관에게 있었다. 내가 출마한 그 자리에 있던 제리 브라운은 법정에서 이 법령을 변호하는 것을 거부해왔다. 나도 발의안 제8조를 변호하기 위해 법무부 장관실 재원 중 동전 하나도 낭비할 생각이 없음을 분명히 밝혔다. 내 경쟁상대는 다른 견해를 취했다. 이것이 우리 사이의 뚜렷한 차이였다. 이것은 단순한 원칙이 아니라 실질적인 결과에 관련된 것임을 이해하고 있었다. 만일 캘리포니아주가 판결문에 대한 항소를 포기하면 하급심 판사는 유예를 풀 수 있고, 주 정부는 당장 결혼증명서 발급을 시작할 수 있었다. 다시 말하면, 만약 캘리포니아주 정부가 항소한다면 결혼식이 다시 열릴 때까지 몇 년이 더 걸릴 것이다.

내가 선거에서 이겼을 때, 내가 그 판결에 대해 항소를 거절한 것으로 사건이 끝났어야 했다. 하지만 발의안 제8조 지지자들은 싸움을 포기할 의향이 없었다. 이례적으로 그들은 합심해서 직접 항소했다. 내가 보기에 그들에게는 그렇게 할 근거가 없었다. 국민이 가진 언론의 자유가 그들이 법적 절차에 개입할 권리를 주지는 않는다. 단순히 어떤 문제에 대해 강력한 의견을 갖고 있다고 해서 그 문제의 소송 당사자가 될 수 있는 것은 아니다. 하나의 사건을 법정으로 가져가기 위해서는 그런 위치에 있어야 하는데, 여러 가지 이유 중에서도 실질적인 위법 행위 때문에 고통을 받을지도 모르거나, 고통을 받고 있다는 증거가 있어야 했다. (더욱 구어체로 말하자면, "그게 너랑 무슨 상관인데?"라는 질문에 명확한 대답을 제시할 수 있어야 한다.)

발의안 제8조가 통과되었을 때 그 법안은 크리스 페리에게 상처를 주었고, 기본권을 빼앗았기 때문에 그녀는 정부에 소송을 제기할 수 있는 위치에 있었다. 우리 주에는 한 집단의 미국인들이 다른 모든 미국인과 다르게 취급되는 조항이 담긴 법을 가지고 있었는데, 그 법은 근본적으로 불공평했다. 하지만 발의안 제8조가 연방법원에서 무효가 되었을 때, 그 결정은 다른 이들에게서 아무것도 빼앗지 않은 채 한 집단을 보호해주었다. 헌법적인 원칙은 분명했다. 동성 커플에게 주어진 미국 헌법에 따른 동등한 보호와 적법한 절차적 혜택을 거부하는 사람들은 단순히 그 개념이 마음에 들지 않았기 때문에 그것을 받아들일 수 없었던 것뿐이다. 그들에게는 언제나 표현의 자유가 있지만, 다른 미국인들의 기본권을 빼앗을 수 있는 권한을 가진 것은 아니다.

그런데도 항소가 진행되었다. 판결이 유예되었다. 제9차 순회 항소법원에서 그 결정에 대해 논의하려면 거의 1년이 넘게 걸릴 수도 있었다. 유예된 그 하루는 그만큼 더 많이 부정된 정의였다. 유예된 그 하루는 헌신적인 커플이 그 헌신을 서로에게 바칠 수 없었던 하루였다. 하루의 그 지연은 할머니가 사랑하는 이들의 결혼식을 미처 보지 못하고 눈을 감는 하루였다. 유예된 그 하루는 한 아이에게 "왜 우리 부모님은 결혼할 수 없는 거야"라는 의문을 갖게 했던 하루였다.

제9회 순회 항소법원의 판결은 엄청난 갈채를 받았다. 3명의 판사가 발의안 제8조가 캘리포니아주의 동성 커플의 시민권을 박탈했다는 하급법원의 결정을 확인했다. 하지만 법원은 발의안 제8조 법안 지지자들의 항소권을 문제 삼지는 않았다. 대신 법원은 판결 유예를 선언하며, 그들이 상고하는 것을 허용했다. 이제 대법원 차례였다.

내가 자리에 앉아 구두 변론을 경청하는 동안 대법관들은 이 쟁점에 대해 지적했다. 스티븐 브라이어(Stephen Breyer) 대법관은 발의안 제8조 지지자들이 "너무나 강력하게 반발하는 5인조에 불과한 것은 아닌지"를 물었다.[2)] 소니아 소토마요르(Sonia Sotomayor) 대법관은 하급법원의 판결이 "법의 집행을 바라는 다른 모든 납세자와는 다르게" 이 지지자들에게 어떤 해를 입혔는지 알고 싶어 했다. 하지만 모든 변론을 마쳤을 때 판결이 어떤 방향으로 내려질지 정말로 알 방도가 없었다.

대법원 밖으로 나서자, 그곳에는 수백 명의 사람이 모여 무지개 깃발을 흔들고 손팻말을 든 채, 애타게 정의를 기다리고 있었다. 그것이 나를 미소짓게 했다. 그들은 바로 내가 법조인이 된 이유였다. 나는 법정에서 그 열정을 행동과 판례, 그리고 법으로 바꿀 수 있다고 믿었다.

나는 그들의 얼굴을 내려다보며 같은 이유로 같은 장소에 서 있었던 모든 사람을 그려보았다. 학교 내의 차별에 항의하던 흑인 부모들과 그들의 자녀들, 낙태 합법화를 주장하며 행진하던 젊은 여성들, 인두세와 문맹 퇴치 시험 그리고 인종 간의 결혼 금지에 반대하며 시위하던 민권운동가들 등.

일상생활에서 그들은 공통점이 없는 것처럼 보였을지도 모른다. 하지만 이 단계에서 그들은 중요한 어떤 것들을 공유했다. 대법원장 얼 워런이 언급한 것처럼 그들은 하나의 형태로 혹은 다른 형태로 "평등의 원칙을 직접 파괴하려는" 행위에 맞선다. 그리고 그들은 어떤 방식으로든 헌법이 자신들을 자유롭게 해줄 것이라고 믿었다. 그들은 프랭클린 루스벨트(Franklin Roosevelt)의 말처럼 "그것이 오래되어서가 아니라 영원히 새로운 것이기 때문에, 과거에 대한 숭배가 아니라 현재와 미래를 젊게 유지할 살아있는 사람들의 믿음으로" 헌법을 경건히 따랐다.[3] 그래서 그들은 행진했고, 싸웠다. 그리고 기다렸다.

나는 아무것도 확실한 것은 없다는 것을 알고 있었다. 대법원은 과거에 가끔 끔찍한 결정을 내렸었다. 1889년엔 중국인의 미국 이민을 배제하는 법안을 지지했다. 물론 아직도 그 결정은 뒤집히지 않았다. 1896년에는 인종차별이 헌법에 위배 되지 않는다고 판결했다. 또 1944년에는 일본계 미국인의 강제 수용이 위헌이 아니라고 판결했으며, 1986년에는 동성애 관계가 범죄화될 수 있다는 주장에 손을 들어줬다. 2010년에는 시민연합(Citizens United)의 손을 들어줌으로써 정치계에 검은돈의 시대를 열었다. 그리고 우리 사건의 판결이 나오기 바로 전날, 법원의 보수적 판사들이 투표권에 관한 결정적인 부분을 (속을 모조리 파내서) 무효화시켰다. 확실한 것은 아무것도 없었다.

하지만 2013년 6월 26일 아침, 우리는 멋진 소식을 접했다. 대법원은 발의안 제8조 지지자들에게는 상고할 자격이 없다는 의견에 동의했고, 사건은 5대4의 판결로 기각되었다. 하급법원의 판결이 유효하다는 의미였다. 다시 말해 캘리포니아에서 다시, 그리고 마침내 동성결혼이 합법화되었다는 의미였다.

그 소식이 전해졌을 때, 나는 LA에 있는 내 사무실에 있었다. 복도에서 환호성과 박수갈채가 터져 나오는 가운데, 자연스럽게 축하연이 열렸다. 몇 년에 걸친 고군분투와 역행 뒤에, 마침내 사랑이 모든 것들을 정복했다.

나는 팀원들을 불러 앞으로의 계획을 논의했다. 나는 당장 결혼 절차를 시작하고 싶었다. 하지만 제9회 순회 항소법원이 그 유예를 해제하기 전까지 절차를 시작할 수 없었고, 항소법원이 그렇게 하는 데 몇 주가 걸릴 것이라고 했다. 나로서는 용납할 수 없는 일이었다.

이 일과 관련해 기자회견장으로 향하자, 팀원들이 법원의 일에 이의를 제기하지 말라고 주의를 주었다. 이런 상황과 관련된 체면을 차려야 하고, 내가 공개적으로 저울질하는 것이 불쾌감을 줄 수도 있다고 했다. 하지만 지금은 체면을 차릴 때가 아니었다. 우리의 동료 미국인들이 너무나 오랜 시간을 기다려왔다. 그래서 나는 마이크를 향해 몸을 숙이고, 제9회 순회 항소법원에 가능한 한 빨리 유예를 풀어달라고 요청했다.

이틀 뒤, 나는 금요일 오후의 전략 회의를 위해 팀원들과 샌프란시스코 사무실에 있었다. 그곳에서 우리는 마약밀매업자부터 인신매매 및 무기밀수업자까지 초국가적인 범죄 조직들에 대해 논의하고 있었다. 최근 밝혀진 수사에 대한 심각한 대화를 나누던 사이 코트니 브라이트 보좌관이 들어와 쪽지를 건네주었다. "제9회 순회 항소법원이 결정을 내렸습니다." 나는 팀원들에게 그 내용을 읽어주었고, 우리 모두 더는 회의에 집중할 수가 없었다. 정확한 답을 알아야 했다.

잠시 후 코트니가 되돌아왔다. 제9회 순회 항소법원이 유예를 해제했다. 주 정부는 즉시 결혼증명서 발급을 시작할 수 있었다. 우리는 모두 환호성을 질렀다.

그때 채드 그리핀에게서 전화가 왔다. 그는 크리스 페리와 샌디 스티어와 함께 있었다.

"카멀라, 우리는 지금 바로 샌프란시스코로 출발할 거예요. 샌디와 크리스가 첫 번째 결혼식을 올릴 예정인데, 당신이 그 예식을 진행해주었으면 좋겠어요."

나는 채드에게 말했다 "물론이죠! 나도 그렇게 하고 싶어요. 그보다 자랑스러운 일이 어디 있겠어요."

평소 같으면 관용차를 이용했겠지만, 이번만은 걸어가자고 했다. 팀원들과 함께 시청으로 걸어가면서, 나는 서굿 마셜이 인종차별 정책 때문에 앨라배마대학 입학을 거부당했던 오서린 루시(Autherine Lucy)와 함께 의도적으로 거리를 활보했던 그 유명한 이미지를 떠올렸다. 비록 이번에는 거리에 단지 우리만 있었지만, 그래도 마치 우리가 어떤 (몇 세대에 걸쳐 이어지는) 퍼레이드의 한 부분을 차지하고 있는 것 같은 느낌이 들었다. 우리는 거인들의 발자취를 따르며, 우리 시대의 흔적을 넓혀가고 있었다.

시청에 도착했을 때, 우리는 서기실로 향했고 복도에는 이미 사람들이 몰려들어 있었다. 곧이어 크리스와 샌디가 환한 얼굴로, 준비를 마치고 도착했다.

"축하해요!" 나는 두 사람을 동시에 포옹하면서 외쳤다. 그들은 너무 오랫동안, 너무 많은 것들을 겪어왔다. 우리가 웃고 떠드는 사이, 한 기자와 카메라맨이 다가와 내게 질문을 던졌다. 그는 상고가 있을지 모른다는 이야기를 들었다며, 내가 어떻게 생각하는지에 대해 듣기를 원했다.

나는 그를 바라보며 그냥 미소를 지었다. "곧 결혼식 종소리가 울릴 예정이에요."

그러는 동안, 뉴스가 퍼져나갔고, 수백 명의 사람이 시청으로 모여들었다. 어떤 이들은 축하하기 위해, 어떤 이들은 결혼식을 올리기 위해, 어떤 이들은 단지 이 사건의 목격자가 되기 위해 찾아왔다. 우리는 게이 남성합창단의 노래를 들을 수 있었고, 그들의 목소리가 원형 건물의 내부를 타고 치솟았다. 그 제한된 공간으로 함께 나아가는 동안, 모두 순수한 기쁨을 느꼈고, 그 느낌은 마법과도 같았다.

예식을 준비하는 사이, 누군가가 나를 옆으로 불러서, LA의 서기관이 주 정부에서 전갈이 있기 전까지는 결혼허가증을 발급할 수 없다고 버틴다는 이야기를 전했다. 그에게는 확실한 지시가 필요했다. 내가 전화를 걸면 간단하게 해결될 일이었다.

“카멀라 해리스입니다. 지금 당장 결혼식을 시작해야 해요.”

“알겠습니다.” 그는 안심한 듯한 목소리로 대답했다. “지금 하신 말씀을 주 정부의 공지로 알고 바로 허가증을 발급하겠습니다.”

나는 그에게 감사했다. “그리고 즐기세요! 아주 재미있을 거예요”라고 덧붙였다.

잠시 후 나는 발코니에서 사랑하는 사람들과 친구들을 이끌고 시청 계단을 올라오고 있는 크리스와 샌디를 지켜보았다. 그들은 베이지색과 흰색 드레스를 입은 아주 우아한 한 쌍이었다. 샌디가 들고 있는 부케도 흰색 장미였다. 이틀 전 두 사람은 정의의 살아있는 전설이 되었다. 이제 그들은, 하비 밀크(Harvey Milk)가 모든 인간의 존엄성을 지키며 살다가 죽은 그 건물을 통과해, 나를 향해 마지막 발걸음을 내딛고 있었다. 나는 역사가 만들어지고 있음을 느낄 수 있었다.

“오늘 우리는 크리스와 샌디의 단순한 결합뿐만 아니라, 그들의 꿈인 결혼식이 이행되는 것을 목격하기 위해…. 크리스와 샌디는 발의안 제8조에 반대하는 소송에 참여함으로써, 자신들과 마찬가지로 동성 결혼 합법화를 위해 싸운 수천 명의 커플을 대표했습니다. 희망과 절망, 온갖 우여곡절을 겪고 이들이 승리를 거두었습니다.”

크리스와 샌디는 서약을 주고받았고, 아들인 엘리엇이 그들에게 반지를 건네주었다. 그리고 나는 “캘리포니아주가 내게 부여한 권위와 권한에 따라, 이제 두 사람이 부부가 되었음을 선언합니다”라고 말할 수 있는 영광과 특권을 누렸다.

그날 캘리포니아주 전역에서 수백 건의 결혼식이 진행되었고,

그들 모두는 사랑과 정의 그리고 희망의 표현이었다.[4] 샌프란시스코 시청은 너무도 아름다운 문장 "I do!"를 무지개색으로 밝혀, 그들을 축복했다.

그날 저녁 집으로 돌아온 나는 하루를 되돌아보았다. 그때 나는 짐 리발도(Jim Rivaldo)도 그 자리에 함께 있었으면 좋았겠다고 생각했다. 짐 리발도는 샌프란시스코의 정치 전략가이자 「내셔널 램푼(The National Lampoon)」의 공동 창립자 중 한 사람이며, 또한 하비 밀크가 1977년 샌프란시스코 시의원으로 선출되는 데 핵심적인 역할을 한 게이 공동체의 대표적인 인물 중 한 명이었다. 그는 정말로 뛰어났고, 내가 처음 지방검사장 선거에 출마했을 때도 나의 가장 중요한 조언자 중 한 명이었다. 내 가족들도 그를 좋아했는데, 특히 어머니가 더 그랬다. 첫 선거가 끝난 후 몇 년 동안 우리는 종종 그를 만나곤 했다. 그는 2007년 사망하기 전 해의 추수감사절을 우리와 함께 보냈다. 어머니는 그를 머리맡에서 간호하며, 그의 마지막 날들이 편안해질 수 있도록 노력했다.

그와 이야기를 나누고 싶었다. 그와 그 순간을 함께 하고 싶었다. 그러나 나는 그의 부재에도 그가 어떤 말을 할지 정확히 알고 있었다. 아직 끝난 게 아니야.

대법원이 50개 주 모두에서 동성 결혼을 인정하기까지 한 2년여의 세월이 더 걸릴 것이다. 그리고 아직도 직원이 성 소수자(LGBTQ)인 것을 확인했을 때 고용주가 그를 해고할 수 있도록 허용한 법이 연방법에 남아 있다. 여전히 전국 각지의 주의회에서 트랜스젠더의 권익이 짓밟히는 사례들이 존재한다. 이 문제는 여전히 인권 투쟁에서 핵심 쟁점이다.

발의안 제8조와 관련된 반대들은 미국이 독립하기 이전부터 시작되었고, 앞으로도 수십 년은 계속될 것이다. 이것은 사람은 자신의 인간성을 위해 투쟁해야 하는데, 간단히 말하면 우리가 모두 평등하고 자유로워야 한다는 단순한 생각을 위해 싸우는 이야기이다. 그 어떤 정부도 우리의 생명이나 자유를, 또는 우리의 겸허한 행복추구권을 박탈할 권리가 없다는 독립선언서의 선언을 미래의 모든 세대를 위한 약속으로 만들기 위해 싸우는 사람들의 이야기이다.

앞으로 몇 년 동안 가장 중요한 것은 서로의 투쟁 속에 있는 우리 자신의 모습을 보는 것이다. 트랜스젠더의 권리를 위해 또는 인종적 차별의 종식을 위해 싸우든, 주거 차별이나 사악한 이민법에 반대하여 싸우든, 우리가 누구이든, 우리가 어떻게 보이든, 또는 우리가 얼마나 적은 공통점을 가지고 있든지 간에, 인권과 경제 정의를 위한 투쟁에서 우리는 모두가 똑같다는 점이다. 1963년 워싱턴 DC 시위를 주도했던 베이어드 러스틴(Bayard Rustin)은 "우리는 모두 하나이다. 만약 그 사실을 모른다면, 우리는 매우 어려운 방식으로 그것을 배우게 될 것이다"라고 말했다.

크리스와 샌디가 결혼한 지 몇 달이 지난 뒤, 나는 친구인 보건자선활동가 로버트 K. 로스(Robert K. Ross)가 운영하는 비영리단체 캘리포니아 기부재단(California Endowment)의 행사에 참석했다. 재단은 아름답고 현대적인 장소에 본부를 두고 있어서, 주 법무부 장관 시절 대규모 행사를 열기 위해 종종 이용하곤 했다. 그날 내가 제기한 토론 주제를 예상했던 사람은 거의 없었을 것이다. 나는 초등학생들의 무단결석에 관해 이야기하고, 해결책을 찾기 위해 그곳을 찾았다.

주 법무부 장관 업무를 처음 시작했을 때, 나는 팀원들에게 초등학생 무단결석 문제를 최우선 과제로 삼고 싶다고 말했다. 나를 잘 모르던 사람들은 내가 농담을 하고 있다고 생각했을 수도 있다. 어째서 주 최고의 법 집행자가 여덟 살짜리 아이들이 학교에 갔는지 안 갔는지에 중점을 두고 싶어 하는지 어리둥절했을 수도 있다. 하지만 나와 함께 일한 적이 있는 사람들은 내가 이유 없는 일을 벌이는 사람이 아님을 알고 있었다. 사실, 주 전체의 초등학생 무단결석 상황을 점검해서 그에 대한 해결방안을 마련하는 것이 내가 애초에 선거에 출마하게 된 이유 중 하나였다.

지방검사장이었을 때, 나는 범죄 예방을 위해 범죄 이후의 삶에 개입하는 것에 초점을 맞추었다. 예를 들어 '백온트랙(Back on Track)'은 청년들이 감옥에서 시간을 낭비하지 않게 하고, 또 전과가 그들을 중범죄로 이어지게 만드는 것을 막기 위한 노력이었다. 나는 이런 노력과 궤를 같이해 청소년기 이전의 삶에 개입하는 것에도 관심이 있었다. 공동체와 국가가 아이들을 안전하고 정상적인 삶을 영위할 수 있도록 취할 수 있는 조치들 말이다. 나는 우리가 그럴 힘이 있을 때 삶에 중요한 변화를 만들어내는 청소년기에 관여하고 싶었다.

그래서 나는 이 일을 단계별 교과과정과 연계시켰다. 우선은 3학년 과정의 능숙한 독해 능력의 중요성이었다. 연구 결과에 따르면 3

학년 말이 독해 교육을 위한 중요한 이정표였다. 이때까지의 교육과정은 아이들에게 읽는 법을 가르치는 것에 초점을 맞추고 있다. 그러다 4학년이 되면 읽기 위한 교육에서 지식습득을 위한 독서로 전환된다. 그래서 글을 읽지 못한다면 그 학생은 배울 수가 없다. 당연히 매달 그리고 매년 점점 더 뒤처지게 되고, 자연스럽게 그런 아이들은 빈곤을 향한 길로 내몰린다. 키가 겨우 120cm도 되지 않은 상태에서, 그들을 위한 기회의 문이 닫히는 꼴이다. 아이가 교육받지 못한다는 것은 범죄와도 같다. 나는 그렇게 믿는다.

동시에 나는 샌프란시스코 각 지역에서 발행하는 다발적인 살인사건에도 초점을 맞추었다. 이 일은 지역의 지도자들과 정부 안팎에서 큰 쟁점이 되었고, 이 문제를 해소하기 위해 우리가 무엇을 해야 할지에 대한 많은 고민이 있었다. 자료를 연구했을 때, 수감자들의 80% 이상이 고등학교 중퇴자라는 사실을 알았다.

나는 우리 학군의 아주 멋진 여성 교육감인 얼린 애커먼(Arlene Ackerman)을 찾아가 고등학교 중퇴율에 관해 물어보았다. 그녀는 무단결석을 자주 하는 고등학생 중 상당수가 초등학교 수업을 한 번에 몇 주씩, 심지어는 몇 달씩 빼먹은 경험이 있다고 말했다. 그것은 내게 행동을 개시하라는 신호와 같았다. 그 관련성은 너무나 명백했다. 어린 나이에 교실에서 벗어나 방황하기 시작한 아이들을 위한 길을 찾아내야 했다. 무단결석을 한 아이는 길거리를 헤매게 되고… 갱단의 목표가 되고… 어린 마약 배달원이 되고… 폭력의 가해자 또는 피해자가 된다. 만약 어떤 아이를 그가 다니는 초등학교에서 볼 수 없다면 나중에 감옥이나 병원, 또는 사망 상태로 만나게 될 가능성이 있었다.

나의 몇몇 정치 고문들은 무단결석 문제를 파고드는 것은 인기 있는 정책이 되지 못할 것이라고 우려했다. 심지어 그 문제를 대하는 내 진의를 의심하는 사람들도 있었는데, 그들은 내가 학부모들을 감옥에 가두는 것이 목표라고 오해하기도 했다. 당연히 그렇지 않았다. 우리는 부모들이 거리를 배회하던 그들의 자녀를 학교로 돌려보낼 수 있도록 도와주는 장치를 만들었다. 우리는 부모를 벌하려는 것이 아니라 그들을 지지하려 노력했고, 대부분 성공을 거두었다.

하지만 만약 부모들을 감옥에 보내서라도 쟁점으로 부각할 수 있다면 나는 기꺼이 나쁜 사람이 될 용의가 있었다. 정치적 자산은 이익을 내지 못한다. 그러나 변화를 위해 정치적 자산을 활용해야 한다.

우리는 시청과 교육청을 연계해 무단결석 방지 방안을 개발했다. 그 결과는 지금도 자랑스러운데, 2009년까지 샌프란시스코 초등학생들의 무단결석을 23%나 줄였다.[5)]

이 문제에 집중하면서 우리는 예상과는 전혀 다른 사실을 발견했다. 부모가 아이의 미래에 관심이 없어서 아이가 무단결석을 하게 된다는 고정관념이 있었는데, 진실은 달랐다. 부모들 대부분은 자신의 자녀들을 잘 양육하고 싶다는 자연스러운 소망이 있었다. 그들도 좋은 엄마 아빠가 되기를 원했다. 단지 그럴 수단이 없었거나, 그들에게 필요한 자료가 없었을 뿐이다.

일주일에 6일을, 최저임금을 받는 두 군데의 직장을 교대로 근무하면서도 여전히 빈곤선 아래의 삶을 살며 홀로 아이를 키우는 어머니를 생각해보자. 급여는 시급으로 받고, 휴가나 병가는 존재하지 않는다. 만약 세 살짜리 딸에게 열이 난다면, 두 번째 직장에서 받는 돈으로 보내는 탁아소에 아이를 보낼 수가 없다. 시간제 보모를 구할 여력이 없어서 만약 그녀가 집에 머무른다면, 그달 치 기저귀를 살 돈이 모자라게 될 것이다. 그녀는 이미 하루가 다르게 성장하고 있는 열한 살짜리 아들의 새 신발을 사줄 돈을 모으는 것만으로도 충분히 버거운 상태이다.

보통 사람들에겐 약간의 곤란함에 불과한 것들이 어떤 사람들에겐 절박함이라는 형태로 드러난다. 위와 같은 상황에 놓인 엄마가 아들에게 오늘은 학교 가지 말고 집에서 어린 동생을 돌보라고 말했다고 해서 그녀가 아이들을 덜 사랑한다고 비난할 수 있을까? 이것은 상황과 조건의 문제이지 인성의 문제가 아니다. 그녀는 가능한 최고의 부모가 되기를 원한다.

무단결석 방지 방안의 목표는 이런 상황에 개입해 지원하는 것이다. 우리는 무단결석과 문맹이 높은 범죄율로 연결된다는 사실을 학교가 부모들에게 알리기를 원했다. 그뿐만 아니라 자녀를 학교에 보내는 것에 어려움을 느끼지 않도록 시와 교육청에서 지원하는 프로그램이 있다는 사실을 부모들에게 홍보해달라고 요청했다.

처음 계획을 세웠을 당시의 교육청 지도 초안을 보면, 만일 어떤 아이가 무단결석을 했을 때 함께 사는 부모에게 연락하라고 학교 측에 지도했다. 그때 보통 어머니에게 연락했다.

나는 "잠깐만요. 그럼 아버지는요?" 하고 물었다.

"그러니까 이런 경우에는 아이들이 아버지와 함께 살지 않거나,

아버지가 양육비를 지급하지 않는 경우가 많아요."

나는 "그래서 어쩌자는 거죠?" 하고 되물었다. "어쩌면 양육비를 지급하지 못할 수도 있겠죠. 그렇다고 아이가 결석하기를 원하는 것은 아니지 않을까요." 아니나 다를까. 이런 사례 중 한 젊은 아빠는 자기 딸이 결석하고 있다는 사실을 알고 아침마다 아이를 학교에 데려다주기 위해 자신의 일정을 바꾸기도 했다. 심지어 그는 딸의 교실에서 자원봉사도 시작했다.

법무부 장관이 되었을 때, 나는 내게 주어진 권한을 이용해 캘리포니아주 전체에 무단결석의 심각성에 대해 알리고 싶었다. 또 나를 따라다니는 카메라를 이용해 사람들의 이기심에도 호소하고 싶었다. 싫든 좋은 사람들 대부분은 다른 누군가의 자녀 교육 문제보다는 자신의 안전을 더 우선시한다. 역으로 나는 지금 우리가 교육 문제를 우선으로 삼지 않으면, 그것이 나중에는 공공의 안전에 문제가 될 것이라는 점을 사람들에게 알리고 싶었다.

나는 캘리포니아 기부재단에서 주 전역에 약 100만 명의 초등학생이 무단결석을 하는 것으로 추정된다는 첫 번째 보고서를 발표했다.[6] 너무 많은 학교에서 거의 모든 초등학생이 무단결석을 한 경험이 있음이 드러났다. 어떤 학교의 경우 무단결석률이 92%에 이르렀다.

나는 연단에 올라, 주 법무부 장관의 업무와 동떨어져 보이는 주제이지만, 현장의 교육자들과 정책 입안자들에게 이제는 모두 자리에서 일어나 위기의 심각성을 인정하라고 촉구했다.

내가 연설을 계속하는 동안 우리 팀원 중 두 명이 객석에 앉아 있는 한 남성을 가리키며 속삭였다. 그들의 대화를 직접 들을 수는 없었지만, 그들이 무슨 말을 하는지 알 수 있었다. "저 남자 누구야? 저 사람이 그 사람이야?" 왜냐하면, 그가 바로 더그였기 때문이다.

6개월 전만 해도 나 또한 더그라는 사람이 누구인지 몰랐다. 단지 절친인 크리셋이 내게 불이 나도록 전화를 하고 있었다는 사실이다. 회의 중이었는데, 내 핸드폰이 끊임없이 울렸다. 처음 몇 통은 무시했지만, 점점 걱정되었다. 나는 그녀 아이들의 대모였다. 무슨 일이 생긴 것일까?

나는 밖으로 나와 그녀에게 전화를 걸었다.

"무슨 일이야? 별일 없어?"

크리셋은 "응, 별일 없어. 그렇지만 너는 곧 데이트하게 될 거야" 하고 말했다.

"내가?"

"응 네가." 그녀는 완전히 확신에 찬 목소리로 대답했다. "지금 막 네 남자를 만났어. 귀여운 데다가 로펌 공동 경영자야. 내 생각에 너는 이 남자를 정말로 좋아하게 될 거야. 이 남자는 LA에 기반을 두고 있지만, 너도 일 때문에 항상 여기 있잖아."

크리셋은 내게 자매와 같았고, 그녀와 실랑이해봤자 소용없다는 사실도 알고 있었다.

"이름이 뭔데?" 하고 물었다.

"이름은 더그 엠호프(Doug Emhoff)인데, 제발 구글에 검색할 생각은 하지 마. 너무 깊이 생각하지 말고 그냥 한번 만나 봐. 이미 그에게 네 전화번호를 줬어. 그가 연락할 거야."

마음 한구석에서 불평을 늘어놓았지만, 동시에 내일을 자기 일처럼 생각하는 크리셋의 마음에 고마움도 느꼈다. 그녀는 내가 사생활에 대해서도 솔직하게 이야기할 수 있는 몇 안 되는 사람 중 한 명이었다. 40대의 전문직 미혼여성으로서, 그리고 항상 세간의 이목을 끄는 사람으로서 데이트한다는 것은 쉽지 않았다. 내가 한 남성과 함께 어떤 행사에 참석한다면 사람들은 즉시 우리 관계에 대해 추측하기 시작할 터였다. 정치계 또한 미혼남성과 미혼여성을 다른 시선으로 바라보고 있었다. 사회생활에 관한 한 우리는 남녀가 같은 행동의 폭을 갖지 못했다. '바로 이 남자'라는 확신이 들지 않는다면, 그런 종류의 시선으로 받고 싶지 않았다. 물론 이것은 그동안 내가 커리어와 개인적인 삶을 분리해서 생활했다는 것을 의미했다.

며칠 후 저녁, 한 행사장으로 가던 중 문자 한 통을 받았다. 더그는 친구와 농구 경기를 보는 중이었고, 용기를 내서 내게 어색한 문자를 보냈다. "안녕하세요. 더그입니다. LA 레이커스 경기를 보던 중에 그냥 인사나 하려고요." 나도 인사를 전했고, 다음날 통화하기로 약속했다. 나도 내 몫의 어색함을 발휘하며 그 문자 통화를 끝냈다. "레이커스 파이팅!" 사실 나는 워리어스 팬이었는데도 말이다.

다음날, 출근하기 전 체육관을 나서다가 더그에게 온 부재중 전화를 확인했다. 내일 통화하자고 약속하긴 했지만, 그렇게 이른 시간에 연락이 올 거란 생각은 못 했었다. 그런 더그의 행동이 마음에 들었었음을 인정하겠다. 사실 지금 이 글을 쓰는 동안 더그에게 그날 전화를 하면서 어떤 생각을 했는지 알려달라고 했다. 그는 다음과 같이 말했다.

> 그날은 아침 일찍 회의가 있어서 더 일찍 일어났지. 차를 타고 출근을 하는데 당신 생각이 머릿속에서 떠나질 않는 거야. 나는 '8시 30분이야, 아직 그녀에게 전화하기에는 너무 이르다고. 우습게 보일 거야. 그런 남자는 되지 말라고. 그러지 마. 전화하면 안 돼' 하면서 계속 스스로에게 말했지. 그러다가 '오, 맙소사. 전화번호를 눌렀어.' 그리고는 '안 돼, 전화벨이 울리잖아.'

지금까지도 보관하고 있는 그의 음성 메시지는 길었고, 약간은 장황했다. 그가 좋은 사람인 것 같았고, 그에 대해 더 알고 싶다는 호기심이 생겼다. 반면에 더그는 자신이 기회를 망쳐버렸다고 확신하고 있었다. 그가 말하는 투로 봐서는, 자신의 음성 메시지가 처참한 수준이었고, 내가 절대로 응답하지 않으리라고 생각한 듯했다. 그는 다시 전화해서, 첫 번째 메시지를 설명하는 또 다른 장문의 메시지를 남기고 싶은 마음을 제어하기 위해 안간힘을 써야 했다.

하지만 운명이 우리에게 미소짓고 있었다. 그 당시 나는 샌프란시스코에 아파트를 갖고 있었고, 부엌을 리모델링 하기 위해 몇 년에 걸쳐 충분한 금액을 저금한 뒤 마침내 공사를 시작하게 되었다. 바로 그날, 나는 건축업자에게 열쇠를 건네주기 위해 기다리고 있었는데 공교롭게도 그의 일정이 늦어져서 기다려야 했다. 내게는 거의 일어난 적이 없었던, 한 시간의 자유시간이 생겼다. 나는 더그에게 전화를 걸었다. 어쩌면 그도 점심시간이라 쉬고 있을지도 몰랐다.

그가 전화를 받았고, 우리는 한 시간 내내 통화했다. 진부한 이야기처럼 들리겠지만, 우리 두 사람은 모두 상대방에게 재치있고 흥미로운 사람처럼 보이려 애썼다. 무엇보다도 우리는 지금도 여전히 그런 것처럼 자신과 상대방에 대한 농담과 이야깃거리로 서로를 웃게 했다. 건축업자가 도착했을 무렵, 나는 정말로 이 더그라는 사람을 직접 만날 생각에 흥분해 있었다. 우리는 토요일 밤 LA에서 저녁 식사를 하자고 약속했다. 비행기가 착륙하는 시간을 기다리는 것조차 힘들었다.

더그는 우선 자신의 집에서 만나자고 제안했다. 나는 대신 그가 나를 픽업해달라고 부탁했다. 그는 "좋아요. 하지만 내가 그리 뛰어난 운전사가 아니라는 점은 미리 말씀드려야겠네요"라고 말했다. 나는 "알려줘서 고마워요"라고 웃으며 대답했다. 더그에게는 허세나 가식이 없었고, 거만함이나 자랑도 없었다. 그는 정말로 자기 자신에게 편안한 듯이 보였다. 그 점이 내가 곧바로 그를 좋아하게 된 이유 중 하나였다.

첫 번째 데이트가 끝난 다음 날 아침, 더그는 이메일로 다음 두 달 동안 자신의 비는 날짜들을 전부 알려왔다. 그는 "내가 밀당을 하기에는 나이가 너무 많아요"라며, "당신이 정말로 좋고, 혹시 우리가 이루어질지 알아보고 싶어요"라고 했다. 사실 그는 그 주 토요일에도 만나기를 원했지만, 나는 이미 오래전에 예정된 여자친구들과의 주말 일정이 잡혀있었다.

그는 "그건 괜찮아요. 내가 그쪽으로 갈 수도 있고, 잠깐 짬이 나면 당신과 내가 살짝 빠져나오면 되잖아요"라고 했다. 그의 열정은 고마웠지만, 여자들의 주말 모임은 그런 식으로 진행되지 않는다는 사실을 설명해야 했다. 대신 우리는 그 주 후반에 두 번째 데이트를 하기로 약속했다.

세 번째 데이트에서 더그는 서로 간에 좀 더 적절한 합의가 필요하다고 했다. 우리는 저녁 식사를 위해 새크라멘토로 날아갔다. 그날 이후, 우리는 우리에게 뭔가 특별한 것이 있음을 알았다. 우리는 6개월 동안 진지하게 만나보고, 그 이후 우리의 관계를 재평가하기로 했다. 무단결석의 병폐에 대한 브리핑에 참석하는 것이 사람들 대부분이 생각하는 그런 로맨틱한 데이트는 아니지만, 그 이벤트는 더그를 공식적으로 소개하는, 내 일과 관련된 모임에 처음 그를 초대한 순간이었다. 그런 이유로 소문으로만 들었지 그를 직접 본 적이 없는 우리 팀원들은 자기들끼리 힐끗거리며 수군댔던 것이다. 나중에 우리 팀원들은 그 당시를 AD(After Doug)라고 부르곤 했다. 그들은 그가 나를 얼마나 웃게 만드는지를 알고 좋아했다. 나 또한 그랬다.

더그는 한 번 결혼한 경험이 있었고, 존 콜트레인(John Coltrane)과 엘라 피츠제럴드(Ella Fitzgerald)에게서 이름을 딴 콜과 엘라라는 두 아이가 있었다. 더그와 내가 처음 데이트를 시작했을 때 엘라는 중학생이었고, 콜은 고등학생이었다. 더그는 첫 번째 아내인 커스틴과 양육권을 공동으로 가지고 있었다. 나는 커스틴에게 엄청나게 깊은 찬사와 존경심을 가졌다. 지금도 그렇다. 아이들에 관해 이야기하는 더그의 태도에서 그녀가 아주 훌륭한 어머니라는 것을 알 수 있었고, 몇 달 뒤 커스틴과 내가 서로 만났을 때 우리는 정말로 마음이 맞아서 친구가 되었다. (가끔 우리는 우리의 현대적인 가족 관계가 너무 지나치게 실용적이라는 농담을 하곤 한다.)

두 번째 데이트 이후, 더그는 내게 콜과 엘라를 소개해주고 싶어 했고, 나 또한 그들을 만나고 싶었다. 하지만 이혼 가정에서 자란 나는 자신의 부모가 다른 누군가를 만나 데이트를 하는 것이 얼마나 힘겨운 일인지 잘 알고 있었다. 그래서 속도를 조금 늦추었다. 가끔 차에서 스피커폰을 켜고 아이들과 함께 이야기하는 것 외에는, 내가 콜과 엘라의 삶에 걸어 들어가기 전에 더그와 내가 먼저 현실적이고 지속적인 부분들을 확실하게 하고 싶었다.

더그와 나는 아이들과의 첫 만남이 언제 어떤 식으로 이루어져야 할지에 대해 많은 이야기를 나누었다. 우리는 만난 지 약 두 달이 될 때까지 기다렸다. 나는 우리가 그보다 더 오랫동안 함께였던 것처럼 느꼈다. 우리가 서로에게 매우 충실했기 때문이거나, 아니면 내가 이미 오래전부터 더그를 사랑했던 것은 아닐까 하는 착각을 일으킬 정도로 그가 마음에 들어서였기 때문은 아닐까도 한다.

나는 그날 아침 엄청나게 흥분된 상태로 잠에서 깼다. 그전까지 내가 아는 콜과 엘라는 더그의 사진 속에 있는 사랑스러운 얼굴들이었고, 그의 대화 속에 등장하는 매력적인 인물들이었으며, 그의 심장 속에 있는 중요한 존재들이었다. 마침내 나는 두 명의 근사한 청소년들을 만날 예정이었다. 그것은 정말로 기념할 만한 사건이었다.

LA 사무실에서 집으로 돌아오는 길에 틴케이스에 담긴 과자를 골라 화려한 리본을 나비 모양으로 묶었다. 정장을 벗고, 청바지로 갈아입고, 컨버스 운동화를 신은 후, 숨을 고르면서 더그의 집으로 향했다. 가는 길 내내, 처음 몇 분이 어떻게 흘러갈지를 상상해보았다. 다양한 시나리오를 그려보고, 상황에 적합한 말을 떠올리려 노력했다. 틴케이스에 담긴 과자가 내 옆자리에서 내 리허설 장면을 아무런 말 없이 지켜보고 있었다. 아이들이 쿠키를 좋아할까, 아니면 이상하다고 생각할까? 어쩌면 리본이 조금 과한지도 모르겠다.

아마도 리본을 조금 과했을 것이다. 그렇지만 콜과 엘라는 나를 아주 반갑게 맞아주었다. 아이들 또한 나를 만나기를 원했었다. 우리는 몇 분 동안 이야기를 나눈 뒤, 함께 저녁을 먹으러 가기 위해 더그의 차에 올라탔다. 우리는 식당 선택을 아이들에게 맡겼는데, 그들은 어렸을 적부터 즐겨 찾던 해변가의 릴인(Reel Inn)이라는 해산물 식당을 선택했다. 차로 약 1시간 정도 걸리는 장소였고, 덕분에 우리는 서로를 탐색하면서 드라이브를 즐길 수 있었다. 알고 보니 콜은 음악을 좋아했고, 자신이 요즘 즐겨 듣는 것들을 나에게 알려주고 싶은 마음에 들떠 있었다.

콜은 "로이 에이어스(Roy Ayers) 노래를 막 듣기 시작했어요"라고 말하며 "그 사람을 아세요?" 하고 물었다.

나는 노래로 화답했다. "Everybody loves the sunshine, sunshine, folks get down in the sunshine…."

"알고 계셨네요!"

"당연히 알고 있지!"

우리는 그 노래를 함께 들었고, 이어서 또 다른 노래들도 들었다. 우리 네 사람은 창문을 모두 내린 채 함께 노래를 부르면서 식당을 향해 해안도로를 달렸다.

릴인은 편안하고 소박한 장소였다. 우리는 벽에 붙은 메뉴판에서 음식을 골라 주문한 후 번호표를 받고 대기했다. 주문한 음식이 나오자 우리는 막 해가 저물기 시작하는, 바다를 마주 볼 수 있는 피크닉 테이블에 앉았다. 식사를 다 마쳤을 무렵, 콜과 엘라는 콜의 학교에서 열리는 미술 전시회에 갈 예정인데, 그 전시회에는 그들의 몇몇 친구가 작품을 출품했다고 했다. 거기에 우리도 함께 갈 수 있는지를 물었다.

"물론이지!" 나는 항상 있었던 일상인 것처럼 대답했다. 그 제안은 내게 너무 근사했다. 그러자 더그가 속삭였다. "당신을 좋아하는 게 분명해. 얘들은 나를 자기들 일에 초대한 적이 한 번도 없었다고." 우리는 함께 학교로 갔고, 미술에 재능 있는 엘라가 전문가답게 전시 작품을 안내해주었다. 작품을 출품한 친구들은 대부분 그 자리에 있었는데, 우리는 그 학생들은 물론 그들의 부모들과도 함께 어울려 대화를 나누며 즐거운 시간을 보냈다. 나중에 더그는 그날 저녁 내가 그들의 인생에 깊숙이 들어갔다고 말했지만, 콜과 엘라가 나를 초대했고, 나는 그들의 매력에 매료되었다는 게 더 정확한 표현일 것 같다.

2014년 3월 말, 내게는 두 개의 여행 계획이 있었다. 하나는 멕시코 여행으로, 다국적 범죄 조직과 인신매매범들 소탕을 위한 고위관료들과의 업무회의를 위한 것이었다. 다른 하나는 이탈리아 여행으로, 더그와의 낭만적인 휴가를 꿈꾸고 있었다. 한마디로 두 개의 일정이 완전히 달랐다. 집에서는 더그와 함께 늦게까지 안내 책자 사진들을 들여다보며 피렌체 여행 일정을 짰고, 사무실에서는 멕시코시티로 함께 갈 여러 주의 법무부 장관 파견단을 꾸리고 지휘하기 위한 업무를 계획했다.

멕시코에 기반을 둔 다국적 범죄 조직은 아주 큰 위협이었고, 캘리포니아는 그들의 주요 표적이었다. 예를 들면 그해 3월, 우리 사무실에서는 미국에서 유통되는 필로폰의 70%가 캘리포니아 남쪽 국경의 샌디에이고 항구를 통해 공급된다는 보고서를 발표했다. 또한, 멕시코에 근거를 둔 마약 거래상들이 캘리포니아의 길거리와 교도소에서 갱단들과 동맹을 맺으면서 미국 내에 조직적으로 세력 확장을 꾀하고 있다고 보고했다.

이는 캘리포니아주 사법 당국에, 그리고 이웃한 다른 주에 대한 명백한 도전이었다. 나는 이 연합조직들을 일망타진하는 공동 작전을 수행하기 위해 멕시코의 고위관료들을 만나고 싶었다.

4명의 다른 주 법무부 장관과 나는 멕시코에서 3일을 보내면서 구체적인 행동 계획을 수립할 수 있었다. 우리는 멕시코 중앙은행 및 증권위원회와 자금세탁 방지를 위한 제도적 실행 의향서에 서명했다. 자금세탁을 통해 다국적 범죄 조직들은 현금을 마련하고 있었는데, 우리는 멕시코와 협정을 맺음으로써 수사력을 강화하고 이런 자금조달 고리를 끊을 수 있기를 희망했다.

2014년 3월 26일, 나는 멕시코 출장 결과에 흡족해하며 집으로 돌아왔다. 그러나 그때는 이미 늦은 저녁이었고, 사소한 문제가 있었다. 다음날이 더그와 여행을 떠나기로 한 날이었는데, 미처 짐을 꾸리지 못했다.

집에 도착하자마자 공항에서 오는 길이라는 더그의 문자를 받았다. 그가 내 아파트에 도착했을 때, 나는 미친 듯이 옷장을 뒤지며 검은색 바지를 찾고 있었다. 바지를 찾을 수 없다는 사실이 나를 무척이나 화나게 했다.

물론 우스운 상황이었다. 하지만 그것은 균형 잡힌 행동(the balancing act)이 내 발목을 잡는 그런 순간 중 하나였다. 많은 직장인이 그 '균형 잡힌 행동'에 대해 너무나 잘 알고 있다. 어머니와 마찬가지로 나도 내가 하는 모든 일이 100%의 가치가 있다고 생각하고 있지만, 가끔 그런 숫자들이 통하지 않는다는 생각이 들 때도 있다. 그때가 그런 순간 중 하나였다. 멕시코 출장 직후 머릿속은 오만 가지 생각들로 가득했고, 내가 자리를 비울 동안 점검해야 할 업무를 생각해보면 백 개도 넘었다. 그러는 와중에 나는 내 정신적인 상태를 더그와의 여행으로 전환하려고 애쓰는 중이었다. 말하자면 내 머릿속에서는 싸야 할 짐 목록과 해야 할 일 목록이 서로 우선순위를 차지하려고 싸우는 중이었다. 나는 너무 많은 일을 하려 한다고 자책하면서도, 내가 충분히 일하지 않고 있다고 걱정을 했다. 그리고 이 모든 스트레스가 검은색 바지를 찾느라 옷장을 다 헤집어놓는 우스꽝스러운 모습으로 나타났다.

물론 바지를 찾지 못했다. 옷장도 엉망이었다.

그 결과 나는 기진맥진했고, 더그가 도착했을 때 그도 기분이 안 좋아 보였다. 뭔가 어색하고, 조금은 조용한, 어쨌든 이상한 모습이었다.

나는 "저녁은 나가지 말고 배달시킬까?" 하고 묻고는 "이렇게 될 줄은 몰랐어. 짐을 쌀 시간이 필요해"라고 말했다.

더그는 "물론이야. 우리가 좋아하는 그 태국 식당 어때?" 하고 되물었다.

"좋아" 하고 대답한 나는 싱크대 서랍에서 누더기가 된 메뉴판을 꺼냈다. "팟타이 어때?"

더그가 내게로 몸을 돌렸다. "나는 내 삶을 당신과 함께하고 싶어."

달콤한 말이었다. 그는 늘 그렇게 달콤했다. 하지만 나는 그가 그때 한 말의 의미를 전혀 깨닫지 못하고 있었다. 심지어 나는 그를 쳐다보지도 않았다. 내 정신은 여전히 검은색 바지에 팔려있었다.

"자기야, 그거 좋네." 나는 메뉴판을 훑어보며 그의 팔을 잡았다. "팟타이에 닭고기 넣을까, 새우를 넣을까?"

"아니, 내 삶을 당신과 함께하고 싶다고." 그가 다시 말했다. 내가 올려다보자 그가 한쪽 무릎을 꿇었다. 그는 원래 피렌체의 폰테 베키오 앞에서 내게 프로포즈할 계획이었다. 하지만 일단 반지가 손에 들어오자, 그는 조바심을 느끼기 시작했다. 그는 그런 비밀을 지킬 수 있는 그런 사람이 아니었다.

나는 한쪽 무릎을 꿇고 있는 그를 보며 울음을 터트렸다. 분명히 말하지만 반짝이는 볼 위로 눈물방울이 떨어져 내리는 그런 우아한 할리우드식 눈물이 아니었다. 마스카라가 사방으로 퍼지고, 코를 훌쩍거리며 투덜거리는 그런 상태였다. 더그가 내 손을 잡았다. 나는 숨죽여 미소를 지었다. 그가 내게 청혼했다. 나는 눈물을 글썽이며 "네!"라고 외쳤다.

2014년 8월 22일 금요일, 더그와 나는 아주 가까운 친지들만 초대해서 조촐한 결혼식을 올렸다. 마야가 사회를 보았고, 미나가 마야 안젤루의 글을 낭독했다. 우리가 물려받은 인도와 유대인의 유산을 지키기 위해 나는 더그에게 목걸이 화환을 둘러주었고, 그는 술잔을 밟았다. 그것으로 끝이었다.

콜과 엘라 그리고 나는 "새엄마"라는 호칭이 맘에 들지 않았다. 그 대신 아이들은 나를 "마말라(Momala)"라고 부른다.

일요일 저녁의 가족 식사는 내가 가장 좋아하는 시간 중 하나다. 이것은 더그와 내가 약혼 후 시작한 규칙적인 일상이었다. 처음 데이트를 시작했을 때, 그는 커스틴과 양육권을 공유한 싱글대디였다. 아이들에게 가족 식사는 포장해온 중국 음식과 플라스틱 포크를 의미했다. 콜과 엘라는 종종 그것을 들고 자기들 방으로 들어가곤 했다. 하지만 내가 그것을 바꾸었다. 이제 일요일 저녁 식사는 가족 모두가 함께 모이는 자리였고, 친구나 친척도 언제나 환영이었다. 다 같이 식탁에 둘러앉아 내가 모두를 위해 만든 음식을 함께 나누는 시간이었고, 그것은 협상 불가능한 규칙이 되었다. 그것은 내게 정말로 중요했다.

모두가 그 일에 빨리 적응했고, 자신의 역할을 찾았다. 콜은 식탁 정리와 음악 선곡, 그리고 부주방장으로서 부엌일을 도왔다. 엘라는 수준급의 과카몰리와 수제 휘핑크림을 곁들인 생과일 타르트를 포함해 아주 멋진 디저트를 만들었다. 더그는 양파 썰 때 쓰려고 고글을 마련했는데, 양파를 썰 때마다 과장된 쇼를 보여준다. 한 가지 더 말해줄 것이 있는데, 고글을 쓰고 양파를 써는 남자보다 더 매력적인 사람은 없다.

내가 주요리를 만드는데, 맛이 풍부한 돼지고기 스튜, 스파게티

볼로네즈, 인도의 비리야니나 피타 치즈, 정원에서 딴 신선한 오레가노를 곁들인 닭고기 요리 같은 것들이다. 나는 주로 토요일에, 가끔은 금요일에 요리를 시작한다. 물론 여행을 다녀왔다면 생선 타코처럼 간단하거나, 모든 것을 한꺼번에 집어넣는 그런 음식을 준비한다. 요리가 항상 계획대로 되는 것은 아니다. 가끔 피자 반죽이 부풀지 않거나, 소스가 걸쭉해지지 않거나, 중요한 재료 중 하나를 빼먹어서 즉흥적으로 대체해야 할 경우도 있다. 다 괜찮다. 일요일 저녁 가족 식사는 식사 그 이상의 특별함이 있어서다.

저녁 식사가 끝나면 아이들이 설거지를 한다. 언젠가 아이들에게 프레디 삼촌에 관한 이야기를 들려준 적이 있다. 프레디 삼촌은 할렘에 있는 아파트의 아주 작은 부엌이 있는 지하에 살고 있었기 때문에 자신이 사용한 접시나 냄비들을 쓰자마자 치워야 했다. 그 후 아이들은 '프레디 삼촌'을 동사로 바꾸었다. 청소 시간이 되면 아이들은 자신 맡은 장소를 "프레디 삼촌 하겠다"고 약속했다. 그들은 꽤 잘 해낸다.

모든 사람이 요리를 좋아하는 것이 아님을 안다. 하지만 그것은 나를 위한 것이다. 내가 일요일 저녁 가족들을 위한 음식을 만드는 한, 내가 내 삶을 통제하고 있음을 안다. 내가 사랑하는 사람들을 위해 뭔가 중요한 것을 하고 있어서 우리가 그 좋은 시간을 함께 누리고 있음을 안다.

그렇게 바쁘게 보내던 2014년 여름 어느 날 아침, 한 통의 전화를 받았다. 미합중국 법무부 장관인 에릭 홀더(Eric Holder)였다. 그가 내게 물었다.

“이 자리에서 물러날 예정입니다. 혹시 관심 있습니까?”

두말할 것도 없이 많은 것을 생각해보아야 하는 제안이었다. 미합중국 법무부 장관이 되고 싶냐고? 한때 바비 케네디(Bobby Kennedy)가 썼던 그 사무실을 차지하고 싶진 않냐고? 물론 그랬다. 로스쿨에서 공부할 때 종종 상상해보곤 하던 일이었다. 거기다 대통령도 바로 버락 오바마였다. 오바마는 나의 친구이자, 내가 너무도 존경하고 자랑스럽게 지지를 표명해온 나의 대통령이었다. 그의 내각에 합류한다는 것은 그야말로 내 인생의 영광이었을 것이다.

하지만 내가 정말로 그 일을 원하는지 확신이 없었다. 홀더가 물러날 때쯤이면, 행정부가 가진 시간은 2년도 채 남지 않을 것이다. 진정한 의제를 만들기 위해 어떤 종류의 기회가 주어질까?

다시 홀더와 통화했을 때, 나는 백온트랙(Back on Track)을 언급했다. 만약 법무부에 사회 재적응 프로그램을 시행하고 지원할 수 있는 예산이 있다면 그 직책에 관심이 있다고 말했다. 나는 범죄 예방에 우선순위를 두었으면 했고, 또 그것이 국가적인 차원에서 개혁적으로 시행되었으면 했다. 홀더는 안타깝게도 기존 예산이 그런 정책을 감당할 만큼 남아 있지 않다고 말했다. 예산을 새롭게 편성하려면 의회 승인을 받아야 하는데, 우리 둘 다 그것이 가능하지 않다는 것을 알고 있었다.

아주 실망스러웠다. 그렇지만 연방 법무부 장관은 가볍게 거절할 수 있는 그런 직책이 아니었다. 내가 아는 다른 법조인들처럼, 나는 메모장 위에 장단점들을 열거했다. 나는 더그와 다른 가족들과 함께 그 사항들에 대해 검토해보았다. 장단점 모두를 편견 없이 보기 위해 최선을 다했다.

어느 날, 절친 중 한 명이 팔로 알토(Palo Alto) 근처의 교외로 하이킹을 하자고 제안했다. 그녀는 바깥 공기와 아름다운 언덕이 내 마음을 상쾌하게 해줄 거라 했고, 그녀의 생각이 옳았다. 사무실을 벗어나자 내가 고민하는 부분이 뚜렷하게 드러났다. 한 걸음 한 걸음 걸으며, 나는 내가 하고 싶은 것이 무엇인지, 그리고 그 이유가 무엇인지를 더 선명하게 볼 수 있었다.

필연적으로, 그 일에는 한계가 있을 것이다. 나는 그것들을 기정사실로 받아들였다. 하지만 친구와 이야기를 나누면서, 그녀가 타당한 문제점들을 제기했을 때 내가 그 제안에 주저하는 진짜 이유를 깨달았다. 나는 이미 내가 좋아하는 직업을 가졌고, 그리고 여전히 하고 싶은 일을 하고 있었다.

캘리포니아주 법무부 장관으로서의 첫날을 떠올려 보았다. 그때 나는 해결되지 않는 강간 사건들이 엄청나게 쌓여있다는 것을 알았다. 밀린 업무를 줄이기 위해 우리가 쏟았던 노력과 3배는 더 많은 사건을 처리하기 위해 우리가 시행했던 혁신에 대해 생각해보았다. 2014년 초, 우리 부서 중 래피드DNA서비스팀(Rapid DNA Service team)이 연방 법무부로부터 상을 받았다. 또 오랫동안 관심 밖에 있던 문제였던 인신매매와 강력범죄를 저지르는 범죄 조직과 길거리 갱단들에 맞서기 위한 우리의 노력을 떠올렸다.

처음에는 지방검사장으로서, 다음에는 주 법무부 장관으로서, 증오범죄의 피고인들이 소위 '게이 앤 트랜스 패닉 디펜스(gay and trans panic defense)', 즉 피해자가 게이나 트랜스젠더라는 사실을 알고 패닉 상태에 빠져 폭력을 행사했다는 방어 논리를 사용하는 것을 막기 위해 애썼던 때를 기억했다. 2002년, 17세 소녀인 그웬 아라우조(Gwen Araujo)가 캘리포니아주 뉴어크시에서 잔인하게 구타당하고 살해당한 사건이 있었다. 그녀의 살인범(그녀와 성적으로 관계를 맺고 있었던 두 명의 사내)들은 아라우조가 트랜스젠더라는 사실을 알고 공포에 빠져서 일시적으로 정신이 나가 그런 행동을 하게 되었다며, 그렇게 법정에서 자신들의 행동을 정당화하려 시도했다. 나는 지방검사장으로서 범죄 행위가 편견으로 인해 완화될 수 있다는 생각에 대항하기 위해 주 전체의 검사 및 집행관 회의를 조직했다. 그리고 2004년 여름, 주 법무부 장관으로서 나는 주지사와 주 입법부와 함께 주 전체에 이러한 방어 논리를 금지하기 위해 애썼다. 그것이 내게 얼마나 의미 있는 일이었는지에 대해 생각해보았다.

나는 법무 보좌관 질 하빅과 함께 아동정의국(Bureau of Children's Justice) 설치법 발의를 준비하고 있었다. 그 구상안은 캘리포니아주의 모든 아동이 보호받을 권리가 있다는 점을 분명히 했다. 그 외에도 많은 안건이 있었고, 나는 그 모두를 끝까지 전부 지켜보고 싶었다.

또 법무 보좌관 다니엘 수보르와 저스틴 에리히가 주도해서 시민들에게 주 정부의 범죄 데이터를 공개하자는 일명 오픈저스티스(OpenJustice)와 관련한 기획안에 대해서도 생각해보았다.

마찬가지로, 백온트랙과 무단결석 방지안을 주 전체로 확대할 예정이었다.

그리고 학생들과 참전군인들, 주택 소유자들과 가난한 사람들을 이용하는 기업적 포식자들이 있었다. 나는 부당한 대우를 받은 사람들을 대변하고 변호하는 목소리가 되는 것이 좋았다. 우리 팀원들은 내가 기업적 포식자들의 책임을 묻는 일을 얼마나 심각하게 받아들이는지를 잘 알고 있었다. 그들은 카멀라는 "합의금에 0을 더 받아내는 데 혈안이 되어 있다"는 농담을 던지곤 했다.

그리고 은행! 그들과의 싸움은 여전히 진행 중이다. 우리는 여전히 소송을 제기 중이고, 물러설 계획도 없었다.

하이킹이 끝날 무렵, 나는 결심했다. 직함이나 명예가 중요한 사항이 아니었다. 중요한 것은 내 업무였다. 그리고 내가 가장 중요하게 여기는 그 업무를 생각한다면, 나는 아직 그 업무에 끝을 맺지 못했다.

그날 저녁, 나는 홀더에게 전화를 걸어 그 결정을 알렸다. 그런 뒤 더그와 나는 아이들과 함께 팝콘 그릇을 손에 들고, 소파에 웅크리고 앉아, 「아이언맨」 2를 재탕했다.

5장 우리는 싸울 것이다 : 무너진 아메리칸 드림

1992년 11월에 느꼈던 감동을 나는 언제까지나 기억할 것이다. 스물여덟 살의 검사였던 나는 바버라 박서(Barbara Boxer)와 다이앤 파인스타인(Dianne Feinstein)이 미국 상원의원에 당선된 것을 축하하기 위해 오클랜드에서 샌프란시스코로 가던 중이었다. 캘리포니아 출신의 첫 여성 상원의원이자 어떤 주를 대표하는 최초의 두 여성이었다. 이 둘의 당선은 소위 말하는 '올해 최고의 여성'의 하이라이트이자 나를 포함해서 전국의 모든 소녀와 여성에게 영감을 불어넣었다.

그로부터 22년 후인 2015년 1월 초의 기념식에서 상원의원 박서가 그녀의 장손자인 잭과 나눈 대화를 SNS에 포스팅했다. 박서는 자신이 신경 쓰고 있는 주제들이며 30년 이상 의회에서 싸워왔던 주제인 탄탄한 중산층, 여성의 권리, 환경, 시민의 권리, 인권에 관해 이야기했다. 그리고 그런 문제들을 절대로 포기하지 않을 것이라고 강조했다. 하지만 박서는 이제 고향인 캘리포니아로 돌아가고 싶기에 더 이상 선거에 출마하지 않을 거라고 손자에게 말했다.

2016년 11월까지 거의 2년이나 남았지만, 나는 아주 중요한 결정을 내려야 했다. 박서 후임으로 상원의원에 출마해야 할까? 캘리포니아 법무부 장관으로서 주도했던 문제들을 국가적인 차원으로 끌어올릴 기회였다. 미국 상원의원이 된다는 것은 지금까지 내가 하고 있었던 일의 자연스러운 연장선에 있었다. 나는 정체된 임금, 치솟는 집값, 사라지는 기회 때문에 부담을 느끼는 가족들, 망가진 사법제도 때문에 수감된 사람들, 치솟는 학비 부담으로 약탈적인 대출업자에게 착취당하는 학생들, 사기나 지능범죄의 피해자들, 이민자 공동체, 여성, 노인 문제에 대해 싸워왔다. 나는 국가적인 우선순위나 정책이 결정되는 자리에서 누구의 목소리를 대변하는 것이 얼마나 중요한지 알고 있었다.

나는 2015년 1월 13일에 출마 선언을 했다. 다른 33명의 후보도 출마 소식을 전했다. 주요한 선거운동이 처음인 더그는 새로운 종류의 생각들에 익숙해져야 했다. 우리는 아직도 어떤 기자가 만약 내 삶이 영화화된다면 내 역할을 누가 하면 좋겠는지 물어봤던 때를 떠올리며 웃는다. 나는 잘 모르겠다며 얼버무렸다. 더그는 나만큼 신중하지 못했다. 그는 질문에 답을 했고, 기사에는 더그가 자신의 역할을 브래들리 쿠퍼(Bradley Cooper)가 맡을 거라고 기대하며 "아주 기뻐했다"고 실렸다.

나도 다른 후보들처럼 최대한 많은 사람을 만나 그들이 염려하는 바를 주의 깊게 듣고, 연설문을 다듬으면서 선거에 임했다. 선거운동을 진행하면서 우리 팀과 나는 뒤쪽에 커다랗게 그려놓은 나의 캐리커처 이모지(이모티콘) 때문에 카모지(Kamoji)라고 애칭을 붙인 버스를 타고 주 전역을 종횡무진 했다.

후보자의 당적과 관계없이 예비선거 최상위 득표자 2명을 본선에 내보내는 캘리포니아의 독특한 선거제도인 '정글 프라이머리(jungle primary)' 때문에 나는 결국 민주당 동지이자 오랜 시간 하원의원으로 활동한 로레타 산체스(Loretta Sanchez)와 결선투표를 치르게 되었다. 그녀는 마지막까지 싸움을 멈추지 않는 강하고 의지가 굳은 경쟁자였다. 우리 팀에 자기 분야에서 최고인 사람들이 모여 있어서 다행이었다. 우리 팀에는 뛰어난 선거운동 매니저 후안 로드리게스(Juan Rodriguez)와 오랫동안 나의 전략 조언을 담당한 션 클레그(Sean Clegg), 에이스 스미스(Ace Smith), 엘리 케이플(Ellie Caple), 그리고 아주 헌신적인 스태프와 자원봉사자들이 있었다. 나의 대녀(代女)인 헬레나도 그중 하나였다. 헬레나는 스태프들을 취재하고 우리의 노력을 시간순으로 정리한 뉴스레터를 보내기 시작했다. 우리 팀은 모든 단계를 함께했고 이들이 없었다면 나는 선거를 마칠 수 없었을 것이다.

선거운동을 벌였던 2년 동안, 시간이 빠르게도 느리게도 흘렀다.

하지만 내가 우리 주, 나의 선거운동, 나에게 주어진 일에 집중하는 동안 추악하고 우려할 만한 무언가가 대통령 선거를 오염시키고 있었다. 공화당 대선 경선은 분노하고, 남을 탓하고, 배타적인 자국민 보호주의의 불꽃에 기름을 끼얹는 진흙탕 싸움으로 변질되고 있었다. 그리고 승기를 잡은 사람은 성적 피해자 여성에 대해 떠벌리고, 장애가 있는 사람을 조롱하고, 인종을 가지고 공격했다. 또한, 이민자들을 악마로 묘사하고, 전쟁 영웅과 전사자 가족을 공격하고, 언론을 향한 적대감, 심지어는 증오를 조장하면서 품위와 진실을 가르는 모든 경계를 침범했다.

결과적으로 2016년 선거일 밤은 격려를 위한 밤이 아니었다. 더는 끝나버린 선거에 관한 자리가 아니었다. 이제 막 분명하게 시작된 싸움에 관한 것이었다. 나는 청중에게 코레타 스콧 킹(Coretta Scott King)의 말을 빌려 자유는 모든 세대에서 반드시 싸워서 쟁취해야 하는 것임을 상기시켰다.

나는 말했다. "어떤 성취를 이루든 시민권, 정의, 평등을 향한 싸움의 근본적인 특징은 영원히 끝나지 않는다는 겁니다. 그러므로 우리는 한시도 방심해서는 안 됩니다. 이것을 이해하고 절망하지 맙시다. 압도되지도 맙시다. 팔을 걷어붙이고 우리가 누구인지를 다퉈야 할 때가 왔을 때 서로의 손을 놓지 말아야 합니다."

그날 밤 나는 지지자들에게 연설하면서도 정확하게 어떤 일이 일어날지 알지 못했다. 하지만 우리가 함께 굳세게 버텨야 한다는 것, 그것 하나는 알고 있었다.

당선된 지 채 48시간도 되지 않은 11월 10일 화요일, 나는 LA

이민자권리연합(Coalition for Humane Immigrant Rights of Los Angeles, 이하 CHIRLA) 사무실을 방문했다.

CHIRLA는 LA에서 가장 오래된 이민자 권리 옹호 단체 중 하나이다. 전 캘리포니아 주지사였던 레이건 대통령이 이민 개혁 및 통제법을 통과시킨 1986년에 설립되었다. 무엇보다도 이민 개혁 및 통제법은 1982년 전에 미국에 입국한 미등록 이민자들에게 합법적인 지위를 부여하는 법이었다. CHIRLA의 초기 목표는 이민자들에게 합법적인 지위를 신청하는 절차와 노동할 권리에 대해 알리는 것이었다. CHIRLA는 공동체를 조직할 수 있는 사람을 교육했고, 미등록 이민자들이 비응급 공공 서비스를 이용하지 못하도록 하는 캘리포니아의 발의안 제187조 같은 반이민자법 폐지 투쟁을 했다. 또한, 궁극적으로 전 지역을 아울러 이민자권리연합을 결성해 전국적인 서비스를 제공하고자 했다. 상원의원 당선인으로서 내가 공식적으로 대화를 나누고 싶은 첫 번째 단체였다.

그곳에 도착했을 때 포기를 모르는 CHIRLA의 안젤리카 살라스(Angelica Salas) 이사가 나를 맞아주었다. 방 안엔 사람들이 가득했다. 젊은 여성부터 어머니, 할머니, 증조할머니까지 강하고 용감한 여성들이 모였다. 가사도우미에서 가정방문 건강보조사까지 모두 일하는 여성들이었다. 일부는 유창하게 영어를 사용했고, 일부는 스페인어만 할 줄 알았지만, 모두 싸울 준비가 되어있었다.

나는 그들의 용기와 존엄성, 그리고 결의를 보면서 어머니가 떠올랐다. 그들과 함께 서서 나는 미국에서 이민자가 겪는 이중성에 대해 생각했다.

미국으로의 이민은 엄청난 희망과 목적성, 아메리칸 드림의 힘에 대한 깊은 믿음을 특징으로 하는, 가능성의 경험이다. 동시에 편견, 책임 전가 때문에 자주 상처받고 명시적, 묵시적인 차별이 일상이 되는 경험이기도 하다.

내가 아는 한 어머니는 가장 강한 사람이었지만, 항상 어머니를 보호해야 한다는 느낌이 들었다. 내가 큰딸이라서 보호하려는 본능이 생긴 것 같기도 하다. 하지만 나는 어머니가 다른 사람들의 표적이 된다는 것도 알았다. 내가 직접 본 적도 있는데 너무 화가 났다. 나는 나의 명석한 어머니가 발음 때문에 멍청이 취급을 받는 것을 본 기억이 아주 많다. 어머니처럼 갈색 피부를 가진 여자는 어머니가 골랐던 원피스나 블라우스를 살 돈이 없을 거라고 확신하는 사람들 때문에 의심의 눈초리를 받으며 백화점을 다녀야 했던 기억도 있다.

나는 또 어머니가 공무원들과 마주하는 일은 어떤 경우라도 긴장했던 것을 기억한다. 어머니는 해외여행에서 돌아오는 길에 세관을 통과할 때는 언제나 마야와 내가 예의 바르게 행동하도록 다잡았다. "똑바로 서라. 웃지 말고, 꼼지락거리지 마라. 물건을 다 챙기고 준비해라." 어머니는 어머니가 하는 말 한마디 한마디가 평가받는다는 것을 알았고, 우리도 준비가 되어있기를 바랐다. 더그와 내가 처음 같이 세관을 통과했을 때 몸에 밴 기억들이 기어 나왔다. 나는 늘 그랬던 것처럼 모든 것이 바르게 순서대로 있는지 확인하면서 세관에 대비했다. 그런데 더그는 평소처럼 긴장을 풀고 있었다. 더그가 아무렇지도 않아 하는 것을 보고 나는 좌절했다. 더그는 진심으로 당황했고 순수하게 궁금해하면서 "뭐가 문제야?" 하고 물었다. 우리는 서로 다른 현실에서 자라왔다. 이 경험은 서로에게 놀라운 일이었다.

미국은 이민자들의 나라지만 그만큼 이민자를 두려워하는 나라이기도 했다. 타자에 대한 두려움은 미국 문화의 바탕에 섞여들었고, 권력을 가진 부도덕한 사람들은 정치적 이득을 위해 그 두려움을 악용했다. 1850년대 중반 소위 부지당(Know-Nothing Party)은 미국 최초의 의미 있는 제3정당이었는데, 반이민자 성향으로 인기를 끌었다. 1882년 의회는 법안으로 중국인 이민을 금지했으며, 1917년 의회는 영어 문해력 요건을 포함해 이민자에 대한 새로운 규제를 확립하기 위해 우드로 윌슨(Woodrow Wilson) 대통령의 거부권을 무시했다. 서유럽과 동유럽에서 새로 유입되는 사람들이 많아지는 것을 우려해 1924년 이민자 쿼터가 시행되었고, 1939년 거의 1,000명의 유대인이 나치를 피해 세인트루이스(St. Louis)라는 배를 타고 미국에 왔으나 입국이 거부되었다. 2만 명의 유대인 아동을 받아들이자는 계획은 노골적으로 거부되었다. 그리고 얼마 후에 미국 정부는 일본계 약 11만7,000명을 억류했다.

더 최근에는 세계화로 수백만 개의 일자리가 없어지고, 중산층이 크게 사라지면서 이민자들은 더 편리한 비난의 대상이 되었다. 대공황으로 미국 농촌이 황폐해졌을 때 많은 공화당 정치인들이 새로운 일자리를 창출할 수 있는 법안의 의사 진행을 방해하면서까지 이민을 문제 삼았었다. 이민자들이 미국 건국과 형성에 이바지한 바는 매우 크다. 그런데도 더 나은 삶아 찾아 미국에 온 이민자들은 항상 손쉬운 희생양이 되고 있다.

미국은 여러 사람의 손에 의해, 즉 세계 각지에서 온 사람들에 의해 건국되었다. 그리고 수백 년이 지나면서 이민자는 산업화 노동력과 사회를 변화시키는 혁신을 만들어내는 지성을 제공하며 경제 활성화에 도움을 주었다. 이민자와 그들의 자녀는 리바이 스트라우스(Levi Strauss)부터 에스티 로더(Estée Lauder)에 이르기까지 유명한 브랜드를 만들어낸 창조적 정신이었다. 구글의 공동 창업자인 세르게이 브린(Sergey Brin)은 대만에서 왔다. 인스타그램의 공동 창업자인 마이크 크리거(Mike Krieger)는 브라질 이민자이다. 「허핑턴 포스트」의 공동 창업자 아리아나 허핑턴(Arianna Huffington)은 그리스 출신이다. 사실 2016년 미국정책재단(National Foundation for American Policy)의 조사에 따르면 실리콘밸리의 10억 달러 규모의 스타트업 기업 절반 이상에 한 명 이상의 이민자가 창립자로 참여했다.[1)]

성조기와 성조기 무늬 풍선이 배경인 CHIRLA의 연단에 서서 스페인어로 추방에 대한 두려움을 호소하는 한 여성의 이야기를 들었다. 그녀는 샌 페르난도 밸리에서 청소부로 일하고 있었다. 간신히 그녀의 말을 알아들을 수 있었지만, 그 의미와 그녀가 느끼는 고통이 이해되었다. 그녀의 태도와 눈빛에서 읽을 수 있었다. 그녀는 아이들에게 괜찮을 거라고 말해주고 싶었지만 그럴 수 없다는 것도 알고 있었다.[2)]

나는 최소한 한 명의 미등록 이민자가 가족 구성원에 포함된 집에 사는 거의 6백만 명에 달하는 어린이들과 이번 선거가 그들에게 초래한 트라우마와 스트레스를 생각했다.[3)] 나는 많은 집에서 마련한 안전 대책 이야기를 들은 적이 있다. 어머니들은 아이들에게 다음과 같이 말한다. "엄마가 일 마치고 집에 오지 않으면 이모나 삼촌한테 전화해서 데리러 오라고 해." 이런 이야기는 내가 가정 폭력 피해자들의 사건을 맡았을 때 들었던 안전 대책을 떠올리게 했다. 두 경우 모두 곧 닥칠 피해를 완화하기 위한 긴급 대책이 필요하다.

이민자 가족을 돕는 사람들은, 집에 돌아왔을 때 부모님이 집에 있을 것이라 확신하지 못하는 아이들은 학교에 가는 것 자체를 두려워한다고 알려줬다. 부모들은 이민단속국(Immigration and Customs Enforcement)이 기다리고 있을까 걱정해서 아이들의 소아과 상담을 취소했다. 마찬가지로, 만약 자신들이 추방되면 미국 국적인 아이들을 어떻게 해야 할지 끔찍한 결정에 직면한 부모들도 있었다. 아이들은 미국에서 친척과 함께 지내야 할까? 부모와 함께 알지도 못하는 나라로 가야 할까? 어떤 선택이든 상상하는 것만으로도 마음이 무너진다. 그리고 나는 비단 미등록 이민자들만 공포에 떠는 것이 아니라는 것을 알고 있다. 학술지 「ABS(American Behavioral Scientist)」에 발표된 내용에 따르면 모든 라틴계 이민자들은 시민권자, 합법적인 거주자, 미등록자와 관계없이 동일한 비율로 추방의 공포를 경험한다.[4] 이들이 내가 지지하고 있다는 것을 알아줬으면 좋겠다.

"이번이 우리나라에 연대를 구축할 기회입니다." 나는 몇 년간 내가 봐왔고 해왔던 일을 되새기며 말했다. "우리는 이 나라의 이상을 위해 싸울 것입니다. 그리고 승리할 때까지 포기하지 않을 것입니다."

당선 이틀 후 나는 용기를 얻은 것과 동시에 걱정스러운 마음으로 CHIRLA를 떠났다. 우리가 함께 전쟁을 준비하고 있다는 것을 알았다. 하지만 나는 우리가 이 전쟁에서 열세를 띤다는 것도 알았다. 앞으로 다가올 모든 일에 대비해 우리 스스로를 담금질해야만 했다.

일은 굉장히 빨리 진행되었다. 그다음 주 더그와 나는 초선 상원의원을 위한 예비교육을 받기 위해 미대륙을 가로질러 워싱턴 DC로 날아갔다. 상원의 규칙과 절차, 윤리, 어떻게 의원 사무실을 꾸려야 하는지 교육받았는데, 당과 관계없이 다선의 상원의원들과 그 배우자들이 3일간의 꽉 찬 교육과정을 우리에게 제공했다. 더그는 배우자 안내 책자를 마치 탈무드 학자처럼 공부했다.

캘리포니아 법무부에서 나의 오른팔이었던 네이선 바랑킨(Nathan Barankin)은 가족과 함께 워싱턴으로 이주하기로 했다. 그는 우리 팀의 총책임자로서 새로운 팀을 구성할 인원 선발에 착수했다. 사실상 맨땅에서 사무실을 구성하기까지 선거일과 새해 사이의 기간밖에 없었다. 정책과 유권자 관련부터 소통, 서신 작성 등 많은 업무 담당자를 채울 5천 통 이상의 이력서가 쏟아졌다. 경력자, 여성, 유색인종 등 다양한 스태프를 고용하는 것이 나에게는 중요했다. 나는 우리의 주 사무실과 워싱턴 사무실이 우리가 대표하는 사람들을 반영하기를 바랐다.

엘라는 막 고등학교 졸업반이 되었는데, 그것은 더그가 적어도 격주로 LA에 머물러야 한다는 것을 의미했다. 엘라와 떨어져 있어야 한다는 것이 가장 힘든 일이었다. 상원의원이 되기 전에 나는 엘라의 수영 모임과 농구 경기에 한 번도 빠지지 않았다. 보통 나는 커스틴과 같이 앉아서 엘라 이름을 크게 부르며 응원했는데, 그것이 엘라를 부끄럽게 만들곤 했다. 이제 내가 놓치는 경기가 생길 거라는 사실이 싫었다. 그리고 몇 년 전 콜이 그랬던 것처럼 엘라도 대학을 가게 되면 함께 보낼 수 있는 소중한 시간이 훨씬 줄어든다는 것도 싫었다. 나는 나의 유권자를 만나고, 캘리포니아의 현실을 느끼고, 결정적으로 일요일 가족을 위한 만찬을 준비하기 위해 가능한 많은 주말을 집에 가서 보냈다.

최악은 몇 달 후 내가 엘라의 졸업식에 갈 수 없다는 것을 알게 된 때였다. 해임된 FBI 국장 제임스 코미(James Comey)가 정보위원회에 증언하러 올 예정이었다. 러시아에 대한 조사와 그의 해임을 같은 날에 다루는데 국가 안보에 미치는 중요성을 고려하면 위원회에 빠질 수가 없었다. 엘라에게 전화해서 졸업식에 못 간다고 말했을 때 엘라는 진심으로 이해해줬지만 나는 너무도 마음이 좋지 않았다. 그 후 몇몇 여성 동료들과 이에 관한 대화를 나눴다. 매기 하산(Maggie Hassan)은 내게 기운을 북돋아 주었다. 그녀는 "애들은 우리가 어떤 사람인지, 우리가 어떤 희생을 하는지 알고 사랑해줘요. 우리 일을 이해하죠"라고 말했다. 엘라와 콜을 보아도 하산의 말이 사실이라는 것을 알 수 있어서 나는 정말 운이 좋은 사람이다. 청문회가 끝났을 때 나는 공항으로 달려가 캘리포니아로 돌아갔다. 졸업식 행사는 보지 못했지만, 그날 저녁 제때 집에 도착해 가족과 저녁 식사를 할 수 있었다.

더그와 나는 국회의사당에서 멀지 않은 곳에 의자 한 쌍, 침대, 아이들이 방문할 때를 대비한 접이식 소파, 더그가 보는 커다란 TV 정도로 최소한의 가구를 갖춘 아파트를 임시로 빌렸다. 일이 너무 빠르게 진행되어 장을 보거나 요리할 시간이 많지 않았지만, 날을 잡아 저녁에 칠면조 칠리를 만들어 냉동해서 몇 주간 버티기도 했다.

나는 2017년 1월 3일, 조 바이든(Joe Biden) 부통령이 임기 마지막 달을 보내는 동안 취임해서 다른 초선 상원의원들의 사무실 옆에 있는 지하 사무실로 이사했다. 모든 상임위원회에 자리가 비는 것은 아니어서 나는 내 전문 분야와 배경에 기반해 네 군데 위원회에 지명되었다. 정보, 국토안보, 예산, 환경 및 공중보건위원회에 지명되었다.

일주일 후 국토안보위원회에서 국토안보부 장관으로 지명된 존 켈리(John Kelly) 장군 인사청문회가 열렸다. 나는 2012년 오바마 행정부 시절 제정된, 자격이 되는 미등록 미성년자를 추방하지 않도록 보호하고 노동 허가를 받을 수 있도록 하는 미성년 입국자 추방 유예제도(DACA, Deferred Action for Childhood Arrivals)에 초점을 맞춰 질문하기로 했다.

나는 "전국에 수십만 명의 DACA 수혜자가 트럼프 정부가 자신들에게 어떤 조치를 할지, 허가받지 못한 가족 구성원들에게는 어떤 조치를 할지 두려워하고 있습니다" 하고 말했다.

나는 이어서 DACA 프로그램의 자격을 얻기 위해서는 수혜자가 자신은 물론 사랑하는 사람들에 대한 상세한 정보가 포함된 어마어마한 양의 서류를 연방 정부에 제출해야 한다는 점을 설명했다. 상세한 기준에 따라 모든 건을 검토하고 조사한다. DACA에 지원하는 젊은이는 중범죄, 주요 경범죄, 또는 3회 이상의 경범죄로 인한 유죄 판결을 받은 적이 없어야 한다. 이들은 공공 안전이나 국가 안보에 위협이 되지 않아야 한다. 학교에 재학 중이거나 고등학교 졸업장이나 검정고시 합격증이 있어야 하고, 군대에서 명예롭게 제대했어야 한다. 신분 증명, 미국 입국 시기 증명, 학업 완료 또는 군 복무 증명, 생체인식 정보를 제출해야 한다. 이 방대한 조사를 통과해야만 DACA의 혜택을 받을 수 있다.

그리고 이에 더해 국토안보부는 매우 제한적인 상황 외에는 이들의 정보를 법 집행 목적으로 사용하지 않는다는 서류상 문서도 있음을 확인해줬다. 나는 켈리 장군에게 "이 젊은이들은 우리 정부를 믿고 제공했던 정보가 이제 그들을 추적하고 추방하는 데 쓰일지도 모른다고 두려워하고 있습니다"라고 말했다. 그들 대부분은 국가가 자신들이 제출한 정보를 무단으로 사용하지 않겠다는 약속을 믿었다.

나는 켈리에게 "제출한 정보가 그들 자신에게 불리하게 작용하지 않을 것이라는 데 동의하십니까?" 하고 물었고, 켈리는 이 질문에 직접적인 답변을 하지 않았다. 이어서 나는 DACA 프로그램에 빈번하게 문의가 들어오는 사항이 적힌 정부 문서를 그에게 읽어주었다. 그 문서에는 이렇게 쓰여 있었다. "만약 내 자료가 이민법 집행 목적으로 이민단속국(ICE)에 전달되거나 출두 명령을 받는 경우, 내 가족과 보호자에 대한 정보도 이민단속국에 이민법 집행 목적으로 전달되는가?" 정부 문서상의 답변은 '아니오'였다.

나는 "장군은 이 정책을 유지하고자 합니까?" 하고 물었다. 켈리는 다시 답변을 피했다. 나는 더 강하게 압박했다. "국토안보부의 제한적인 법 집행 자원을 DACA 수혜자의 추방에 사용할 의향이 있습니까?" 그는 이번에도 내 질문에 즉답을 피했다. "주와 지역 법 집행

기관은 각자 지역 공동체의 공공 안전을 지킨다는 특수한 위치에 있다는 것에는 동의하시나요?"

그는 "동의합니다" 하고 말했다.

"전국의 법 집행 기관 수장들이 범죄 행위를 고발하고 범죄의 증인을 확보하는 데 이민자 공동체의 협력에 의지하고 있다고 공개적으로 언급하는 것을 알고 있습니까?"

"읽은 적 있습니다."

"그러면 정부가 무차별적인 이민 단속을 했을 때 많은 지역 법 집행 기관들이 이민자들이 공동체 내외부적으로 신고하는 범죄가 줄어들 것을 우려하고 불평했다는 것을 알고 있습니까?"

"그건 몰랐습니다."

"국토안보부가 전체 이민자 공동체를 직접 단속할지도 모른다는 우려가 있을 때 이민자들이 자신과 가족, 또는 타인을 향한 범죄를 신고하기를 꺼린다는 측면에서 이민자 공동체에 미칠 영향을 인지하는 일을 우선순위로 두겠습니까?"

"약속하겠습니다. 이 사안에 대해 브리핑받겠습니다. 제가 또 뒤떨어질 때는 법이 모든 일에서 저를 이끌어줄 겁니다."

이것만으로는 충분하지 않았다.

전직 지방검사장이자 법무부 장관으로서 나는 이 문제와 관련해 많은 경험을 했다. 강간이든, 아동 성폭력이든, 사기든 범죄 피해자들이 오히려 자신이 범죄자 취급당할 것으로 생각하면 쉽게 피해자로 나서지 않는다는 것을 알고 있었다. 또한, 사회의 포식자들은 이런 사실을 악용해 입을 다물고 있을 특정 집단의 취약한 사람들을 착취한다. 나는 범죄 피해자들이 도움을 얻기 위해 지나가는 순찰차를 손짓으로 세우는 것조차 두려워하게 되는 상황을 바라지 않는다. 그런 시스템은 포식자를 위해 봉사할 뿐 대중을 위한 것이 아니다. 그런 시스템은 우리 모두의 안전을 저해한다. 법무부 장관으로 있으면서 나는 범죄를 증언하거나 신고하기 위해 한 발 나선 미등록 이민자들이 그로 인해 추방당하는 것을 방지하기 위한 법안을 제정했다. 나는 이 법안이 법 집행 기관과 이민자 공동체 사이의 신뢰 관계를 강화하면서 검사가 유죄를 구형하는 데 도움이 된다는 것을 알았다.

결국, 나는 존 켈리 인준에 반대표를 던졌고, 동료들에게도 그렇게 하도록 압박했다. 그는 국가가 한 약속을 지키기 위한 준비가 되어있지 않았고, 나는 그런 사람에게 국가의 약속을 맡길 수 없었다.

켈리가 무차별적인 이민자 대상 법 집행의 결과에 관해 브리핑 받았는지 아닌지 나는 영원히 알 수 없다. 내가 아는 것은 행정부가 바뀌고 첫 100일 동안 이민 관련 체포가 37% 이상 늘어났다는 것이다.[5] 트럼프 정부는 그들이 법을 따르는 공동체 구성원인지 아닌지는 가리지 않은 채 모든 미허가 이민자들을 우선 추방하는 방향을 선택했다. 범죄 기록이 없는 미등록 이민자 체포는 거의 2배로 뛰었다.

이 정책은 어린이들에게 아주 큰 영향을 미쳤다. 미국진보센터(Center for American Progress)가 보고한 바에 따르면 이민단속국 공무원이 테네시에 있는 육류도축공장을 급습해 97명의 노동자를 체포한 일이 있었다.[6] 이때 어린이 160명의 부모가 체포되었다. 다음날 주변 카운티에서 라틴계 학생의 20%가 결석했는데, 부모가 자신이나 아이들이 체포될 것을 두려워했기 때문이었다.[7] 2016년 미국의 5세 이하 어린이의 1/4이 이민자 가정에서 살고 있다. 이 아이들은 언제라도 부모님이 갑자기 사라질 수 있다는 두려움에 휩싸인 채 살아야 한다.[8)]

또한, 이민자의 자녀들은 새로운 고통에도 직면한다. 전국의 교사들은 정부의 화법을 흉내 낸 집단 따돌림이 급증했다고 보고했다. 아이들은 다른 아이들에게 놀림당하고, 너와 너의 부모가 추방될 거라는 말을 듣고, 너희 나라로 돌아가라는 말을 듣는다. 한 명의 두드러진, 힘 있는 가해자의 말을 다른 아이들이 흉내 내고 받아들이면서, 또 다른 가해자들의 외침이 곳곳에서 연이어 들려온다.

물론 이민자의 자녀들만 영향을 받는 것은 아니다. 예를 들어 이민정책연구소(Migration Policy Institute)에 따르면 유치원이나 어린이집 교사의 최소 20%가 이민자다.[9)] 이민자들은 또한 유아 보육 산업에서도 큰 부분을 차지하는데, 이 수치는 지난 20년간 3배로 뛰어올랐다.[10)] 주로 여성인 이 돌봄 인력은 매일 수백만 명의 아동을 양육하고 있다. 국내에서 과도한 이민법 집행 때문에 이들의 안전이 위협받으면 우리 모두에게 위협이 된다. 간과할 수 없는 일이다.

2017년 1월 20일, 나는 동료 의원들과 함께 대통령 취임식에 참석했다. 나는 동료 의원들과 상원 회의실에 모여 두 명씩 줄지어 국회의사당 건물을 통과했다. 서쪽으로 나가자 행사를 위해 의자와 계단식 구조물이 배열된 취임식장이 있었다. 자리로 걸어가는 동안 비가 올 것을 대비해 비닐 우비를 전달받았다. 더그는 배우자석에 새로 만난 친구와 앉아 있었고, 나보다 무대에 더 가까웠다. 그는 주위를 둘러보더니 나에게 손을 흔들었다.

운명의 장난으로 권력 이양이 완료되었다는 듯이 하늘에 구멍이 뚫렸다. 어떤 대통령 지지자들은 비를 축복의 징조로 보았지만, 나를 비롯해 많은 사람에게는 먹구름이 몰려오는 것 같았다.

개선의 징조는 그다음 날 스스로 모습을 드러내기로 한 것처럼 보였다. 취임식 날을 대비해 활동가들은 전국적으로 여러 도시에서 여성 행진을 계획했다. 하지만 하와이의 한 할머니가 선거 다음 날 게시한 페이스북 글에서 시작되어 몇 주 사이에 서로 만난 적 없는 다양한 활동가 그룹에 의해 조직되면서 중앙 통제적이지 않고 자연스러운 방식으로 시작된 행사여서 누구도 정확히 어떻게 진행될지 알지 못했다.

현실은 모든 기대를 뛰어넘었다. 400만 명 이상이 전국 여러 도시의 거리에 모여들었고, 세계 여러 도시에서도 연대의 행진이 있었다.

워싱턴에는 너무 많은 군중이 모여들어 행진의 시작점과 끝 지점까지 사람들로 가득 찼다. 남녀노소, 인종, 지향을 아우르는 분홍색 모자를 쓴 사람들이 만든 활기 넘치는 바다였다. 행진에 참여한 사람들은 우리 모두가 느끼는 불신, 결의, 공포, 목적성, 희망 등 다양한 감정을 표현한 피켓을 들고 있었다. "지금은 2017년이다. 미친 거 아님?", "그래도 나는 일어선다", "여자들은 그저 기본권을 보장받고 싶을 뿐이다", "제대로 된 남자는 평등을 두려워하지 않는다", "우리가 국민이다".

나는 백발의 할머니와 파란 머리의 대학생들, 플란넬 셔츠를 입은 힙스터들과 누빔 재킷을 입은 중산층 열성 엄마들, 유모차를 탄 아기들과 나무 위의 청소년들, 나란히 연대하는 남녀들을 보았다. 놀랍게도 그 인파 속에서 레노어 이모를 마주쳤는데, 이모는 나를 꼭 끌어안아 주었다. 이모는 당시 전미서비스노조(Service Employees International Union)의 지도자로 있던 딸 라일라도 인파 속에 있다고 했다. 레노어 이모와 라일라는 반세기 전에 우리 어머니와 레노어 이모가 버클리 학생 시절 높이 치켜들었던 사회적 정의가 적힌 현수막을 들고 함께 행진하러 나왔다.

나는 연설을 부탁받아 무대로 올라가면서 바로 앞에서부터 내가 눈으로 볼 수 있는 곳까지 자리를 채운 인파의 규모와 기세에 압도되었다. 사람이 너무 많아 무선통신망이 마비되었지만 뿜어내는 에너지는 열광적이었다. 아무도 움직일 수 없었지만 모두 이 행진이 진정한 힘을 아직 시험하지 않은 새로운 연대의 일면을 엿보는 기회라는 것을 이해하는 것 같았다. 나는 "백악관에 앉아 있지 않더라도, 미국 의회의 구성원이 아니더라도, PAC 같은 거대 슈퍼마켓 체인을 운영하지 않더라도, 여러분은 힘이 있습니다. 국민인 우리에게는 힘이 있습니다!"라고 말했다. "그리고 우리의 권리로 알고 있는 것을 위해 일어나, 자신의 파트너와 결연한 아들과 형제와 아버지와 함께 행진하는 우리의 결단 어린 자매들만큼 강력한 집단은 없습니다!"

나는 여성 관련 문제들, 최소한 내가 보기에 여성 관련 문제인 것들에 관해 이야기했다. 경제, 국가 안보, 공중보건, 교육, 사법제도 개혁, 기후변화 등이 그것이다. 나는 당신이 만약 이민자 여성이고 가족이 흩어지는 것을 원치 않는다면 이민법 개정이 여성들의 문제임을 알 것이라고 말했다. 학자금 대출 상환을 위해 애쓰는 것도 여성들의 문제이며, 만약 아들을 키우기 위해 애쓰는 흑인 어머니라면 '흑인의 생명은 소중하다(Black Lives Matter)'는 운동이 여성들의 문제임을 알 것이라고도 했다. "더군다나 여러분이 여성이라면, 우리가 안전하고 합법적인 낙태를 포함해, 기본적이고 헌법적인 권리로 보장되는 동등한 급여와 의료 서비스를 받을 자격이 있다는 것을 알고 있습니다." 나는 우리가 연대할 때 힘을 가질 수 있고, 무시당하지 않는다고 단언했다.

며칠 뒤 더그와 나는 워싱턴의 새 아파트 식탁에서 저녁을 먹으며 뉴스 속보를 시청했다. 대통령이 이슬람 주요 7개국인 이라크, 이란, 리비아, 소말리아, 수단, 시리아, 예멘에서 미국으로의 이동을 90일간 금지하는 행정명령에 서명했다는 소식이었다. 트럼프 대통령은 난민이 미국에 입국하는 것을 120일간 금지했고, 시리아의 난민은 무기한 입국을 금지했다.

여행자들이 변호사의 도움도 받지 못한 채 공항에 억류되기 시작했다. 사랑하는 가족이 공항 보안검색대를 통과하지 못하자 사람들은 당황했다. 나는 억류된 사람들을 돕기 위해 공항으로 급히 향하던 미나를 비롯해 여러 활동가와 변호사들의 전화를 받았다. 혼돈이 펼쳐졌다.

그래서 나는 존 켈리에게 전화했다. 그 당시 켈리는 국토안보부 장관으로 임명된 후였고, 나는 무슨 일이 일어나고 있는지 확인하는 한편 억류된 사람들이 변호사를 접견할 수 있도록 조치해야 했다. 켈리에게는 장관으로서 대응할 수 있는 여러 방법과 그가 제공할 수 있는 많은 정보가 있었을 것이다. 실제로 미국 사람들은 이 정보에 대한 권리가 있으며, 상원 국토안보위원회의 관리 감독 역할을 고려했을 때 나는 이 정보를 확인할 수 있는 위치였다. 하지만 켈리는 퉁명스럽게 답했다. "왜 이런 사안으로 집에까지 전화를 합니까?" 그것이 그의 주된 관심사였다.

전화를 끊을 때쯤 켈리가 지금 벌어지는 일의 중요성을 이해하지 못한다는 것을 확신했다. 그는 나에게 다시 연락하겠다고 했지만, 연락은 오지 않았다. 그리고 다음 날, 이 이동 금지가 사실상 이슬람 금지이며, 이보다 더 헌법에 반하는 일은 없다고 분노한 사람들의 시위로 전국이 들썩였다. 수정헌법 제1조에 고이 새겨진 뜻은 미국이 국교를 세우지 않을 뿐만 아니라, 정부는 종교를 이유로 그 누구의 활동도 금지할 권한이 없다는 것이다.

나는 워싱턴에 온 이후 아직 일이 어떻게 돌아가는지 배우는 중이었다. 이 일을 통해 나는 장관에게 연락하는 것이 헛수고라는 것을 배웠다. 우리는 법이 필요했다. 내가 상원에서 처음으로 발의한 법안은 미국에 입국하려는 사람이 억류되었을 때 변호사와 연락할 권리를 연방 공무원이 부정하는 것을 금지하는 변호사 접근 허용법(Access to Counsel Act)이었다. 하지만 입법은 매우 힘든 싸움이었고, 당시의 정치적 환경 때문에 한층 더 어려웠다.

이동 금지가 시행되고 나흘 후, 거의 1년 전에 사망한 앤터닌 스칼리아(Antonin Scalia)의 공석을 채우기 위해 닐 고서치(Neil Gorsuch)가 미국 연방대법원 대법관으로 지명되었다. 오바마 대통령은 매우 존경받는 순회 재판 판사 메리크 갈랜드(Merrick Garland)를 지명했었다. 하지만 전례 없는 당파적인 방해와 함께 공화당은 갈랜드의 지명에 관한 단 한 번의 청문회도 인정하지 않았다. 공화당의 이런 방해 공작은 성과를 거뒀는데, 2017년 4월 고서치가 상원에서 인준되어 대법원의 힘의 균형을 보수 판사 쪽으로 되돌렸다. 15개월 후 대법관 고서치는 최근 대법원 역사에서 가장 불명예스러운 결정에 손꼽힐 결정적인 표를 던졌다. 대통령의 이동 금지 명령을 유지하기로 결정한 것이다.

6장 미국의 불편한 진실들

2017년 2월 16일, 나는 미합중국 상원에서 원내 처녀 연설을 했다. 그것은 사람을 겸허하게 만드는 경험이었다. 최근 몇 년 동안, 상원은 주로 정파성과 당파주의로 뭉친 장소로 알려져 있었다. 한때 이 나라에서 가장 신중한 단체로 추앙받았던 장소가, 이제는 가끔 아무것도 아니라는 사실을 증명하고 있었다. 그런데도 그곳에 서자 상원을 지나쳐간 위인들, 그리고 바로 이 자리에서 행해진 놀라운 일들이 내 마음속에 떠올랐다. 바로 이곳에서 뉴딜정책이 생명을 얻어 경제가 살아났다. 사회보장제도가, 그리고 그 뒤를 이어 저소득층 의료보장제도와 노인의료보험이 통과된 곳도 이곳이었다. 시민권법, 투표권법, 빈곤과의 전쟁 등 모두 이곳 상원에서 싸워 그 권리를 쟁취해냈다. 상원에서의 내 자리는 한때 유진 매카시(Eugene McCarthy)가 앉았던 곳인데, 그는 1965년 할당제를 종료하고 이민자 가족의 재통합을 목적으로 하는 이민국적법을 제정한 바 있다.

나는 나를 아는 사람들이 기대했던 바대로 연설을 시작했다. "무엇보다도, 지금 이 자리를 위해 크나큰 업적을 쌓아 올린 모든 분께 감사하는 마음으로 이곳에 섰습니다. 저로서는, 제일 먼저 저의 어머니 샤말라 해리스에게 감사를 드립니다."

나는 내 어머니의 이민 이야기, 그녀의 결단력, 나와 마야를 키운, 그리고 우리를 미국인으로 성장시킨 이야기를 했다. "그리고 지금 그녀가 우리를 내려다보고 있다는 것을 압니다. 어머니라면 아마도 '카멀라, 지금 거기서 도대체 무슨 일이 일어나고 있는 거니? 우리는 우리의 가치를 위해 일어서야 해!'라고 말씀하셨을 겁니다."

나는 단도직입적으로 말했다. 나는 트럼프 행정부의 초기 몇 주 동안 취해진 전례 없는 일련의 행정 조치들을 언급했다. 이민자 단체와 종교 단체를 차가운 한랭 전선처럼 강타했던 행동들로 "소름 끼치는 공포심이 수백만 명의 선량하고 근면한 사람들의 심장을 때렸다"고 말했다.

나는 캘리포니아가 미국의 축소판이라 믿었기 때문에, 캘리포니아주에 미치는 엄청난 영향에 관해 이야기했다. 나는 우리 주에는 미국 내의 그 어떤 주보다 더 많은 농부와 환경론자들, 용접공과 기술자들, 공화당원들, 민주당원들, 무소속들 그리고 더 많은 참전용사와 더 많은 이민자(등록 여부와 관계없이)가 존재하고 있음을 설명했다. 그리고 미성년 입국자 추방유예제도(DACA)에 관해 켈리 장관 인사청문회에서 했던 말을 반복했다. 우리는 그들의 개인 정보를 본인의 뜻에 반해 사용하지 않아야 하며, 그 아이들과 그들의 가족들에게 한 우리의 약속을 지켜야 한다고 말했다.

나는 미국에서 가장 큰 주의 전직 법무부 장관이자 평생 검사로 활동했던 사람으로서, 행정부의 이슬람 입국 금지 및 이민 정책이 오히려 우리의 공공의 안전에 실질적이고 현재적인 위협을 주고 있다고 말했다. 이 나라를 더 안전하게 만드는 대신 늘어나는 압수수색과 행정명령이 오히려 공포심을 증가시킨다. "이런 이유로 라틴계 사람들이 범죄의 희생자가 되었을 때, 그들이 911에 신고할 확률이 40% 이상 낮다는 사실을 여러 연구 결과들이 보여주고 있습니다. 이렇게 조성된 공포스러운 환경이 사람들을 지하로, 그리고 어두운 그늘로 몰아넣고, 자신이나 다른 사람들을 향한 범죄를 덜 신고하게 만듭니다. 범죄를 신고하는 피해자의 수가 줄고, 따라서 앞으로 나서는 증인의 수도 줄어듭니다."

나는 또한 이민자들이 캘리포니아주 노동력의 10%를 차지하며, 우리 주 GDP 중 1,300억 달러를 담당하고 있다는 경제적인 측면에 대해서도 언급했다. "이민자들은 소규모 사업을 경영하고, 땅을 경작하고, 아이들과 노인들을 돌보고, 우리의 연구실에서 일하고, 우리의 대학을 다니고, 우리의 군대에서 복무합니다. 따라서 이러한 명령들이 단순히 잔인할 뿐만 아니라, 공공의 안전과 경제에 피해를 주는 연쇄효과를 일으킵니다."

나는 우리에게는 선을 긋고, 안 되는 건 안 된다고 말할 수 있는 책임이 있다. 이는 행정부와 동등한 기관으로서, 미국의 이념을 유지하는 것이 우리의 책임이라고 강조하며 내 발언을 마무리했다.

한 달 후, 나는 프레즈노에 사는 캘리포니아대 머시드 캠퍼스 졸업생이자 생체의학 연구원이며 DACA의 수혜자이기도 한 젊은 여성을 상하원 합동회의에 초대했다. 유리아나 아길라(Yuriana Aguilar)의 부모는 그녀가 겨우 다섯 살일 때 모든 가족과 함께 멕시코를 떠나 프레즈노로 이사했다. 그들 중 누구도 합법적인 서류를 소유하지 않았다. 그녀의 부모는 채소를 팔아 가족을 부양하는 농장 노동자였다. 유리아나는 "성공하기 위해선 어떻게 해서든 교육을 받아야 한다"는 부모의 말씀을 가슴에 새겼다.[1] 현재 그녀는 시카고의 러시의과대학(Rush Medical College)에서 심장의 전기 체계가 어떻게 작동하는지에 대해 연구하고 있다. 그녀는 DACA 덕분에 모든 과정을 마치고 박사 학위를 받을 수 있었다.

유리아나는 DACA 도입 소식을 처음 들었을 때, 얼마나 안도의 눈물을 흘렸는지 모른다고 말했다. 그런 뒤 그녀는 다른 사람들이 더 건강한 삶을 살 수 있도록 도와주는 자신의 연구로 되돌아갔다. 그녀는 "과학에는 국경이 없다. 과학의 진보에는 규제가 없다"라고 말했다. 나의 어머니도 그녀를 사랑했을 것이다.

유리아나처럼 DACA 수혜자들이 자신들이 받은 혜택을 미국에 돌려주겠다는 것은 원칙이지 이례적인 일이 아니다. DACA 수혜자의 75%가 넘는 이들이 직장을 가지고 있다. 그들은 미국의 유니폼을 입고, 미국의 대학에서 공부를 하고, 미국의 크고 작은 기업에서 활동한다. 실제로 DACA 수혜자들을 추방할 경우, 미국 경제를 통틀어 10년 동안 4,600억 달러 이상의 손실이 발생할 것으로 추산된다.[2] 이 젊은이들은 미국에 의미 있는 방식들로 기여하고 있다.

나는 1년 내내 펼쳐진 일련의 드라마를 보며 유리아나를 가장 마음에 두었다. 2017년 11월 5일, 미국 법무부 장관 제프 세션스(Jeff Sessions)는 잔인하게도 DACA 프로그램을 폐지할 예정이라고 발표하면서 수만 명의 사람을 궁지에 몰아넣었다. 그때도 그녀가 제일 먼저 떠올랐다.

DACA가 없다면 어렸을 적 가족을 따라 미국으로 이주해온, DACA 신청 자격을 갖춘 젊은이들이 끔찍한 선택을 해야 할 갈림길에 선다. 신분 증명서 없이 언젠가 추방당할지도 모른다는 두려움에 떨며 이곳에서 계속 살던가, 아니면 자신들이 알고 있는 유일한 나라를 떠나던가 선택을 해야 한다. 그들에게는 시민권을 신청할 방도가 없다. 이 나라를 떠날 수 없고, 이곳의 이민법에 맞춰 줄을 설 수도 없다. 그들을 위한 줄은 존재하지 않는다. 이것이 트럼프 정부가 의도한 핵심이다.

이 부분은 의회에서 고칠 수 있다. 내가 공동으로 발의한, 상하원의 초당적인 법률안인 드림(Development, Relief and Education for Alien Minors : DREAM) 법안은 이런 젊은이들에게 시민권을 획득할 수 있는 영구적인 방법을 제시한다. 이들에게는 드림 법안이 통과되지 못하는 하루하루가 (우리가 요구한 것들을 그들이 모두 이행했음에도) 두려움 속에서 살아가야 할 또 다른 날들이다.

나는 수년 동안 많은 드리머(DREAM-er : DACA 제도와 드림 법안의 영향을 받는 사람)를 만났다. 상원에서 보낸 첫해에는 거의 매일같이 만났다. 그들은 의원들을 만나 자신들의 이야기를 전하기 위해 용감하게 워싱턴으로 찾아왔다. 언젠가 캘리포니아에서 온 5명의 드리머들을 만나기로 한 적이 있었다. 그들은 전국 각지에서 찾아온 한 단체의 일원이었는데 다른 사람들도 같이 합류하기를 원했다. 나는 그들 모두를 내 사무실로 초대했다. 사람들이 벽에 등을 대고 서 있는 것만 가능할 정도로 많이 찾아왔다.

나는 캘리포니아대 어바인 캠퍼스에 다니는 세르지오라는 학생에게 완전히 감명을 받았다. 세르지오는 멕시코에서 열심히 일했지만 제대로 생계를 꾸리지 못했던 어머니가 아들에게 더 나은 삶을 위한 기회를 주기 위해 미국으로 와야겠다고 결심하게 된 이야기를 해주었다. 그는 학교에 다니며 얼마나 열심히 공부했는지, 다른 사람들의 건강을 돕는 봉사활동에 얼마나 많은 힘을 쏟았는지에 대해 말했다. 다른 드리머들과 마찬가지로 그도 봉사하는 삶을 택했다. 이들이 바로 드리머(DREAM-er)들이다. 또한, 이들은 이 나라의 약속을 믿는다. 이곳은 그들의 나라이다.

세르지오의 눈 속에는 아주 많은 열정이 담겨 있었다. 또한, 겁에 질려 있었다. DACA를 폐지하겠다는 정부의 결정은 너무나 끔찍하고 사기를 떨어뜨리는 일로써, 미국의 너무도 훌륭했던 역사에 반하는 것이며, 드리머들이 의지했던 기회의 약속에 반하는 것이었다. 세르지오와 그곳에 있던 다른 사람 대부분이 내 눈을 들여다보며 자신들은 괜찮을 것이라는 약속을 찾는 동안, 나는 이 상황이 얼마나 잘못되고 불공평한지, 그리고 나 혼자서는 그 결과를 통제할 수 없다는 사실에 대한 고통과 싸웠다. 그것은 여전히 나를 고통스럽게 한다.

세션스 장관이 이와 같은 조치를 발표한 뒤 3일 후, 캘리포니아대학은 "단지 비이성적인 기관장의 변덕으로" DACA 프로그램을 폐지하는 것은 "대학과 그 소속 학생들의 권리를 위헌적으로 침해하는 것"이라며 행정부를 상대로 소송을 제기했다. 캘리포니아대학의 재닛 나폴리타노(Janet Napolitano) 총장은 오바마 대통령 시절 국토안보부 장관을 역임했고, DACA가 당초 구상한 대로 제정되도록 초안을 작성하고 감독을 맡아왔었다. 그녀에게도, 그리고 우리 모두에게도, 이것은 공적이면서도 개인적인 일이었다.

2018년 1월 10일, 연방법원은 정부의 결정에 반하는 전국적인 임시 가처분 판결을 내리면서 대학의 손을 들어주었다. DACA 프로그램을 중단한 행정 조치를 막았다는 안도감이 들었지만, 그런데도 '임시'라는 단어에 유념해야 했다. 의회는 여전히 추방당할까 봐 염려하는 젊은이들에게 영구적인 보호책을 제공하기 위해 행동해야 하고, 또 그것은 입법을 통해서만 가능하다. 그때까지 드리머들은 법원의 새로운 결정이 자신을 가족들과 자신이 모국이라 부르는 유일한 나라에서 떼어놓을 수도 있다는 끊임없는 두려움에 시달릴 것이다. 그리고 현재 대법원은 보수층이 다수를 차지하고 있기 때문에, 이번 법원의 결정 또한 번복이 일어날 수 있다고 믿을 만한 이유가 충분하다.

2018년 2월은 이민법 투쟁에 있어서 매우 중요한 달이었다. 행정부는 이주민의 시민권과 이민법을 책임지는 이민국의 임무 강령에서 '미국은 이민자의 나라'라는 언급을 삭제할 정도로 잔인하고 터무니없는 행위를 계속했다. 한편 행정부와 공화당 의원들은 사실상 드리머들을 인질로 잡고 있었다.

정부의 정책 자금 마련을 위한 예산안 논의의 일부로, 상원은 드리머들에게 시민권 획득을 위한 길을 만들어주는 드림 법안에 투표하기로 동의했다. 하지만 덫이 있었다. 그 대가로 그 예산안에는 멕시코와의 국경에 장벽을 쌓기 위한 250억 달러의 예산도 함께 포함되어 있었다.

이것에 반대하는 이유는 여러 가지가 있다. 순수하게 금전적인 가치로 볼 때, 장벽을 쌓는 일은 세금 낭비다. 나는 국경 수비를 철저하게 하는 것을 지지한다. 또한, 장벽 하나가 국경을 더 튼튼하게 하는 것이 아니라는 전문가들의 주장에 동의한다. 더구나 나는 그 수십억 달러가 캘리포니아주 시민은 물론 전국의 가족을 대상으로 한 압수수색을 포함한 행정부의 반이민 정책을 실행하는 데 사용될까 우려하고 있다. 같은 예산이면, 오피오이드 중독 위기에 맞서기 위한 자금을 마련하는 것에서부터 농촌 지역의 광대역 통신망 확장과 주요 인프라 산업의 업그레이드까지 모든 것을 할 수 있다.

하지만 국경 장벽을 반대하는 더 큰 이유가 있다. 남쪽 국경의 쓸모없는 장벽은 단지 상징에 지나지 않으며, 내가 소중하게 여기는 것뿐만 아니라 미국에 세워진 근본적인 가치에 반대하는 기념비에 지나지 않기 때문이다. 자유의 여신상은 우리가 누구인지를 세상에 보여주는 기념비이다. 엠마 래저러스(Emma Lazarus)의 "지치고, 가난하고, 자유를 갈망하는 사람들은 내게로 오라"는 시구는 미국의 진정한 정신을 보여준다. 미국은 아메리칸 드림을 자신의 것으로 만들고자 낙관하며, 힘겨운 여정을 무릅쓰고 우리 해변에 도착한 이들을 존중하고 포용하는 관대한 나라다. 어떻게 "접근 금지"라는 차갑고 냉혹한 메시지를 보내기 위해 고안된 기념비에 불과한 것을 세우는 일에 찬성표를 던질 수 있겠는가?

이민 논쟁은 종종 잘못된 선택들로 귀결된다. 트럼프 대통령 지지자들이 몰려왔던 새크라멘토 시청에서의 일을 기억한다. 한 남자는 내가 미국인보다 미등록 이민자들에게 더 관심이 있다고 말했다. 그것은 잘못된 생각이다. 나는 양쪽 모두를 진정으로 걱정한다. 마찬가지로 예산 논쟁 또한 장벽을 반대할 것인지 아니면 정부의 예산 책정에 참여할 것인지 하는 거짓된 선택을 제시한다. 나는 둘 다 할 수 있다고 믿는다.

결국, 상원에는 두 가지 법안이 제출되었다. 나는 첫 번째 법안인 델라웨어 출신의 크리스 쿤스(Chris Coons) 민주당 상원의원과 애리조나 출신의 고(故) 존 매케인(John McCain) 공화당 상원의원의 초당적 타협안을 자랑스럽게 지지했다. 이 법안은 드리머들을 추방으로부터 보호하고, 그들에게 시민권 획득을 위한 길을 제공하고자 했으며, 장벽 건설 예산을 포함하지 않았다. 장벽과 드림 법안을 맞교환하자고 했던 법안은, 그 취지와는 별개로 내가 동의할 수 없는 것이었다. 나는 반대표를 던졌다. 두 법안 모두 상원을 통과하지 못했다.

드리머들을 위한 싸움은 계속되고 있다. 내가 믿는 것은 다음과 같다. 이 젊은이들은 자신들의 의지와는 상관없이, 대부분이 걷거나 말하기도 전에 이 땅에 와서 자랐다. 이곳은 그들이 아는 유일한 나라다. 그들의 집이 이곳에 있고, 그들은 이 나라에 공헌하고 있다. 그래서 나는 이들이 미국인으로 인정받기 전까지 포기하지 않을 것이다.

중앙아메리카에는 엘살바도르, 과테말라, 온두라스 이 세 나라가 포함된 북방 삼각지대라고 알려진 지역이 있다.[3] 이 세 나라는 지구상에서 가장 폭력적인 나라라는 오명을 쓰고 있다. 엘살바도르에서는 1979년부터 1992년 사이에 내전으로 약 7만5,000여 명이 사망했다. 1960년부터 1996년 사이에 일어난 과테말라 내전은 20만 명의 민간인이 사망하는 결과를 낳았다. 온두라스는 내전은 없었지만, 주변 국가들의 폭력이 국경을 넘어 유혈 사태를 일으켰고, 그곳 역시 세상에서 가장 살기 위험한 장소 중 하나가 되었다.

심지어는 전쟁이 끝난 뒤에도 폭력이 멈추지 않았다. 심각한 빈곤과 일자리가 거의 없는 경제는 나락으로 떨어졌다. 거기에다 넘쳐나는 무기와 세기적 파괴는 살인, 강간, 기타 성폭력을 자행해 한 영역의 패권을 차지하려는 범죄 조직 형성으로 이어졌다. 그 후 몇 년 동안 북방 삼각지대에서는 세계에서 가장 잔혹한 몇몇 전쟁터에서보다 더 많은 사람이 살해되고 납치되었다. 2011년에서 2014년 사이에 거의 5만5,000명의 사람이 살해되었고, 그 사건 중 단지 5%만이 사법적인 유죄 판결을 받았다.[4]

그곳 국민의 삶은 종종 폭력에 의해 규정된다. 갱단의 폭력, 마약 밀매, 그리고 부정부패가 만연하다. 그곳의 초국가적 범죄 조직 중에서도 가장 크고 악명 높은 집단인 MA-13과 Mara-18은 세계적으로

8만5,000명에 이르는 조직원이 있는 것으로 알려졌다.[5] 그들은 영세 자영업자들과 가난한 이웃 주민들에게서 매년 수억 달러씩을 강탈하고 있다. 그들에게 상납하지 않은 사람들은 자신의 가족들과 함께 죽음의 위험에 빠진다. 갱단의 단원들은 폭력과 협박을 통해 젊은 남성들을 조직에 합류시키고, 십대 소녀들에게 이른바 갱의 여자친구라는 명목으로 성적 폭력을 감내할 것을 강요한다.

실제로, 그곳에서 여성과 소녀들에게 행해지는 폭력은 체계적이다. 2014년 7월, 유엔 여성폭력 특별조사위원회는 2005부터 2013년까지 온두라스에서의 폭력으로 인한 여성 사망률이 263.4% 증가했다고 보고했다.[6] 살인자들이 11세 소녀의 목을 자르고 그 속을 속옷으로 틀어막았다는 이야기를 포함해 아이들이 강도, 강간, 살해당했다는 이야기들도 전해진다.[7] 만약 잔인함과 냉혹함의 그라운드 제로(ground zero, 중심지)가 존재한다면 바로 북방 삼각지대일 것이다.[8]

유일한 선택은 탈출이다. 그래서 수십만 명의 사람들이 이 지역에서 이웃 국가들로 탈출했고, 멕시코를 거쳐 미국으로 향했다. 과거 우리는 국제법에 따라 난민 신청자들을 환영했고, 그들이 직면한 고난의 심각성 때문에 그들에게 특별한 보호 지위를 부여해왔다. 때때로 그들은 가족 단위로 도망쳐오곤 했다. 하지만 그보다 더 많은 경우, 그 비용이 감당할 수 없을 정도이다. 그래서 부모들은 더 괴로운 선택을 해야 한다. 생사가 걸린 위험 속에서 아이들을 곁에 둘 것인가, 아니면 힘겨운 여행에서 살아남으면 안전하고 자유롭게 살 수 있는 미국으로 아이들을 보낼 것인가?

2014년 여름, 수만 명의 어린이와 청년들이 인간밀매네트워크의 알선으로 북방 삼각지대의 폭력에서 탈출해 미국으로 밀려들어왔다.

당시 나는 캘리포니아주 법무부 장관이었다. 집에 앉아 저녁 뉴스를 시청하던 중 심금을 울리는 영상을 보게 되었다. 약 140여 명의 미등록 아동과 부모를 태운 버스 여러 대가 LA와 샌디에이고 중간쯤에 있는 마을인 무리에타(Murrieta)를 지나 난민심사국으로 향하고 있었다. 군중들이 모여 길을 막고, 깃발과 팻말을 흔들며 "아무도 너희를 원하지 않아!", "너희를 환영하지 않아!", "너희 나라로 돌아가!"라는 고함을 질렀다. 버스 안에서 아이들은 차창 너머로 그런 증오와 독설로 가득 찬 얼굴들을 바라보고 있었다. 그들의 유일한 잘못은 끔찍한 폭력을 피해 달아난 것뿐이었다.

단지 거리의 시위대뿐만이 아니었다. 그와 같은 시간 워싱턴에서는 망명 신청을 한 아이들과 가족들을 재빨리 본국으로 돌려보내기 위해 심사 과정을 서두르라는 압력이 내려오고 있었다. 2주 안에 망명 자격을 심사하고 결정하는 것이 그들의 목적이었다. 명확하게 말하자면, 심사 과정에서는 난민 신청자가 정말로 위험을 피해 도망쳤는지, 그 결정이 매우 중요하다. 그것은 누군가가 넓은 마음과 이해력으로 아이들의 이야기를 듣고, 또 그 사실을 공유해야 한다는 의미이다.

아동 성폭력 사건을 기소한 적이 있었던 나는 이런 사건에서 아이들에게 신뢰를 얻고, 그들이 법정에서 자신의 이야기를 진술할 수 있게 되기까지 오랜 시간이 걸린다는 것을 알고 있다. 설상가상으로 망명을 원하는 아이들에게 그 과정을 인도해줄 변호사를 선임할 권리가 없다는 사실도 알게 되었다. 그것은 아주 중요한 문제였다. 변호사가 없으면 망명 소송에서 패소할 확률이 90%가 넘었다. 만약 법률적 조언을 구할 수 있다면 승소할 확률이 50% 정도는 되었다.[9] 추방이 이 아이들을 다시 위험의 심장부로 되돌려보내는 것임을 고려할 때, 변호사가 있고 없고는 그들에게 생사가 달린 문제였다.

나는 이 문제에 대해 뭔가를 해야만 했고, 낭비할 시간이 없음을 알았다. 그래서 캘리포니아에서 가장 유서 깊은 법률사무소 중 몇 군데와 월트디즈니와 워너브라더스와 같은 대형 연예기획사의 변호사들에게도 직접 전화를 걸었다. 그리고 이 아이들을 위해 (이들 중 몇몇은 겨우 여덟 살 정도로 어렸다) 변호를 맡아달라고 부탁했다. 수십 군데의 법률회사 대표들이 LA 시내에 있는 내 사무실로 모였고, 나는 중계인 역할을 맡았다.

"좋아요, 그럼 당신에게서 500시간의 무료 법률 상담을 받을 수 있을까요? 당신네 회사는 어때요? 거기 그쪽 변호사님들은 우리를 위해 어떤 일을 해주실 수 있나요?" 곧이어 북캘리포니아에서도 비슷한 회의를 열었고, 그곳에서도 나는 같은 역할을 맡았다. 우리는 민간 변호사들을 모아, 법률 대리인이 없는 아동을 돕기 위한 법률 서비스를 제공하는 지역 공동체 기관 중 한 곳을 통해 변호할 수 있도록 했다. 그런 뒤 나는 이런 아동들에게 합법적인 대리인들을 알선해주는 다른 비영리 단체들에 300만 달러를 지원하는 법률안에 서명했다.

이것은 내가 북방 삼각지대의 위기와 그것이 아이들과 가족들에게 끼친 결과를 처음으로 경험한 일이었다. 하지만 그것이 마지막은 아닐 것이었다.

2017년 1월, 트럼프 정부의 첫 번째 업무지시 중 하나는 북방 삼각지대에서 온 이민자들의 임시 보호 지위를 철회한다는 행정명령에 서명하는 것이었다. 그 결과, 약 35만 명의 이민자들이 미국에서의 생활권과 노동권이 상실되는 상황에 놓였다.[10] 또 트럼프 정부는 망명을 허용하는 조건들을 엄격하게 심사하라는 명령을 내려, 이민자들이 미국에 체류하기 위한 법적 근거를 마련하는 것을 더욱 어렵게 만들었다. 그래서 2017년 2월에서 6월 사이, 망명 신청에 적합한 신청인들의 수가 10%로 감소했다.[11]

켈리 장관은 2017년 3월 CNN에 출연해, 북방 삼각지대에서 더 많은 사람이 미국으로 유입되는 것을 막기 위해 국경에서 부모와 아이들을 강제로 분리하는 것을 적극적으로 검토 중이라는 보도가 사실인지에 대한 질문을 받았다. 그는 "나는 중앙아메리카 사람들이 이렇게 위험한 네트워크를 통해 멕시코를 거쳐 미국으로 들어오는 것을 막기 위해 모든 일을 다 할 것입니다"라며, 보도가 사실임을 확인시켜주었다.

그 후 얼마 지나지 않아, 국토안보부 차관인 일레인 듀크(Elaine Duke)가 국토안보위원회에 출석했다. "이것이 언제부터 효력을 발휘하는지 알고 있습니까?" 나는 이렇게 흉악한 일이 진행되고 있을 가능성을 가늠하려고 애를 쓰면 물었다.

그녀는 "결정된 사항이 아닙니다"라고 대답했다. "장관님과 직접 대화를 나눴습니다. 장관께서는 아직은 그것을 가능성 정도로 보고 있습니다. 다양한 범주의 억제책들을 찾고 있고, 가능한 억제책들이 제시되었지만 결정된 것은 아무것도 없고 현재 실행되고 있는 계획도 없습니다."

받아들이기 어려운 답변이었다. 그다음 달 위원회에 켈리가 출석했을 때 나는 이 문제에 대해 집요하게 질문했다. 그는 이 정책이 검토 중인지에 대해 얼버무렸지만, 그것을 배제했다고는 말하지 않았다.

"그러니까 장관께서는 아이의 생명이 위험에 처하지 않는 이상, 아이를 어머니의 품에서 떼어놓는 일은 없을 것이라는 게 부서의 방침이라는 서면 지시를 내릴 마음이 없다는 말입니까?"

"그럴 필요가 없다고 봅니다."

나는 2017년 말부터 2018년에 넘어오면서까지 그 답변을 듣기 위해 계속 압박을 했지만, 국토안보부는 넘어오지 않았다. 그러던 2018년 4월 6일 세션스 법무부 장관이 국경에서의 무관용 원칙을 발표했다. 다시 말하면 정부는 이유 여하를 막론하고 불법으로 국경을 넘는 모든 성인을 형사 고발할 방침이며, 또한 부모에게서 자녀를 떼어놓는 것도 포함하고 있다는 의미였다. 국토안보부는 부모와 자녀의 분리 정책은 없다고 강조했지만, 우리는 며칠 뒤 「뉴욕 타임스」 보도를 통해, 이미 2017년 10월 이후 약 700여 명의 아이가 부모와 분리되었고, 그중 4세 미만의 유아도 100여 명 포함되어 있다는 사실을 알게 되었다.[12)]

부모의 품에서 아이를 떼어내는 것보다 더 잔인하고, 더 비인간적이며, 근본적으로 더 악한 일은 없다. 우리 모두 본능적으로 이것이 진실임을 안다. 하지만 더 많은 증거가 필요하다면, 미국소아과 협회 회장인 콜린 크래프트(Colleen Kraft) 박사가 발표한 논문을 찾아보면 된다. 그녀는 이 협회를 대표해 정부의 새로운 정책에 경악을 금치 못한다고 말했다. 크래프트 박사는 가족의 분리로 인한 정신적인 상처와 극단적인 스트레스가 "아이의 뇌 구조를 교란하고, 장단기적인 건강에 영향을 미쳐 회복할 수 없는 상해를 입힐 수 있다"고 썼다.[13] 또한, 이런 입장에 동의하는 미국의학협회도, 미국 정부가 부모들로부터 강제로 떨어지게 된 아이들에게 평생의 상처가 남을 수 있다는 점을 주목해야 한다며, 이 정책의 중단을 요구했다.

정부는 망명을 원하는 가족들이 공식적으로 출입국사무소를 통해 들어온다면 국경의 다른 지역을 통해 들어오는 사람들과는 달리 가족들이 떨어지는 일이 없을 것이라고 주장했다. 하지만 그것은 사실이 아니었다. 콩고민주공화국 출신의 여섯 살 소녀와 그 모친이 샌디에이고 입국장에 도착해 망명을 요청했을 때, 심지어 그 어머니가 본국에서의 처벌의 공포를 확실히 입증할 수 있었음에도, 아이를 어머니에게서 떼어냈다는 보고가 있다. 이것은 출입국사무소에서 가족들이 헤어지게 된, 서류로 남아 있는 무수한 사례 중 하나일 뿐이다. 눈이 안 보이는 여섯 살 소녀가 어머니 품에서 떨어졌으며, 18개월 된 아기도 마찬가지였다. 이것은 단순한 비극이 아니었다. 국제법 위반이며, 인권침해였다. 그리고 그 대가는 단지 아이들만 치르는 것이 아니었다. 온두라스 출신의 한 남성은 아내와 떨어지고, 품 안에 있던 세 살짜리 아들을 빼앗기고, 독방에 갇히게 된 뒤, 그 정신적인 상처 때문에 스스로 목숨을 끊었다.

5월 15일에 켈리가 백악관 비서실장에 임명되었고, 신임 국토안보부 장관으로 지명된 커스틴 닐슨(Kirstjen Nielsen)이 우리 위원회(인사청문회) 앞에 섰다. 나는 국토안보부를 통해 자행되는 너무나 취약한 공동체에 대한, 특히 어린이와 임산부에 대한 행정부의 반복적인 공격을 심각하게 우려한다고 말했다. 나는 DACA 프로그램과 국경에서의 아동들의 분리, 그리고 더 많은 임산부의 구금을 허용하는 기관의 지시 등을 지적했다. 또한, 난민정착지원실과 이민단속국 사이의 새로운 정보 공유 시스템에 대한 우려도 표했다. 보호자와 동행하지 못한 미성년 난민들을 보살피기 위해 기꺼이 나섰던 후원자들이 이런 정보 공유 때문에 자신들까지 추방당할 것을 두려워해서 냉담한 반응을 보일 가능성이 컸다.

「워싱턴 포스트」는 닐슨이 식사와 놀이의 제공과 같은 이민자 아동들에게 보장되는 보살핌의 기준에 대한 동의서를 훼손하고, 이러한 요구들이 최소한으로 제한적인 환경에 배치하는 것을 고려하고 있다고 보도했는데, 나는 이것에 대해서도 언급했다.

나는 국토안보부가 일상적으로 오해의 소지가 있는 정보들을 위원회에 제공했으며, 심지어는 물리적으로 가족들을 떼어놓는 등 많은 이들이 잔인하다고 여기는 정책들을 수행하면서, 이것이 아동들에게 가장 최선의 이익을 주기 위한 것이라는 주장까지 펼치고 있다고 말했다.

"그러니까 내 질문은, 지난 목요일 「뉴욕 타임스」는 대통령이 불법 이민자들을 막는 방법으로 부모가 미국에 건너올 때 아이들을 분리하도록 지시했다고 보도했습니다. 맞습니까? 불법 이민을 억제하는 방법으로 부모와 자식들을 분리하라는 지시를 받은 적이 있습니까?"

"아닙니다. 억제의 목적으로 그런 지시를 받은 적은 없습니다."

"그럼 부모와 자식을 갈라놓는 목적이 무엇입니까?"

"그러니까, 법을 어긴 자는 그가 누구든 기소되어야 한다는 것이 제 결정입니다. 그게 누군가의 부모든, 독신이든, 아니면 가족이 있든 간에 출입국사무소를 피해서 입국했다면 처벌을 위해 그를 기소할 겁니다. 미합중국의 법을 어겼으니까요."

나는 다시 그녀를 압박했다.

"그러니까 국토안보부는 아이들을 부모로부터 떼어놓겠다는 겁니까?"

"아닙니다. 우리가 하려는 것은 미국 내에서 일상적으로 행해지는 대로 법을 어긴 부모를 처벌하려는 것입니다."

"하지만 그 부모에게 네 살짜리 아이가 있다면, 그 아이를 어떻게 할 계획입니까?"

"법에 따라 보건복지부가 아이들을 보호하고 보살필 겁니다."

"그럼 아이들은 부모들과 헤어지게 되겠군요. 그렇다면 내 질문은…."

"미국 내에서 일상적으로 행해지는 절차에 따르는 겁니다."

"그러니까 아이들이 부모와 헤어지게 될 것이다…. 그러니까 내 질문은 아이와 부모를 떼어놓을 때, 그 과정이 어떻게 진행될 것인가에 대한 절차를 가지고 있느냐 하는 겁니다. 실제로 부모의 품에서 아이를 떼어놓을 때, 가장 정신적인 충격이 적은 방식으로 그 일을 진행할 수 있도록 사람들을 훈련하고 있습니까? 나는 그런 훈련이 진행되고 있기를 바랍니다. 따라서 어떤 훈련이 진행 중이고, 아이를 부모에게서 떼어놓기 위한 절차가 무엇인지에 대한 정보를 우리에게 제공할 것을 요청합니다."

그녀는 "네, 기꺼이 훈련 정보를 제공하겠습니다"라고 대답했지만, 훈련 정보가 위원회에 제공된 적은 없었다. 닐슨은 또 한 번 모든 과정 내내 자신의 거짓된 주장을 고수하며, "재차 말씀드리지만 우리는 아이를 부모에게서 분리하는 정책을 갖고 있지 않습니다"라고 말했다. "우리의 정책은 누군가가 법을 어긴다면 그 당사자를 처벌하는 것입니다. 입국 절차에 따라 들어오거나, 불법적으로는 이 나라에 들어오지 않는 그런 선택이 있을 뿐입니다."

이것을 있는 그대로 말해보자. 백악관과 국토안보부는 이민을 억제하기 위해 잘못되고 비인간적인 정책 도구로 아동(아기)을 이용하고 있다. 법무부 장관 세션스는 이 사실을 충분히 인정했고, 또 이런 학대를 정당화하기 위해 당당하게 성경 구절을 인용하기도 했다.

"우리나라의 법률을 어긴 사람들은 기소 대상이 됩니다. 사도 바울이 그의 분명하고 지혜로운 복음을 담은 로마서 13장에서 '권세에 복종하라. 왜냐하면 하나님이 그 목적과 질서에 따라 정하신 것이기 때문이다'라는 말을 인용하고 싶습니다"라고 말했다.[14] 마치 그 과정에서 그리스도의 가르침을 모두 잊어버리거나 생략한 것 같은 모습이었다.

그런 잔혹함에 더하듯, 세션스는 가정 폭력으로 인한 여성들과 아동의 망명 신청 권리를 없애버렸다.[15]

나는 종종 우리의 민주주의가 네 개의 다리 위에 균형을 잡고 서 있다고 묘사했다. 세 개의 다리는 독립적이고 동등한 입법 사법 행정부로 지칭되는 정부 기관이며, 다른 하나는 자유롭고 독립적인 언론이다. 실제로 미국에서 상상 못 할 일이 벌어지자 언론은 우리의 진정한 가치를 지키기 위해 지칠 줄 모르고 일했다. 보도진들은 남쪽 국경으로 달려가 실시간으로 촬영하고, 기록하고, 보도하며 실제로 무슨 일이 일어나고 있는지를 우리의 거실로까지 가져와 전해주었다. 매일매일 생생한 보도는 대중들의 거센 항의를 불러일으켰고 결국은 정부가 일시적으로나마 뒤로 물러서게 만들었다.

2018년 6월 20일, 트럼프 대통령은 가족의 분리 절차를 종료하라는 행정명령에 서명했다. 하지만 그것으로 끝난 것은 아니었다. 새로운 정부 정책은 가족들을 떼어놓기보다는, 난민 가족들을 무기한 감옥에 가두는 쪽을 택했다. 이 글을 쓰고 있는 지금도 무고한 어린이들이 미합중국의 정책에 따라 감옥 안에 갇혀있다. 어린이들이 여전히 부모들에게서 떨어져 있다. 또한, 이 행정명령의 여파로 우리는 「텍사스 트리뷴」의 "난민 유아가 홀로 법정 출석 명령을 받다"와 같은 헤드라인을 계속해서 접하고 있다.

덥고 건조한 6월 말의 어느 날, 나는 캘리포니아와 멕시코의 국경에서 멀지 않은 오태이 메사(Otay Mesa) 구치소를 방문했다. 나는 여러 감옥을 봐왔었고, 외관상으로 봤을 때 오태이 메사도 똑같아 보였다. 쇠사슬로 연결된 철조망 울타리로 둘러싸인 시설 안으로 들어가기 위해서 몇 단계의 검문소를 통과해야 했다. 한쪽 문이 열리고 그 중간 지점에 서면 등 뒤로 문이 닫히고, 눈앞의 다른 문이 열린다. 그것은 그곳에 억류되는 모든 사람에게 세상으로부터 격리되고 있다는 강한 신호를 보낸다.

나는 구치소 안으로 들어가서 아이들과 헤어진 어머니들을 만났다. 그들은 등 뒤에 억류자(DETAINEE)라는 검은색 글자가 박힌 파란색 점프슈트를 입고 있었다. 나는 시설 감독관에게 약간의 프라이버시를 요청했다. 내가 그 어머니들의 경험에 대해 듣고, 그들이 견뎌내고 있는 깊은 정신적 고통을 이해하려 노력하는 동안, 감독관들은 약 2m 정도 떨어진 곳에 서 있었다.

올가는 자신의 여덟 살, 열한 살, 열여섯 살, 열일곱 살 난 네 자녀를 두 달이 넘도록 보지 못했다고 말했다. 심지어 아이들이 어디에 있는지도 모른다고 했다. 그녀는 가족 폭력을 피해 온두라스에서 달아나 멕시코로 가는 비행기를 탔다. 그녀는 멕시코의 타파출라(Tapachula) 보호소에 도착했고, 그곳에서 미국으로 가는 망명 신청자들을 돕는 집단(caravan)이 있다는 것을 알게 되었다. 비용이 전혀 들지 않았고, 그들을 국경 바로 남쪽에 있는 티후아나(Tijuana)에 데려다줄 예정이었다. 그들은 여행 중 그녀와 가족들에게 음식을 제공해주었고, 난민신청 절차를 도와주겠다고 말했다. 그녀는 자신이 비행기, 기차, 버스로 여행을 했고, 어떤 구간에선 걸어서 이동했다고 말했다. 길에서 만난 사람들은 그들을 돕기를 원했다.

티후아나에 도착한 이후, 그녀와 가족들은 교회와 대피소를 전전했다. 그러다 마침내 미국 국경순찰대를 만날 수 있었다. 그들은 구치소로 끌려왔고, 절차가 진행되기를 기다리라는 말을 들었다. 그리고 어떤 경고나 설명도 없이 그녀에게서 아이들을 빼앗아갔다. 그녀는 국경순찰대에게 아이들을 어디로 데려가는지를 알려달라고 애원했다. 아이들의 출생 증명서를 제시하며 답을 들으려고 필사적으로 노력했다. 그러나 어떤 답도 듣지 못했다. 그녀가 아는 것이라곤 세 명의 딸들은 함께, 아들은 혼자서 억류되어 있다는 것이었다. 마침 한 사회복지사의 도움으로 아이들과 통화할 수 있었는데, 아이들도 자신들이 어디에 있는지 정확히 알지 못했다. 그녀는 그들 모두 뉴욕시에 있다는 믿음이 생겼고, 아이들 모두 다 괜찮다고 말했지만, 그 사실을 믿기 어려웠다.

온두라스에서 온 또 다른 여성도 사정은 비슷했다. 그녀도 마찬가지로 폭행을 피해 국외로 도망쳤고, 여덟 살짜리 아들 마우로를 함께 데리고 나왔다. 그녀의 아들도 아무런 설명도 듣지 못한 채 그녀가 머물던 감방에서 끌려나갔다. 강제송환 담당자들은 아이가 LA에 있다고 말했지만, 그들도 그 사실을 확신하지는 못했다. 미국이라면 아이가 안전할 것 같아서 아이와 함께 도망쳤는데, 이제 그 희망이 사라진 듯 보였다.

국토안보부는 입국장에서 망명 신청을 한 가족들은 서로 헤어지지 않을 것이라고 말해왔다. 하지만 오태이 메사에서 만난 또 다른 여성인 모레나는 엘살바도르를 떠나 열두 살과 다섯 살 난 아들들과 함께 산 이시드로(San Ysidro) 출입국사무소 심사센터를 통과했지만, 아이들을 빼앗기고 말았다. 요원들에게 아이들을 데려가지 말라고 애원했지만 아무런 소용이 없었다. 아들들과 통화를 하기 위해 15일을 기다려야 했다. 왜냐하면, 수감자들이 전화 통화를 하려면 1분당 85센트가 청구되었는데, 그녀에게는 그런 돈이 없었다. 모레나는 7일 동안, 올가는 12일 동안 쉬지 않고 일을 했지만 겨우 4달러를 벌 수 있었다. 그들은 학대에 대해 신고를 하려 할 때마다 오히려 고함 소리를 들어야 했다고 말했다. 그들은 자신들이 감독관으로부터 엄청난 언어폭력을 당했고, 낮에는 심문을 기다리느라 오랜 시간을 기다려야 했으며, 밤에는 늦게까지 노동을 하도록 강요당했다고 말했다.

6주가 지났지만 모레나는 여전히 아이들과 연락을 취할 수 없었다. 그녀는 아이들을 데려갔다는 시설로 전화를 걸었지만, 신호만 갈 뿐 아무도 응답을 하지 않았다. 그녀가 전화를 걸 수 있도록 허락된 유일한 시간이 아이들이 수업을 듣거나, 전화를 받을 수 없는 때라고 말했다. 너무 오랫동안 아이들을 보지 못했고, 이야기를 나누지 못했다는 사실이 너무 괴로워서 밥을 먹는 것도 힘들 지경이라고 말했다.

나는 구치소의 감독관들에게 많은 질문을 던졌지만, 그 대답들이 전혀 맞지 않았다. 예를 들어, 그들은 자신들이 제공하는 화상통화 서비스는 언제라도 가능하고 무료라고 말했다. 당연히 전화 통화도 무료라고 장담했다. 그곳에 억류된 어머니들에게 혹시 이 사실을 알고 있었냐고 묻자, 그들은 즉각적으로 아니라고 답했다. 심지어 화상통화가 가능하다는 것조차 모르고 있었다. 그 후 워싱턴으로 돌아와 이민단속국에서 단속 및 추방을 담당하고 있는 매튜 앨번스(Matthew Albence) 국장을 법사위원회 청문회에 출석시켜, 이 문제에 대해 추궁했다.

나는 앨번스에게 오태이 메사를 방문했을 때 억류된 부모들로부터 화장실 청소나 세탁 등의 노동을 하고 하루에 1달러를 번다는 사실을 들었다고 말하며, "이런 정책에, 아니 관행에 대하고 알고 있었습니까?"라고 물었다.

앨번스는 "이민단속국에 구금된 사람들은 자원봉사 프로그램에 지원할 자격이 있고, 일하는 것이 가능합니다"라고 대답했다. "그것은 의무 사항이 아닙니다. 그들이 그렇게 하기로 선택한다면 그것은 자발적인 것입니다. 많은 사람이 자신의 심리나 추방 결정을 기다리는 동안, 시간을 보내기 위해 그렇게 하는 것을 선택…."

"사람들이 시간을 보내기 위해 자발적으로 화장실 청소를 한다, 지금 그런 말씀을 하시는 겁니까?"

"우리가 억류하고 있는 많은 개개인이 노동 프로그램에 자원해서 일하고 있다는 말씀을 드리는 겁니다."

"화장실 청소를요? 국장께서는 지금 그런 말씀을 하시는 겁니까?"

"개개인들에게 할당된 업무가 어떤 것인지 다 알지는 못합니다. 하지만 다시 말씀드리지만, 전부 자원하는 것입니다."[16]

자원이라고? 나는 그렇게 생각하지 않는다.

오태이 메사에서 시간을 보내는 동안 내가 들은 가장 충격적인 대답은, 구치소 직원들에게 질문을 던졌을 때였다. "지금 여기 있는 가족들의 재결합을 추진할 수 있는 책임은 누구에게 있습니까?"라고 질문했을 때 그들은 멍한 표정으로 서로를 둘러보았다. 그중 한 사람이 (다른 이들보다 상급자로 보이긴 했다) "아마도 저일 겁니다"라고 대답했다. 그런 뒤 그는 어떤 계획이 있는지, 또는 재결합 과정이 어느 정도 진행되고 있는지 전혀 모르고 있음을 인정했다.

우리는 나중에 부모와 아이들에 관한 연방 정부의 기록들이 사라진 것을 알았다. 어떤 경우에는 알 수 없는 이유로 기록들이 파기되기도 했다. 연방법원이 30일 안에 가족들을 모두 재결합시키라는 판결을 내렸을 때, 정부 관리들은 어떤 아이가 어떤 가족에 속해있는지를 파악하기 위해 DNA 검사에 의존해야 했다.[17)]

나는 구치소를 떠나기 전, 그들에게 당신들은 혼자가 아니라고 안심시켜주었다. 많은 사람이 당신들과 함께 서 있고, 당신들을 위해서 싸우고 있으며, 그리고 당신들을 돕기 위해 내가 할 수 있는 모든 일을 다 하겠다고 말했다. 출구를 향하는 긴 진입로를 따라 걸으며, 나는 그 연대감이 구체화된 모습을 보았다. 울타리 밖에는 수백 명의 사람이 난민들을 지지하기 위해 철야를 하고 있었다. 어린이, 학생, 부모들 그리고 조부모 등 다양한 나이와 배경의 사람들이 구치소 안에 있는 어머니들의 고통과 슬픔을 나누기 위해 오태이 메사로 찾아왔다.

나는 그 지지자들 무리에 합류했다. 많은 이들이 여름의 이글거리는 햇살 아래에서 "우리가 당신과 함께 있다(estamos con ustedes)", "가족들은 서로에게 속해있다", "우리는 물러서지 않는다"와 같은 팻말을 들고 있었다. 나는 내가 본 것을 언론에 말했다.

"이곳의 어머니들이 자신의 상황을 증언했습니다. 그러니까 가능하다면, 그들의 이야기를 전해주세요. 미국 정부에 의해 저질러진 인권을 유린당한 개개인의 이야기를 전달해주세요. 우리는 이보다 훨씬 더 낫습니다. 그러므로 여기에 맞서 싸워야 합니다. 이것은 우리가 소중하게 품어온, 우리가 미국인임을 자랑스러워하는, 우리의 정체성을 알려주는 그 모든 원칙에 위배 되는 것입니다. 지금 이 상황을 자랑해야 할 이유가 전혀 없습니다."[18]

여기에 있는 어머니들은 고국 땅에 머무는 것이 더 위험하다는 것을 알기 때문에 아이들과 함께 미국으로의 위험한 여행을 선택했다. 그들은 망명을 신청할 정당한 권리가 있지만, 그들이 도착했을 때 우리는 그들을 범죄자라 불렀다. 우리는 그들을 범죄자처럼 다루었다. 이것은 시민 사회의 표시가 아니고, 동정심의 표시도 아니다. 미국 정부는 미국 국민에게 엄청난 수치를 안겨주었다.

여기에 걸린 가치는 이민법 논쟁보다 훨씬 더 크다.

하루가 끝났을 때, 따뜻한 이불 속에서 부모의 따스한 포옹과 키스를 받고, 잘 자라는 부모의 목소리를 들으며 깊은 잠에 빠지는 것보다 더 아이를 든든하게 해주는 것은 없다. 부모에게 있어 아이에게 잘 자라는 인사를 하고, 아이가 잠들기 전까지 아이의 질문에 답해주고, 아이들의 얼굴에 담긴 불안을 잠재워주고, 위로하고, 모든 것이 다 괜찮다고 안심시켜주는 것보다 더 중요한 것은 없다. 세상 모든 부모와 아이들은 이런 의식으로 맺어져 있다. 그것들은 인간으로서의 경험 중 일부이다.

흩어졌던 가족들의 재결합이 시작되면서, 우리는 정부의 행동이 얼마나 수치스러웠는지를 보여주는 끔찍한 이야기를 들었다. 「LA 타임스」는 국경에서 아버지와 헤어진 세 살짜리 소년의 이야기를 보도했다. "밤이면, 안드리는 아이의 엄마와 남동생과 함께 자는 2층 침대에서 가끔씩 비명을 지르며 잠에서 깨어난다."[19] 우리는 헤어진 지 거의 두 달 만에 여섯 살 소년인 제퍼슨이 아버지와 재회하는 동영상을 보았다. 아이의 몸은 발진투성이였고, 얼굴엔 멍이 들어있었으며, 멍한 눈을 하고 있었다. 제퍼슨의 아버지는 울부짖으며 아들을 끌어안았지만, 제퍼슨은 뻿뻿하고 무표정했다.[20] 또한, 우리는 PBS 「뉴스 아워」를 통해 14개월 된 아이가 85일 만에 다시 부모에게 돌아온 이야기를 접했다.[21] 아이는 이로 뒤덮인 채, 아마도 한 번도 목욕을 못 한 것이 분명한 모습이었다. 이렇게 너무나 노골적인 국가 차원의 아동학대보다 더 잔혹한 것은 상상하기 어렵다.

아이들과 헤어졌던 한 어머니는 거의 50명 가까운 사람들과 함께 한 방에 갇혀있었다고 했다.[22] 그녀는 자신들이 아이들에 관해 물어보았다는 이유로 감독관들이 식사를 허용하지 않겠다고 말했다고 증언했다. 한 임신부는 굶주림 때문에 기절도 했다. 그녀는 헤어진 아이들이 구치소에서 신발도 담요도 없어 지냈고, 감방 안에서 서서 자야 하는 사람도 있었다고 전했다. 아이들은 "짐승"이나 "당나귀" 같은 속된 말로 불리며 거칠게 다루어졌다.[23] 분명히 이런 일들은 우리가 알게 된 일부분이자, 우리가 결코 알지 못할 수천 가지의 끔찍한 이야기들을 대표할 뿐이다. 부모의 품에서 떨어진 아이들은 정부의 행동으로 인해 평생 정신적인 상처로 고통받게 될 것이다. 이런 행동은 비도덕적일 뿐만 아니라 비인간적이다. 나는 이러한 잘못된 행동들을 저지하고, 투명성과 책임감을 조성할 수 있도록 이민단속국 식원늘에게 보디 카메라를 장착시키는 법안을 상원에 발의했다.

한 사회는 아이들을 대하는 태도에 의해 평가되고, 역사는 이에 대해 우리를 가혹하게 평가할 것이다. 대부분의 미국인이 이미 그것을 알고 있다. 대부분의 미국인이 끔찍하게 여기고, 부끄러워한다.[24) 우리는 이보다는 나은 사람이다. 우리는 트럼프 정부가 우리의 이름으로 저지른 잘못을 바로잡아야 한다.

7장 불평등 : 의료보험과 제약회사들의 불편한 진실

나는 "어때, 잘 적응하고 있어?" 하고 물었다.

마야는 "지금까지는 괜찮아. 하지만 아직 겨울을 안 지내봐서 모르겠어"라고 대답했다.

당시는 2008년이었다. 그때 마야는 뉴욕에 있는 포드재단(Ford Foundation)의 민주주의·권리·정의 부분 부대표를 맡고 있었는데, 나를 만나기 위해 샌프란시스코로 비행기를 타고 왔다. 이전에도 다른 도시에 살았던 적은 있지만 서로 차를 타고 금방 갈 수 있는 거리를 벗어난 적이 없었다. 이제 마야와 나는 4,800km도 더 떨어진 곳에 있었다. 나도 그런 상황에 적응하는 중이었다.

점심을 먹자고 우리를 불러낸 어머니를 식당에서 기다렸다. 잠깐이지만 우리 셋 다 같은 도시에 있다는 것이 즐거웠다. 버클리에서 먼 길을 돌아 이곳까지 왔지만, 우리는 여전히 '샤말라와 여자아이들'이었다.

마야는 "포드재단은 놀라운 일을 하고 있어"라고 말했다. "그리고 나는…."

마야가 말을 하는 도중에 멈췄다. 그리곤 내 어깨너머를 바라보았다. 나도 뒤돌아보았다. 어머니가 막 걸어들어오고 있었다. 어머니는 내가 아는 사람 중에 가장 허영과 거리가 먼 사람인데, 마치 화보 촬영이라도 앞둔 것 같은 차림새였다. 밝은 실크 드레스에 전에 없는 화장을 했고, 머리는 전문가의 손길로 드라이를 받았다. 마야와 나는 눈빛을 교환했다.

"무슨 일이지?" 어머니가 우리 자리로 다가오는 동안 나는 마야에게 입 모양으로 물었다. 마야는 눈썹을 올리더니 어깨를 으쓱했다. 나만큼 의아해했다.

어머니는 나와 마야와 포옹하며 인사를 나눈 후 자리에 앉았다. 웨이터가 빵 바구니를 가져다주었다. 가벼운 대화를 나누면서 메뉴를 살펴본 후 음식을 주문했다.

그러고 나자 어머니는 깊게 심호흡을 하고 테이블을 가로질러 마야와 나에게 손을 뻗었다.

어머니는 "내가 대장암이라는구나" 하고 말했다.

어머니가 암이라니. 제발, 안 돼.

많은 사람이 그때 내가 느낀 감정에 공감할 수 있을 것이다. 지금 돌이켜 생각하는 것만으로도 불안과 공포가 차오른다. 내 삶에서 최악으로 꼽을 수 있는 날 중 하루였다.

인생의 힘든 진실 중 하나는 모두가 언젠가는 사랑하는 사람이나 자기 자신이 죽을병에 걸릴 수 있다는 것이다. 어머니는 일생을 현미경으로 암세포를 들여다봤다. 그래서 우리가 누구든, 어디에서 왔든 우리의 신체는 근본적으로 같다는 것을 누구보다 잘 이해하고 있었다. 모든 사람의 몸은 같은 방식으로 작동하고 같은 방식으로 무너진다. 누구도 예외는 없다. 언젠가 거의 모든 사람이 의료보험제도와 밀접하게 소통해야 하는 질환을 마주하게 된다.

이런 깨달음은 고통, 근심, 좌절, 두려움 같은 많은 요소를 동반한다. 그리고 이는 미국의 의료보험제도가 망가졌다는 사실 때문에 더욱 커진다. 미국은 어떤 선진국보다 의료보험에 많은 지출을 하지만 그 대가로 더 나은 결과를 얻지 못하고 있다. 믿을 수 없을 정도로 많은 지역에서 기대 수명이 실제로 줄어들고 있으며, 지난 25년간 산모 사망률 수치가 악화된 13개국 중 하나이다.[1)] 그동안 노동자 가정들은 개인 파산의 대표적 원인 중 하나인 의료비 청구서에 짓눌려 왔다.

의료계 종사자들에 대한 나의 존경심이 크다는 사실을 먼저 밝히고 싶다. 많은 의료인이 세상에 태어나는 아기를 돕는 일부터 한 사람이 지상에 머물 시간을 늘리는 일까지 타인을 돕고 싶다는 깊은 열망에서 의료계로의 소명을 받아들인다. 하지만 미국의 의료보험에 대한 접근은 기묘한 이분법을 만들어내고 있다. 미국은 세계에서 가장 수준 높은 의료 기관을 가지고 있으면서도 의료보험의 구조적인 기능장애 때문에 수백만의 사람이 평등하게 의료 서비스에 접근할 권리, 그 기본적인 인권을 빼앗는 나라이다.

다른 부유한 나라들과는 다르게 미국은 모든 시민에게 보편적인 의료보험을 제공하지 않는다. 대신 미국인들은 고령, 심각한 장애, 낮은 소득에 해당할 때 가입할 수 있는 노인의료보험(Medicare)이나 저소득층 의료보장제도(Medicaid)의 혜택을 받지 못한다면 민영 의료보험에 가입해 의료비를 감당해야 한다. 일반적으로 민영보험은 고용인 기반인데 피고용인이 낼 것으로 기대되는 보험료에 비례해 보장 범위와 정도가 달라진다. 몇 년간 이런 보험료는 계속 상승했고, 그 상승률은 임금 상승률보다 훨씬 가팔랐다. 의료보험에 대한 접근이 피고용인의 소득에 따른 시스템은 수많은 불공평한 차이를 발생시켰다. 2016년 한 연구에서 미국의 부유한 여성과 가난한 여성의 기대 수명은 10년 차이가 난다는 것이 밝혀졌다.[2] 이는 평생 흡연을 하는 것보다 가난하게 사는 것이 기대 수명을 더 감소시킨다는 뜻이다.

오바마케어로 불리는 건강보험개혁법(Affordable Care Act)은 보다 접근하기 쉽고 감당할 수 있는 건강보험을 만드는 법이다. 보험료를 감당하지 못하는 계층에게 세액 공제를 제공하고, 저소득층 의료보장제도를 확대해 수백만 명을 지원했다. 그러나 이 법안이 통과된 후 공화당 지도자들이 이를 두고 정파적 이슈로 문제 삼았으며, 이 법안을 방해, 해체, 전복하기 위해 작업했다. 실제로 상원의 수장이 공공연하게 이 법안을 "뿌리 뽑아야 한다"고 선언하기도 했다.[3]

이들의 주장은 언젠가 대통령이 가족당 병원에서 태어나는 아이 한 명만 정부가 비용을 지급하는 칙령을 선포할 것이라거나, 건강보험개혁법을 조지 3세(King George Ⅲ)의 식민지 과세에 비교하는 수준에 이르렀다.[4] 이렇게 가식과 거짓말을 일삼는 공화당(Grand Old Party)으로선 굳이 진지한 대안을 생각해내려 애쓰지 않았다.[5] 이들은 사람의 목숨을 가지고 정치 놀음을 했으며 아직도 하고 있다.

건강보험개혁법이 통과된 이래 이것에 이의를 제기하는 소송이 백 건을 넘었다. 공화당 소속 주지사들은 17개 주에서 저소득층 의료보장제도 확대를 저지해 플로리다, 텍사스, 미주리, 메인 같은 곳에서 수백만 명이 보험이 없는 상태로 방치됐다. 수많은 주에서는 명백하게 저소득층 의료보장을 목적으로 재원을 제공하는 것이 법에 명시되었으나 공화당 소속 입법자들이 보험에 가입된 사람들을 돕는 의료보험 공무원들의 업무를 제한하는 법을 통과시켰다.

2017년 트럼프 정부는 연방 기관에 "건강보험개혁법의 어떤 조항이나 요건 때문에 재정적 부담이 발생한다면 포기, 연기, 예외 허용 또는 실행을 지연할 수 있도록 가능한 모든 권한과 재량을 사용하라"는 첫 번째 행정명령을 내렸다. 트럼프 정부는 또 중산층 가정이나 개인에게 더 적정한 의료보험을 제공할 수 있는 건강보험개혁법의 비용 분담을 중지시켰다. 그뿐만 아니라 사람들에게 보험접수 기간을 알려주기 위해 이미 비용이 전액 지급된 광고 캠페인마저 취소했다. 이런 일련의 조치들로 인해 보험 시장에 심각한 불확실성과 불안전성이 나타나 보험료가 급상승하는 결과를 낳았으며, 미국 전역에서 사람들이 의료보험을 완전히 포기할 수밖에 없도록 만들었다.

이는 공화당이 의회에서 건강보험개혁법을 완전히 폐지하기 위해 이미 50번 이상 시도한 후에 벌어진 일이었다. 2017년 7월 오바마케어를 끝장내려는 노력은 단 세 표 차이로 좌절되었지만, 공화당은 또 시도할 것이다. 건강보험개혁법을 폐지하면 수천만 명이 건강보험을 잃게 된다.[6] 이는 보험사들이 수명 제한을 부활시키도록 허용해 셀 수 없는 미국인들이 파산하도록 몰아갈 것이다. 또한, 보험사들이 다시 한번 천식부터 고혈압, 당뇨, 암 등 기저질환에 대한 보장 범위를 인정하지 않게 만들 것이다.[7] 그런 사태가 어떤 것인지 우리 모두 기억한다. 그때로 돌아갈 수는 없다.

2011년 초 캘리포니아 법무부 장관으로 선출된 직후 나는 검진을 위해 치과를 방문했다. 치위생사 크리스털과는 지난 몇 번의 방문으로 알게 되었는데, 마지막으로 만난 지 꽤 지난 시점이었다. 크리스털이 나의 근황을 물었다. 나는 당선되었다고 말했다. 나도 크리스털의 근황을 물었다. 그녀는 임신했다고 말했다. 정말 좋은 소식이었다.

크리스털은 치위생사로서 몇 개의 치과에서 일하고 있었는데, 정규직으로 일할 생각은 없다고 했다. 건강보험개혁법이 자리를 잡기 전이었고, 그녀는 연간 검진 정도의 기본 보장만 되는 민영의료보험에 가입한 상태였다. 크리스털은 임신 사실을 알았을 때 보험사에 임신 관련 보장을 신청하러 갔다.

하지만 거부당했다. 보험사는 그녀에게 기저질환이 있다고 했다.

나는 깜짝 놀랐다. 크리스털에게 "괜찮아요? 어디가 안 좋은 거예요? 무슨 병이 있어요?" 하고 물었다. 그러자 그녀는 임신이 기저질환이라고 말했다. 보험설계사가 그녀를 거절한 이유가 임신이었다. 다른 보험사에 신청했을 때도 또 거부당했다. 왜? 기저질환 때문이었다. 임신이 기저질환인가? 나는 내가 들은 이야기를 믿을 수가 없었다.

이 젊은 여성은 초음파검사 한 번 받아보지 못한 채 임신 6개월에 접어들고 있었다. 감사하게도 샌프란시스코에 무료로 초음파검사는 물론 임신 관리를 받을 수 있는 병원이 있었다. 크리스털은 잭슨이라는 건강하고 예쁜 아이를 낳았는데, 지금까지 둘 다 건강한 것은 신에게 감사드릴 일이다.

하지만 잠깐만 생각을 해보자. 이것이 건강보험개혁법이 폐지되면 우리가 돌아가야 할 세상이다. 임신이 기저질환이란 이유로 의료보험 가입을 거부당하는 여성들, 마크 트웨인(Mark Twain)의 경구를 되새겨보자. "선생님, 지구에 여자가 없다면 사람들은 어떻게 되겠습니까? 맙소사, 인간 자체가 거의 멸종하겠죠."

건강보험개혁법은 많은 안도감을 주었다. 하지만 여전히 노동자 가정에 의료 비용이 지나치게 부담이 되는 구조적 현실이 있다. 병원을 찾아갔던 사람이라면 누구나 알듯이 보험료뿐만 아니라 처방약 및 의료 서비스에 대한 본인 부담금 수천 달러를 당장 지급해야 하는 걱정을 떠안는다.

다른 선진국들에 비해 미국은 처방약 가격이 유난히 높다.[8] 2016년을 예를 들어보면 고혈압 치료제인 크레스토(Crestor)의 가격이 바로 국경 너머의 캐나다보다 62%나 더 비쌌다.[9] 이런 불공평한 차이가 약품마다 존재한다. 미국인의 58%가 처방약을 먹고, 4명 중 1명은 네 가지 이상의 약을 먹는다.[10] 그리고 현재 처방약을 먹는 사람 중에 1/4이 약값을 감당하기 어렵다.

왜 미국인들은 필요한 약품에 이렇게 더 큰 비용을 지출해야 할까? 다른 선진국들과는 달리 미국 정부가 처방약 가격을 협상하지 않기 때문이다. 정부가 대량으로 약을 구매할 때 더 낮은 가격으로 협상해 소비자의 비용을 절약해줄 수 있다. 마치 코스트코 같은 도매 잡화점에서 비용을 아낄 수 있는 것과 비슷하다. 하지만 현재 미국의 의료보험제도는 그런 거래를 허용하지 않는다.

약 5,500만 명 정도 가입한 노인의료보험은 협상을 통해 지금보다 훨씬 낮은 처방약 가격을 이끌어내는 놀라운 협상력을 가질 수 있다. 하지만 민주 공화 양당의 입법자들은 제약회사들의 로비에 따라 노인의료보험의 협상 행위를 금지하고 있다. 개인의료보험은 협상할 수 있지만, 가입자 수가 상대적으로 적기 때문에 가격을 조정할 영향력도 작다.

우리 스스로 가격을 협상할 대안은 국가적 차원에서 제약회사와 협상을 하는 나라에서 더 싼 약품을 수입하는 것이다. 예를 들어 당신이 크레스토가 필요하다고 상상해보자. 캐나다에서 상당한 할인을 받고 구매할 수 있다면 어떨까? 의회에서 했던 나의 초기 투표 중 하나는 미국인들이 국경 북쪽의 이웃 국가에서 약품을 구매할 수 있도록 허용하는 법안이었다.[11] 나도 찬성표를 던졌던 그 개정안은 상당히 초당적인 지지를 받았으나 제약회사의 강력한 로비 때문에 도중에 폐지되었다.

제약회사들은 몇 년 동안 의회를 휘두르는 영향력을 발휘해왔고,

그 힘이 점점 더 강해지고 있다. 워싱턴의 '책임과 윤리를 위한 시민들(Citizens for Responsibility and Ethics in Washington)'은 2017년에 153개 제약회사와 단체가 약품 가격에 대해 로비를 펼치고 있다는 것을 알아냈는데, 이 수치는 지난 5년 사이에 4배로 증가했다.[12] 2016년에 미국 제약연구 및 제조연합(PhRMA)은 의회에서 실제로 의약품 가격을 통제하려고 할지도 모른다는 우려 때문에 의회에 맞서기 위해 회비를 50% 끌어올려 1억 달러 이상을 확보했다.[13] 지난 10년간 제약회사들이 로비에 25억 달러를 지출했다는 것은 놀랍지도 않다.[14] 이 돈으로 대신 진행할 수 있는 신약 실험의 규모를 상상해보자.

이런 로비들은 수년 동안 더 저렴한 의약품들이 시장에 출시되는 것을 막으면서도 잘 알려지지 않은 브랜드들을 경쟁 단계부터 제거하는 시스템을 만들었다. 또 그러는 동안 기존 제약회사들은 아무런 가책도 없이 가격을 계속 올렸다.

제약회사 밀란(Mylan)을 보자. 밀란은 과민성 쇼크 치료제인 에피펜(EpiPen)의 가격을 7년 동안 거의 500% 인상했다. 2013년 10월부터 2014년 4월 사이에는 콜레스테롤 수치를 낮추고 심장 질환을 예방할 수 있는 프라바스타틴(Pravastatin)의 가격을 573% 올렸으며[15], 같은 기간 동안 천식 치료제인 알부테롤(Albuterol)의 가격을 11달에서 434달러로 올렸다.[16] 검사가 아니더라도 가격이 4,000% 상승하면 문제가 있다는 것을 알 수 있다.

처방약은 사치품이 아니다. 오히려 정반대다. 처방약이 필요한 상황을 바라는 사람은 없다. 누구도 땅콩 알레르기나 심장 질환, 천식에 고통받는 것을 원치 않는다. 나는 조카 미나가 소아 천식 발작을 일으켰을 때 911을 부르며 마야가 느꼈던 두려움을 기억한다. 자신들이 만든 제품 없이는 문자 그대로 고객이 살아남지 못한다는 것을 알면서도 고객을 갈취해 재산을 불리는 제약회사들의 행위는 비정하고 옳지 않다.

제약회사들은 가격을 대폭 상승시킨 것도 모자라 신약을 포함한 연구개발비도 줄이고 있다. 예를 들어 2018년 1월 화이자(Pfizer)는 신경과학 연구에 더는 참여하지 않겠다고 밝혔는데, 이는 전 세계 수천만 명이 영향을 받는 알츠하이머와 파킨슨병의 연구를 중단한 것이었다.

수많은 미국인이 너무 비싼 약값 때문에 필요한 약을 살 것이냐, 식품 같은 필수품을 살 것이냐 하는 선택에 내몰리고 있다. 만약 응급실에 가게 된다면 직면하게 될 재정적 위험은 말할 것도 없다.

「복스(Vox)」는 6개월간 1,400개의 응급실 청구서를 조사한 결과, 터무니없는 요금에 넋을 잃은 환자들의 어려움에 대해 보도했다. 한 사례에서 어떤 부모가 넘어져 머리를 다친 아기를 응급실에 데려왔다. 출혈은 없었지만, 걱정된 부모는 병원에 구급차를 타고 왔다. 의사들은 아이가 괜찮다는 진단을 내렸다. 아기는 유동식 한 병을 먹고 병원에 도착한 지 4시간도 되지 않아 퇴원했다. 청구서가 날아왔는데, 1만9,000달러가 적혀 있었다.[17] 다른 사례에서는 한 여자가 발목이 부러져 긴급 수술을 받았다. 의료보험이 있었는데도 보험사는 병원에서 요금을 너무 많이 청구했다고 판단했다. 전체 비용을 내는 대신 보험사는 그녀에게 3만1,250달러를 부담하게 했다.[18] 또 다른 사례에서는 한 환자가 오토바이 사고로 수술을 받기 전에 해당 병원이 보험사의 네트워크에 속한 병원임을 전화로 확인했다. 그러나 그를 수술한 외과 의사는 보험사 소속이 아니었다. 결과적으로 그 사람은 7,294달러를 병원에 내야 했다.[19]

만약 당신이 일 년에 몇 번의 정신건강 상담이 필요한 4,500만 명 중 한 명이라면, 민영의료보험에 가입돼 있더라도 그 보험을 받아줄 의사를 찾기가 하늘의 별 따기다. 거의 절반 정도의 정신과 의사가 보험 환자를 받지 않는다. 전반적으로 정신과 의사들은 낮은 보험수가 때문에 보험사의 네트워크에 가입하지 않는다. 따라서 정신과 치료가 필요하다면 보험사 네트워크 밖으로 가야 할 가능성이 크다. 그런데 그 치료비가 어마어마하게 비싸다. 그래서 사람들은 아예 치료를 포기하는 경향이 있다. 요즘 미국에서 특히 젊은이들 사이에서 우울증이 증가하고 있다.[20] 그러나 치료를 받을 수 있는 사람은 당장 치료비를 낼 수 있는 사람들뿐이다.

정신건강 관리와 관련한 문제는 비용만이 아니다. 자격이 있는 정신과 의사나 상담사도 전반적으로 부족하다. 보건복지부에 따르면 미국은 예상되는 수요를 맞추기만 해도 2025년까지 추가로 1만 명 정도의 정신건강 전문가가 부족하다. 지역적 차원에서 이 문제에 초점을 맞추면 사태는 더욱 심각하다. 앨라배마는 1,260명당 정신건강 전문가가 1명뿐이다.[21] 텍사스는 1,070명당 1명, 웨스트버지니아는 95명당 1명이다. 비영리 연구단체 뉴아메리칸이코노미(New American Economy)의 보고서에 따르면 미국 전체 카운티의 대략 60%에 정신과 의사가 단 한 명도 없다.[22] 270만 명이 거주하는 농촌 지역 카운티에는 정신과 의사가 590명뿐인데, 이는 4만5,762명당 정신과 의사가 1명이라는 뜻이다.[23]

정신건강 관리에 있어서는 최고라는 메인주에서도 정신질환이 있는 성인 41.4%가 치료를 받지 않고 있다.[24] 만약 당신이 사는 동네에 다리가 부러진 사람 10명 중 4명이 방치되고, 감염된 사람 10명 중 4명이 치료를 받지 않고, 심장마비가 온 사람 10명 중 4명이 무시당한다고 그렇게 상상해보자. 우리는 아마도 "용납할 수 없다"고 외칠 것이고, 그것은 정말 용납할 수 없는 일이다. 정신질환도 마찬가지로 방치되고, 치료하지 않고, 무시당해서는 안 된다.

우리 어머니의 암 치료에는 어떤 엄숙한 규칙이 생겼다. 낮에는 항암치료를 위해 내가 어머니를 병원에 모시고 갔다. 매번 많은 사람을 똑같이 마주치곤 했다. 남녀노소가 해로운 약물을 몸에 주입하는 기계를 달고, 그 약물이 자신의 생명을 구하길 바라고 있었다. 이상한 친근함, 비정상이 정상인 것 같은 느낌이 들었다. 일이 있으면 어머니를 모셔다드리고 항암치료가 끝날 때쯤 다시 왔지만, 나는 어머니의 말동무를 해드리며 기다리는 것이 좋았다. 어머니도 좋아하셨다.

때로는 항암치료가 어머니의 입맛을 앗아갔다. 어떤 때는 어머니가 배고파해서 근처 빵집에서 어머니가 좋아하는 버터가 듬뿍 들어가 크루아상을 사다드렸다. 여러 번 합병증으로 입원해야 했으며, 내가 병원의 형광등 아래서 보냈던 힘든 나날을 기억한다. 어머니가 주무시는 동안 나는 병원 복도를 따라 걸으며 다른 방 안을 흘낏 보았다. 때로는 쳐다보는 사람도 있었다. 때로는 쳐다보지 않았다. 그리고 너무 많은 환자가 혼자 누워있고는 했다. 혼자 머무는 이유가 제각각이겠지만, 나는 병원에서 누구도 도움 없이 혼자 있으면 안 된다고 생각했다.

어머니의 상태가 더욱 악화되었다. 항암치료는 체력을 갉아먹었다. 어머니는 종종 너무 지쳐서 잠을 자는 것 외에 아무것도 할 수 없었다. 그러는 사이 너무 많은 약물, 일어날 수 있는 부작용, 특정 약물치료의 금지, 기록해야 하는 것 등이 너무 많았다. 만약 어머니가 새로운 약물에 한 번 이상 안 좋은 반응을 보이면 어떻게 해야 하나? 나는 의사들이 서로 소통했는지 확인하고, 적절한 조치를 받고 있는지 확인하면서 어머니의 치료를 조율해야 했다. 나는 종종 어머니를 대신해서 우리 자매가 목소리를 높이지 않았다면 어머니가 제대로 치료를 받을 수 있었을까를 생각했다.

나는 의학전문 변호사를 선임해서 급성 질환이 있는 사람은 누구든 믿을 수 있고 능력 있는 대변인을 구할 수 있도록 해야 한다고 믿는다. 우리는 자유가 경각에 달렸을 때 변호사를 선임한다. 대부분이 법정 용어가 익숙지 않고, 안다고 해도 압박감이 큰 상황에서는 객관적인 판단을 내리기 어려워서 이런 결정을 내린다. 병원도 마찬가지이다. 감정이 고조된다. 사람들은 복잡하고 익숙지 않은 용어와 구절로 된 전문적인 언어가 난무하는 새로운 환경에 부딪힌다. 그리고 놀랐거나 고통스럽거나 약물에 취한 상태, 또는 세 가지 모두 해당하는 상태에서 결정을 내려야 할 수도 있다. 스스로가 매우 취약하다고 느껴지는 순간임에도 자신의 상태를 관찰할 정도로 강한 정신을 가지라는 기대를 받는다. 우리는 환자 어깨의 짐을 덜어주고 환자와 그 가족이 치료에 전념하게 해주는 전문 변호사가 있어야 한다.

우리는 또한 의료보험제도에 존재하는 인종적 불평등에 관한 진실을 이야기해야 한다. 1985년 당시 보건복지부 장관 마거릿 헤클러(Margaret Heckler)는 혁신적인 '흑인과 소수집단에 관한 장관 특별 전문위원회 보고서(Report of the Secretary's Task Force on Black and Minority Health)'를 발표했다. 당시 헤클러는 미국 의료 상황이 전반적으로 상당히 진보했음도 "전체 인구와 흑인 및 다른 소수민족 미국인들을 비교했을 때 죽음과 질병을 부담하는 데에 지속해서 불공평한 차이가 있다"고 했다.[25] 그녀의 말에 따르면 이 차이는 "우리의 이상은 물론 계속 연구 중인 미국 의학의 천재들에게 모욕"이 되는 것이었다.

헤클러가 이 연구를 의뢰했을 때 나는 대학생이었다. 그 후로 30년 동안 우리는 무엇을 보았나? 격차는 줄어들었지만 만연해졌고, 유색인종 공동체가 그 대가를 치른다. '2015 미국 건강 불평등지수 켈리 보고서(2015 Kelly Report on Health Disparities in America)'에 따르면 흑인 미국인은 10대 사망 원인 중 8개에서 다른 그룹보다 사망률이 더 높았다.[26]

볼티모어와 같이 인종 차별적인 도시에서는 가난한 흑인 동네와 더 하얗고 더 부유한 동네의 기대 수명에 20년의 차이가 있었다. 올가 카잔(Olga Khazan)의 「애틀랜틱」 기고에 따르면 "볼티모어 북서쪽 구석에 있는 체스월드(Cheswolde)에서 태어난 아기의 기대 수명은 87세였다."[27] 반면 "클리프턴(Clifton-Berea)에서 14.5km 떨어진

드라마 시리즈 「더 와이어(The Wire)」의 촬영지 근처의 기대 수명은 67세로 대략 르완다와 비슷하며 미국 평균보다 12년 짧다."

이 불공평한 차이는 분만실에서 시작된다. 흑인 아기들은 백인 아기들보다 유아기 사망률이 2배가 높은데, 이 충격적인 차이는 노예제가 합법이었던 1850년보다 커졌다.[28] 사실 오늘날 흑인 유아 사망률은 헤클러 보고서가 발표되었던 시기의 백인 유아 사망률보다 높다. 즉, 현재 흑인 아기들은 1980년대 초의 백인 아기들보다 태어난 첫해의 생존 가능성이 떨어진다는 말이다.[29]

또한, 흑인 여성은 임신과 관련된 합병증 때문에 사망할 확률이 백인 여성에 비해 최소 세배가 높은데, 이는 사회경제적인 지위를 초월하는 충격적인 격차이다.[30] 뉴욕시의 주요 5개년 연구에 따르면 고등학교를 졸업하지 못한 백인 여성보다 대학 교육을 받은 흑인 여성이 임신 또는 출산으로 인한 극심한 합병증을 겪을 확률이 더 높다.[31]

흑인 남성, 흑인 여성, 그리고 흑인 어린이들을 불리하게 만드는 수많은 요소가 있다. 수백 년에 걸쳐 일상화된 주택, 고용, 교육 기회의 차별 때문에 미국 흑인들은 의료 서비스에 접근할 기회가 부족하고, 건강한 음식의 선택지가 제한된 가난한 동네에 살게 되었으며, 더 적은 공동체 의료 자원을 갖게 되었다.

그리고 미국 흑인은 백인보다 소득이 낮고 범죄율이 높은 동네에서 나고 자랄 확률이 높으므로 독성 스트레스(toxic stress)라고 알려진 현상을 경험하기 쉽다. 독성 스트레스는 범죄 목격부터 직접적인 경험에 이르는 사건들로 유발되는 트라우마의 결과이다. 이는 심리적 고통뿐만 아니라 신체적인 변화를 유발한다. 독성 스트레스 전문가이자 베이뷰 헌터스 포인트에 있는 청소년복지센터의 설립자인 네이딘 버크 해리스(Nadine Burke Harris) 박사의 말을 빌리자면 "어린 시절의 역경은 말 그대로 피부에 스며들어 우리 건강을 좌우하는 잠재적 요소가 된다."[32)]

한 연구에 따르면 최소 여섯 번의 부정적인 경험을 한 어린이들의 기대 수명은 20년 이상 줄어들 수 있다.[33)] 심리적인 스트레스는 여러 질병 중에서도 유아와 산모 사망률을 높이는 고혈압을 유발한다. 심지어 일정 수준의 스트레스는 우리 염색체를 한데 붙잡는 구조물인 텔로미어(telomere)를 짧게 한다. 나이가 들수록 우리 텔로미어는 세포가 죽기 시작해 질병을 일으킬 때까지 자연적으로 작아진다. 미시간대학교의 한 연구는 여성 수백 명의 텔로미어 길이를 측정했는데, 흑인 여성은 같은 나이의 백인 여성보다 생물학적으로 7년 연상이었다.[34)]

하지만 환경적인 요소만으로는 의료 불평등을 설명할 수 없다.

미국 흑인들은 의사를 방문했을 때도 더 질이 떨어지는 서비스를 받는다. 흑인의 심장 질환과 뇌졸중 비율이 더 높은데도 백인 환자들의 고혈압 진단율이 흑인보다 10% 이상 높다.[35)] 흑인 환자는 막힌 동맥을 복구하는 방법으로 처치 받는 경우가 더 적다.[36)] 백인 여성은 흑인 여성이나 라틴계 여성보다 유방암 검진을 받는 경우가 많다.[37)] 또한, 유색인종 여성은 경제적 지위와 무관하게 의사가 증상을 놓치는 경우가 더 많다.[38)]

역대 최고의 운동선수 중 한 명인 테니스 스타 세리나 윌리엄스(Serena Williams)가 출산했을 때 그녀는 심각한 합병증을 겪었다. 윌리엄스는 제왕절개 수술 후 호흡에 문제가 생겼다. 그녀는 폐색전과 혈전 병력이 있었고, 이 병력 때문에 또다시 폐색전이 생길까 우려했다. 윌리엄스는 「보그(Vogue)」와의 인터뷰에서 그녀는 병실에서 나왔을 때, 자기의 몸 상태를 잘 알고 있는 어머니가 걱정하지 않도록, 간호사에게 즉시 CT를 찍고 정맥혈을 묽게 해야 한다고 말했다. 하지만 간호사는 회의적이었다. 간호사는 윌리엄스가 진통제 때문에 혼란스러운 상태라고 판단했다. 하지만 윌리엄스는 끈질겼다. 그런데 의사는 CT와 정맥 주사 대신 초음파기를 가지고 나타났다.[39]

윌리엄스는 "도플러 검사 같은 거였어요"라고 회상했다. "좀 전에도 얘기했지만요, CT를 찍고, 헤파린 주사를 놔주세요." 그녀가 의료진에게 거듭 말했다. 마침내 의료진이 CT 검사를 했고, 결국 윌리엄스가 옳았다는 것이 밝혀졌다. 나는 "내 몸은 내가 잘 알아요. 내 말을 들으세요, 라고 했죠." 「보그」는 그녀의 말을 그렇게 옮겼다.[40] 수술이 필요한 더 심각한 합병증이 있었고, 윌리엄스는 6주간 침대에 누워있어야 했다. 세리나 윌리엄스 같은 사람마저 이런 시련을 겪어야 한다면 자신의 증상을 똑바로 설명하고도 무시당하는 다른 환자들에게는 어떤 일이 일어날지를 상상해보라.

우리 주변의 시민들이 의료 서비스를 받을 때 발생하는 이런 불평등을 어떻게 설명해야 할까? 점점 많은 연구단체가 설명하기로는 이런 문제가 발생하는 원인 중 일부는 우리가 경찰서에서 보는 것과 같은 무의식적이고 암묵적인 편견이다. 우리는 모두 종종 깨닫지도 못한 채 사회적인 편견과 가정을 그대로 받아들인다. 하지만 자세히 따져보지 않은 편견과 가정은 우리를 차별적인 방식으로 행동하도록 이끌고, 이는 법 집행, 사법제도, 교육, 보건과 같은 분야에서 엄청난 결과를 불러올 수 있다.

의료계의 몇몇 계몽적인 인사들이 이 문제를 다루기 위해 일하고 있다. UC 샌프란시스코에서는 의대 1학년 모든 학생이 이런 편견의 차별적인 효과에 대한 수업을 듣는다. 시작하기 전에 학생들은 인종만이 아니라 성별, 체중, 나이에 대한 무의식적인 태도를 측정할 수 있는 암묵적인 편견 관련 시험을 치른다. 조사에 따르면 응시자의 성별과 관계없이 75%의 학생이 백인을 무의식적으로 선호하고 있었다.[41]

이 간격을 어떻게 좁힐 수 있을까? 이미 존재하는 불편한 진실에 관해 이야기하는 것부터 시작해 하나씩 공략할 수 있는 부분들로 문제를 나눠볼 수 있다. 첫 단계이자 가장 중요한 단계는 전국의 모든 의대가 학생들의 암묵적 편견 훈련을 시행하는 것이다. 암묵적인 편견이 실재하고, 우리 모두 가지고 있다는 것을 사람들이 알게 되면 일상적인 행동을 하면서 더 나은 결정을 내릴 수 있도록 생각해 볼 여지를 갖게 된다.

또한, 의대가 의료 분야에 선행적으로 다양성을 도입하는 데 초점을 맞춰야 한다. 2013년 미국 의사 중에서 단지 9%가 유색인종이었고, 그중 4%만이 흑인이었다.[42] 다른 격차를 줄이고자 한다면 처음으로 줄여야 할 격차가 바로 이것이다. 쉽지는 않을 것이다. 우리 세대의 도전이 될 것이다. 그래도 시작해야 할 때이다.

하지만 가장 중요한 것은 전반적인 공중보건을 개선하려면 의료 시스템 그 자체를 개혁해야 한다는 점이다. 나는 건강 관리가 권리라고 생각하지만, 실질적으로 사회적 신분에 따라 관리의 질이 달라지는 시스템에서는 여전히 의료보험도 특권이라는 것이 현실이다. 그래서 변화가 필요하다. 모두를 위한 의료보험이 필요한 것이다.

미국의 의료보험 보장이 개인이 낼 수 있는 돈이 아니라 그 사람의 필요에 따라 정해졌다고 상상해보자. 시스템의 목적은 이득이 아니라 양질의 의료보험 성과를 극대화하는 것이다. 그 자체만으로 혁명적이다. 병에 걸린다는 것이 더는 파산의 위험을 뜻하지 않게 된다. 고용인은 피고용인에게 의료보험을 제공하기 위해 큰돈을 지출하지 않아도 된다. 그리고 민영보험사의 높은 운영 비용과 공공 의료보험의 낮아진 비용을 비교하면 시스템 자체도 훨씬 효율적으로 운영된다.

하지만 이렇게 주판알을 튕겨가며 공공 의료보험을 현실화한다고 해도 시스템의 모든 문제가 해결되는 것은 아니다.

먼저 한 걸음 나아가 제약회사들이 남겨둔 혁신의 차이를 채우기 위해 국립보건원(National Institutes of Health)의 재정을 극적으로 끌어올려야 한다. 나는 어머니가 국립보건원에서 공동 연구자로서 같은 분야의 동료 전문가들과 함께 일하게 되었을 때 얼마나 자랑스러워했는지 모른다. 내가 어린 소녀였을 때 어머니는 국립보건원에서 일했던 때를 아주 숭배하듯이 이야기했고, 나는 국립보건원이 위치한 메릴랜드의 베데스다를 성과 첨탑이 가득한 곳으로 상상했다. 건축물에 대해서는 틀렸는지 몰라도 과학적 협력이 멋지다는 것과 국립보건원이 나라의 보배라는 사실에 대해서는 틀리지 않았다. 만약 우리 아이들이 인류에게 가장 두려운 질병의 치료제를 손에 넣길 바란다면 주주들에게 돈을 넘기려고 하는 회사들에 의존하는 대신 우리나라의 의료 연구자들에게 투자해야 한다.

우리는 또한 환자와 납세자들을 사기꾼으로부터 보호할 필요가 있다. 그리고 그것은 나쁜 행위자들을 현미경으로 찾아내는 것을 의미한다. 나쁜 관행에서도 최악의 사례 중 하나인 영리 목적의 신장 투석 회사를 생각해보자.

투석은 신부전증 환자들의 피를 기계로 정화하는 과정이다. 신장 질환은 미국에서 아홉 번째로 높은 사망 원인이지만, 신장이 기능하지 않는 사람에게 투석은 생명을 구할 수 있는 치료이자 신장 기능 상실과 신장 이식 사이를 연결하는 중요한 다리이다.[43] 신장 이식은 더 저렴하게 더 나은 예후를 바랄 수 있는 대안이다. 전국적으로 50만 명에 가까운 환자들이 일주일에 세 번 건강한 신장의 기능을 모방해 체내의 혈액을 수 시간 동안 순환시키는 투석을 하고 있다.

이 환자들은 누구인가? 균형이 맞지 않지만, 이들은 저소득층 공동체 사람들이다. 특정 우편번호가 붙은 동네에 사는 사람들이 주로 당뇨와 고혈압 때문에 신장 질환에 걸리는 경우가 훨씬 많다. 미국 흑인의 신장 질환 비율은 백인의 3.5배에 이르고, 투석을 받는 환자의 거의 1/3이 흑인이다.[44]

양대 투석 회사인 다비타(DaVita Inc.)와 프레제니우스(Fresenius Medical Care)는 법적 분쟁에 휘말려 있다. 2016년 프레제니우스는 수천 건의 소송을 끝내기 위해 2억5,000만 달러를 지급하는 것에 동의했다. 「뉴욕 타임스」에 따르면 "프레제니우스의 자체 진료소는 자사 투석센터의 의사들에게 자사 제품의 하나를 적절하게 사용하지 못하면 심장마비로 인한 갑작스러운 사망이 급격히 증가할 수 있다는 내부 메모를 보냈다."[45] 하지만 프레제니우스는 이 쪽지가 식품의약국(FDA)에 흘러 들어갈 때까지 다른 병원에서 해당 제품을 사용하는 의사들에게는 이 사실을 알리지 않았다.

2014년 다비타는 불법 리베이트 문제를 해결하기 위해 3억5,000만 달러를 지급하기로 합의했는데, 이 리베이트에서 다비타는 환자들을 진료소로 보내는 대가로 진료소에 대한 지분을 의사와 의사 단체에 팔았다고 한다.[46] 2015년에는 부정하게 노인의료보험을 과다 청구했다는 혐의가 제기된 내부고발자 사건을 해결하기 위해 4억 9,500만 달러를 지급하는 데 동의했다. 다비타는 2017년 자사 병원에 직원을 너무 적게 배치하고 환자의 목숨을 위험에 빠뜨릴 정도로 빠른 속도로 진료해 회전율을 높이라고 요구한 혐의로 고발되었다. 이런 행위들을 단속해야 한다.

마지막으로 모든 미국인에게 더 나은 정신건강 서비스를 제공할 수 있도록 공공 의료 정책을 점검해야 한다. 가장 먼저 노인의료보험과 계약하는 정신건강 전문가들의 수를 확실히 늘리는 것에서 그 노력을 시작해야 할 것이다. 이 문제를 해결할 방법은 하나뿐이다. 노인의료보험의 보험수가를 올려야 한다. 의료 서비스의 비용을 내는 가장 큰 단일한 주체로서 연방 정부는 모든 정신건강 전문가들이 받아야 할 몫을 정당하게 지급해야 한다.

또한, 정신건강 분야에 미국의 새로운 세대들이 참여하도록 북돋아 주어야 한다. 미국을 위한 교육(Teach For America)이나 평화봉사단(Peace Corps)처럼 핵심 임무로 사람들이 정신건강 수련을 통해 국가에 봉사하게 하는 목표를 가진 양성 제도를 만들자.

그리고 정신건강 관리 서비스에서 재정을 뜯어내는 법들을 폐지하자. 예를 들어, 저소득층 의료보장제도가 병상이 16개 이상인 정신건강 시설에서의 치료비 지급을 금지하는 IMD 금지 명령으로 알려진 오래된 법이 있다. 이 법 때문에 정신건강 관리 병원이 공동화되었고, 심각한 정신건강 질환이 있는 사람들은 병원에 접근하지 못한 채 방치되었다.

궁극적으로 나는 정신건강 관리를 언제든 제공할 수 있어야 한다고 생각한다. '언제든'이라는 것은 누구나 어디에 있든 필요할 때 정신건강 치료를 이용할 수 있어야 한다는 것이다. 이 목표를 달성하려면 더 많은 의사뿐만 아니라 환자가 사는 곳과 무관하게 정신건강 서비스에 접근할 수 있도록 원격의료에 대한 투자와 확대도 필요하다. 이는 특히 지난 몇 년간 병원이 100군데가량 문을 닫은 농촌 지역에 사는 사람들에게 더욱 중요하다. 지금까지 연구에 따르면 원격의료는 일반적으로 대면 치료만큼 효과적이다. 하지만 더 많은 연구와 개발이 그 가치를 분명히 개선해줄 것이다.

상원의원으로 취임하기 전 며칠 동안 나는 오하이오 남동부 로스 카운티(Ross County)에 속한 소도시 칠리코시(Chillicothe)의 정보를 신문에서 읽었다. 애팔래치아(Appalachian) 산맥의 고원에 자리 잡고 있으며, 대두와 옥수수가 어지럽게 뒤덮인 들판과 100년 넘은 제지공장의 굴뚝이 하늘과 맞닿아 있는 스카이라인이 이곳을 대표한다. 켄워스(Kenworth)의 가장 큰 트럭공장이 이곳에 있는데, 지역 중산층의 임금을 대부분 담당한다. 또 지역 병원은 카운티의 대형 고용주 중 하나이다. 하지만 한때 미국의 전통적인 지역 소도시를 대표했던 이곳의 역사와 자부심은 절망감으로 바뀌었다.

로스 카운티의 인구는 7만7,000명이다. 카운티의 의사들은 2015년에만 160만 개의 오피오이드 알약을 처방했다.[47] 2015년에는 38명이 과다복용 사고로 사망했고[48], 2016년에는 40명이 목숨을 잃었다.[49] 로스 카운티의 헤로인 파트너십 프로젝트를 운영하는 테리 미니(Teri Minney)는 "요즘 이 동네에서는 피자보다 헤로인을 빨리 구할 수 있다"고 「워싱턴 포스트」와의 인터뷰에서 밝혔다.[50] 「포스트」에 따르면 로스 카운티의 중독자들은 과용했을 때 응급 구조사나 경찰이 소생시켜주길 바라면서 종종 공공장소에서 마약 주사를 놓는다. "9월 어느 날 경찰과 구급대가 과다복용 신고 13건에 출동했는데 1건은 사망자가 있었다. 메인가에 접한 아파트에서 한 남자가 죽었다. 그사이 한 여자가 발레로 주유소 부근에서 뒷좌석에는 두 살 난 딸을 태우고 차를 공회전시킨 채 마약을 과다 복용했다."[51]

오피오이드가 오남용되는 다른 지역처럼 강력범죄와 도난 사고 발생도 증가하고 있다.[52] 오피오이드에 중독된 신생아와 위탁 보호가 필요한 아이들도 늘어나고 있다. 로스 카운티 지역 공무원에 따르면 2016년에 아동 200명이 주립 보호시설에 배치되었는데, 이 중 75%의 부모가 오피오이드 중독이다.[53] 이렇게 보호가 필요한 아동이 급증한 탓에 카운티에서는 아동 보호 예산을 거의 2배로 올려야 했고, 현재 이는 카운티 전체 예산의 10% 이상을 차지하게 되었다.[54] 한때 오하이오가 자랑하는 행복한 장소였던 곳이 이제는 절망의 안개에 둘러싸였다.

미국의 모든 주에서 비슷한 이야기들이 반복된다. 사라지는 국민의 목숨이 나라의 근간을 흔들었다. 모든 공동체가 파괴됐다. 그리고 이 오피오이드의 유행은 사람을 가리지 않는다. 오피오이드 중독은 모든 인구학적 특성을 넘어 농촌, 교외, 도시 지역에도 유사하게 영향을 미쳤다. 통증을 줄여보려는 많은 사람의 합법적인 소망이 압도적인 중독으로 변했다. 이제 사람들이 겪는 고통은 본래의 허리 통증이나 수술 후 회복 통증이 아니다. 약물을 중단하는 데서 오는 고통이다. "독감에 걸려서 길에 누워 토하고 있는데 사람들이 나를 발로 차고 지나가는 것 같았다."[55] 칠리코시의 한 중독자가 「워싱턴 포스트」에서 한 말이다.

오피오이드 유행은 지난 20년간 35만 명의 미국인을 희생시켰다. 하지만 우리가 마주하고 있는 이런 국가적 보건 위기 자체가 옥시콘틴(OxyContin)의 판매가 허용된 순간부터 공공 보건이 개입에 실패한 결과물이다. 이것은 코카인 유행을 목격했을 때와는 이야기가 다르다. 지금은 마약 제조사들이 그 위험성을 은폐하는 사이, 사람들이 길모퉁이에서 마약을 거래하는 대신 정장과 넥타이를 맨 사람들과 흰색 가운을 걸친 사람들이 마약을 거래한다.

이 사태는 1995년에 시작되었다. FDA는 옥시콘틴을 승인한 것은 물론, 제조사인 퍼듀 파마(Purdue Pharma)가 이전의 퍼코세트(Percocet)나 비코딘(Vicodin) 같은 오피오이드 제와는 다르게 옥시콘틴이 더 오래 작용하기 때문에 마약류 중독자들에게 "사용량 감소 효과가 있는 것으로 보인다"는 광고를 할 수 있도록 허용해주었다. 퍼듀 파마는 이 주장을 무기로 1996년 옥시콘틴은 중독성이 없다는 발상에 근거해 의약품 역사상 가장 규모가 큰 마케팅 캠페인을 시작했다. 퍼듀 파마의 임원진은 의회에서 이 효과에 대해 증언했으며 의사와 환자들을 설득하기 위한 프로그램을 운영했다. 옥시콘틴과 같은 진통제를 사용해 예전보다 더 적극적으로 중독에 대한 두려움을 덜어내서 통증을 다루어야 한다고 주장했다. 옥시콘틴을 부수어 마약처럼 코로 흡입한다는 정보와 몇몇 의사들이 옥시콘틴 처방전을 환자에게 판매해 형사 고발되었다는 사실을 임원진이 알고 있었음에도 이런 마케팅이 진행되었다.

「마더 존스(Mother Jones)」가 개발한 타임라인에 따르면 미국 의사들의 옥시콘틴 처방량은 1996년에 비해 2002년에 23배 증가했다. 2004년 연방 의사면허기구연합(the Federation of State Medical Boards)은 통증을 충분히 치료하지 않는 의사들에 대한 제재를 사실상 권고했다.

의사들이 현금을 받고 처방전과 오피오이드 알약을 판매하는 곳이 전국 곳곳에 생겨나기 시작했다. 2007년과 2012년 사이 3대 약물 공급자인 매케슨(McKesson), 카디널헬스(Cardinal Health), 아메리소스버진(AmerisourceBergen)은 웨스트버지니아를 오피오이드의 늪에 빠뜨리고 170억 달러를 벌었다.[56] 2009년 미국은 전 세계 마약성 진통제의 90%, 인공 마약성 진통제 옥시콘틴의 80% 이상을 소비했다.[57] 2012년 옥시콘틴이 시장에 도입된 지 16년 후, 의료 관계자들이 쓴 오피오이드 처방전이 2억5,900만 건에 달했다.[58] 참고로 미국에는 약 1억2,600만 가구가 있다.

1990년대 후반 미국 내 헤로인 사용은 절정이었던 1960년대와 1970년대에 비해 상당히 극적으로 감소했다. 하지만 2000년대 초반 오피오이드 중독이 치솟으면서 헤로인 업자들은 처방 약보다 훨씬 저렴하고 구하기 쉬운 제품으로 유입될 동기가 충분한 고객층을 갖게 되었다. 미국국립보건원에 따르면 헤로인에 중독된 미국인 중 대략 80%가 처방된 오피오이드 중독에서 출발했다.[59]

2013년에는 헤로인의 50배 강도를 가진 매우 치명적인 합성 오피오이드인 펜타닐(fentanyl)이 중국에서 미국의 헤로인 공급원으로 유입되면서 위험이 더욱 악화되었다. 미국질병통제예방센터(CDC)는 미국에서 2017년에만 약물 과다복용으로 7만2,000명이 사망한 것으로 보고 있다. 10년 전보다 거의 2배로 뛰었다. CDC는 2018년 오피오이드에 의한 사망이 거의 전국적으로 계속 증가 중이라는 보고서를 발표했다.[60]

캘리포니아주 법무부 장관 시절 오피오이드와의 전쟁이 내 우선순위 중 하나였다. 우리는 2011년 위조 처방전 발행을 어렵게 하는 법안을 만드는 동안 대형 다국적 마약 거래조직을 검거했다. 불법 약품 거래 현장을 추적하고 약물을 과잉 처방해 환자를 사망으로 이끄는 소위 회복 센터들을 폐쇄했다. 우리 부서의 약물 감시 프로그램 예산이 삭감되었을 때 우리는 이를 악물고 예산이 복구될 때까지 싸웠다. 감시 프로그램을 통해 약물을 처방하는 사람과 약사들은 환자의 처방 이력에 빠르게 접근해 이 환자가 동시에 여러 의사에게서 같은 진통제를 요구하고 있는지를 확인할 수 있게 했다. 우리는 온라인에서 오피오이드를 판매하는 범죄자들을 추적하고 오피오이드 중독 치료제의 가격을 부풀리는 제약회사를 고발했다.

연방 정부는 이에 어떻게 대응했을까? 우리가 바라던 방식은 아니었다. 2017년 시사 보도 프로그램 「60분」과 「워싱턴 포스트」의 공동 조사에 따르면 의회는 "미국의 길거리에 마약 처방을 남발하고 있는 것으로 의심되는 대형 마약류 회사들을 단속하려는 마약단속국의 권한을 축소함으로써 효과적인 방해를 하고 있다. … 이 법은 마약단속국의 약물 유통회사 단속 효과를 약화하기 위해 제약산업이 다방면으로 펼친 캠페인이 거둔 최고의 성과였다. 유통회사들은 암시장에 마약류를 유포하는 부패한 의사와 약사에게 약물을 공급한다."[61)]

2017년 행정부는 오피오이드 위기를 공중보건 비상사태로 선포했지만, 이를 해결하기 위한 재정은 농담이 아니라 5만7,000달러에 불과했다. 연간 약물 과다복용 사망자 1인당 1달러도 안 되는 금액이다. 터무니없는 상황이다. 그리고 공화당이 건강보험개혁법 폐지에 성공한다면 약 3백만 명의 미국인에게서 중독 치료 보장을 앗아가게 될 것이다.

이는 연방 차원에서 대응해야 할 위기이다. 질환과의 전쟁을 보조하기 위해 당장 더 많은 재정을 투입할 수 있도록 국가 비상사태를 선포해야 한다. 오하이오 칠리코시 같은 곳에 의료 서비스, 기술 훈련 등 중독 치료를 위한 자원을 해주어야 한다.

전문가들이 "숙고 전단계 환자(pre-contemplator)"라고 부르는,

즉 아직 치료받을 준비가 되지 않은 사람들을 위한 치료 프로그램을 제공하는 것으로 시작해 이 재난의 모든 지점에서 문제를 해결해야 한다.

약물에 중독된 사람들의 금단증상을 예방하고, 헤로인이나 옥시콘틴이 유발하는 도취감에 대한 갈망이 없는 부프레노르핀(buprenorphine)과 같은 약물을 이용하는 약물 보조치료를 받을 수 있도록 해야 한다. 많은 보험사가 부프레노르핀에는 월 200달러 이상을 부과하면서 오피오이드는 보험 처리해준다.[62] 이런 것이 바뀌어야 한다. 우리가 바꾸어야 한다.

동시에 약물 중독 치료에 관한 연방 기준을 만들어야 한다. 현재 전국의 많은 주에서 자격 검증을 받지 않고도 중독치료센터를 여는 것이 가능하다. 적절한 훈련이나 증거 중심치료에 대한 요구 조건은 없다. 결과적으로 재활 시설에 찾아갈 용기와 힘을 짜낸 너무나 많은 미국인이 적절한 돌봄을 받지 못하고 치료가 소용없다는 것만 깨닫는다.

또한, 이런 위기를 일으키고 지속시켜온 대형 제약회사와 유통사를 추적 단속할 수 있는 마약단속국(DAE)의 권한을 회복시켜야 한다. 그리고 중국으로부터의 펜타닐 공급을 끊을 수 있도록 법 집행 노력에도 자원을 투자해야 한다.

마지막으로 우리는 이 문제가 근본적으로 공공 보건의 문제이지 형사사법제도의 문제가 아님을 이해해야 한다. 헤로인에 중독되어 감옥에 갇히는 사람만 생기는 실패한 마약과의 전쟁을 반복하는 실수를 저질러서는 안 된다. 육체적이든 감정적이든 고통을 멈추고자

2010년 캘리포니아주 법무부 장관 선거 당시 경쟁 후보는 진작에 승리 선언을 했지만,
우리는 패배를 확신하기에는 너무 이르다는 것을 알고 있었다.
우리는 밤새 컴퓨터 주위에 모여 개표를 지켜봤다. 개표가 완료되고,
우리가 승자로 선언되기까지는 21일이나 걸렸다. 마지막 표까지 세어봐야 안다!
왼쪽부터 저스틴 엘리히, 데릭 존슨, 토니 웨스트, 나, 미나, 에이스 스미스, 브라이언 브로커우.

새크라멘토에 있는 여성박물관에서 캘리포니아주 대법원 판사 타니 칸틸-사카우예의
입회로 취임선서를 하고 있다. 마야가 셀턴 부인의 성경을 들어주었다.

주지사 제리 브라운이 캘리포니아주 주택소유자
권리장전에 서명하고 있다.
하원의장 존 페레스,
상원의장 대럴 스타인버그,
그리고 하원의원 낸시 스키너의
큰 활약 덕분에 법이 통과되었다.

멕시코 법조인들과 국제 범죄조직 소탕
협력을 위해 팀원들과 멕시코시티로 향했다.
왼쪽부터 마테오 무노즈, 트래비스 르블랑,
나, 마이클 트란코소, 브라이언 넬슨,
그리고 캘리포니아주 경찰국장 래리 윌리스.

2013년 6월 28일,
샌프란시스코 시청에서
샌디 스티어(왼쪽)와
크리스 페리의 결혼을
성사시키는 모습.

2013년 9월 30일에 캘리포니아 기부재단에서 진행된
초등학생 무단결석에 관한 브리핑에서 범죄자의 82%가 고등학교 중퇴자라고 설명했다.
이날은 남편 더그가 공식석상에 처음 동행한 날이기도 하다.

2013년 10월 10일, 캘리포니아주 학생과 투자자를 대상으로 사기를 친
코린트대학에 대한 기소 계획을 발표했다.

인생에서 가장 행복한 순간. 사랑하는 더그와의 결혼식 날.
우리는 캘리포니아주 샌타바버라 법원에서 2014년 8월 22일에 결혼식을 올렸다.

결혼식 날 법원에서 가족과 함께.
왼쪽부터 토니, 친니 이모, 마야, 나, 사랄라 이모, 수바사 이모부(친니 이모의 남편), 그리고 미나.

2014년 11월,
더그가 나의 캘리포니아주
법무부 장관 재선을 축하해주고 있다.
우리의 친구 미미 실버트가 운영하는
딜런시스트리스재단에서
촬영한 사진이다.

2015년 3월 11일, '백온트랙-LA' 프로젝트의 시작점으로 예정된 카스타익에 있는 피치스 교도소를 방문하고 있다. 치안부서와 포드재단과의 파트너십으로 이곳에서 수감자들의 사회 재편입을 위한 서비스를 제공했다. 왼쪽부터 나, LA 보안관 짐 맥도넬, 댄 수보, 더그 우드, 제프 차이.

사랑하는 엘라와 함께 아침 해변 산책.(2015년 3월)

법무부 차관이자 수석보좌관 비너스 존슨과 법 집행 관련 문제에 대해 논의하고 있다. 그녀의 리더십에 찬사를 보낸다. (2016년 4월)

카모지가 사람들에게 손을 흔들고 있는 '국민을 위한 용기' 버스 캠페인.
왼쪽부터 나의 선거운동 팀원 후안 로드리게스, 엘리 카플레, 숀 클레그,
질 하빅, 다니엘 로페스.

나의 절친 크리셋 허들린과
그녀의 아이들(나의 대자들) 헬레나와
알렉산더가 선거운동을 돕고 있다.
헬레나는 선거운동본부에서
자원봉사자로 활약하며 선거운동
팀원들의 인터뷰를 싣는
뉴스레터를 자체 제작했다.
그녀와의 인터뷰는
내가 응했던 인터뷰 중
가장 진땀 나는 인터뷰 중 하나였다.

선거운동 마지막 날 카모지 버스에서 뛰어내리고 있는 나와 더그의 모습.
전투 준비 완료.(2016년 11월 7일)

네이선 바랑킨과 나는 긴 여정을 함께했다.
새크라멘토에서 나의 넘버 투였던 네이선은 워싱턴 DC에서도
나의 참모장으로 함께해주었다.

LA에서의 당선 축하연.(2016년 11월 8일)

미연방 국회의사당에서
당시 부통령 바이든 앞에서
취임선서를 하고 있다.

상하원 의원들이 2017년 1월 21일 '여성 행진'에 참여했다. 왼쪽부터 브렌다 로렌스 하원의원(민주당, 미시간주), 이베트 클라크 하원의원(민주당, 뉴욕주), 바바라 리 하원의원(민주당, 캘리포니아주), 세일라 잭슨 리 하원의원(민주당, 텍사스주), 그레이스 멩 하원의원(민주당, 뉴욕주), 나, 에밀리리스트 협회장 스테파니 슈리옥, 재키 스페이어 하원의원(민주당, 캘리포니아주), 도리스 마츠이 하원의원.(민주당, 캘리포니아주)

나는 자랑스러운 하워드대학교 동문이다.
하워드대학은 학생들이 리더십을 가질 수 있도록 감명을 주고, 교육하고, 도전시켰다.
모교에서 졸업 축사를 맡는 영광을 누리기도 했다.(2017년 5월 13일)

2017년 5월 22일,
콜의 콜로라도대학교 졸업식.
더그와 커스틴과 함께
축하하러 갔다.

산타로사 화마는
수많은 주민의 터전을
집어삼켰다.

초동 대응 요원들과 북부 캘리포니아의
산타로사 산불 현장을 찾았다.
사진 속의 소방대원은
그의 집을 전소시킨 불길과 맞서 싸웠다.
그의 용기와 희생을 평생 잊지 못할 것이다.
(2017년 10월)

허리케인 마리아가 남긴 피해 현장을
확인하기 위해 푸에르토리코를 방문했다.
우리와 같은 시민들이 겪은
끔찍한 피해를 목격한 순간이었다.
(2017년 11월)

캘리포니아 천연자원 장관과 함께
오로빌호수를 둘러보고 있다.
이곳의 방수로 손상이
홍수를 일으켜 십만 명가량의
주민들이 대피해야 했다.

2018년 3월 20일, 상원 정보위원회가 선거 인프라 보안 위협에 관한 기자회견을 했다. 왼쪽부터 리처드 버 상원의원(공화당, 노스캐롤라이나주), 수잔 콜린스 상원의원(공화당, 메인주), 나, 마크 워너 상원의원(민주당, 버지니아주), 제임스 랭크포트 상원의원(공화당, 오클라호마주), 마틴 하인리히 상원의원(민주당, 뉴멕시코주), 존 만친 상원의원(민주당, 웨스트버지니아주), 앵거스 킹 상원의원.(무소속, 메인주)

2018년 3월 24일, 합리적인 총기안전법의 제정을 위해 전국 수백만 명의 참가자들과 함께 '우리 생명을 위한 행진'에 참여했다. 나는 로스앤젤레스의 행진에 참여해 총기 폭력이 지역사회에 미치는 영향을 강조하는 '브라더후드크루세이드'의 청년 지도자들을 만났다.

야만적 가족 분리 정책에 반대하며, 2018년 6월 22일에 캘리포니아 남부의 오태이 메사 교도소를 찾았다. 이곳에는 아이들과 강제로 분리된 어머니들이 수감되어 있었다. 나는 감옥에서 그들과 대화하고, 밖으로 나와 기자회견을 했다. 왼쪽에는 훌륭한 리더이자 이민자권리연합(CHIRLA)의 안젤리카 살라스.

더그, 미나와 함께 샌프란시스코 프라이드 퍼레이드에서.(2018년 6월)

마틴 루터 킹의 날 로스앤젤레스에서 행진하는 모습. 왼쪽부터 헤더 헛, 아레바 마틴, 나, 조나단 클레인 랍비, 더그, 콜, 엘라, 안젤리카 살라스.(2018년 1월 15일)

이 사진 속에는 침묵시키려는 권력자들의 시도에도 침묵하지 않고, 용감하게 진실을 말한 성폭력 피해 생존자들이 서 있다. 그들의 용기에 큰 감명을 받았다.

미국의 젊은 불법체류자들인 '드리머'들과 함께 시간을 보내고 있다. 행진하며 구호를 외치는 와중이라도 춤추고, 노래하고, 웃음을 나누는 시간을 갖도록 하자. 즐거운 투쟁을 하자.

하는 것은 일반적인 인간의 행위이며 사람들은 고통을 멈출 방법을 찾아낼 것이다. 때로는 그 방법에 도움을 받을 수도 있고, 때로는 헤로인의 마수에 걸려들 뿐이다. 우리가 할 일은 우리의 친구나 가족, 이웃을 감옥에 가둬 벌주는 것이 아니다. 지속 가능한 방식으로 고통을 다룰 수 있도록 해야 한다.

어머니는 증상이 악화되면서 우리 자매가 보살펴드리는 것 이상의 돌봄이 필요하게 되었다. 우리는 어머니를 도와줄 가정 간병인을 고용하려고 했다. 하지만 어머니가 거절했다.

어머니는 침대에서 거의 나오지 못하는 상태였는데도 "나는 괜찮다. 간병인은 필요 없다" 하고 말씀하시곤 했다. 간병인을 두는 문제로 어머니와 다투기도 했지만, 결국 어머니 뜻대로 했다. 어머니가 일생을 바쳐 퇴치하고자 했던 암은 이제 어머니를 파괴하고 있었다. 어머니의 체력이 바닥나고 있었다. 약물은 어머니가 어머니 자신으로 존재하는 것을 어렵게 만들었다. 나는 어머니의 존엄을 빼앗는 사람이 되고 싶지 않았다.

그래도 우리는 어떻게든 헤쳐나갔다. 나는 어머니도 나도 더 행복했던 시절을 떠올리게 하는 어린 시절의 냄새로 집을 가득 채우며 어머니에게 공들여 식사를 만들어 드렸다. 사무실에 있지 않을 때는 대부분 어머니와 함께하며 이야기를 해드리고, 손을 붙잡고, 항암치료의 끔찍한 고통을 겪는 것을 도와드렸다. 어머니의 머리카락이 다 빠진 후에는 모자와 가능한 한 편하게 있을 수 있도록 부드러운 옷을 입혀 드렸다.

어머니를 병구완하면서 순조롭고 꾸준하게 악화하는 병은 없다는 것을 배웠다. 악화 과정은 점진적이지 않았다. 어머니는 일정한 상태에 도달해서 몇 주나 몇 달간 유지하다가 하룻밤 사이에 그 아래 단계로 떨어지곤 했다. 특히 힘들었던 시기에는 유대인 노인 요양 시설에서 2주간 머물자고 어머니를 설득했다. 그 시설은 어머니에게 필요한 친절한 양질의 돌봄을 밤낮으로 받을 수 있는 곳이었다. 어머니의 짐을 챙겨서 요양 시설로 갔다. 시설 직원은 우리 가족에게 매우 친절했다. 어머니와 시설을 둘러보면서 머물 방을 보여주고 의사와 간호사를 소개해주었으며 돌봄 일정을 설명했다.

한순간 의사 중 한 명이 나를 옆으로 불러냈다. 그녀는 "우리 검사장님은 어떠세요?" 하고 물었다. 그 질문에 나는 긴장이 풀렸다. 어머니의 상태에 너무 집중한 나머지 나에게는 여유가 없었는데 그 질문이 내내 힘주고 놓지 않으려 했던 긴장을 풀어버렸다. 나는 목이 메기 시작했다. 무서웠고, 슬펐다. 나는 아무런 준비가 되어있지 않았다.

그 의사는 나에게 "예견된 슬픔(anticipatory grief)"에 대해 들어보았는지 물었다. 들어본 적은 없었지만, 그 단어를 듣는 순간 직감했다. 내 모든 것이 그것을 인정하지 않았다. 어머니에게 안녕을 고해야 한다는 것을 믿고 싶지 않았다. 하지만 한편으로 나는 알고 있었다. 어떤 것에 이름을 붙이면 다루기가 편해진다는 것을 그때 배웠다. 어떤 감정을 느끼는 것을 멈추게 할 수는 없었지만 이름을 붙인다면 어딘가 갈무리할 수 있다. 나도 할 수 있게 되었다.

요양원을 다 둘러보고 나서 어머니의 짧은 이사를 돕기 위해 어머니의 짐가방을 풀었다. 하지만 어머니에게는 다른 계획이 있었다. 어머니는 침대에 다리를 꼬고 앉아 단호하게 말했다. "그래, 좋은 곳이구나. 이제 가자."

"엄마, 여기서 2주간 있기로 했잖아요. 잊으셨어요?"

"아니, 나는 그런 적 없다, 없어. 여기 머물지 않을 거야." 어머니는 아직 방에 있던 의료진을 향했다. "정말 좋았어요. 고맙습니다. 저희는 갈게요."

그리고 우리는 정말 요양원을 나왔다.

얼마 지나지 않아 어머니는 병원에서 숨을 거뒀다. 내가 다른 변화를 꾀해보려던 때였다. 내가 기억하는 한 어머니는 뉴스를 보고 신문 읽는 것을 즐겨 했다. 마야와 내가 어렸을 때 어머니는 매일 저녁 우리를 앵커 월터 크롱카이트(Walter Cronkite) 앞에 앉혀 놓았다. 어머니는 세상에서 일어나는 모든 일을 완전히 이해하는 것을 좋아했다. 하지만 갑자기 어머니가 뉴스에 흥미를 잃었다. 어머니의 전능했던 뇌가 충분하다는 결정을 내린 것이다. 그래도 여전히 어머니의 머릿속에 우리를 위한 공간은 있었다.

내가 막 법무부 장관 선거에 출마할 결정을 내렸을 때 어머니가 어떻게 되어 가는지 물어봤던 것이 기억난다.

"엄마, 상대편에서 내 혼쭐을 내줄 거래요."

어머니는 반대편을 보고 있었다. 몸을 돌려 나를 보더니 그저 환하게 미소를 지었다. 어머니는 자기가 누구를 길러냈는지 잘 알았다. 투사의 기질이 본인은 물론 나에게도 살아있다는 것을 알았다.

호스피스 간호가 필요해지자 어머니를 집으로 모신 후 마침내 호스피스를 들일 수 있었다. 마야와 나는 여전히 어머니가 돌아가실 수도 있다는 사실을 믿을 수 없어서 어머니가 인도에 가고 싶다고 했을 때는 비행기 표를 예매하고 계획을 짜기 시작했다. 어떻게 어머니를 비행기에 태우고, 간병인과 함께 갈 수 있을지를 궁리했다. 단체로 엄청난 환각 상태에 빠져 있었다. 특히 내가 그랬다. 어머니가 받아들이지 못해서가 아니라 내가 인정할 수 없어서, 어머니에게 안 된다는 말을 차마 할 수 없었다. 집에 간호사를 들이는 것, 요양 시설에 머무는 것, 인도에 가는 것 모두 안 된다고 하는 것이 어머니에게 무슨 의미인지 받아들이고 싶지 않았다. 나는 어머니의 남은 시간이 줄어든다는 것을 인정하고 싶지 않았다.

어느 날 밤 메리 이모와 레노어 이모가 비행기를 타고 와서 우리를 방문했고 나는 마야, 토니, 미나와 함께 어머니 집에 있었다. 나는 다시 요리하기로 했다. 나는 그 밤을 결코 잊지 못한다. 앨리스 월터(Alice Walter)의 요리법에 따라 소고기 스튜를 만들고 있었다. 정육면체로 자른 소고기 덩어리들을 적포도주에 졸이면서 굽고 있었다. 갑자기 주변에 무슨 일이 일어나고 있는지 알 수 없었다. 밭은 숨을 내쉬고 들이마셨다. 과호흡이 시작되고 있었다. 기절할 것 같았다. 갑자기 환각이 사라졌다. 현실을 마주해야만 했다. 나는 조만간 어머니를 잃을 것이고 내가 할 수 있는 일은 아무것도 없었다.

인도에 있는 삼촌에게 전화를 걸어 어머니가 인도에 가기에는 너무 아프다고 전했다. 삼촌이 비행기를 타고 어머니를 보러 델리에서 날아왔다. 어머니가 삼촌이 도착하기를, 삼촌에게 안녕을 고하기를 기다렸다는 것을 이제는 안다. 그다음 날 어머니는 숨을 거뒀다.

어머니가 마지막에 호스피스 간호사에게 물어봤던 것 중 하나, 어머니가 마지막까지 신경 썼던 하나는 "내 딸들은 괜찮을까요?"라는 것이었다. 어머니는 마지막의 마지막까지도 우리 어머니로 있고자 있는 힘을 다했다.

아직도 매일 어머니가 그립지만, 어디를 가든 어머니와 함께한다. 항상 어머니를 생각한다. 때로는 위를 올려다보고 어머니에게 말을 건다. 나는 어머니를 정말 사랑한다. 그리고 내가 샤말라 고팔란 해리스의 딸이라는 것 이상으로 내가 아끼는 직함이나 영광은 없다. 어머니의 딸이라는 것이 내가 믿는 진실 중에 가장 소중한 것이다.

8장 생계비 : 노동의 존엄과 불편한 진실

이 책을 쓸 준비를 하는 동안 나는 사진첩들을 들여다보며 마야와 함께한 추억들을 되새겨 보고, 어머니가 보관해두셨던 것과 내 오래된 상자들을 열어보며 많은 시간을 보냈다. 그것은 축복이었다. 그동안 잊고 살았던, 그 소중한 추억들, 함께할 수 있었던 그 기회들이 좋았다.

우리를 키우면서, 어머니는 크리스마스 때면 늘 칠리 레예노스(chiles rellenos)를 만들었다. 어머니가 돌아가신 뒤 나는 그 요리법을 너무나 찾고 싶었다. 온라인 검색을 포함해 가능한 모든 곳을 찾아보았지만, 어머니의 방식과 비슷한 것은 없었다. 마치 어머니의 맛 그 이상을 잃은 것처럼 나는 낙담했다. 그러다가 내 요리책들을 뒤적이던 중 공책 한 권을 발견했는데, 그것을 펼치자마자 레예노스 조리법이 바닥으로 떨어졌다. 어머니의 필체를 보는 것만으로도 눈물이 돌았다. 마치 어머니가 내 옆에서 함께 도와주는 것 같았다.

나는 또 내가 마야와 플라스틱 베틀로 함께 엮었던 냄비 받침 두 개를 발견했다. 1970년대에 성장한 독자들이라면 내 말이 무엇인지 금방 알 수 있을 것이다. 어머니는 특히나 텔레비전 앞에서 우리의 손이 게을러지는 것을 절대 용납하지 않았다. 그때 나는 코바늘 뜨개질을 완벽하게 익혔다.

어머니는 손으로 말하는 것을 좋아했고, 요리와 청소 그리고 위로를 할 때도 늘 손을 사용했다. 어머니는 언제나 바쁘셨다. 노동 그 자체가, 특별히 힘든 일일수록, 어떤 중요한 가치를 지닌다. 그래서 어머니는 당신의 딸들인 우리가 노동의 가치와 목적, 바로 그 노동의 중요성을 마음에 새기도록 당부했다.

어머니는 또한 아주 다양한 방식으로 당신의 직업뿐만 아니라 모든 직업이 소중하다는 것을 보여주었다. 가끔 연구실에서 좋은 일이 생기면, 어머니는 보모를 위해 꽃을 사서 집으로 돌아오곤 했다.

어머니는 보모에게 "당신이 우리 아이들을 돌봐주지 않았다면, 나는 내 일을 하지 못했을 거예요. 모든 것이 너무 고마워요"라고 말씀하시곤 했다.

어머니는 사회가 제 기능을 하는 데 필요한 노동의 존엄성을 알고 있었다. 그녀는 모든 사람이 자신이 하는 일에 대해 존중받고, 그 힘겨운 노력에 보상과 명예가 뒤따라야 한다고 믿었다.

레인보우 사인에서도 같은 이야기를 들었는데, 강연자들은 킹 목사의 가난한 사람들을 위한 운동을 이야기하면서 "모든 노동은 신성하다"는 그의 믿음과 그렇게 만들기 위한 그의 노력에 대해 강연했었다.

킹 목사는 그런 노력 중 하나로, 1968년 최소한의 인간다움을 위해 싸우는 흑인 환경미화원들과 함께하기 위해 멤피스로 갔다. 흑인 환경미화원들은 매일같이 멤피스의 쓰레기 운반 트럭에 올라탔다. 시는 그들에게 유니폼을 제공하지 않았다. 덕분에 그들은 자기의 옷을 더럽히며 작업을 해야 했다. 마실 물도, 손을 씻을 장소도 없이 오랜 시간 동안 일을 했다. 한 환경미화원은 "대부분의 쓰레기통에 구멍이 나 있었고, 쓰레기가 새어 나와 우리 위로 떨어지곤 했다"고 회고했다.[1] 그는 환경미화원들이 저녁에 집으로 돌아와 문 앞에서 신발과 옷을 벗을 때면 구더기들이 떨어져 나오곤 했다고 당시를 묘사했다.

이렇게 힘겨운 절대 없어서는 안 될 노동을 하고도, 이들은 최저임금보다 조금 더 받았을 뿐이다. 초과 근무 수당도 없었으며, 병가도 없었다. 만약 작업 도중 부상을 당해 회복할 시간이 필요하다면 해고될 가능성이 있었고, 실제로 그런 일이 종종 일어났다. 또 궂은 날씨 때문에 쓰레기 수거가 불가능할 때면 아무런 보수도 받지 못한 채 집으로 돌려 보내졌다. 많은 사람이 가족을 부양하기 위해 정부의 보조가 필요했다.

시가 쓰레기 압축기에 끼여 사망한 2명의 환경미화원에 대한 보상을 거절하자, 이것은 더 이상 참을 수 없는 일이 되고 말았다. 1,300명의 멤피스 환경미화원들은 엄청난 용기를 내서 더 안전한 환경, 더 나은 임금과 복지의 제공 및 노조 인정을 요구하며 파업에 들어갔다. 그들은 자신의 가족, 자신의 아이들 그리고 자기 자신을 위해 파업에 들어간 것이었다. 그것은 무엇보다도 존엄성을 위한 투쟁이었다. 행진하면서 그들이 들고 있던 피켓에는 단순히 "나는 인간이다"라고 쓰여 있었다.

1968년 3월 18일 킹 목사가 멤피스에 있는 찰스 메이슨 감독 기념교회에 도착했을 때, 2만5,000명의 군중이 그의 연설을 듣기 위해 모여들었다.

킹 목사는 "우리는 아주 자주 전문직에 종사하지 않는, 소위 큰 직장에 다니지 않는 사람들의 직업과 그 중요성을 너무나 자주 너무나 쉽게 간과합니다"라고 연설했다.[2] "그러나 오늘 밤 여러분에게 말하건대, 여러분이 인류를 위해 건설하고, 봉사하고, 종사하는 모든 일에 그 나름의 위엄과 존엄성이 있으며 가치 있는 것이라고 말하고 싶습니다."

킹 목사는 군중들에게 "우리는 지쳤습니다"라고 외쳤다.[3] "우리는 아이들이 계속해서 과밀하고, 열악하고, 질이 떨어지는 학교에 다녀야 하는 상황에 지쳤습니다. 우리는 삭막하고, 기준 이하의 열악한 주거 조건에서 살아야 하는 데 지쳤습니다. … 우리는 있지도 않은 일자리를 찾아 거리를 헤매는데… 팔이 떨어져 나가도록 일을 하고, 매일같이 일하지만, 심지어는 기본적인 생필품을 사기에도 부족한 임금을 받는 것에도 지쳤습니다."

16일 뒤, 킹 목사는 파업 참가자들을 대신해 행진하기 위해 멤피스로 돌아왔고, 다시 찰스 메이슨 기념교회에서 연설하며, "나는 산 정상에 올라가 보았습니다"라고 선언했다. 그는 다음 날 저녁인 1968년 4월 4일에 암살당했다. 그로부터 두 달 뒤인 6월 5일 로버트 F. 케네디(Robert F. Kennedy) 또한 살해당했다. 미국의 경제적 정의를 위해 싸우던 가장 분명한 목소리들이, 가장 강력한 지도자들이 너무도 갑자기 돌이킬 수 없는 침묵을 강요당했다.

그것이 반세기 전의 일이었다. 어떤 부분들은 그 이후 지금 여기까지 이어져 왔고, 다른 부분들은 이제 겨우 싹을 틔웠다. 나는 인플레이션을 적용해보면, 현재 연방 정부의 최저임금이 사실상 1968년 킹 목사가 말했던 "기아 임금"보다 더 낮다는 사실을 사람들에게 상기시키고자 한다. 이런 상황에서 어떻게 미국이 노동의 신성함과 존엄함을 중요시한다고 말할 수 있겠는가?

미국인들은 열심히 일하는 사람들이다. 우리는 우리의 직업윤리에 자부심이 있다. 그리고 대대로 우리는 가족을 부양하기 위해 가장 정직하게 하루의 노동에 헌신하는 것보다 더 명예로운 것은 없다는 가르침과 믿음으로 성장했다. 그리고 열심히 맡은 일을 잘 해내면 노력한 보람이 있을 것이라고 믿고 자랐다. 하지만 실상은, 대부분의 미국인에게, 지독하게도 오랜 시간 동안 그런 일은 일어나지 않았다.

의회가 옳은 일을 하도록 압력을 가하는 중대한 요구들이 있을 때마다, 운동가들이나 선출된 대표자들은 국민에게 자신의 지역 대표에게 편지를 쓰거나 전화를 걸라고 독려했다. 요즘은 민주주의의 실천을 요구하는 미국인들의 전화가 쇄도하고 있다. 그리고 이런 일들은 아주 중요하다. 공화당의 2017년 건강보험개혁법의 폐지 시도가 실패한 것을 예로 들어보자. 공화당 의원들은 비당파적인 쟁점인 저렴한 의료 서비스 문제를 당파적인 쟁점으로 만들었고, 국민들은 그것을 용인하지 않았다. 사람들은 공화당 의원들의 주장에 반대하는 의원들에게 힘을 실어주었고, 공화당 상원의원들에게는 전화와 투서로 압력을 가했다. 국민의 힘이 더 우세했다. 즉, 개개인의 미국인들이 전화를 걸고 편지를 썼기 때문에 수백만의 사람들이 여전히 건강보험의 혜택을 받고 있음을 의미했다.

나는 이런 편지를 읽을 때 단순히 사람들이 주요 정책에 관해 어떤 입장에 서 있는지를 이해하는 것만은 아니다. 그것은 그들의 삶이 어떤 모습인지, 그들이 느끼는 기쁨과 두려움을 모두 이해하는 것이다. 사람들이 내게 편지를 쓸 때, 그것은 종종 그들의 최후의 방법이 되기도 한다. 이들은 생활고와 싸우고 심각한 곤경에 처해 있지만, 그들이 하는 모든 노력이 아무런 효과가 없었다. 그래서 그들은 내게로 눈을 돌려, 그들의 삶을 뒤바꿔놓은 것들에 대해 나와 공유하고 싶어 했다.

해리스 상원의원님께

남편과 저는 풀타임으로 일하지만, 여전히 매주 수입과 지출을 맞추기 위해 애를 쓰고 있습니다. 두 살짜리 아들의 경우 다행스럽게도 전액 '건강보험' 보장을 받고 있지만, 남편과 저는 왜 전액 보장을 받을 수 없는지 이해할 수가 없습니다.

… 우리는 '수입이 너무 많다'는 이유로 보육비 지원을 못 받고 있습니다. 그렇지만 우리는 매달 50달러의 보육비를 감당할 여유가 없어서 가족들에게 의존하고 있습니다. '하지만' 그들도 그들만의 문제들이 있어서 아주 종종 일이 생길 때마다, 우리는 베이비시터를 구할 수가 없고, '따라서' 일을 하러 나갈 수가 없어서 수입을 잃곤 하는 경우가 다반사입니다.

… 정말로 목숨을 걸고 변화의 필요성에 대해 간청합니다. 제발, 하나님의 사랑으로 도와주세요! 이 상황은 괜찮지 않습니다. 저는 혼란스럽고, 화가 나고, 절망스럽고, 우리 정부에 대한 크나큰 배신감을 느낍니다! 저는 꼭 필요하지 않다면, 절실하게 도움이 필요하지 않다면, 결코 도움을 요청하지 않았을 겁니다!

모든 편지에는 나름의 사정들이 있다. 하지만 함께 모아 놓으면 그것들은 모두 같은 이야기를 하고 있다. 주거와 의료에서부터 보육과 교육에 이르기까지 모든 비용이 예전보다 훨씬 더 상승했는데도 임금은 수십 년 동안 그래왔던 것처럼 여전히 낮게 유지되고 있다는, 생계 위기에 사로잡힌 미국인들의 이야기이다. 내가 받은 편지들은 일관되게 중산층의 공동화와 힘겨운 투쟁으로 정의되는 경제적 문제에 관해 이야기하고 있다.

나는 한밤중에 어떤 생각 때문에 문득 잠에서 깨어나면, 전국의 무수한 가장들 중에 지금 누군가도 잠 못 이루고 있을 것이라는 사실을 나 자신에게 상기시킨다. 수백만의 사람들이 그럴 것이다. 그리고 나는 그들 대다수가 그들의 가장 큰 두려움에 대해 스스로에게 묻고 있다는 상상을 한다. 과연 아이들에게 좋은 삶을 줄 수 있을까? 만약 충분한 돈을 벌지 못하면 어떡하지? 이번 달은 또 어떻게 비용을 맞출 수 있을까?

미국인들은 아메리칸 드림을 포기하지 않았다. 나는 이것이 사실임을 안다. 하지만 밤에 잠을 못 자는데 어떻게 꿈을 꿀 수 있을까?

갓난아이나 유아의 평균적인 1년 치 보육료가 공립대학의 수업료보다 더 비싼데 어떻게 꿈을 꿀 수 있을까?[4] 내가 학생이었던 1980년대 이후 지금까지 고등교육비가 임금보다 3배는 더 빠른 속도로 상승하고 있는데 어떻게 꿈을 꿀 수 있을까?[5] 학자금 대출 때문에 허덕이고 있는데 어떻게 꿈을 꿀 수 있을까?

최저임금을 받으며 일주일에 40시간씩 일을 한다고 쳐도, 미국 모든 주의 99%의 지역에서 원룸아파트의 임대료조차 감당할 수 없다는 것을 알고 있다면 어떻게 꿈을 꿀 수 있을까?

모든 비용이 점점 더 상승하는데, 아무리 열심히 일해도 임금이 오를 가능성은 아예 기미조차 보이지 않는다면, 어떻게 꿈을 꿀 수 있을까? 아이가 아픈데, 본인 부담금이나 공제금액을 지급할 여유가 없다면 어떻게 꿈을 꿀 수 있을까?

중산층의 삶이 예전 같지가 않다. 그리고 그것은 당연히 그래야 하는 모습이 아니다. 중산층이 된다는 것은 경제적인 보상과 안정을 의미해야 한다. 하지만 생활비가 너무 비싸서, 재앙에서 단지 한 발자국만 떨어진 삶을 살고 있다면 어떻게 그것이 가능할까? 부상, 질병. 그 누구도 삶이 쉬울 것이라고 예상하지 않지만, 단지 자동차 변속기의 고장이 삶을 변화시키는 위기가 되어서는 안 된다.

하지만 많은 이들이 실제로 그렇다. 한 번의 차질로 예금 통장이 텅 비게 되고, 또 한 번의 문제로 퇴직금 계좌가 사라진다. 이내 신용카드 사용 금액이 자신이 안전하게 감당할 수 있는 한도보다 더 늘어가지만, 어떤 선택이 있겠는가? 일을 계속하려면 차를 수리해야 한다. 임대료를 내고 대출금도 갚아야 한다.

한 조사에 따르면, 미국인의 57%가 500달러 정도의 예상치 못한 지출을 감당할 만한 현금이 없다고 한다. 이런 이유로 나는 상원에 중산층부양세법을 발의했다. 이 법안은 중산층에게 1년에 6,000달러까지, 즉 한 달에 500달러에 달하는 세금 공제 혜택을 제공하자는 법안이었다. 각 가정은 다음 해까지 기다리지 않고 월 단위로 그 공제를 받을 수 있도록 했다. 이것은 또 다른 종류의 안전망으로 열심히 일하는 사람들이 중산층에서 떨어져 나가는 것을 막거나, 바로 아래 계층이 중산층으로 올라설 공정한 기회를 주기 위해서이다. 이것은 우리가 부유층과 대기업들에 대한 끊임없는 세금 감면을 중단했을 때 제공할 수 있는 세금 공제 혜택이다.

셸턴 부부를 생각해보면 답이 금방 나온다. 부인은 유치원 교사였고, 남편은 건축노동자였다. 두 사람은 자신들의 수입을 꼬박 모아서 그들의 꿈이자 모든 것이었던 방 두 칸짜리 집을 살 수 있었다. 하지만 이 글을 쓰는 지금 그런 집이 질로우(Zillow)에 88만6,000달러 매물로 나와 있다. 유치원 교사와 건축노동자의 월급으로는 도저히 살 수 없는 금액이다. 캘리포니아의 물가가 터무니없이 비싸졌다는 것을 알지만, 이것은 전국 주요 대도시 모두에 해당하는 문제이다. 2018년 레드핀(www.redfin.com)의 분석에 따르면, 덴버나 피닉

스와 같은 도시에서 시중에 나와 있는 매물 중 교사의 평균 월급으로 구매할 수 있는 주택은 1% 미만이라고 한다.[6)]

지방에서는 주거비 부담이 그렇게 심각하지 않지만, 일자리 부족으로 지역 사회가 점점 더 피폐해지고 있다. 최근의 보고서에 따르면, 21세기 일자리 증가율 중 지방은 단지 3%를 차지하고 있다. 이로 인해 사람들은 집에서 멀리 떨어진 곳에서 일자리를 찾아야만 하고, 따라서 몇 시간에 걸친 오랜 출퇴근 시간을 견디거나 아니면 몇 세대에 걸쳐 가족들이 살아온 곳을, 친구들이 살고 있는 곳을, 자녀들이 가입된 유소년야구단을, 항상 다니던 교회를 떠나 다른 곳으로 이사를 해야 하는 힘겨운 선택에 놓이게 된다.

나는 또한 내가 과거에 만난 적이 있는, 지금의 경제 체제 속에서 심하게 저평가되고 있는 노동자들을 생각해본다. 몇 년 전 나는 전미서비스노조(Service Employees International Union)를 통해 웬디라는 여성을 만나 그녀와 하루를 보내며 그녀의 일을 가까이에서 지켜볼 수 있었다. 그녀는 나이든 어머니가 병에 걸리자 직업을 바꿔 어머니를 밤낮으로 돌봐줄 수 있는 가정요양보호사가 되었다. 이 말은 어머니가 침대 밖으로 나올 수 있도록 들어 올리는 것에서부터 시작해, 옷을 입히고, 음식을 먹이고, 화장실을 가게 돕고, 건강 상태를 점검하고, 휠체어를 타고 산책하는 것을 돕고, 어머니가 계속해서 주변 상황들을 인지할 수 있도록 자극하는 등 모든 보살핌을 다 해야 한다는 것을 의미했다. 이것은 육체적, 정신적 그리고 감정적으로 까다롭고 섬세한 일이었다.

하지만 2017년 미국의 평균적인 가정요양보호사들은 4인 가족이 빈곤선 이상의 삶을 유지하기에는 턱없이 부족한 임금을 받고 있다. 게다가 종종 계약직이기 때문에 정규직이 받는 혜택이 늘 주어지는 것도 아니다. 이런 상황이 너무나 터무니없다는 생각이 들었다. 베이비 붐 세대가 계속해서 은퇴함에 따라 2026년까지 약 120만 명의 가정요양보호사가 필요해지게 될 것이다.[7] 그런데 이들을 계속 이런 식으로 대우할 생각인가? 이런 상황에서 미국의 노인들을 보살피는 데 두는 가치에 대해 무슨 말을 하겠는가? 우리의 노인들을 공경하는 방법에 대해 어떤 말을 할 수 있겠는가?

생계 위기는 여성들을 더 힘겹게 한다. 여성들은 평균적으로 남성들보다 1달러당 80센트를 받는다. 심지어 흑인 여성의 경우는 백인 남성이 버는 1달러당 64센트로 그 격차가 더 커진다. 국립여성법률센터가 지적하듯, 1년 내내 열심히 일한 정규직 흑인 여성이 자신의 동료인 백인 남성보다 2만1,000달러 이상을 덜 받는다는 의미이다. 이것은 그녀의 집에 사는 모든 이들에게 영향을 미친다.[8] 1달러당 겨우 54센트를 받는 라틴계 사람들은 더욱 심각하다.

정치인들은 힘겨운 노동의 가치에 대해 큰소리를 친다. 하지만 이제 진실을 말할 때이다. 사실상 경제는 이미 오래전에 열심히 일하는 노동을 중요시하고 거기에 보답하는 것을 멈추었다. 만약 그것을 바꿀 생각이라면, 그 사실을 먼저 인식해야 한다.

어떻게 여기까지 왔는지에 대한 반성에서 시작하자.

제2차 세계대전 이후 수십 년 동안 기업들은 좋은 성과를 얻었을 때 노동자들의 월급을 인상했다. 그리고 정부는 제대군인보호법을 통해 무상 교육이 가능하게 함으로써 사람들에게 도움을 주었다. 경제를 성장시키는 데 필요한 생산성의 증가는 주목할만했다. 전쟁 직후 30년 동안 생산성이 무려 97%나 향상되었다. 그 당시의 다른 점은 모든 사람이 그 혜택을 공유했다는 것이다. 같은 기간 동안 근로자의 임금이 90% 증가했다.[9] 이것이 바로 미국이 세계에서 가장 큰 중산층을 형성할 수 있었던 방법이었다.

하지만 1970년대와 80년대의 미국 기업들은 독자적인 노선을 선택했다. 그 수익을 근로자들에게 쓰는 대신, 기업들의 유일하고 진정한 의무는 주주들에게 있다고 결정했다. 대기업의 입장에서는 기업의 수익 중에서 가장 많은 부분을 가져갈 사람들은 회사가 굴러가게 만드는 이들이 아니라, 회사의 지분을 소유한 이들이었다. 따라서 1973년부터 2013년까지 생산성이 74% 향상되었으나, 노동자에 대한 보상은 단지 9% 상승에 그쳤다.[10]

1980년대에 레이건 대통령은 이런 발상을 공화당 경제관의 핵심으로 삼았다. 법인세를 인하하고, 주주들에 대한 세금을 감면했다. 최저임금 인상에 반대했으며, 최저임금이라는 그 발상 자체를 반대했다. 워싱턴에서 노동자들을 위해 싸우는 가장 강력한 세력인 노동조합을 해체했다. 정부의 감독권을 철회했으며, 부차적인 피해들을 무시해버렸다.

이로 인해 이기심과 탐욕의 새로운 시대가 도래했다. 그리고 그것은 무서울 정도로 효과적이었다. 기업의 이윤은 급성장했지만, 미국의 노동자들은 40년 동안 의미 있는 임금 인상을 받지 못했다. 거기에 더해 CEO들이 자기 회사의 노동자들보다 평균 300배 더 많은 임금을 받는다는 것이 전혀 수치스러운 일이 아닌 것처럼 보였다.[11]

경제 성장의 목표는 파이를 크게 만드는 것이어야 한다. 하지만 노동자들의 몫으로 남은 것이 단지 부스러기라면, 우리는 도대체 어떤 경제를 만들어가고 있는 것일까?

이것이 21세기로 들어선 현재 상황의 전후 맥락이다. 미국인들은 한쪽에서는 제조업의 해외 이주나 외주화, 다른 한쪽에서는 대불황 이후 최악의 침체기를 맞아 자신들이 통제할 수 없는 상황에 끼어있다. 갑자기 일자리들이 사라졌다. 지역 공동체는 유령 도시로 변했다.

나는 시간이 촉박하다고 강조하는 수많은 편지를 읽었다. 대불황 때 모든 것을 잃은 62세의 한 남성은 은퇴 이후의 삶이 준비되어 있지 않았지만, 정년퇴직이 임박했다. 가족이 건강상의 위기를 겪고 있는 한 부부는 병원비뿐만 아니라 월세를 내는 것도 어려운 형편이다. 그들은 당장 도움이 필요하다. 기다릴 수가 없다. 누구든 경제적 절박함의 틀에 갇힌 사람이라면, 지금 아주 긴급한 상황이라고 말할 것이다. 지체할 시간이 없다. 당장 오늘 저녁거리도 사야 한다. 아침에는 자동차에 기름을 넣어야 하고, 내일 마감인 청구서들을 해결해야 한다. 집세는 이번 주말까지 내야 한다. 정말로 시간적 여유가 없다.

또한, 이 시기에 취약한 사람들을 이용하고, 때론 망가트리기까지 하는 기업적 약탈자들이 속출했다. 이런 약탈자 중 가장 나쁜 실례가 바로 월스트리트의 사랑을 듬뿍 받은 영리 대학들이다. 미국인들은 대대로 학위를 취득하는 것이 기회를 잡을 수 있는 최고의 방법이라는 말을 들어왔다. 당연히 많은 사람이 그 충고를 마음에 새겼으며, 가끔은 자기 자신과 가족들이 큰 희생을 치르면서까지 거기에 몰두했다.

> 해리스 상원의원님께
>
> 어느 때부턴가 저는 아들과 저를 위해 두 개의 일자리를 얻는 것을 고민했습니다. 하지만 저를 위한 최고의 해결책은 아들과 보내는 양질의 시간을 놓치지 않게, 최저임금을 받는 제 일을 계속 하면서, 다시 학교로 돌아가는 것이라는 결론을 내렸습니다. 학업을 마치기 위해서라면 아무리 오랜 가난이라도 헤쳐나갈 수 있을 것이라 결심했습니다. 이것이 많은 미국인이 처한 현실입니다.

문제는 많은 이들이 훌륭한 교육과 미래를 약속하는, 하지만 그들이 수여하는 학위가 아무런 가치도 없는, 영리 대학에 등록했다는 점이다.

내가 캘리포니아주 법무부 장관이었을 당시, 나는 가장 큰 영리 대학 사기 사건 중 하나였던 코린트대학(Corinthian Colleges Inc.) 사건을 맡았었다. 학생과 투자자를 모집하기 위해 코린트 측은 끊임없이 거짓말을 했다. 투자자들에게 학생들의 60%가 취업에 성공해 안정적인 직장을 얻었다고 말했다. 학생들에게는 엄청난 학비를 청구했고, 심지어 단 한 명의 졸업생도 취업했다는 증거가 없는 몇몇 프로그램이 100%의 취업률을 자랑한다고 주장했다. 자신들이 제공하지도 않는 프로그램들을 광고하고, 예비 학생들에게 진실을 밝히는 소속 텔레마케터들에게는 불이익을 주었다.

더욱 끔찍한 것은 바로 코린트가 취약 계층을 공략한 방식이었다. 그들은 저소득층 사람들을 목표로 삼았다. 자기 자신과 자신이 사랑하는 사람들을 더 잘 보살피기 위해 학위를 취득하려는 사람들, 대불황 시기 동안 직장을 잃고 구직 시장에서 더 나은 기회를 얻기 위해 새로운 기술 획득이 필요하다고 믿는 사람들을 목표로 삼았다. 코린트의 내부 문서를 보면 그들이 학생을 바라본 태도가 어떤지 알 수 있다. 그들의 목표 대상은 "고립되고 성급한" 남성들, "자존감 낮은" 여성들, "주변에 돌보는 이가 별로 없는" 사람들, "곤경"에 빠졌거나 자신들의 미래를 "잘 살펴보고 계획할 수 없는" 사람들이었다. 도움이 가장 절실한 이들을 일부러 목표로 삼은 이런 행위는 내가 알고 있는 범죄자들과 별로 다를 바 없다.

물론 대부분의 상장기업은 이렇게 약탈적인 행위를 하지는 않는다. 그러나 기업 지배구조의 핵심적 결정권자들은 노동자들을 희생해서라도 주주들을 위한 가치 창출을 우선시하기 때문에 그 자체로 엄청난 손해를 끼친다.

예를 들어, 주가를 올리기 위해 임원들은 장외 투자를 통해 자신들의 주식을 매입해 소각하는 "자사주 매입(buyback)"이라 불리는 개념을 이용했다. 이것이 종종 시장에서 주가가 급등하는 원인이 되기도 한다. 자사주 매입이 적절한 도구인지 아닌지는 제쳐놓고, 이런 일이 얼마나 극심해졌는지 알아보자.

2003년부터 2012년 사이에 S&P 500대 기업들은 수익의 91%를 자사주 매입과 주주들의 배당금으로 사용했다. 연구개발에서 근로자 임금에 이르기까지 기업 운영 전반을 위해서는 나머지 9%가 사용되었다.

이 모든 것의 결과는 무엇일까? 현재 미국 재화의 40%를 차지하고 있는 상위 1%의 부자들에게 아주 근사한 일이 되었다.[12] 덕분에 그들은 대략 40조 달러의 재산을 더 축적할 수 있었다.[13] 하지만 중산층에게는 재정적인 악몽이 되었다. 유나이티드웨이(United Way of America)가 실시한 조사에 따르면 43%의 가정이 주거 및 음식, 육아, 건강 관리, 교통 그리고 통신비 같은 기본적인 생계 유지비를 감당할 수 없게 되었다.[14]

국민 대다수에 대한 정책적 배려가 없는 정부를 사람들을 어떻게 생각할까? 물에 빠져 허우적거리는데 아무도 구하러 와주지 않는다면, 그러다 TV를 틀면 경제 상황이 아주 좋다는 뉴스를 듣게 된다면 어떤 기분이 들까? 누구를 위해 좋다는 것인가?

감당할 수 있는 저렴한 금액의 집을 얻기 위해 직장에서 몇 시간 떨어진 곳으로 이사를 해야 하는 사람에게는 좋지가 않다. 보육료를 감당할 수가 없어서 직장을 그만두는 사람에게도 좋지가 않다. 그럴 형편이 안 된다는 것을 알기 때문에 대학 진학의 꿈을 포기하는 사람에게도 좋을 리가 않다.

그리고 여전히 수백만 명의 미국인들이 가느다란 실에 매달려 있는 와중에 백악관은 가위를 꺼내 들었다. 2017년 트럼프 정부는 필요 없는 사람들은 세금을 깎아주고, 여유가 없는 사람들 세금을 올렸다. 그들은 건강보험개혁법을 고의로 방해하고, 보험료 납입액을 올렸다. 그들은 채소에서부터 자동차에 이르기까지, 생필품들의 가격 상승으로 이어질 수밖에 없는 무역 전쟁에 불을 붙였다. 그들은 노동조합을 파괴할 의도를 가지고 판사들을 지명했다. 교통안전국

요원에서부터 식품 검사요원, 공항경비대, 의료진 및 이외의 모든 연방 공무원들에 대한 임금 인상을 취소했다. 코린트대학 희생자들을 돕기 위해 마련했던 부채 경감 정책마저 중단시켰다. 추가로, 인터넷 회사들이 (처음으로) 인기 있는 웹사이트들에 프리미엄을 부과할 수 있도록 망 중립성을 없앴고, 거기에 절대로 받아들일 수 없는 새로운 법안을 추가했다.

해리스 상원의원님께

저는 고등학생이고, 우리 학교는 대부분의 수업을 인터넷과 거기에서 제공되는 도구들에 의지하고 있습니다. 우리 학교는 작고, 돈이 별로 없습니다. 게다가 우리 집은 가난하고, 부모님은 생계를 유지하는 것도 힘들어하십니다. 만약 망 중립성을 없앤다면, 그것은 기본적으로 학교에서 좋은 성적을 올리기 원하는 저와 같은 학생들에게서 인터넷이 제공하는 모든 도구를 빼앗는 것입니다. 덧붙여 전국의 모든 가난한 가정에 더 많은 문제를 던져주는 것이 됩니다.

우리에게는 시간이 별로 없다. 그게 바로 어려운 현실이다. 단지 지금 당장 처리해야 할 굉장히 급한 사안들에 관한 것이 아니다. 앞으로 있을 중대한 변화들에 대처할 시간이 부족하다. 인공지능이 부상하면서 수백만 개의 일자리가 없어질 위험에 처하는 자동화 위기에 직면할 가능성이 크다.

산업계가 바뀌고 있다. 자율주행 트럭으로 350만 명의 운전자들이 일자리를 잃게 될 수 있다. 세금 결산 사업 전체가 사라질 수 있다. 멕킨지 글로벌연구소는 자동화로 인해 전 세계적으로 3억7,500만 명에 달하는 사람들이 직장을 옮겨야 할 필요가 있을 것이라고 밝혔고[15], 2030년까지 현재 근로 시간의 23%가 자동화될 것으로 예상했다.[16] 단기적으로 연간 250만 개의 일자리가 자동화기기로 대체될 것이라는 분석도 있다.[17] 우리는 이미 그런 대체의 대가를 보았다. 하지만 앞으로 다가올 것들에 대한 대비가 전혀 되어있지 않다.

또한, 우리는 경제 위기만큼이나 심각한 환경 위기인 기후변화의 현실에 대처해야 한다. 2017년 미국에서는 허리케인, 토네이도, 가뭄 및 홍수와 같은 극한의 기상 이변으로 362명 이상의 사람이 사망했고, 100만 명 이상이 터전을 옮겨야 했으며, 3,000억 달러 이상의 재산 피해가 있었다.[18] 전문가들은 시간이 흐를수록 상황이 더 나빠질 것으로 예상한다. 경제적인 희생이 뒤따를 것이다. 미국 남부와 중서부의 아래 지방이 가장 심하게 타격을 입고 있다.[19] 2017년 허리케인 하비가 걸프 연안(Gulf Coast)을 강타한 뒤, 한 연구에 따르면 휴스턴의 경우, 거주민 10명 중 3명이 임대료 또는 주택대출금을 연체했고, 25%가 식비를 지출하는 데 어려움을 겪었다.[20]

기후변화는 산업 또한 위태롭게 한다. 해양의 기온과 해류의 변화는 이미 수산업에 해를 끼치고 있다. 농업은 이미 침입종, 해충, 곰팡이 및 질병 등의 증가와 수확량을 감소시킬 수 있는 기후 패턴의 변화 그리고 가뭄에 대한 끝없는 두려움 등 다양한 측면의 위험에 직면하고 있다.

단도직입적으로 말하면, 우리에게는 해야 할 일이 있다. 힘겨운 일이다. 꼭 필요한 일이다. 우리는 모든 원재료를 가지고, 참고 노력하는 사람들에게 보상이 주어지는, 공정하고 탄탄한 21세기를 위한 경제 건설을 위해 필요한 모든 것을 해야 한다. 하지만 서둘려야 한다. 그리고 기꺼이 진실을 말할 수 있어야 한다.

미래의 직업은 자격증이든 아니면 대학교 학위이든 간에, 고등학교 이후의 교육을 요구한다는 사실을 인정해야 한다. 이것은 더 이상 선택사항이 아니다. 만약 모든 미국인이 공교육을 받을 자격이 있다는 원칙에 충실하기를 원한다면, 고등학교 이후의 교육에 대한 지원을 중단할 수가 없다. 우리는 우리의 직업 환경에 투자할 필요가 있다. 이것은 또한 고등학교 이후의 교육에 더 많은 투자를 해야 한다는 의미이다. 그것은 무엇보다도, 빚이 없는 대학 교육을 현실화해야 한다는 의미이다.

주택 가격에 대해서도 진실을 말해보자. 만약 사람들이 집을 살 형편이 안 된다면, 그 사회는 제대로 기능을 할 수 없다. 주택 문제는 마치 그것이 자연스러운 사실인 것처럼 그냥 어깨를 으쓱하고 넘어갈 수 있는 문제가 아니다. 토지사용제한법을 바꾸는 것부터, 새롭고 저렴한 주택을 장려하는 것과 임대료를 내기 위해 (지금 이 순간에도) 애를 쓰고 있는 사람들을 구제하는 것까지 많은 노력을 기울여야 한다. 그 시작으로 나는 임대인들이 안고 있는 과도한 부담을 다소 덜어주기 위한 법안을 상원에 발의했다. 만약 누군가가 자신의 소득 중 30% 이상을 임대료와 공공요금에 지출하고 있다면, 주거비 부담을 덜기 위한 환급이 가능한 새로운 세금 공제를 받게 될 것이다. 하지만 그것을 위해서는 해야 할 일이 훨씬 더 많다.

육아에 대해서도 진실을 말해보자. 만약 우리가 보육비를 감당할 방법을 찾지 못한다면, 우리는 사람들을 금융위기에 처하게 할 뿐이다. 또한, 사회 활동을 계속하기를 원하는 여성들이 계속 직장에 머무는 것도 어렵게 만들 것이다. 이것이 직장에서 여성들의 성장과 성공을 방해하는 제도적인 장벽 중 하나이다. 이것을 허물어 트려야 한다.

또 우리가 구축해야 할 것들에 대한 진실도 이야기하자. 우리는 사람들에게 보수가 좋은 일자리를 주기 위해, 경제가 침체되는 것을 막기 위해, 우리나라의 기간 시설을 재건하는 데 투자해야 한다. 도로들과 다리들을 새로 건설하고, 개선해야 한다. 여전히 취약한 농촌 지역에 광대역 인터넷 인프라를 구축해야 한다. 새로운 풍력 발전소와 송전선을 설치해야 한다. 공항을 현대화해야 하고, 비참한 상태의 지하철을 고쳐야 한다. 우리 자신을 위해서가 아니라도, 최소한 우리의 아이들과 손주들을 위해 이 일을 해야 하지 않을까?

공화당에 의해 조직적으로 해체된 노동조합에 대해서도 솔직하게 이야기해보자. 오늘날 개인 사업장의 7% 미만에만 노동조합이 있고, 2018년 대법원의 판결로 공공부문의 노조 또한 해체될 가능성이 크다. 이미 많은 사람이 노동 운동에 사망선고를 했다. 하지만 우리는 그것을 용납할 수가 없다. 노동조합은 오직 노동자들만을 위해 워싱턴에서 로비하는 조직이다. 그들은 작업장에서 노동하는 사람들에게 권력을 주는 유일한 조직이다. 중산층을 공동화하려는 공화당의 노력 가운데에서도 더 나은 임금을 지급하고, 더 나은 혜택을 제공하라고 경영진들을 성공적으로 압박한 이들이 바로 노조들이었다. 미국에는 노동조합의 부활이 필요하다.

그리고 한 가지 마지막 진실을 이야기하자. 대기업들과 세상에서 가장 부유한 나라의 가장 부유한 사람들에게는, 이 나라의 경제를 고칠 수 있도록, 자신들이 받은 몫의 공평한 세금을 부과해도 그것을 부담할 여유가 있다. 그것은 필수적이고, 도덕적이고, 현명한 처사이다.

9장 기후 위기와 현명한 안보

나는 상원의원이 되었을 때 정보위원회에 빈자리가 있다는 것을 알고 깜짝 놀랐다. 퇴임하는 상원의원 바버라 박서에게 왜 자리가 비느냐고 물었다. 박서는 정보위원회의 일은 매력적이고, 의미 있으며, 아주 중요하지만 대부분 비밀리에 이루어진다고 했다. 최고 등급의 보안 허가가 필요한 국가의 가장 민감한 정보를 검토하는 일을 하는 탓에 정보위원회 소속 의원은 자신의 활동에 대해 공개적으로 말할 수 없었다. 그래서 보통 정보위원회가 크게 조명받는 일은 별로 없다.

그런 것은 내게 중요하지 않았다. 나는 상원의원이라는 일의 근본적인 성격상 중요한 일이 있으면 발언할 수 있는 마이크를 손에 다발로 쥘 수 있다는 것을 알고 있었다. 그러나 일상적인 업무에 관해서는 유권자와 미국이 직면한 위협에 대해 실시간으로 알고 싶었다.

그래서 나는 상원 정보위원회에 들어갔다. 언론이나 매일 같이 국민의 의견에 초점을 맞추는 것에서 벗어나 나의 업무가 어둠 속에서 진행될 것이라 기대하면서. 하지만 미국의 상원의원으로서 서약한 며칠 후부터 그런 기대는 완전히 뒤집혔다. 2017년 1월 6일, 정보위원회는 러시아가 2016년의 대선 결과에 영향을 주고자 미국에 다수의 사이버 공작을 가했다는 것을 밝히는 보고서를 발표했다. 갑자기 우리 일, 즉 너무나 잘못된 사건을 조사한 일이 상원의 역사에서도 손꼽히는 중대한 과업으로 떠올랐다.

내가 정보위원회에서 한 대부분의 일은 기밀 정보와 관련되어있기 때문에 여기서 적을 수 있는 범위도 매우 한정적이다. 하지만 정보위원회가 보고서에서 정보 출처와 정보를 획득한 방법을 삭제하고 국가 안보를 위협하거나 사람들의 목숨을 위험하게 할 수 있는 요소를 드러내지 않도록 꼼꼼하게 작성해 보고서를 대중에 발표하는 경우가 있다. 그리고 정보위원회가 정보위원회만의 보고서를 대중에 발표하기 위해 정보기관과 밀접하게 협력하는 일도 있다. 그렇게 해서 미국 국민이 보지 못하는 곳에서 무슨 일이 일어나는지 알 권리와 우리의 은밀한 정보 수집 노력 사이의 균형을 맞춘다. 그렇게 공개된 사안은 언급해도 되기 때문에 여기서 다루고자 한다.

2주에 한 번 2시간 동안 정보위원회 소속 위원들은 비밀리에 모여서 17개 정보기관의 수장들과 대화를 나누며 최신 정보에 관한 브리핑을 받는다. 어떤 이야기를 나누는지 자세하게 말할 수는 없지만 이런 식으로는 이야기할 수 있다. 먼저 우리가 모이는 공간은 스키프(SCIF)로 알려져 있는데 민감 특수정보시설(Sensitive Compartmented Information Facility)의 약자이다. 모든 종류의 도청을 차단하도록 설계된 시설이다. 들어가기 전에 문밖의 벽장에 위원들이 휴대폰을 놓고 들어간다. 내부에서는 수기로 기밀문서를 작성하고 그 문서조차 스키프 내부에 안전하게 보관한다.

정보위원회에서 공청회를 여는 경우 민주당이 연단 한쪽에 앉고 공화당이 다른 쪽에 앉아 입회인과 카메라를 마주 보게 된다. 하지만 스키프 내부에서 카메라가 없을 때는 아주 다른 환경이 조성된다. 대체로 의원들은 재킷을 벗고 진지하게 업무를 시작한다. 카메라의 부재와 좌석 배열의 차이가 역학 관계를 바꾸는 것이 아니라 업무 자체가 그렇게 만든다. 의회의 많은 부분을 마비시키는 융통성 없는 당파성은 왜 그런지 이 방에 들어가면 흐려진다. 모두 우리가 맡은 업무와 그 결과가 가지는 무게에 예민하게 집중한다. 미국의 국가 안보와 국민의 사생활, 시민적 자유의 보호 외에는 생각할 여지가 없다. 대중도, 언론 매체도, 정보위원회에 속하지 않은 다른 상원의원도 자리할 수 없다. 전 세계적인 범위의 관리 감독을 하는 것은 우리 위원들뿐이다. 활기차고 고무적이기까지 한 분위기다. 국민에게 한 순간이라도 보여주고 싶은 장면이기도 하다. 의회에서도 정치보다 더 큰 무언가가 가능하다는 것을 상기시켜준다.

내가 정보위원회와 국토안보위원회에서 했던 일들은 미국 내 테러 방지 능력의 개발 및 유지부터 해외 이슬람국가(ISIS)의 분열 및 파괴 활동까지 넓은 범위를 포괄한다. 우리의 국경을 보호하고 지키기 위해, 핵확산을 저지하기 위해, 정보 수집과 시민의 자유 보호 사이에서 민감하게 균형을 맞추기 위해 일했다. 하지만 우리가 다뤘던 모든 복잡한 문제들의 목록을 훑기보다는 내 밤잠을 설치게 만드는 몇 가지 위협에 초점을 맞추고자 한다.

무엇보다도 가장 중요한 분야는 새로운 전쟁의 최전선인 사이버 안보라고 생각한다. 만약 일상적으로 눈에 보이는 공격이 진행된다면, 예를 들어 우리나라 여러 도시에 폭발이 일어나고 러시아, 중국, 북한, 이란의 전투기가 머리 위를 날아다닌다면 미국인들은 이에 대응해야 하며 미국의 미래가 크게 위기에 처했다는 것을 명백하게 알 것이다. 하지만 사이버 전쟁은 조용한 전쟁이고 종종 실제로 피해가 발생하기 전까지는 그 결과를 파악하기 힘들다. 때때로 나는 사이버 전쟁을 유혈 없는 전쟁이라고 표현한다. 전장에 나간 군인도, 총알도, 폭탄도 없다. 하지만 사이버 전쟁은 현실에서 사회 기반 시설을 무기화하려는 목표를 띠며, 최악의 경우 사상자가 발생할 수도 있다. 철도 신호기나 병원의 발전기, 원자력 발전소에 사이버 공격이 가해진다고 상상해보라.

정보 당국과 민간기업 모두 사이버 공격에 대한 분 단위 방어전을 벌이고 있다. 하지만 여전히 이 새로운 종류의 영역에 대한 준비를 마치지 못한 것이 현실이다. 우리의 시스템과 사회 기반 시설은 더욱 철저하게 개선될 필요가 있다.

우리는 현재 공격을 받고 있다. 특히 러시아 정부의 비도덕적이지만 효과적이었던 공격을 받은 선거를 가장 먼저 떠올릴 수 있겠다. 2017년 1월의 보고서에 따르면 "러시아 대통령 블라디미르 푸틴(Vladimir Putin)이 미국 대선을 겨냥해 영향력을 미칠 수 있는 활동을 2016년에 지시했다. 러시아의 목적은 미국의 민주적 절차에 대한 대중의 신뢰 약화, 클린턴 국무장관을 폄훼하고 잠재적으로 대통령 선출 가능성을 저해하는 것"이었다. 비록 대중들은 다른 뉴스의 등장으로 무감각해졌지만, 이렇게 밝혀진 공격의 중요성은 아무리 강조해도 부족하다. 정보 당국은 러시아 정보기관이 상당한 확신을 갖고 선거 결과에 영향을 주기 위해 미국 대선 선거운동을 해킹하고 수집한 자료를 훔쳐가기 위해 사이버 작전을 벌인 것으로 보고 있다.

러시아의 요원들과 선동가들은 미국의 분열을 조장하고 클린턴 국무장관에 대한 자극적인 허위 사실을 유포하기 위해 페이스북, 트위터, 유튜브 등 미국의 소셜 미디어 플랫폼을 악용했다. 그리고 여기서 아주 중요한 것은 그들이 일을 처리한 방식을 정확하게 파악하는 것이다.

러시아가 집중한 것은 인종부터 성적소수자(LGBTQ), 이민자 권리에 이르기까지 논란의 중심이 되는 문제들이었다. 이는 인종차별과 서로 간의 증오가 항상 미국의 아킬레스건이라는 것을 러시아가 알고 있었다는 뜻이다. 공격할 지점을 정확하게 파악하고 의도적으로 우리 역사상 가장 고통스럽고 분열을 초래하는 부분을 노린 것이다.

나는 먼저 이 점을 정보위원회 회의에서 명확히 했다. 며칠 후 나는 상원에서 가장 뒤에 있는 내 자리에 앉아 있었다. 나는 그 자리를 두 가지 이유로 골랐다. 하나는 C-SPAN(Cable Satellite Public Affairs Network) 카메라에 비치지 않는 곳이라 당장 업무에 집중하기가 쉽기 때문이다. 하지만 더욱 중요한 이유는 사탕 서랍에서 가장 가까운 자리라는 점이었다.

앞을 보니 오클라호마 출신의 공화당 상원의원 제임스 랭크포드(James Lankford)가 나를 향해 걸어오고 있었다. 나와 대화를 하려고 말 그대로 통로를 가로지르고 있었다.

랭크포드는 "카멀라, 인종이 우리 아킬레스건이라고 했던 당신의 말을 들었는데 제 생각에는 당신이 아주 중요한 부분을 잘 지적한 것 같아요" 하고 말했다. "개인적으로 '당신과 닮지 않은 가족을 집에 초대한 적이 있는가? 그런 상호 작용을 해본 적이 있는가?' 하는 질문에서 논의가 시작된다고 봅니다. 좋은 출발점이라는 생각도 들고요."

나도 "그렇게 말씀해주시니 기쁘군요. 어디선가 시작은 해야겠죠" 하고 대답했다.

랭크포드와 나는 정보위원회의 비공개회의에서 마주 앉았다. 정책에 관해서는 서로 동의하는 부분이 적었지만 나는 그가 진정으로 친절하고 사려 깊다는 것을 알게 되었다. 우리가 우정을 쌓기까지 그리 오랜 시간이 걸리지 않았다.

정보위원회의 다른 동료들과 함께 러시아의 공격에 관한 2017년 1월의 보고서를 작성하기까지, 정보 당국의 협력하에 관련 정보를 이해하기까지 1년 이상을 보냈다. 특히 내가 가장 관심을 기울인 부분은 우리의 투표 장비 자체에 러시아가 침투했다는 위협이었다. 2018년 5월 우리는 선거 보안 문제에 관한 1차 보고를 발표했다. 2016년에 러시아 정부가 최소 18개, 최대 21개 개별 주에서 선거 기반 시설에 조직적인 사이버 공격을 가했다는 것을 대중에 공개했다. 정보 당국이 러시아와 연관 짓지 못했지만 다른 주에서도 악의적인 활동이 발견되었다. 우리가 아는 것은 러시아 공작원이 취약점을 찾기 위해 미국 선거 데이터베이스를 훑었다는 것이다. 러시아는 선거 데이터베이스에 침입하고자 시도했다. 그리고 실제로 몇몇 유권자 등록 데이터베이스에 침투했다. 다행히도 2018년 5월에 우리 위원회는 실제 투표 기록이나 유권자 등록 명부가 변경되었다는 어떤 증거도 찾지 못했다. 하지만 주 자체의 국정 감사와 선거 기반 시설에 대한 포렌식(과학적) 수사에 관한 제한된 정보만으로는 우리가 아직 찾아내지 못했을 뿐 조작이 성공적으로 이루어졌을 가능성을 배제할 수는 없다.

보고서에서 우리는 선거 기반 시설에 여러 잠재적인 취약점이 있다는 우려를 제기했다. 투표 시스템은 낡았고 다수의 시스템에 투표 문서 기록이 없었다. 문서 없이는 투표 기록에 대해 신뢰할 만한 감사를 할 도리가 없으며 수치가 변경되지 않았다는 확신을 할 수 없다. 우리는 30개 주가 일부 관할구역에서 투표용지 없는 투표기를 사용하고, 5개 주가 투표용지 없는 투표기만 사용한다는 사실을 밝혔다. 투표용지 없는 투표기는 재검표가 불가능하기 때문에 조작에 취약하다. 우리는 또한 투표 시스템의 많은 부분이 인터넷에 연결되어 해킹에 열려 있다는 것을 발견했다. 인터넷에 정기적으로 연결하지 않는 시스템도 업데이트를 위해서는 인터넷을 통해 소프트웨어를 내려받아야 한다.

뚫을 수 없는 사이버 보안이 가능하다고 말하는 것은 오해의 소지가 있다. 우리에게 해를 끼치는 시도에 대한 방어, 탐지, 저지, 관리 및 완화에 초점을 두어야 한다. 음울한 농담이 있다. 해킹당했을 때와 안 당했을 때의 차이점은? '해킹당했다는 걸 안다'다. 진실은 아프지만 우리는 순진하게 굴 여유가 없다.

의원들과 보좌관들이 위험의 본질을 이해하도록 돕기 위해 나는 미시간대학의 컴퓨터공학 교수를 국회의사당에 초청해 해커가 선거 결과를 쉽게 바꿀 수 있다는 것을 보여주었다. 우리는 교수가 투표용지 없는 투표기를 설치해 놓은 국회의사당 방문자센터의 한 방에 모였다. 플로리다, 펜실베이니아, 버지니아와 같은 경합 주를 포함한 수많은 주에서 사용되는 투표용지 없는 투표기였다. 나를 포함해 랭크포드, 리처드 버(Richard Burr), 클레어 맥카스킬(Clair McCaskill) 등 상원의원 4명이 참여했고, 투표 조작 과정을 더 잘 이해하기 위해 모인 직원들로 방이 가득 찼다.

교수는 조지 워싱턴과 악명높은 독립전쟁의 배신자 베네딕트 아놀드(Benedict Arnold)가 후보인 대통령 선거를 설정했다. 짐작했겠지만 우리 네 사람 모두 조지 워싱턴에 투표했다. 그러나 결과에서는 베네딕트 아놀드가 우세했다. 교수는 악성코드를 사용해 투표기의 소프트웨어를 해킹해 우리 넷이 어떻게 투표하든 아놀드가 확실히 승리할 수 있도록 했다.

교수는 투표기가 아주 쉽게 해킹된다고 하면서 다른 시연에서는 투표기를 비디오 게임기로 바꿔 「팩맨」을 실행했다. 믿을 수 있는가?

미국의 선거 기반 시설은 낡은 기계들과 사이버 위협에 대한 훈련이 거의 없거나 전혀 없는 공무원들로 이루어져 있다. 많은 대기업에서 최고의 사이버 보안에 거금을 투자했음에도 데이터 유출을 경험했다는 사실을 생각해보면 우리의 취약성은 더욱 극명하다. 어떤 사람들은 사서 걱정한다고 생각할지도 모르지만 나는 우리가 최악의 시나리오를 대비해 준비해야 한다고 생각한다. 외국의 해커들이 우리의 구식 기계들을 목표로 삼아 투표 기록을 조작한다. 우리 투표 시스템의 신뢰성을 저해하고 대통령 투표 결과에 개입하기 위해 러시아가 기울인 전례 없는 노력을 보면 다른 국가나 초국적 해커들은 물론 러시아가 대담하게 다시 시도할 것이라는 점은 의문의 여지가 없다.

당시에 국토안보위원회와 정보위원회를 모두 거친 상원의원은 제임스 랭크포드와 나뿐이었다. 그래서 우리는 독특하게 비당파적인 방식으로 이런 공격에 맞서 싸울 수 있는 법안을 함께 구성하기에 적합했다. 2017년 12월 말 다른 상원의원들과 함께 우리는 장차 선거에서 외국의 개입을 방지하는 안전선거법(Secure Elections Act)을 발의했다.

국토안보위원회와 정보위원회 두 곳에서의 청문회와 증언을 거쳐 발전한 이 법은 연방과 주 정부 사이의 사이버 안보 정보 공유를 개선할 수 있을 것이다. 러시아가 투표기를 공격했던 사례에서 알 수 있듯이 선거 공무원이 기밀 자료에 제때 접속할 수 있도록 일급 보안 허가를 받을 수 있는 절차를 만들 것이다. 이 법은 예를 들어, 종이 투표의 필요성을 포함해, 선거 시스템의 보안 확보를 위한 명확한 전문 지침을 제정할 것이다. 러시아는 멀리서 기계를 해킹할 수는 있겠지만 종이 한 장은 해킹할 수 없다. 그리고 이 법에 따라 사이버 보안 개선을 위해 3억8,600만 달러의 보조금을 제공할 것이다.

또한, 선거 기반 시설을 위해 버그 신고 보상 프로그램이라고 알려진 제도를 확립할 것이다. 기술회사에서 일반적으로 사용되는 버그 신고 보상 프로그램은 화이트해커들이 소프트웨어의 취약점을 식별해주는 경우 보상하는 시스템이다. 악의적인 해커에 의해 악용될 수 있는 버그를 신속하게 바로 잡는 경제적으로 효율적인 방법이다. 우리는 집에서 화재경보기를 확인하는 것처럼 시스템의 보안을 꾸준히 확인해야 할 의무가 있다. 배터리가 다 된 것을 알고자 집에 불이 붙기를 기다리는 사람은 아무도 없다.

놀랍게도, 이 법안에 대한 초당적인 지지에도, 이 글을 쓰는 지금까지 미국 상원에서 투표를 진행하지 못했다. 2018년 중간선거를 1년 가까이 앞두고 법안을 발의했지만, 백악관이 반대했고, 상원 다수당 대표는 이를 원내에 상정하지 않았다. 그래서 나는 취약점의 규모와 취해야 할 조치가 아무런 정당성 없이 중단되고 있다는 것을 생각하면 정말로 밤에 잠이 오지 않는다.

또한, 우리가 외국의 간섭에 취약한 분야가 선거제도만이 아니라는 것을 명심해야 한다.

예를 들어 2018년 3월 국토안보부와 FBI는 러시아 해커들이 에너지, 물, 항공, 제조업에 이르는 분야에서 몇몇 단체와 미국 정부 기관의 컴퓨터 시스템에 접근했다는 공동 경보를 발령했다. 국토안보부와 FBI는 해당 행위를 "상업 시설의 네트워크를 노리고 악성 소프트웨어의 설치, 스피어피싱, 에너지 부문 네트워크의 원격 접속 허가 등을 시도한 러시아 정부의 사이버 해커에 의한 다단계의 침입 행위"라고 발표했다. 러시아는 최소한 한 군데의 발전소 통제 시스템에 접속했다. 그리고 경우에 따라 자신들의 뜻대로 발전소를 폐쇄할 수 있는 도구를 시스템 안에 심었다.

이는 말할 것도 없이 예외적인 취약점이다. 수백만의 미국인들은 2003년 8월에 치솟은 전력 소비량 때문에 북동부 8개 주를 담당하는 전력 공급망에 과부하가 걸려 정전으로 이어졌던 사건을 기억할 것이다. 주요 도시들은 암흑 속으로 빠져들었다. 소방관들이 급히 달려와 온도가 상승해서 찜통처럼 변한 건물 속 엘리베이터에서 사람들을 구조했다. 수백 대의 기차가 선로에 멈춰 섰고 수천 명의 승객이 어두운 지하철 터널에서 구출되었다. 폐기물 처리장도 전력을 잃어 4억9,000만 갤런의 오수가 뉴욕시에 흘러들었다.[1)] 휴대폰 서비스가 교란되었고, 현금지급기가 멈췄다. 병원은 위중한 환자들을 돌보기 위해 자가 발전기에 의지해야 했다. 뉴욕시의 사망률은 이틀 정전된 사이에 28% 상승한 것으로 후일 밝혀졌다.[2)]

정보 당국이 2018년 발표한 세계위협평가(Worldwide Threat Assessment)에서 국내 안보 수장은 최근 주요 사회 기반 시설에 증가하는 위험을 상술했다. "군사적 분쟁 외에 사이버 공격을 외교 정책의 도구로 사용하는 것은 대부분 산발적이고 낮은 수준의 공격에 제한되었다"고 설명했다. "하지만 러시아, 이란, 북한은 미국과 미국의 동맹국들에서 점차 더 큰 위협을 가져올 더욱 공격적인 사이버 공격을 시험하고 있다."

과거 미국 대기업을 공격해 개인 데이터를 훔친 이란은 미국의 사이버 인프라를 뚫고 계속 작업 할 것으로 보인다. 2014년 11월 소니에 파괴적인 공격을 가했던 북한은 또한 영국 의료 시스템을 마비시킨 대규모 사이버 공격에 책임이 있는 것으로 미국 정부가 확인했다. 북한은 제재가 취해진 이후 2016년 방글라데시 은행에서 8,100만 달러를 가져갔던 것처럼 사이버 작전을 통해 돈을 훔칠 것으로 예상된다. 한편 2015년부터 자체 사이버 공격 능력을 발전시켜 온 중국은 특히 전 세계 네트워크를 지원하는 제품과 서비스를 제공하는 미국의 민간 산업, 특히 방위산업체와 IT 통신 회사의 공격을 지시했다. 미국 무역 대표부의 조사에 따르면 중국인의 미국 지적 재산 절도 때문에 연간 2,000억 달러 이상의 비용이 소요된다.[3)]

그리고 국가 차원을 넘어서는 행위자들이 있다. 미국국가정보국(DNI)의 위협 평가에 따르면 "초국가적 범죄자들은 미국 네트워크에 대한 절도, 강탈과 같은 영리 목적의 사이버 범죄를 계속할 것이다." 이는 희생이 큰 범죄이다. 2018년 2월 사이버 보안 소프트웨어 제공 업체인 맥아피(McAfee)와 초당파적인 국제전략연구소(Center for Strategic and International Studies)는 북미에서 이러한 사이버 범죄의 피해액이 1,400억 달러에서 1,750억 달러에 달한다는 보고서를 발표했다.[4)] 또한, 국가 차원의 행위자들이 자신들의 악의적인 목표를 추구하면서도 저렴한 비용으로 책임을 부정할 수 있기에 그러한 범죄 활동에 자금을 지원할 거라고 예상할 수 있다.

우리는 이 새로운 시대에 사이버 보안을 최우선 과제 중 하나로 삼아야 한다. 우리 군대가 전투할 때 확실하게 최고의 무기를 지니게 하는 것만으로는 충분하지 않다. 이러한 새롭고 끊임없이 변화하는 위협에 대항하여 우리의 군대, 정보 당국과 민간 부문이 최상의 사이버 방어 기제를 갖춰야 한다. 전직 국가안보국 국장이자 미국 사이버사령부의 첫 수장인 키스 알렉산더(Keith Alexander) 장군은 2016년에 국방부의 시스템이 해커들에게 시간당 25만 번 탐색 당하고 있다고 밝혔다. 이는 하루에 600만 번에 달한다.[5)]

기술이 무기가 될 수 있는 세상에서 우리는 대응하기 위해 최고의 기술을 효율적으로 사용해야 한다. 그리고 그것은 우리가 항상 한발 앞서 나갈 수 있도록 우리의 노력을 지속해야 한다는 것을 의미한다.

2011년에 처음 법무부 장관이 되었을 때 기술적으로 부족한 점에 충격을 받았던 기억이 있다. 그래서 트래비스 르블랑(Travis LeBlanc) 법무 보좌관이 이끄는 팀을 구성해 디지털 시대에 범죄와 더욱 잘 싸울 수 있도록 우리 시스템을 점검하고 업그레이드했다. 취임 첫해에 우리는 신원 도용, 사이버 착취 등 기술 관련 범죄에 초점을 맞출 검사와 수사관으로 꾸려진 사이버범죄대책팀(eCrime Unit)을 조직했다. 나는 남은 법무부 장관 임기의 상당 부분을 캘리포니아의 기술적 이점을 제도화하는 데 사용했다. 그러한 노력의 결실 중 하나로 모든 기술 범죄 수사관들이 접속할 수 있는 최신 디지털 포렌식 역량을 갖춘 사이버범죄센터(Cyber Crime Center)가 신설되었고, 이로 인해 캘리포니아는 이런 제도를 선도적으로 도입한 주가 되었다.[6)]

하지만 현재 우리가 가진 최고의 기술을 잘 활용하는 것뿐만 아니라 철저하게 보호된 상태를 유지하는 데 필요한 혁신과 돌파구에도 투자해야 한다. 이는 내가 양자컴퓨터에 투자하는 법안을 발의한 이유 중 하나이기도 하다. 양자컴퓨터는 기술 우위 경쟁에서 미국을 최일선에 세워줄 첨단기술이다. 혁신의 추구는 경제적인 시각으로만 바라봐서는 안 된다. 국가 안보에도 관련된 문제이기 때문이다. 이 때문에 나는 전 세계의 고도로 숙련된 학생과 전문가가 미국의 대학에서 공부하거나 미국의 회사에서 일하는 것을 환영해야 한다고 생각한다.

궁극적으로 사이버 정책원칙을 세워야 한다. 원칙에 따라 우리는 사이버 공격이 어떨 때 전쟁 행위인지 아닌지, 그리고 어떤 종류의 대응이 필요한지 결정하게 될 것이다.

2017년 1월 12일 마이크 폼페이오(Mike Pompeo)는 상원 정보위원회에서 열린 그의 CIA 국장 인사청문회에 출석했다. 청문회에서는 전통에 따라 연공서열 순으로 질문을 하는데 위원회에 갓 참가한 나는 마지막으로 폼페이오에게 질문을 하게 되었다. 청문회 내내 나는 동료 의원들이 폼페이오에게 정보의 공유, 수집부터 미국 국내외에서 테러리스트의 공격 예방 등 전통적인 문제들에 대해 다양한 분야의 질문을 하는 것을 들었다. 마침내 내 차례가 되었을 때 나는 폼페이오와 위원회의 다른 사람들을 놀라게 했다. 나는 기후변화가 초래할 과학적 사실을 공개적으로 부정하는 것은 미국 정보 기구 수장의 역할과 충돌하게 되는 것은 아닌가 하고 물었다.

폭스TV부터 헤리티지 재단까지 우익 전문가들은[7] 내 질문을 "멍청하다", "어이없다", "완전히 틀렸다"고 즐거이 비웃었다.[8] 명백하게 그들은 나의 우려가 국가 안보에 관한 문제들과 동떨어져 있다고 여겼다. 하지만 그들이 틀렸다. 내 질문은 분석적 객관성에 관한 것이지 정보를 정치화하려는 것이 아니었다. CIA는 이미 기후변화 위협에 대한 일반 보고서를 발표했다. 폼페이오의 이전 발언은 CIA의 보고서를 무시하는 것이었다. 폼페이오는 어떻게 대통령에게 브리핑할 것인가? 기후변화에 관해 CIA의 전문가들이 발견한 사실보다 개인적인 견해를 중시할 것인가? 그리고 만약 그렇다면 우리나라에 대한 다른 심각한 위협은 어떻게 다룰 것인가?

기후변화는 다양한 각도에서 바라볼 수 있다. 일부는 순수하게 환경적인 문제로 본다. 이들은 서식지의 파괴, 빙하의 유실, 다가올 종의 대량 멸종을 지적한다. 다른 이들은 깨끗한 공기와 깨끗한 물을 손쉽게 구할 수 있는 세상을 요구하며 기후변화를 공중위생의 문제로 본다. 기후변화를 경제적인 차원에서 고려하는 시각도 있다. 농부들에게 업무의 복잡성에 대해 질문하고, 정확하고 측정된 날씨 패턴에 초점을 맞추고, 성공한 농사와 실패한 농사의 수확량이 믿을 수 없을 정도로 적은 이유에 관해 물어본다. 당연히 극단적인 기후 상태와 예상하지 못한 날씨 변화가 무시할 일이 아님을 이해하게 될 것이다.

하지만 군 장성들에게 묻는다면, 정보위원회의 원로 위원들에게 묻는다면, 국제 분쟁의 전문가에게 묻는다면 그들이 기후변화를 국가 안보 위협으로 여기고 있다는 것을 알 수 있다. 기후변화를 빈곤과 정치적 불안을 악화시켜 폭력, 절망, 심지어 테러까지도 가능하게 하는 조건을 만들어내는 '위험 증폭기(threat multiplier)'로 보고 있다는 것을 알게 될 것이다. 불안정하고 불규칙한 기후는 불안정하고 불규칙한 세계를 만든다.

예를 들어 기후변화는 가뭄으로 이어진다. 가뭄은 기근을 일으킨다. 기근은 절박한 사람들이 목숨을 부지할 방법을 찾아 집을 떠나게 만든다. 엄청난 수의 유랑민이 이동하면 난민 문제가 발생한다. 난민 문제는 국경을 넘어 긴장과 불안정성을 일으킨다.

기후변화는 또한 미국에도 영향을 미치게 될 치명적인 전 세계적 전염병의 대유행 위험을 증가시킨다.[9] 미국질병통제예방센터(CDC)에 따르면 2006년부터 2016년 사이에 웨스트 나일 바이러스, 지카 바이러스, 라임병 같은 질환에 걸린 미국인의 숫자가 3배 증가했다. 기온이 계속 따뜻해지면서 과거에는 질병이 살아남지 못했던 미국의 일부 지역에서도 해당 질병이 창궐한다. 사실 CDC는 이미 이전에 미국에서 발견된 적 없는 9종의 감염병을 확인했다.[10]

기후변화가 끔찍한 불안정성과 절망을 유발하고 미국의 국가 안보에 위협이 되는 것은 냉엄한 현실이다. 그래서 전 CIA 국장이었던 존 브레넌(John Brennan)은 CIA 분석가들이 세계적으로 불안정성이 빈번해지는 원인을 살펴볼 때 그중에 하나로 기후변화를 지목했다고 말했다. 그래서 오바마 대통령이 국가 안보 전략의 일부로써 기후변화를 우선순위가 가장 높은 국가 안보 위협으로 꼽은 것이다. 그래서 국방부가 해수면 상승과 극단적인 날씨의 영향을 받게 될 수십 개의 군사기지를 보호하는 전략 등 기후변화의 영향에 대한 복원력을 높이는 데 앞장서는 것이다. 그래서 내가 미국의 CIA 국장이 될 사람에게 기후변화가 미국 국민을 보호하기 위한 그의 전략에 어떤 요인이 될 것인가를 물어보는 데 주저하지 않았던 이유다.

기후변화는 공상과학소설이나 미래를 배경으로 하는 디스토피아 소설의 내용이 아니다. 기후가 초래하는 위기는 이미 발생하는 추세다. 예를 들어 2017년 하반기에 남아프리카 케이프타운의 저수량이 너무나 낮아져 300만 명 이상이 사는 남아프리카에서 두 번째로 큰 도시의 수돗물이 바닥날 위기에 처했었다. 케이프타운 주민들은 몸을 씻은 물을 세탁기에 재활용하기 위해 양동이에 물을 담아 샤워하기 시작했다. 농부들은 작물의 1/4가량을 포기해야 했다.[11)]

이 문제는 미국도 직면할 문제이며, 우리가 대비해야 할 국가 안보에 관한 문제이다. 신뢰할 수 있고 지속 가능한 공급을 확보하기 위해 물 안보 전략을 다양화해야 한다. 캘리포니아에서 나고 자란 나는 어렸을 때부터 물 공급이 소중하고도 불안정하다는 것을 배웠다. 초등학교 때 반 친구들과 생태학을 배웠는데, 어머니가 나에게 보수주의자(conservative)와 환경 보호론자(conservationist)의 차이점을 설명하면서 미소 짓던 것이 기억난다. 나는 어린이의 눈으로 1976년부터 1977년의 가뭄을 지켜봤다. 화장실 물이 내려가지 않고 샤워기에 타이머가 생겼으며 잔디밭은 갈색으로 타들어 갔다. 나는 물 안보에 대해 깊이 생각하고 있으며, 물이 그저 주어지는 것이라고 한 번도 여겨본 적이 없다.

여러 전선에서 동시다발적으로 다양한 접근이 이루어지고 있다. 보존은 수자원을 증가시키는 가장 저렴하면서도 효과적인 방식이다. 그러나 노후화된 수자원 기반 시설도 개선해야 하고, 폭우를 저장하는 방식과 저장 용량의 개선도 필요하며 물의 재활용, 정화, 담수화에 관한 현명한 투자도 필요하다.

그런 투자를 이미 시행한 우방이나 동맹으로부터 배울 점도 많다. 특히 이스라엘은 물 안보 문제에 관해서는 세계적인 선두주자이다. 2018년 2월, 나는 이스라엘로 향했고 소렉(Sorek)의 담수화 발전소를 돌아보았는데 역삼투압을 이용해 바닷물에서 깨끗한 식수를 생산하고 있었다. 한 잔 마셨다. 내가 여태 마셨던 물만큼 맛있는 물이었다.

그것이 전부가 아니다. 많은 사람이 말해온 것처럼 이스라엘 사람들은 사막에 꽃을 피운다. 86%의 폐수를 성공적으로 재생하고 정화해 농수로 사용하기 때문이다. 대조적으로 미국은 매일 320억 갤런의 지역 폐수가 발생하지만 단지 7~8%만이 재생된다.[12] 물론 우리는 이것보다 잘할 수 있다.

물을 절약하고 물 부족에 대비하는 것이 최우선 과제여야 한다. 같은 논리로 기후변화 시대에는 홍수 대비책도 필요하다. 인도, 방글라데시, 네팔에서는 2017년 여름 홍수로 1,200명 이상의 사망자가 발생했고, 4,000만 명 이상이 피해를 보았다. 거의 100만 명이 집을 잃었다.[13] 2010년 파키스탄의 홍수는 국토의 20%를 휩쓸었고 1,700명 이상의 사망자와 적어도 1,200만 명의 피해자를 냈다. 아메리카 대륙에서도 허리케인 마리아의 파괴적인 힘이 푸에르토리코의 섬을 폐허로 만들었다. 나는 2017년 11월에 푸에르토리코를 방문해 그 파괴된 현장 중 일부를 직접 보았다. 집이 부서지고, 도로가 무너지거나 파괴되었으며, 공동체는 위기에 빠졌다. 너무 마음이 아팠다. 공식적인 사망자 수는 64명에서 2,900명 이상으로 수정되었지만[14], 하버드 T. H. 챈 보건대학교의 연구자들은 이번 폭풍과 그 여파로 인해 푸에르토리코에서 최소한 4,600명의 미국인이 사망한 것으로 추정하고 있다.[15]

홍수뿐만 아니라 화재도 문제다. 화재는 기후변화 때문에 발생하지는 않지만, 기후변화 때문에 악화한다. 고온과 건조한 시기가 지속되면 숲은 불쏘시개로 변한다. 캘리포니아는 항상 산불이 일어나는데 기후변화 때문에 점점 빈번하게 발생하고 규모는 더욱 커지고 있다. 나는 법무부 장관이었을 때 산불 현장 상공을 헬리콥터로 돌아본 적이 있다. 그 높이에서야 황폐해진 규모가 시야에 들어왔다. 거리 전체, 이웃 전체가 잿더미가 되었다. 굴뚝과 비석이 있는 묘지처럼 보였다.

2018년 8월 나는 고향인 캘리포니아로 날아가 소방관들과 멘도시노(Mendocino) 복합 화재로 집을 잃은 이재민들을 만났다. 멘도시노 복합 화재는 45만 에이커 이상을 불태웠고, 이는 주 역사상 가장 큰 화재로 기록되었다.

나는 레이크 카운티에 도착해서 이재민 가족들의 임시 대피처로 이용되는 컨벤션센터로 향했다. 일부 사람들은 집과 모든 소지품을 잃었다. 다른 사람들은 얼마나 피해를 보았는지조차 몰랐다. 나는 셋째를 임신 중인 아이 엄마를 만났다. 그녀는 가족들이 기운을 차리게 하려고 애쓰고 있었다. 그녀의 딸이 자신들이 머무는 적십자의 간이침대 위에 이불을 얼마나 깔끔하게 정리했는지 나에게 보여주면서 자랑스러워하던 모습을 기억한다.

그보다 1년 전 나는 본인이 진압하고자 애썼던 화재로 자신의 집을 잃은 소방관을 만났다. 그는 자주 다른 사람들이 화재로 모든 것을 잃는 것을 봤기 때문에 그 고통을 이해한다고 항상 생각해왔다. 하지만 실제는 상상보다 훨씬 끔찍했다. 그래도 그는 그해에 희생된 수많은 소방관을 가족으로 둔 사람들을 생각하면 자신의 처지는 그렇게 나쁘지 않다고 말했다.

사이버 안보든 기후변화든, 러시아와 북한 같은 침략자를 통제하에 두는 것이든, 이 모든 문제를 관통하는 주제가 있다. 미국이 초강대국이기는 하나 우리가 단독으로 할 수 있는 것에는 현실적인 한계가 있다. 미국 사람들을 안전하게 지키기 위해서, 우리 국익과 본토의 안전을 확보하기 위해서 우리는 동맹국들과 경제적, 외교적, 군사적인 동반자 관계를 작동시켜야 한다. 특히 러시아의 노골적인 공격성이 증대되는 현실 속에서 우리는 이제껏 세상에 존재했던 방위 조약 중 가장 중요한 NATO를 지켜야 한다. 우리의 힘만으로는 기후변화의 추세를 뒤집을 수도 없고 기후변화의 더욱 끔찍한 영향을 막을 수도 없기에 파리협정을 다시 맺어야 한다. 그리고 미국 사람들을 지키기 위해서 하는 일이 미국적인 가치에도 부합해야 한다는 사실을 잊지 말아야 한다. 전 세계는 미국의 행위를 보고 미국을 판단한다.

지나 해스펠(Gina Haspel)이 마이크 폼페이오 후임 CIA 국장에 지명되어 우리 위원회의 인사청문회에 출석했을 때 내가 마음에 품고 있던 마지막 진리는 그것이었다. 33년 동안 CIA에서 일했던 해스펠은 수감자들이 고문당하는 동안에도 CIA에 재직했다. 다른 상원의원들이 이 부분에 대해 그녀의 행동이 적법했는지, 그녀라면 그런 행동을 다시 허가할 것인지 등 많은 질문을 던졌다.

내 차례가 되었을 때 나는 이 청문회가 CIA 요원들의 놀랍고도 의심의 여지 없는 복무와 희생의 중요성에 대한 것도 아니고, CIA의 임무에 대한 것도 아님을 강조했다. 나는 요원들의 희생도 CIA의 임무도 전적으로 지지한다. 청문회는 해스펠이 CIA의 국장이 되기에 적합한지 판단하기 위한 자리라고 나는 설명했다. 그리고 우리가 국장 자리에 어떤 사람을 뽑는지에 따라 CIA의 직원들, 미국 국민들, 세계의 이웃들에게 우리의 가치와 도덕적 권위가 어떤 것인지 신호를 보내게 된다는 것을 이해하는 것이 상원의원으로서 우리의 일이라고 말했다. 이 생각을 품고 아주 흥미로운 사실이 드러나는 언쟁이 시작되었다.

"그래서 제가 아직 당신의 답변을 듣지 못한 한 가지 질문은 이겁니다. 이전의 심문 기술이 비도덕적이라고 생각합니까?"

해스펠은 답변을 멈추고 심사숙고하는 듯했다. "의원님께서 말씀하시는 CIA 요원이 누구…."

"'네, 아니오'로 답할 수 있는 질문입니다. 이전의 심문 기술이 비도덕적이라고 생각합니까? 합법적이었다고 생각하는지 묻는 것이 아닙니다. 비도덕적이었는지를 묻고 있습니다."

해스펠은 다시 답을 멈췄다. "의원님, 저는 CIA가 허가가 내려진 합법적인 수단 안에서 이 나라에 또 다른 공격이 발생하는 것을 방지하기 위한 아주 뛰어난 임무를 수행했다고 생각합니다."

"'네, 아니오'로 대답해주세요. 뒤늦게라도 그 기술들이 비도덕적이었다고 생각합니까?"

"의원님, 오늘 여기 앉아 제가 믿는 바는 저희가 보다 높은 도덕적 기준을 지지한다는 것입니다."

"질문에 답해주실 수 있습니까?"

"의원님, 저는 답변했다고 생각합니다."

"아니요, 아직 답하지 않았습니다. 이전에 사용된 기술이 비도덕적이었다고 생각합니까? '네, 아니오'로 말씀해주세요."

"의원님, 저는 저희가 육군 야전교범에 개요가 서술된 도덕적 기준을 따른다고 생각합니다."

해스펠이 답변을 거부하고 잠시 후 지금은 고인이 된, 베트남 전쟁에서 포로로 잡혀 5년간 끔찍한 고문을 겪어야 했던 존 매케인 상원의원이 해스펠의 CIA 국장 인준을 거부한다는 발언을 했다.

매케인은 다음과 같이 말했다. "수많은 미국인처럼 나는 우리나라가 공격을 받아 소위 강도 높은 심문 방식에 의지하는 결정을 내릴 정도로 위급했다는 것을 이해한다. 나는 강도 높은 심문 방식을 사용한 사람들과 그 허가를 내린 사람들이 미국인들을 보호하고자 했다는 것도 안다. 그들이 겪은 임무의 딜레마와 압박을 이해한다. 하지만 내가 여러 번 주장했던 것처럼 우리가 우리나라를 안전하게 지키기 위해 이용하는 방법들은 우리가 부끄럽지 않게 살고, 세상을 발전시키기 위해 염원하는 가치들처럼 바르고 공정해야만 한다."

그는 이어서 "나는 지나 해스펠이 우리나라를 사랑하는 애국자라고 생각하며 나라를 지키고 봉사하기 위해 직업적인 삶을 헌신했을 것이라고 믿는다. 하지만 미국인들이 고문을 자행하도록 감독한 해스펠의 역할은 충격적이다. 나는 상원이 이번 지명에서 조언, 동의,

거부의 임무를 수행해야 한다고 생각한다."

우리는 복잡한 일과 위험으로 가득한 불확실한 세계에 산다. 미래에 우리가 직면하게 될 도전은 새롭고 불분명할 것이다. 우리는 두려움이 아니라 현명함을 바탕으로 힘을 모아야 할 것이다. 분명히 이전 세대에서는 고려해본 적 없는, 내리기 어려운 결정도 있을 것이다. 하지만 미국 사람들을 보호하는 데 도움을 받았던 것들이 무엇인지, 이 순간까지 세대를 거쳐 평화를 담보한 것이 무엇인지 기억한다면 잘 해결될 것이다. 우리는 미국이 법치국가이고 법치에 찬성한다는 것을 기억해야 한다. 우리는 우리가 무엇을 위해 힘쓰고 때로는 피를 흘렸는지 잊어서는 안 된다. 평화와 협력을 증진하는 국제적인 질서, 전 세계 민주주의에의 헌신, 자신들이 봉사해야 하는 사람들의 이익을 위해서가 아니라 자신들의 이익만을 위해서 국가를 통치하는 폭군과 독재자의 배제가 우리의 목표이다. 우리는 불완전한 존재지만, 우리의 역사는 더 나은 안전하고 자유로운 세계를 추구해왔다. 다가오는 미래에는 모든 도전적인 과제들에 맞서 우리가 누구이고 어떤 존재가 될 수 있는지 보는 눈을 잃어서는 안 될 것이다.

10장 삶이 내게 가르쳐준 지혜들

처음 경력을 쌓을 무렵, 내가 맡았던 사건 중 하나가 제프리 호너(Jeffrey Horner) 판사가 맡은 오클랜드 법정에서의 뺑소니 사건이었다. 내 주장을 구체적으로 설명하기 위해, 나는 커다란 종이 위에 지도를 프린트한 뒤 이젤 위에 클립으로 고정했다. 배심원들에게 운전자의 경로를 보여주기 위해서 지도가 반드시 필요했다.

사건 내용은 자세히 기억이 나지 않지만, 그 지도는 분명하게 기억한다. 왜냐하면, 동서남북을 제대로 몰라 계속 헤맸기 때문이다. 나의 실수를 인정하기 위해, 변론 도중에 잠시 배심원들 앞에서 자기 비하적인 농담을 던졌다. 얼마 지나지 않아, 휴식 시간이 되자, 호너 판사가 나를 자신의 집무실로 불렀다. 그는 "다시는 그러지 말게"라고 말한 후 "답은 자네가 찾아내게"라고 했다.

그의 충고는, 지금까지 내가 받아들인 수많은 교훈처럼, 내 가슴 속에 와 닿았다. 어머니가 전해주신 아주 기본적인 지혜, 가족과 친구들, 신뢰하는 멘토들의 격려와 지도, 그리고 내가 목격했던 좋고 나쁜 강력한 사례들, 또 그런 사례들을 효과적으로 풀어가는 데 필요한 것은 무엇인지, 목표를 달성하기 위해 무엇이 필요한지, 그리고 그 과정에서 우리가 서로에게 무엇을 빚지고 있는지 등에 대한 나의 이해력을 풍부하게 해주었다.

이러한 교훈들은 나 자신만의 인생 경험들을 통해 알게 되었고, 내 경력의 행로는 이것들의 적용으로 영향을 받았다. 이제 이것들을 표현하는 일련의 짧은 구절들을 찾았는데, 나의 팀원들은 너무나 자주 들었던 말들이라, 만약 그들이 이 장을 읽을 때면 아마도 크게 웃을 것이다. 어느 해인가, 우리 팀은 심지어 "잘못된 선택은 없다"라는 문구를 흰색으로 새겨 넣은 파란색 스트레스 해소용 공을 제작한 적도 있었다.

물론, 리더십의 복잡함을 단순한 구호로 축소하는 것은 불가능하다. 하지만 나와 우리 팀은 다음의 문구들을 시금석이나 지침으로서, 정책적인 대화를 위한 시작점으로서, 그리고 우리가 올바른 길로 가고 있는지를 판단하는 방법으로서 의지한다. 이것들이 나의 개인적인 철학과 스타일에 대해 많은 것들을 이야기해주기 때문에 여기서 그것들을 공유하려고 한다. 그리고 누군가에게서 얻은 지혜들이 내 생각들을 구체화하는 데 도움이 되었던 것처럼, 어쩌면 이것들이 어느 정도 여러분들에게 도움을 준다며 좋겠다.

가설의 검증

나는 어렸을 때, 어머니를 따라 연구실에 가곤 했는데, 거기서 어머니는 내게 할 일을 주곤 했었다. 주로 시험관을 닦는 일이었다. 아마도 어머니는 일찍부터 내가 당신을 따라 과학 분야에 종사하지는 않을 것이라고 눈치챘다고 생각한다. 비록 어머니와 그녀의 동료들 그리고 그들의 작업에 경외심을 느꼈지만, 나를 부른 것은 인문학과 예술이었다.

하지만 과학자의 딸에게 과학은 사유하는 하나의 방법이기도 하다. 어머니는 마야와 내게 과학적 방법들이 마치 삶의 한 방식인 것처럼 이야기하곤 했다. 만약 내가 어떤 것이 왜 그렇게 되는 거냐고 물으면, 어머니는 단순히 답을 주는 것에 만족하지 않았다. 어머니는 내가 나의 가설을 공식화하고, 그것을 추가 조사를 위한 시작점으로 이용하고, 내 가설을 시험해보라고 가르쳤다. 그것이 바로 어머니가 연구실에서 일하는 방식이었다. 어머니가 매일매일 하는 실험들은 그녀의 아이디어들이 실험을 거친 뒤에도 유효할 것인지를 파악하는 것을 목적으로 했다. 어머니는 자료를 모으고 분석하고, 그 증거로부터 결론을 도출해냈다. 만약 결과가 가설을 뒷받침하지 못한다면, 재평가에 들어갔다.

혁신은 지금까지 존재했던 것에 대한 부담감 떨쳐내고 가능한 것을 추구한다. 그리고 우리는 지루해서가 아니라 더 빠르고, 더 효율적이며, 더 효과적이고, 더 정확하게 만들기 위해 혁신을 추구한다. 과학 분야에서, 의학 분야에서, 기술 분야에서, 우리는 혁신의 문화를, 즉 가정과 실험 등을 받아들인다. 우리는 실수를 예상한다. 단지 똑같은 실수를 반복하지 않기를 원할 뿐이다. 우리는 불완전함을 예상한다. 그것이 우리에게는 기본이다. 소프트웨어는 수정이 필요하고, 업데이트가 필요하다는 아이디어에 익숙해져 가고 있다. '버그 수정'과 업그레이드의 개념에 아무런 의문을 품고 있지 않다. 어떤 것을 테스트하면 할수록, 무엇이 효과가 있고 없는지를 더 분명하게 이해할 수 있고, 최종 제품이나 과정이 더 향상될 것임을 알고 있다.

그러나 우리는 공공 정책의 영역에서 혁신을 수용하는 데 어려움을 겪고 있는 것 같다. 부분적으로, 우리가 공직에 출마하고 유권자들 앞에 설 때, 유권자들은 '가설'이 아니라 '계획'을 내놓기를 기대하기 때문일 것이다. 문제는, 어떤 혁신이나 새로운 정책 또는 계획을 처음 내놓을 때면 결함이 생기기 마련이고, 대중의 눈앞에 서는 사람인 경우, 그 결함들이 신문 1면에 대문짝만하게 나올 가능성도 있다. 2013년 보건복지부 웹사이트(www.healthcare.gov)를 개설한 지 두 시간 만에 서버가 다운되었을 때, 비록 일시적이었지만, 기다렸다는 듯이 건강보험개혁법을 추구하는 것 전체를 어리석다는 식으로 매도했다.

요점은, 공직에 있을 때는 대담한 행동을 추구하는 것과 관련해 정말로 많은 위험이 따른다는 것이다. 비록 그럴지라도, 나는 그렇게 하는 것이 우리의 의무라고 믿는다. 그것은 우리가 한 선서에 내재 되어있다.

공직에 몸을 담는 목적은 문제들을 위한, 특히나 가장 난해한 문제들을 위한 해결책을 발견하고 미래를 위한 비전을 갖는 것이다. 나는 항상 정치적 자산은 이익을 얻지 못한다는 말을 하곤 했다. 그런데도 소비해야 하고, 기꺼이 타격을 감수해야 한다. 자신의 가설을 기꺼이 시험하고, 그 해결책이 효과가 있는지를 측정 기준과 데이터를 기반으로 알아내야 한다. 전통에 대한 맹목적인 집착이 성공의 척도가 되어서는 안 된다.

캘리포니아 스톡턴(Stockton) 시장인 마이클 터브스(Michael Tubbs)는 내가 아는 그 누구보다도 이 생각을 잘 이해하고 있다. 그는 26살에 압류 위기로 인해 파산에 직면한 스톡턴시의 시장이 되었다. 스톡턴은 여전히 높은 빈곤율과 범죄율, 그리고 지금은 증가하는 임대료와 싸우고 있다. 터브스는 연구팀에게 가난과 싸울 수 있는 새로운 방법을 제시해달라고 부탁했다. 그들이 가져온 아이디어 중 하나가 소득보장 프로그램이었다. 이 개념은 사람들에게 직접 현금을 지급함으로써, 경제를 활성화하는 동시에 사람들의 생계유지를 도와준다는 두 마리 토끼를 모두 잡겠다는 정책이었다. 그리고 그는 그 가설을 기꺼이 실험해볼 의향이 있었다. 스톡턴시는 2019년 2월, 주민 100명을 무작위로 선택해서 그들에게 18개월 동안 원하는 곳에 소비할 수 있도록 한 달에 500달러씩을 지급하는 실험 프로그램을 마련했다. 프로그램을 진행하는 동안 연구원들이 정기적으로 참석자들을 점검할 예정이다. 실험이 끝날 무렵이면, 이 도시는 시장이, 그리고 수많은 정치 지도자들이, 이 모델의 효과를 결정하는 데 도움이 될 일련의 데이터들을 수집하게 될 것이다.

미국의 노동자들을 돕기 위해 많이 논의되었던 또 다른 아이디어로는 일자리보장제도가 있었다. 기본적인 현금 지급을 보장하기보다는, 연방 정부 차원에서 일자리를 보장해 원하는 사람이면 누구나 반듯한 그리고 좋은 보수의 직업을 보장받게 된다. 이것은 바로 프랭클린 루스벨트 대통령의 '경제권리장전'에서 나온 발상이다. 가능할까? 효과가 있을까? 만약 결과가 자신이 계속 진행하려던 '계획'의 일부라면, 그것을 승낙하지 않을 수가 없다. 하지만 '찾아보자'가 더 나은 대답이다. 나는 우리가 그렇게 할 수 있도록 돕는 모델 프로그램을 만들기 위해 상원에서의 법률 제정에 서명했다. 어느 쪽이든, 그러한 프로그램에서 나온 데이터가 우리의 접근방식을 알려줄 것이라고 자신한다.

현장으로 찾아가라

캘리포니아 남부에는 산타아나강 바로 북쪽, 리버사이드 카운티 서쪽 가장자리에 자리한 미라 로마(Mira Loma)라는 작은 공동체가 있다. 그곳은 아주 오랫동안 포도밭과 낙농농장이 있었던 곳으로, 사람들은 말 타는 것을 좋아하고, 산업화한 로스앤젤레스의 매연과는 멀리 떨어진 곳에서 아이들을 키우는 그런 시골 마을이었다. 하지만 1980년대 후반부터 상황이 바뀌기 시작했다.

증가하는 세계화 추세는 미국이 세계 전역에서 더 많은 물건을 수입하기 시작할 것이라는 의미였고, 아시아에서 온 많은 컨테이너 선박들이 캘리포니아 남부의 항구들로 모여들었다. 자연스럽게 인근 리버사이드 카운티는 거대한 창고와 물류센터 건축을 승인하기 시작했고, 트럭들이 항구에서 실어온 화물들이 이곳에 쌓였다. 내가 법무부 장관이 되었을 무렵, 미라 로마에는 대략 90여 개의 초대형 물류 단지들이 있었다.

미라 로마에 사는 4,500가구의 삶이 변화되었다. 농장들을 파헤쳐 아스콘 포장을 했고, 교통 상황은 견디기 힘들 정도가 되었다. 조용했던 시골 공동체는 산업창고에 잠식되었다. 그리고 공기도 독성을 띠게 되었다. 미라 로마의 주요 도로를 트럭들이 매일같이 1만 5,000회 이상 이동하면서, 매연 및 미세먼지 등의 오염 물질들을 배출했다. 곧 미라 로마는 주는 물론 미연방의 대기질 표준치를 훨씬 뛰어넘는, 주에서 오염도가 가장 높은 지역 중 하나가 되었다.

남가주대(USC) 연구원들은 대기오염이 미라 로마 아이들의 열악한 폐 발육과 다른 심각한 질병과 관련이 있다는 것을 밝히는 연구를 진행했다. 이미 미국환경보호청에서 대기오염과 관련한 건강상의 위험에 대한 나름의 우려를 표명하고 있었다. 하지만 상황은 점점 더 악화할 뿐이었다.

미라 로마의 상황이 내 관심을 끈 것은, 카운티가 또 다른 물류창고 단지를 승인했다는 사실을 알게 되었을 무렵이었다. 이 시설들 덕분에 매일 또 다른 1,500여 대의 트럭들이 미라 로마를 가로지르게 될 것이다. 주민들은 카운티가 건강에 대한 염려를 심각하게 받아들이지 않는다고 비난하고, 이미 심각하게 건강상의 영향을 받은 주민들에게 끼칠 피해를 줄이기 위한 노력을 하지 않는다고 주장하며, 이를 막기 위한 소송을 제기했다. 그들은 카운티가 이들과 같은 지역 공동체를 보호하기 위한 주 정부의 기준을 따르지 않았다고 주장했다. 나는 서류들을 검토한 뒤, 그들의 주장에 동의했다.

나는 우리 팀에게 "소송에 참여하고 싶다"고 말했다. "이들에게 주 정부가 그들을 지지하고 있음을 보여줍시다."

그렇게 끝날 수도 있었다. 주 정부의 지원을 받으며, 지역 공동체가 승리를 거두는 데 필요한 것들을 갖추게 될 것이라고 나는 확신했다. 하지만 행동을 취하는 것만으로는 충분하지 않았다. 상황을 설명하는 서류들을 살피고, 변호사들과의 토론을 통해 상황을 꼼꼼하게 이해하는 것으로도 충분하지 않았다. 나는 현장을 찾아가고 싶었다.

미라 로마에 다가가자, 엄청난 먼지와 스모그가 지역 사회와 그 주변을 뒤덮고 있는 것을 볼 수 있었다. 유독성 구름이 자리를 잡으면서, 태양이 회색으로 굴절된 색조로 내리쬐었다. 차에서 내리자마자, 오염된 공기가 내 눈을 찔렀다. 주변 공기 자체에서 그대로 느낄 수가 있었다. 손가락으로 표면의 먼지와 매연이 닦아낼 수 있었다.

공동체 구성원들이 자신들의 이야기를 전달하기 위해 모여 있는 작은 회의실로 들어갔다. 어떤 사람은 매일 바람이 바뀔 때마다 매연을 들이마시기 시작한다고 말했다. 또 다른 사람은 아이들이 밖에서 노는 것이 안전하지가 않다고 말했다. 절반 이상의 가구가 18세 이하의 자녀들을 두고 있었고, 아이들은 모두 집 안에 틀어박혀 있었다. 나긋나긋한 말투의 한 여성은, 그들이 아주 오랫동안 싸워왔지만 아무도 귀 기울여주지 않는다고 생각했는데, 내가 그곳까지 찾아와준 것이 기쁘다고 말했다.

한 남자는 집 앞 진입로의 매연을 씻어내야 하고, 빨래를 널기 전에 반드시 빨랫줄을 닦아야 한다고 말했다. 그는 자신의 정원에 있는 열매를 맺지 못한 채 죽어가고 있는 나무들을 걱정했다. 그리고 높은 비율의 암, 천식 그리고 심장 질환 등으로 고통받는 공동체 구성원들에 대한 염려를 드러냈다.

처음에는 그것이 그가 말한 전부였다. 하지만 마이크가 다시 그에게로 돌아가자, 그를 이곳에 데려온 사람들은 그에게 좀 더 개인적인 이야기를 해보라고 격려했다.

"말하기 힘든 이야기인데…, 하지만, 내 말은, 우리 공동체에 도움이 된다면 하겠습니다."

그는 눈물을 보이며 입을 열었다. "나에겐 딸이 하나 있었는데… 그 아이는 열다섯 살이 되기 전에 죽었습니다. 나는 15번째 생일을 준비하는 대신에… 그 아이의 장례식을 준비했습니다. … 그 애는 폐암으로 죽었어요. 그 일에 대해 말하는 것이 너무 힘듭니다. 하지만 내 이야기가 도움이 된다면 내 사정을 다 이야기하겠습니다."

그 이야기가 도움이 되었다. 카운티를 상대로 하는 싸움은 법정과 회의실에서 진행될 것이고, 우리는 단순히 지역 공동체의 이야기를 전하는 목소리일 뿐만이 아니라 그것을 담는 그릇이 되고자 했다. 지역 공동체가 겪고 있는 고통을 진정으로 이해하기 위해서는, 그것이 어떤 상태인지를 상상하는 것으로 충분하지 않다. 똑똑한 정책들은 상아탑에서 만들어질 수 없고, 단지 사실들만으로는 논쟁에서 이길 수가 없다. 그만큼 중요한 것은 언제든지 가능하면 현장을 직접 방문해 눈과 귀를 크게 열고, 가장 고난에 가까이 있는 사람들과 대화를 나누는 것이다. 우리가 고통받는 아버지의 이야기와 미라 로마에 사는 다른 가정들의 이야기를 듣기 위해 그 자리에 있었다는 사실이 중요하다.

이라크에서 다음 임무를 기다리며 대기 중인 병사들을 방문했을 때에도, 샌디에이고에서 수개월 동안 핵잠수함에 배치될 준비를 하는 해군 병사들을 방문했을 때에도, 그 점이 중요했다. 상원의 청문회에서 군과 정보국의 필요에 관해 이야기하는 것과 현장에 가서 실제로, 직접 그곳에서 봉사하는 사람들을 만나 인연을 맺는 것은 별개의 일이다. 나는 부대원들과 아주 많은 시간을 보냈고, 그들의 특기와 훈련에 대해 그리고 업무의 어려운 점과 어떻게 용기와 의무의 조합이 그들을 군대로 이끌었는지에 대한 이야기를 나누었다. 하지만 우리는 그들이 그리워하는 것들, 두려워하는 것들, 뒤로 미뤄놓은 것들, 그리고 그들이 없는 동안 가족들이 치러야 하는 희생 등에 관한 이야기도 나누었다. 그것은 지극히 개인적이고, 그만큼 중요했다.

내가 요르단에 있는 시리아 난민수용소를 방문해, 그곳에 갇힌 사람들의 삶이 어떤지를 가까이서 직접 보았을 때도 그것이 중요했다. 그들 중 70%가 여성과 아이들이었다. 우리는 차를 몰아, 하나하나가 전쟁과 살육을 피해 도망친 가족들을 상징하는 임시거처들이 마치 사방으로 끝없이 펼쳐져 있는 것처럼 보이는 야영지 주변을 둘러보았다. 나는 차에서 내려야겠다고 우겼다. 우리는 이곳 사람들이 파리의 유명한 번화가의 이름을 따서 샹젤리제라는 별명으로 부르는 거리를 따라 걸으며, 노점의 음식들과 옷들을 보며 감탄했다.

어느새, 세 명의 아이들이 달려와 내게 말을 걸기 시작했다. 그들 중 한 명인 파란색 축구 셔츠를 입은 열 살짜리 아이가 나를 정말로 좋아하게 되었다. 우리는 함께 사진을 찍었고, 그는 통역을 통해 내가 자신의 가족들을 만날 수 있는지를 물었다. 나는 물론이라고 대답했고, 아이를 따라 캠프를 가로질러 그들이 사는 곳으로 갔다.

그곳에 도착했을 때, 말 그대로 대가족이 밖으로 나와 나를 반겨주었다. 그들에게는 두 개의 작은 집이 있었고, 두 집 사이에는 머리 위로 나무판자가 돌출된 작은 안뜰이 만들어져 있었다. 아이의 조부모도 있었는데, 그들은 나의 방문을 믿을 수 없을 정도로 환영해주었다.

아이의 할아버지가 "잠깐 들어와서 차 한잔하시겠어요?" 하고 물었다. 나는 "그럼요. 영광입니다"라고 대답했다.

할머니가 수도와 캠프용 작은 가스난로가 있는 오두막 뒤편으로 갔다. 잠시 후 그녀는 아름다운 찻잔들과 한 접시의 과자 그리고 주전자가 올려져 있는 쟁반을 들고 돌아왔다.

우리는 모두 양반다리를 하고 앉아 차를 마셨다. 할아버지가 이야기를 시작했을 때, 나는 어떻게 그곳에 도착했는지, 난민수용소에서의 삶은 어떠한지 등 그들에 관한 이야기를 물을 준비가 되어있었다.

"자, 우리는 당신을 우리 집으로 초대해서 차와 음식을 대접했어요. 이젠 당신 차례에요. 당신은 누구입니까?"

세속적인 것 포용하기

빌 게이츠(Bill Gates)는 비료에 관심이 많다. 그는 "나는 비료가 대화의 심각한 주제가 되는 회의에 참석한다"고 말했다. 그러면서 "비료의 좋은 점과 지나친 사용에 대한 문제점을 다룬 책들을 읽는다. 사람들 대부분이 그 주제에 대해 나만큼 흥미를 갖고 있지 않기 때문에, 칵테일 파티에 참석했을 때에는 가능한 한 거기에 대해 너무 많은 이야기를 하지 않으려고 스스로를 제어한다"고. 도대체 무슨 말일까? 그는 지구상의 사람들 40%가 단지 비료 때문에 가능해진 농작물의 더 높은 생산량 덕분에 목숨을 구했다고 설명한다. 그것은 문자 그대로, 수억 명의 사람들이 가난에서 벗어나는 것을 도운 그린 혁명을 위한 연료였다.[1] 게이츠가 이해한 것은 세계적인 기아를 종식하기 위한 계획을 발표하는 것과 실제로 종식하는 것 사이에는 차이가 있다는 점이다. 그 차이를 좁히는 것은 비료와 날씨 패턴, 밀의 높이 등 겉에서 보기에는 세속적인 세부 사항들에 달려있다.

정치는 의미 있는 일을 완수하기 위한 힘들고 세부적인 작업 대신 웅장한 선언이 종종 자리 잡는 영역이다. 그렇다고 웅장한 선언이 본질적으로 잘못된 것이라는 말은 아니다. 훌륭한 리더십에는 비전과 포부가 필요하다. 사람들을 행동하게 하는 대담한 아이디어의 명확한 표현이 필요하다. 그러나 우리가 추구하는 변화를 가능하게 하는 것은 종종 겉보기에 중요하지 않은 세부 사항의 숙달, 지루한 작업의 신중한 실행, 대중의 눈 밖에서 수행되는 헌신적인 작업이다.

세속적인 것들을 포용한다는 것은, 우리의 해결책이 실제로 그것을 필요로 하는 사람들에게 실제적인 효과가 있음을 확실히 한다는 의미이기도 하다. 예를 들어, 내가 캘리포니아주 법무부 장관이었을 때, 나는 영리 목적의 코린트대학을 수사했고, 사기를 당한 학생들에게 무슨 일이 생길지 염려가 되었다. 학생들은 다른 학교로 옮기거나, 대출을 면제받거나, 수업료를 환불받을 권리가 있었지만, 그것과 관련된 서류 작업이 상당히 복잡했다. 학생들 대부분이 어떻게 시작해야 할지 몰랐고, 심지어는 애초에 그런 선택들이 있다는 사실조차 모르고 있었다.

사건은 이겼지만, 학생들이 그 관료적인 절차를 헤쳐나갈 수 없다면 사실상 재정적인 혜택을 받을 수 없었다. 그래서 우리 사무실에서는 학생들에게 한 단계 한 단계씩 복잡한 과정을 안내하는 홈페이지를 만들었다. 나는 누군가가 자신의 권리를 이행하고, 거기서 실질적인 안도감을 얻을 수 있도록 가능한 한 간단하게 만들기를 원했다. 웹사이트를 개발하는 동안, 종종 팀원들에게 그것을 보여달라고 했고, 말 그대로 직접 그 과정들을 진행하기 위해 클릭해보았다. 적어도 한 번 이상, 나는 난관에 부딪혔다. 나는 그들에게, "나도 이것을 이해하지 못하는데, 학생들은 어떻게 이해할 수 있을까?"라고 말하곤 했다. 그 말은 팀이 인터페이스와 텍스트 작업을 다시 해야 한다는 의미였다. 하지만 과제가 좌절되었던 만큼, 그 결과는 더 나은 작품이 만들어졌다. 세부적인 사항을 완벽하게 만드는 데 시간을 들인 덕분에, 그 홈페이지는 필요한 학생들에게 더욱 적합한 도구가 되었다.

내 요지는, 작은 것이라도 땀을 흘려야 한다는 것이다. 가끔은 그 작은 것이 사실상 큰 것이라는 사실이 밝혀질 때가 있기 때문이다. 언젠가 자신의 학교에 만연한 무단결석 문제를 해결하기를 원했던 세인트루이스 초등학교의 교장에 관한 이야기를 읽은 적이 있다. 학부모들과 이야기를 나누면서, 그녀는 많은 어린이의 옷차림이 깨끗하지 않다는 사실을 깨달았다. 가족들이 세탁기를 사용할 수 없는 형편이거나, 아니면 세제를 살 여유가 없거나, 전기가 끊겼거나 셋 중 하나였다. 아이들도 더러운 옷을 입고 학교에 오는 것을 부끄럽게 여겼다. 한 어린이가 "내 생각에 친구들은 깨끗한 옷이 없다는 걸 이야기하지 않아요. 왜냐하면, 그건 울고 싶거나, 집으로 돌아가거나, 아니면 도망가고 싶게 만들기 때문이니까요"라고 설명했다.[2] "기분이 거지 같아요."

그래서 그 교장은 학교에 세탁기와 건조기를 설치했다. 10일 이상 결석한 아이들에게는 학교에서 빨래를 할 수 있게 해주었다. 시티랩(CityLab)에 따르면, 이 기획이 시작된 첫해에 그들이 조사한 학생들의 출석률이 90% 이상 올라갔다.

말의 중요성

말은 힘을 실어주고 속이는 능력이 있고, 위로하고 상처를 주는 힘이 있다. 중요한 아이디어들을 전달하고, 잘못된 생각들을 퍼트릴 수 있다. 좋게든 나쁘게든, 사람들이 행동하도록 자극할 수 있다. 말은 믿을 수 없을 정도로 강력하고, 힘을 가진 사람들의 말은 더 멀리 그리고 더 빨리 퍼져나갈 수 있어서, 이들에게는 정확하고 지혜롭게 말을 해야 하는 책임이, 그리고 의무가 있다. 성경은 "아는 것이 많은 사람은 말을 삼가고, 지혜로운 사람은 심지어 말을 고른다"고 말한다.

나는 거의 4,000만 인구를 대표하는 사람으로서, 자기 목소리를 내지 못하는 사람들을 위해 목소리를 내려는 사람으로서, 나의 말에 실린 잠재적인 힘을 민감하게 인식하려 노력한다. 그렇기에 나는 말을 할 때면, 내가 선택한 단어의 중요성을 인식하고 이야기한다.

첫째, 우리가 어떤 사물을 무엇이라 부르고, 어떻게 정의하는지가 그 사물에 대한 사람들의 사고방식을 규정한다. 아주 종종, 어떤 쟁점이나 아니면 다른 사람에 대한 우리의 인상을 떨어트리기 위해 특정 단어들이 사용되곤 한다. 바로 그런 이유로, 나는 성적 착취를 당한 아이들에 관련된 사건에서 더 나은 용어 사용을 고집한다. 그들을 "십대 매춘부"라고 언급하는 것은 올바르지 않다. 그들은 어른들에게 착취당하고 희생당한 젊은이일 뿐이다.

법무부 장관 시절, 나는 '네 사진이 올라갔네(UGotPosted.com)'라고 불리는 웹사이트를 개설한 한 남성을 기소했다. 이 남자는 과거의 파트너들이 등장하는 성적으로 노골적인 내용을 자신의 사이트에 올리도록 사람들을 초대했다. 그리고 이 웹사이트의 운영자는 영상에 노출된 사람들에게 이미지를 삭제하기 위한 대가를 요구했다. 언론에서, 그리고 일반적인 용어로, 이렇게 이미지를 게재하는 행위를 "리벤지 포르노"라고 표현한다. 우리 사무실에서도, 그 사건을 "리벤지 포르노" 사건이라고 속기했다.

나는 그 어느 것도 용납할 수 없었다. 복수란 누군가 자신에게 잘못한 사람에게 상처를 가하기 위한 행위이다. 이 사람들은 가해자들에게 아무런 잘못을 하지 않았다. 그것은 복수가 아니었다. 또한, 그것은 포르노도 아니었다. 희생자들은 그 이미지를 공개적으로 드러낼 의도가 전혀 없었다. 분명하고 단순하게, 그것은 인터넷을 기반으로 하는 강탈이었고, 따라서 우리는 그것을 사이버 착취라고 언급했다. 나는 우리 팀에게 "리벤지 포르노"라는 용어를 쓰지 말 것을 지시했다. 또한, 언론에도 그런 용어를 쓰지 말아달라고 당부했다. 바로 한 가지 근본적인 이유, 말의 중요성 때문이다.

둘째, 나는 진실을 말하는 쪽을 선택했다. 비록 그것이 불편할 때도, 비록 그것이 사람들의 기분을 거북하게 만들 때도 말이다. 진실을 말할 때, 사람들이 항상 좋은 기분으로 그 자리를 떠나지는 않을 것이다. 그리고 가끔은, 본인이 받은 반응에 기분이 썩 좋지는 않을 것이다. 하지만 적어도 모든 사람이 그것이 솔직한 대화였음을 알며 자리를 떠날 것이다.

그렇다고 모든 진실이 불편하다는 또는, 그 의도가 불쾌함을 유발할 것이라는 의미는 아니다. 진실들은 믿을 수 없을 만큼 희망적이다. 단지 선거로 선출된 공직자의 업무가 만족스러운 기분을 위해 온 나라를 달래고, 자장가를 불러주는 것이 아니라는 말을 하려는 것이다. 그 직업은 비록 그 말이 환영받지 못하거나 초대받지 못하는 순간에도 진실을 말해야 한다.

풀이 과정 보여주기

많은 이들이 초등학교 시절 치렀던 수학 시험을 기억할 것이다. 간단히 답만 적어서는 충분하지 않았다. 풀이 과정을 보여주어야만 했다. 선생님은 그런 방식으로, 우리가 단계적으로, 어떻게 논리를 펼치고 있는지를 확인했다. 만약 풀이 과정이 맞았다면, 선생님은 단지 우리가 운이 좋아서 추측한 것이 아님을 알 수 있었고, 또 답이 틀렸다면 어디서 왜 틀렸는지를 정확히 파악하고 실수를 바로잡을 수 있도록 도울 수 있었다.

'풀이 과정 보여주기'는 내가 경력을 쌓으면서 줄곧 사용했던 접근법이다. 부분적으로, 그것은 나와 우리 팀이 우리들의 제안과 해결책의 논리를 시험하는 데 도움을 주었다. 우리의 가설들을 억지로 나열해놓다 보면, 종종 우리가 특정 부분들이 해서는 안 되는 추측을 하고 있음을 발견하게 된다. 덕분에 우리는 그 문제로 되돌아가서 그것들을 수정하고, 더 깊게 파고들었고, 그 제안서를 제출할 준비가 되었을 때는 그 정당성을 확신할 수 있다.

나는 국민의 신뢰를 바라는 지도자들은 그 풀이 과정을 보여줄 책임이 있다고 생각한다. 우리가 다른 사람의 결정을 대신 내려줄 수는 없지만, 우리가 어떻게 우리의 결론에 도달했는지를 보여줄 수 있어야 한다.

그런 이유로, 나는 젊은 변호사들에게 마무리 변론을 정리하는 방법을 가르칠 때, 배심원들 앞에 서서 "답이 8이라는 것을 알 겁니다"라고 말하는 것만으로는 부족하다고 상기시키곤 한다. 그들의 일은 그 자리에 서서, 배심원들에게는 2+2+2+2는, 분명하게 8이라는 것을 보여줘야 한다. 나는 그들에게 모든 요소를 분해하라고 말한다. 그들의 주장 속에 있는 논리를 설명하라고. 어떻게 그런 결론에 도달하게 되었는지를 배심원들에게 보여주라고.

풀이 과정을 보여줄 때는 상대방에게 그 해결책에 동의하는지를 결정할 수 있는 도구를 주는 셈이다. 그리고 비록 그들이 모든 것에 동의하지는 않더라도, 그들은 대부분 당신에게 동의한다는 것을 알게 될지도 모른다. 그것은 정책 결정으로서의 '부분적인 신용'을 쌓아 건설적인 협력의 기초를 형성할 수 있는 일이다.

그 누구도 혼자서 싸울 필요는 없다

1966년 봄, 세자르 차베스(Cesar Chavez)는 투쟁에 박차를 가하고 농장 노동자들이 받는 비양심적인 행위들과 관련해 국가의 이목을 끌기 위한 노력으로 캘리포니아 센트럴 밸리에서 주의 수도까지, 라틴계와 필리핀계 농장 노동자들의 547km의 거리 행진을 주도했다. 그해 여름 차베스의 지도력 아래 농장노동자연합이 결성되었고, 그 연합은 미국에서 가장 중요한 시민, 노동단체 중 하나가 될 수 있었다.

그와 같은 시간, 3,200km 떨어진 곳에서는 마틴 루터 킹 목사가 시카고 자유운동을 주도하고 있었다. 연설과 집회 및 행진과 모임을 통해, 그는 주거 차별의 종식에서부터 모두를 위한 높은 수준의 교육 필요성까지 모든 것들을 요구했다.

1966년 9월 킹 목사는 차베스에게 전보를 보냈다. 그는 평등을 위한 전투에서 반드시 싸워야 하는 많은 전선에 대해 "도시의 빈민가에서, 공장과 들판의 노동 착취 현장에서 우리의 개별적인 투쟁은 사실 하나다. 그것은 자유와 존엄과 인류를 위한 투쟁이다"라고 언급했다.

나는 이것을 우리 모두가 받아들여야 한다고 생각한다. 우리나라에는 인종차별, 성차별 그리고 종교, 출신지 및 성적 성향에 기인하는 차별에 반대하는 너무나 많은 투쟁이 계속되고 있다. 각각의 투쟁들은 유일무이하다. 각각의 투쟁은 그 나름의 관심과 노력을 기울여야 한다. 그 차이가 중요하지 않다거나, 하나의 해결책 또는 하나의 투쟁이 홀로 모든 것들을 해결할 수 있다고 주장하는 것은 잘

못이다. 하지만 동시에, 킹 목사가 차베스에게 제안했던 요점을 받아들일 필요가 있다. 즉, 이러한 투쟁들에는 자유, 그리고 인간의 기본적인 존엄성의 추구라는 공통점이 있다. "흑인의 생명은 소중하다(Black Lives Matter)"는 단지 흑인만을 위한 집회 구호가 아니다. 그 현수막 아래에는 많은 훌륭한 사람들이 모여들 것이다. #미투운동은 남성들이 합류해 힘을 합치지 않는 이상 직장 내 여성들을 위한 영구적인 구조적 변화를 만들 수가 없다. 한 집단에 의한 승리들이, 법원에서 그리고 사회 전체에서 다른 집단들을 위한 승리로 이어질 수 있다. 우리 중 그 누구도 혼자 싸울 필요는 없다.

그리고 만약 우리가 운 좋게 권력이 있는 자리에 서게 된다면, 만약 우리의 목소리와 행동이 변화를 일으킬 수 있다면, 특별한 의무를 갖게 되지 않을까? 집회에 참여한다는 것이 단순히 누군가가 우리가 동의하는 어떤 것에 대해 말할 때 고개를 끄덕이는 것만은 아니다. 물론 그것도 중요하다. 하지만 행동이 뒤따라야만 한다. 그리고 삶을 변화시키는 결정들이 내려지는 자리에 없는 사람들을 대표하는 것이 바로 우리 정치인의 일이다. 단지 우리가 필요로 하는 것이 필요한 사람들만을 위해서가 아니다. 단지 우리와 같은 청중들을 공유하는 사람들을 위해서가 아니다. 우리의 의무는 우리가 할 수 있는 모든 방법으로, 그것을 필요로 하는 모든 사람을 위해 인류의 조건을 개선하는 것이다

싸울 가치가 있는 싸움이라면, 그것은 싸워야 하는 싸움이다

아나 마리아 아킬라(Ana Maria Archila)라는 이름의 한 시위자는

"월요일에 나는 당신의 사무실 앞에 서서, 내가 당한 성폭행에 관한 이야기를 했어요" 하며 엘리베이터에 올라타는 애리조나주 출신의 공화당 상원의원 제프 플레이크(Jeff Flake)를 향해 고함을 질렀다. "포드 박사의 이야기에서 그녀가 진실을 말하고 있다는 것을 알았기 때문에 당신에게 그런 이야기를 한 거예요. 당신이 하려고 하는 일은, 실제로 여성을 짓밟은 사람을 대법관 자리에 앉히는 것이에요. 이것은 용납할 수가 없어요!"[3]

그녀가 말하는 동안, 플레이크 상원의원은 고개를 끄덕였지만, 그녀와 눈을 마주치지는 않았다. 그 뒤에서 또 다른 시위자인 마리아 갤러거(Maria Gallagher)가 입을 열었다. "내가 성폭력을 당했는데, 그 누구도 나를 믿어주지 않았습니다. 나는 그 누구에게도 말하지 않았지만, 당신은 지금 모든 여성에게 그들이 중요하지 않다고 말하는 겁니다. 자신들에게 일어난 일을 당신에게 말해봐야 당신은 그들을 무시할 테니까 그냥 입 다물고 조용히 있으라고 말하고 있는 겁니다. 바로 그게 내가 겪었던 일이고, 바로 그게 지금 당신이 미국의 모든 여성에게 그들은 중요하지 않다고 말하고 있는 거란 말입니다."[4]

플레이크 상원의원은 계속해서 그녀들의 시선을 외면했다. 마리아는 "내가 말을 할 때는 나를 좀 보라고!" 하며 악에 받친 목소리로 말했다. "당신은 지금 내가 당한 폭행이 중요하지 않다고, 내게 일어났던 일이 중요하지 않다고, 이런 일들을 행한 사람을 대법관으로 앉히겠다고 말하고 있다고. 그를 선출한다는 것이 내게 그렇게 말하는 것이라고. 나를 외면하지 말란 말이야!" 엘리베이터 문이 닫혔고, 플레이크 상원의원은 브렛 캐버노(Brett Kavanaugh)의 인준 표결을 위한 법사위원회가 열리고 있는 방으로 발걸음을 옮겼다.

나는 10개월 전에 법사위원으로 임명되었고, 어느 시점부터는, 대법관 인준 표결에 참여하게 될 것이라 예상했었다. 하지만 앤서니 케네디(Anthony Kennedy)가 2018년 6월 27일 은퇴를 선언했을 때, 그리고 특히나 캐버노 판사가 그의 자리를 대신할 사람으로 지명되었다는 것을 알았을 때, 나는 당황하고 낙심한 수백만 명의 사람들 속에 서 있는 나 자신을 발견했다.

크리스틴 블레이시 포드(Christine Blasey Ford)라는 이름을 알기 전부터, 우리는 캐버노 판사의 공적인 진술과 저술 그리고 그의 판결 기록들을 통해 그가 시민권과 투표권 및 여성의 재생산권(reproductive rights)에 대해 적대적인 입장을 가졌다는 것을 알고 있었다. 그는 분명히 노조와 환경 문제 그리고 기업 규제에 반대하는 판결을 내릴 것이라고 알고 있었다.

그의 첫 번째 인사청문회를 시작하기도 전에, 캐버노 판사와 백악관이 그의 과거에 대한 뭔가를 숨기려 한다는 것도 알게 되었다. 법사위원회의 위원들에게 캐버노 판사에 대한 기록의 90%에 접근이 유보된 것이다.

첫 번째 청문회가 끝난 뒤, 브렛 캐버노가 선서를 하고도 상원위원회를 호도했음을 알았다.[5] 도난된 서류들과 관련이 있고, 논란이 많은 사법부 후보들과 연관이 있고, 부시 정권 당시 영장이 없는 도청에서 그가 맡았던 역할들에 관해 말이다.

이런 사실들에 대해 먼저 알고 난 뒤 그녀의 이름을 알게 되었다. 그리고 그녀의 이야기도 듣게 되었다.

우리는 크리스틴 블레이시 포드는 고등학교 때 몇몇 사람들과 함께 어느 집에서 열린 모임에 갔고[6], 그곳에서 브렛 캐버노가 그녀의 위에 억지로 올라타고, 그녀에게 자신의 몸을 비비고, 그녀의 옷을 벗기려 시도하면서 그녀를 더듬었다는 사실을 알게 되었다. 그녀가 비명을 지르려고 하자, 그가 손으로 그녀의 입을 틀어막았고, 그녀는 그가 자신을 강간할 것이라 믿었고, 어쩌면 우발적으로 자신을 살해할지도 모른다는 두려움을 느꼈음을 알았다.

포드 박사는 법사위에서 선서 후 "간신히 자리에서 일어나 그 방을 도망쳐 나올 수 있었습니다"라고 당시를 설명했다. "침실 바로 맞은 편에 작은 욕실이 있었고, 나는 그 욕실로 들어가 문을 잠갔습니다. 나는 브렛과 마크가 웃으면서 침실을 나와, 쿵쾅거리며 벽에 몸을 부딪치며 시끄럽게 좁은 계단을 내려가는 소리를 들을 수 있었습니다. 나는 계속 기다렸고, 그들이 다시 올라오는 소리가 들리지 않자, 욕실을 나와서 계단을 뛰어 내려와 거실을 지나 그 집을 나왔습니다"라고 말했다. 그녀는 이어서 계속 증언했다. "거리에 나오자마자, 그 집에서 탈출했다는 사실에, 브렛과 마크가 나를 쫓아 오지 않는다는 사실에 엄청난 안도감을 느꼈던 것을 기억합니다."

그녀가 자신의 이야기를 진술하는 동안, 나는 경외심을 갖고 그녀를 바라보았다. 포드 박사 앞에는 21명의 법사위원회 소속 상원의원들이 높게 올려진 연단 위에 앉아 그녀를 내려다보고 있었다. 그녀의 등 뒤에는 많은 낯선 청중들이 앉아 있었다. 그녀의 왼쪽에는 공화당 위원들, 즉 (자신의 심문 능력을 의심하는) 모든 남성을 대신해 포드 박사를 심문할 애리조나 검사인 레이첼 미첼(Rachel Mitchell)

이 앉아 있었다. 그곳에는 이제 보호가 필요해진 포드 박사를 위한 경호원들 또한 있었다. 당연히 카메라가 있었고, 모든 순간, 모든 움직임, 말 한마디와 눈물 한 방울까지도 전국의 시청자들에게 방송되었다. 이곳은 누군가가 자신의 삶에 있어 가장 끔찍했던 순간을 이야기할 만한 장소가 아니었다.

하지만 그런데도 그녀는 (심지어는 목숨을 위협받고, 자신의 집을 떠나야 했고, 온라인을 통해 끊임없이 퍼부어지는 잔인한 공격들을 받은 뒤에도) 우리 앞에, 그리고 전 세계 앞에 섰다. 크리스틴 블레이시 포드는 그녀 자신이 시민의식의 부름이라고 지칭한 그런 의무감으로 워싱턴으로 왔고, 내가 살아오면서 보아온 가장 특별한 용기 중 하나를 보이며 증언을 했다.

그런 뒤 캐버노 판사의 변론이 있었다.

캐버노는 "지난 2주간의 행위는 정치적인 타격을 위해 계산되고 조직화된 것"이라며 위원회 앞에서 그녀를 매도했다. "트럼프 대통령과 2016년 대선에 대한 명백한 울분과 억눌린 분노, 그리고 나의 판결 기록과 관련해 부당하게 자극된 두려움, 클린턴을 대신한 복수, 그리고 야당이 외부 좌파로부터 받은 수백만 달러의 자금이 연루된 것입니다!"라고 분노를 터트리며, "몇 주 전의 청문회에서 여러 민주당 의원들의 행동은 아주 곤혹스러웠습니다"라고 말했다. 그는 45분 동안 계속 말을 이었다. 그리고 그것은 단지 그의 모두 진술에 불과했다.

로드아일랜드 출신의 민주당 소속 상원의원인 셸던 화이트하우스(Sheldon Whitehouse)의 질문에 캐버노는 "나는 맥주를 좋아합니다. 나는 맥주를 좋아해요"라고 말했다. "의원님도 그런지 모르겠네요. 맥주를 좋아하십니까? 아닙니까? 무슨 음료를 좋아하십니까? 의원님은 무슨 음료를 좋아하십니까?"

이번에는 미네소타 출신의 민주당 상원의원인 에이미 클로부커(Amy Klobuchar)가 "그러니까, 기억이 안 날 정도로 술을 너무 많이 마신 날 저녁에, 그런 사건은, 혹은 그런 사건 중 일부가 절대 일어난 적이 없다고 말씀하시는 겁니까?"라고 물었다.

"그러니까 지금 질문하시는 것이, 아시다시피, 기억이 끊긴 것에 대한 겁니까?" 그가 확연한 좌절감을 드러내며 말했다. "전 모르겠습니다. 의원님은 그런 적이 있습니까?"

"그 질문에 직접적인 대답을 해주시겠습니까, 판사님? 나는 단지, 그러니까 당신은, 그런 일은 일어난 적이 없다. 이것이 당신의 대답입니까?"

캐버노는 "네"라고 으스대며 대답했다. "의원님은 그런 적이 있었는지 궁금하군요."

조금 전 알코올 중독이 자신의 부친에게 어떤 영향을 미쳤는지에 대한 묘사를 했던 클로부커 의원은 "나는 음주에 대한 아무 문제가 없습니다, 판사님"이라고 말했다.

캐버노가 "네, 저도 그렇습니다"라고 응수했다. 그것은 무슨 일이 있어도 언제나 여성을 존중한다고 위아래에 대고 맹세한 사람의 본성이 드러나는 순간이었다.

청문회가 끝날 무렵, 내가 증인을 심문할 차례가 되었다. 모든 사람이 알고 있는 것처럼, 포드 박사는 거짓말 탐지기 검사를 받았고,

통과했다. 그녀는 외부 증인과 전문가를 증인으로 부르도록 요구했다. 그녀는 FBI의 조사를 요구했다. 나는 캐버노에게 혹시 그도 똑같이 할 의향이 있는지를 물었다. 그전까지, 내 동료들이 던진 많은 질문에 대응했던 것과 똑같은 방식으로, 그는 거듭 대답을 회피했다. 포드 박사의 성실함과 캐버노 판사의 능글거리는 태도가 대조적이었다.

위원회를 호도하려는 그의 의지도 마찬가지였다. 그는 고등학교 졸업 앨범에 자신이 적은 글 속의 특정 용어의 의미에 대해 분명히 잘못된 진술을 했다. 그는 자신의 음주의 핵심적 측면을 경시했다. 그는 고등학교 시절 자신이 참석했던 모임의 종류에 대해 정직하지 못했다.

그리고 그의 기질이 그랬다. 캐버노 판사의 극악한 태도는 정상적인 사법 기준의 규정에서 너무나 벗어나서, 청문회 이후 며칠 사이에 미국변호사협회는 그에 대한 평가를 재개했고[7], 2,400명 이상의 학자들이 "캐버노는 이 나라의 가장 높은 법정에 앉기 위해 요구되는 공명정대함과 사법적 기질을 보여주지 못했다는 믿음에, 법학 교수들과 사법 기관의 학자들이 하나로 뭉쳤다"라는 상원에 보내는 공개서한에 서명했다.[8]

하지만 청문회가 끝난 순간부터, 공화당 수뇌부는 다음 단계를 강행할 의사를 가지고 준비를 마친 듯 보였고, 캐버노의 행위와 포드 박사의 증언을 무시한 채, 위원들에게 투표에 나서도록 압박했다. 캐버노 판사가 목요일 저녁 증언을 마친 직후, 공화당 지도층은 그의 지명에 대한 위원회 투표를 금요일 오전으로 계획했다.

성폭력 피해 생존자들이 신고하지 않는 데에는 여러 가지 이유가 있는데, 그들 중 하나는 사람들이 자신을 믿어주지 않을 것이라는 두려움, 또는 추측이다. 포드 박사는 그날 아침 "매일같이 내가 앞으로 나설 때의 위험과 이득을 계산해 보았고, 혹시 내가 달려가는, 어차피 계속 달려갈 기차 앞에 몸을 던지는 것은 아닌지, 그렇다면 나는 그냥 그렇게 개인적으로 소멸하는 것은 아닌지 궁금해했다"고 증언했다.[9)]

공화당 상원의원들이 밀어붙이는 모습에, 그 두려움이 너무나 정당해 보였다. 그 상원의원들은 크리스틴 블레이시 포드가 그들에게 자신이 아는 것들에 대해 경고하기 위해 자신의 모든 것을 걸었음에도, 캐버노 판사가 지명되기도 전에 이미 그녀가 먼저 밝혔음에도, 심지어 그녀에게는 거짓말을 할 이유가 없었음에도, 그녀를 믿지 않기로 했다.

심지어 그녀의 주장을 뒷받침하는 확실한 정보들이 있음에도, 캐버노 판사에 대한 한 명 이상의 고발자가 있음에도, 이들은 사실상의 조사를 거부함으로써 그녀를 믿지 않은 쪽을 선택했다. 캐버노 판사의 옹호자들 입장에서는 그녀를 믿는 비용이, 즉 진실 자체에 드는 비용이, 그야말로 너무나 컸다.

나는 다음 날 아침 청문회 보이콧을 주도한 뒤 "이것은 노골적인 권력의 문제입니다"라고 말했다. "어제 청문회에서 그것을 보았을 겁니다. 그리고 여러분은 처음부터 진행 과정 내내 그것을 보고 있습니다. … 이것은 인사청문회에 대해 항상 말해왔던, 상원 상임위원회가 해야 할 일의 실패이고, 이것은 숙고해보아야 할 문제입니다."

내가 사무실로 돌아왔을 때, 이 문제에 관한 불만스러운 소동이 일어나고 있었다. 그날 아침 청문회에 참석하는 길에 엘리베이터에서 만났던 피해자들의 탄원이 플레이크 상원의원에게 영향을 미쳤던 것으로 보였다. 델라웨어 출신의 크리스 쿤스 민주당 상원의원과 또 다른 의원들과 협의 뒤에, 플레이크는 FBI에 1주일간의 추가 조사 기간을 주기 위해 최종 투표 연기를 요구했다. 우리는 뜻밖에 시간을 벌었다.

지금은 그 순간이 찰나의 승리였음을 안다. 하지만 그것의 중요성까지 줄어든 것은 아니다. 엘리베이터 앞에 서 있던 두 명의 성폭행 피해자들이 너무나 굳건했던 한 상원의원의 마음을 바꾸어놓았고, FBI의 수사 시간을 확보했고, 통제 불가능했던 절차를 지연시켰다. 그 순간, 두 명의 용감한 여성들이 법사위원회에 있던 모든 민주당 상원의원들보다 더 강력한 힘을 발휘했다. 둘이서 함께, 그녀들은 잠시 역사를 멈추고, 우리에게 승리를 위한 마지막 기회를 주었다.

하지만 백악관에는 한 가지 카드가 더 남아있었다. 정부는 FBI가 누구와 이야기할 수 있는지 등 수사 범위를 제한했고, 심지어는 요원들이 직접 포드 박사와 캐버노 판사를 수사하는 것조차 금지했다. 그러나 사태를 지배하고 있던 상원의원들에게는, 어떤 종류의 조사가 진행되었다는 사실만이 중요했다. 2018년 10월 6일, 나는 상원에서서 캐버노 판사가 인준되는 것을 지켜보았다.

그날 이후 내내, 심지어는 이 원고를 마치면서도 이런 말을 썼다. 많은 미국인처럼, 나는 여전히 우리나라가 지금껏 겪어온 일들을 되새겨보고 있다. 하지만 지금 당장은, 나는 이 말을 하고자 한다. 캐버노 판사를 대법원에 앉힌 결과를 과소평가하는 것은 실수다. 그는 종신직인 직위를 통해, 법정의 다수를 차지하고 있는 보수 세력과 함께, 우리가 아는 대로 선택할 수 있는 여성의 자유를 가로막고, 건강보험개혁법을 무효화하고. 기업을 규제하는 법적 근거들을 철폐하고, 투표와 결혼 그리고 사생활 보호에 대한 기본적인 권리를 풀어버리는 권한을 갖게 되었다.

나는 그의 정파주의적 사고와 기질이 법정에서 어떤 영향을 미칠지, 그것이 그의 결정에 어떤 변화를 가져올지, 법정에서의 구제를 바라는 너무나 많은 사람에게 어떤 불이익을 줄지를 걱정한다. 나는 여러 판사 사이에서 명확한 성폭행 혐의를 받았던 남성이 법정 그 자체에 무엇을 할지에 대해 걱정한다. 나는 또다시 미국인들과 세계에 보내지는 메시지에 대해 걱정한다. 오늘날 이 나라에서는 분노를 표출하고, 욕설을 퍼붓고, 책임에 저항했던 사람이 여전히 다른 사람들의 삶을 통제할 수 있는 아주 특별한 힘을 지닌 자리에 올라갈 수 있다는 메시지 말이다.

하지만 내가 걱정하지 않는 것은 다음과 같다. 나는 더 나은 나라를 위해 싸우는 우리의 헌신에 대해서는 걱정하지 않는다. 나는 이러한 경험이 우리의 의지를 감소시킬 것을 걱정하지 않는다. 우리는 승리를 확신했기 때문이 아니라, 그것이 옳다고 확신했기 때문에 싸우는 것이다. 왜냐하면, 그것이 중요한 전부이기 때문이다. 비록 우리가 승리하지는 못했지만, 그 싸움이 중요했다고 말하는 것이 틀에 박힌 위로의 문구가 아니라 명백한 사실이라는 것을 안다.

포드 박사가 자신을 드러냈던 것이 헛된 일은 아니었다. 패트릭

리히(Patrick Leahy) 상원의원의 결정 발언처럼 "용기에는 전염성이 있다". 포드 박사가 절대로 바라지 않았던 카메라와 마이크가 그녀의 이야기와 메시지를 우리의 위원회 회의실 너머로 전달했고, 많은 여성과 남성에게 자신들이 겪은 성폭력에 대해 털어놓도록 격려했다. 포드 박사가 증언했던 날, 전국성폭력피해긴급상담센터(On the National Sexual Assault Hotline)의 통화량이 200%가 증가했다.[10] 여성들은 C-SPAN에 전화해 자신의 이야기를 공유했다. 신문의 기명 논평란에 글을 썼다. 남편과 아버지에게 털어놓았다. 그들은 진실을 말하고 있었다. 그리고 그렇게 함으로써 성적 폭력의 만연함을 그 어느 때보다 사실적으로 드러냈다.

성폭력 생존자들은 자신의 고통을 다시 겪는 것이 전혀 즐겁지 않았다. 이렇게 앞으로 나선 많은 사람은 정의를 추구하겠다는 의도가 없었고, 정의를 돌려받겠다는 기대는 그보다 더 적었다. 하지만 하비 웨인스타인(Harvey Weinstein), 래리 나사르(Larry Nassar), 그리고 빌 코스비(Bill Cosby) 사건의 생존자들이 그랬던 것처럼, 가톨릭교회 학대 사건의 생존자들이 그랬던 것처럼 그들은 입을 열었고, 이 대화가 결코 다시 속삭임으로 제한되는 일이 없도록 만들기 위해 도왔다. 성폭력은 현실이다. 그것은 잘못된 것이다. 여성들뿐만이 아니라 남성들에게도 영향을 미친다. 그 누구도 침묵 속에서 고통을 받아서는 안 된다. 청문회장과 하트 빌딩(Hart Building) 그리고 대법원 밖 거리를 채웠던 얼굴들, 목소리들, 그리고 소셜 미디어에 넘쳐나는 연대의 메시지를 보내고, 고통을 공유했던 사람들 모두 우리에게 귀를 기울이고, 존중하고, 믿고, 행동하라고 명령한다. 포드 박사와 같은 이들의 목소리는 영원히 울려 퍼질 것이다.

사실상, 이 전투는 끝났지만, 그 파급 효과의 범위는 아직 끝나지 않았다. 옳은 일을 위해 일어서겠다는 한 사람의 의지가 광범위한 변화를 촉발하는 불씨가 될 수 있다는 것을 역사는 보여주고 있다. 1991년 아니타 힐(Anita Hill)의 증언이 클래런스 토머스(Clarence Thomas)가 대법관이 되는 것을 막지는 못했지만, 그녀의 행동은 '성추행'이라는 개념을 보편화시키고, 전국적인 화제로 만들었다. 힐의 증언이 있은 지 두 달도 채 지나지 않아, 의회는 성추행 희생자들이 이용할 수 있는 구제책들을 확대하는 1991년 국민권익법(Civil Rights Act of 1991)을 통과시켰다. 그다음 해, 민주당 여성들이 1992년 선거에 폭풍처럼 가세했고, 하원에서의 여성 의원의 비율을 2배로 늘리고, 상원에서의 여성의 비율을 3배로 늘렸다.

나는 순진하지 않다. 한 공화당 상원의원이 성폭력 피해자들에게 "성장하라"라고 말한, 다른 의원은 항거하는 피해자들을 "폭도"들이라고 부른, 그리고 심지어는 그가 섬기는 대통령이 포드 박사를 모욕하기 위해 군중들을 선동했던 같은 복도를 걷고 있다. 여성들이 마땅히 받아야 할 충분한 존경과 존엄을 받기까지 아직 갈 길이 멀다는 것을 우리 모두 알고 있다. 하지만 전례 없이 많은 여성이 공직에 출마하고, 더 많은 사람이 정치적인 힘을 얻고 있다는 점에 용기를 얻는다. 남성과 여성이 정의와 평등 그리고 기본적인 권리를 위해 어깨를 나란히 하면서 인종, 나이, 배경, 경험 그리고 성별의 경계를 넘어 맺고 있는 새로운 유대감에 용기를 얻는다.

이러한 진보는 운동의 산물이다. 일찍이 아니타 힐이 증언하기 전에 시작된 운동은 포드 박사가 어린이 역사책의 영웅이 된 이후에도 오래 계속될 것이다. 비록 좌절에 직면하게 될지라도, 모든 노력을 통해 더욱 강해질 것이다. 비록 그 배움이 힘겨울지라도, 모든 역사의 장에서 지혜를 얻을 것이다. 우리는 진실은 태양과 같다는 사실을 알고, 변화가 가능하다는 확신을 가지고 다가오는 것들을 직면할 것이다. 태양은 언제나 떠오른다.

첫 번째가 될 수도 있다. 그러나 마지막은 되지 마라

처음 지방검사장에 출마해서 선거운동을 하던 중, 근처 로스쿨에서 진로상담사로 일하고 있던 리사라는 오랜 로스쿨 친구에게서 연락이 왔다. 그녀는 당시 로스쿨 2학년이었던 비너스 존스라는 오클랜드에서 성장한 이민 가정의 자녀로 검사가 되기를 꿈꾸는 젊은 흑인 여성을 만났다. 당연하게도, 비너스의 이야기를 들었을 때, 그녀는 나를 떠올렸다.

우리는 2003년 가을, 함께 하루를 보내기로 약속을 잡았고, 비너스와 악수를 나눈 순간부터 나는 어떤 믿을 수 없는 공통점을 느꼈다. 그녀에게서 나 자신을 볼 수 있었다. 그녀는 친절하게도 그날 온종일 선거운동을 하는 내 뒤를 따라다니며 심부름을 하는 등 시간을 보냈다. 그러다가 우리는 내 친한 친구를 위한 결혼 선물을 사기 위해 쇼핑을 하게 되었다. (나는 침구 세트를 선택했다) 그런 뒤, 차를 몰아 가게들을 지나치는데, 한 가게의 창문에 나의 상대편을 지지하는 포스터가 걸려있었다.

나는 트렁크에서 내 포스터를 한 장 꺼내면서 비너스에게 "어서와, 들어가자"고 말했다. 우리는 가게 안으로 들어가, 주인과 악수하고 그에게 지지를 부탁했다.

그 주인은 "하지만… 음… 나는 다른 후보 포스터를 창에 걸었어요"라면서 나를 어떻게 해야 할지 모르겠다는 표정으로 말했다. 나는 "괜찮아요. 내 포스터도 같이 붙여주면 되죠!" 라고 말했다. 그는 거기에 동의했고, 우리는 가던 길을 계속 갔다.

비너스와 나는 점심을 먹으면서 그녀가 검사가 되기를 원하는 이유와 그녀가 희망하는 종류의 일들에 관한 이야기를 나누었다. 나는 그녀의 아버지가 사법 집행 분야에서 오랫동안 일을 해 왔음을, 그녀가 항상 희생자들의 편에 서서 싸우는 자신의 모습을 꿈꾸고 있었다는 것을 알게 되었다. 나는 그녀에게 나 또한 비슷한 길을 걸었다고 말하며, 자신의 본능을 따르고 후에 알라메다 카운티 지방검사실에 합류하라고 제안했다. 나는 그녀를 위해 기꺼이 몇 통화의 전화를 걸 용의가 있다고 말해주었다.

그녀는 왜 내가 그녀를 위해 애를 쓰는지 궁금해했다. 내가 항상 마음속에 간직하고 있는, 우리 어머니가 늘 하시던 말씀을 그녀에게 말해주었다. "첫 번째는 될 수 있다. 하지만 마지막은 되지 말아라." 어머니는 당신의 멘토들의 도움을 받아 지금 당신의 자리에 오게 되었다. 나 또한 내 멘토들 덕분에 지금 이 자리에 오게 되었다. 그리고 내가 경력을 쌓는 동안, 가능한 많은 사람에게 멘토가 될 작정이었다.

비너스와 처음으로 대화를 나눈 몇 년 뒤, 그녀는 알라메다 카운티 지방검사실에서 자신이 꿈꾸던 일을 얻었다. 그녀는 그곳에서 8

년 동안 일했고, 나처럼 성폭력 피해자들을 돕는 일을 전문으로 했다. 그 세월 동안 우리는 정기적으로 연락을 주고받았다. 2014년, 그녀는 내 장관실에 합류했고, 약 1년 동안 입법에 관련한 업무를 담당한 뒤, 나는 그녀에게 특별한 부탁을 하게 되었다.

나는 비너스를 내 사무실로 불렀다. "당신이 나의 법무 보좌관 겸 사실상의 수석보좌관이 되어줬으면 좋겠어." 그 말에 임신부인 그녀는 잠시 얼어붙었다. "저요?" 그녀가 물었다. "그래, 너!" 나는 살아오면서 많은 행운을 누렸지만, 그녀가 그 제안을 승낙하는 순간만큼 운이 좋았다고 느낀 적이 있는지 잘 모르겠다. 내가 생각했던 것처럼 그녀는 자신의 업무를 훌륭하게 수행해냈다. 업무가 매끄럽게 진행되도록 노력하고, 나를 보좌하고, 내가 회의와 기자 회견을 위한 준비가 되었는지를 마지막까지 확인했을 뿐만 아니라, 복잡한 관료체계를 관리하고 나 대신 법률 및 정책 고문으로서 중요한 입법 기획안들을 주도하는 데 도움을 주었다. 우리 팀에 그보다 더 훌륭한 일원을 바랄 수는 없었을 것이다.

그 몇 년 동안, 우리는 많은 시간을 함께 보냈다. 법무부 장관 사무실에서의 그 순간 이후 우리는 계속해서 이야기를 나누었다. 가끔은 그녀가 맡은 사건들에 관해 이야기했다. 가끔은 그녀가 고려하고 있는 경력의 전환에 관한 이야기도 나누었다. 한번은 정말로 근사한 닭고기 육수를 만드는 요리법에 관한 이야기를 나눈 적도 있었다.

비너스는 내가 종종, 특히 젊은 여성들 앞에서 연설할 때 영감을 얻는 사람 중 한 명이었다. 나는 내가 롤 모델 클럽이라 부르는 곳으로 그녀들을 인도하는 것을 좋아한다.

나는 그녀들에게 어떤 직업을 선택하든, 계속 손을 들어 올리고, 좋은 아이디어들을 공유하고, 공로를 인정받고, 자신이 대담하게 가능한 높은 곳까지 오를 자격이 있음을 알아야 한다고 말한다. 또한, 그녀들에게 어려움에 부딪힌 다른 사람들을 보면, 잠시 그들을 끌어올리기 위해 자신의 길에서 벗어날 수 있어야 한다고 말했다.

나는 그들에게 가끔 롤 모델 클럽의 회원들은 외롭다고 느낄 때가 있다고 말했다. 가끔은 "이 짐을 나 혼자서 짊어져야 하는 거야?"라는 생각을 하게 될 수도 있다. 실제로, 그들은 자신과 비슷하게 생긴 사람들이 전혀 보이지 않는 그런 장소에 서 있는 자신을 발견하게 될 것이다. 그리고 장벽을 깨는 것은 무서울 수 있다. 유리 천장을 깨고 들어오면 상처를 입을 것이고, 아플 것이다. 고통이 없는 것은 아니다. 하지만 나는 그들에게 서로를 둘러보고, 그 모습을 머리에, 마음에 그리고 영혼에 담아달라고 부탁한다. 나는 그들에게 그 방 안에 절대 혼자 있는 것이 아님을 기억하라고 말한다. 우리가 그곳에 그들과 함께 있고, 그들을 응원할 것이다. 그리고 그들이 당당히 일어설 때, 목소리를 낼 때, 자신들의 생각과 느낌을 표현할 때, 우리가 바로 그곳에 그들과 함께 있다는 것을, 우리가 그들의 뒤에 버티고 있다는 것을 알아야 한다고 말한다. 나는 비너스에게는 항상 내가 있다는 것을 기억하라고 말한다.

나는 공직에 있으면서 많은 것들을 보았다. 그리고 내가 배운 것들을 전부 하나로 요약할 수는 없다. 하지만 사람들은 본래부터 선하다는 확고한 신념을 갖게 됐다. 그들은 기회가 주어진다면, 보통은 이웃을 돕기 위해 손을 내밀 것이다.

나는 역사와 경험을 통해, 모든 진보가 점진적이거나 순차적이지는 않다는 것을 배웠다. 때때로 그것은 단순히 하나의 고원에서 다른 고원으로 이동하는 것이다. 때때로 우리는 비극적으로 뒤로 넘어진다. 때때로 앞으로 도약하며 우리가 가능하다고 생각했던 영역을 넘어서는 성취를 보인다. 나는 우리의 업무가 우리를 더 높은 수준으로 인도할 수 있는 추진력을 공급한다고 믿는다.

우리는 아직도 그 완벽한 조합을 성취하지 못했다. 미국적인 실험의 위대한 성취가 현재 우리가 다루어야 할 어두운 역사와 나란히 놓여있다. 강력한 역풍을 맞닥뜨리면, 쉽게 지치게 된다. 압도당하게 된다. 하지만 우리는 포기할 수 없다. 우리의 몰락의 시작은 갈망하기를 멈출 때 다가온다.

마지막 진실을 하나 더 말해보고자 한다. 우리의 모든 차이점, 모든 투쟁, 모든 싸움에도 우리는 여전히 하나인 미국인이고, 그렇게 행동해야 한다. 우리는 우리를 갈라놓는 것들보다 더 많은 공통점을 가지고 있다. 우리는 누구나 자기 자신을 볼 수 있고, 누구나 존재하는 그런 미래를 그려야 한다. 모든 사람이 동등한 존엄함으로 다루어지고, 우리 개개인이 자신의 삶을 최대한으로 만들어나갈 기회를 가질 수 있는 역동적인 미합중국의 초상이다. 이것이 애국심에서 태어난, 싸울 가치가 있는 비전이다.

그것은 오래된 싸움이다. 그리고 우리가 알고 있는 것은 다음과 같다. 다 이긴 승리를 자기만족으로 잃을 수 있다. 패배한 전투는 새로운 노력으로 이길 수 있다. 각각의 세대는 '애국자'라는 단어의 진정한 의미를, 결과를 그리고 행위를 재천명해야 한다. '애국자'는 자신의 나라가 무엇을 하든 그 행동을 용서하는 사람이 아니라, 어떤 대가를 치르더라고 나라의 이상들을 위해 매일같이 싸우는 사람이다.

특히 상원의원이 된 이후 내가 보아온 것은, 이것이 역시 낙관론에서 비롯된 싸움이라는 것이다. 나는 의사당의 복도를 걷고 있는 수백 명의 몽상가를 본다. 그들은 만약 누군가 자신들의 말을 들어준다면, 변화를 만들 수 있다고 믿는다. 그리고 그들은 그럴 것이다. 만약 건강보험개혁법이 폐지된다면 그 혜택을 잃게 될 얼굴들에서, 장애를 지닌 자녀들과 함께 전국 각지에서 워싱턴으로 찾아온 부모의 얼굴들에서 그것을 본다. 나는 매일 자신의 신체에 대한 결정권을 위해 싸우는 여성들에게서 그것을 본다. 나는 그것을 파크랜드 생존자들에게서 본다. 그들은 총기 안전법을 위해 행진하고 싸우고 조직하며, 그들에게 더 나은 미래가 가능하다는 것을 알려주는 중요한 승리를 거둔 사람들이다.

우리나라를 여행할 때면, 투쟁의 일부가 되어야겠다는 목적의식이 느껴지는 다섯 살과 일곱 살 그리고 열 살 아이의 눈동자 속에서 그런 낙관론을 본다. 내가 만나는 사람들의 에너지 속에서 그것을 보고 느낀다. 그렇다. 사람들은 집회를 한다. 그렇다. 사람들은 소리를 지른다. 하지만 그들은 가슴에 낙관론을 품고 그렇게 행동한다. 바로 그런 이유로 그들은 자신의 아기와 함께 나선다. 바로 그런 이유로, 나의 부모님은 유모차에 앉은 나를 데리고 민권 집회에 참여했던 것이다. 상황이 압도적일 수 있는 만큼 그들은 내가 그렇듯이, 우리 모두를 위한 더 나은 미래가 가능하다고 믿었다.

나 자신을 위한 일상적인 도전은 해결책의 일부가 되는 것, 그리고 다가올 투쟁에 즐거운 전사가 되는 것이다. 여러분들을 위한 나의 도전은 그 노력에 여러분들을 합류시키는 것이다. 우리의 이상과 가치를 위해 함께 일어서는 것이다. 소매를 걷어붙여야 할 순간에 포기하지 말자. 지금은 아니다. 내일도 아니다. 영원히 아니다.

몇 년이 지나, 우리의 아이들과 손주들이 고개를 들어 우리의 시선을 마주 볼 것이다. 너무나 위태로웠던 그 순간, 우리가 어디에 있었는지를 물을 것이다. 그들에게 단지 우리가 어떻게 느꼈는지를 이야기하고 싶지는 않다. 그들에게 우리가 무엇을 했는지를 말해주고 싶다.

감사의 글

제 삶에 관한 글을 쓰기로 처음 결심했을 때, 저는 그 과정 자체가 삶의 일부가 되리라고는 상상도 하지 못했습니다. 제 삶에서 가장 우여곡절이 많았던 한 해 동안 나의 하루는 길었고, 주말에는 내내 이 책에 시간을 쏟았습니다. 나의 직업적 경험을 회상하고, 지금의 내 가치관을 형성한 어린 시절을 되돌아보고, 지금 이 변곡점이 무엇을 의미하는지에 대해 생각했습니다. 이 책은 제가 공직을 맡게 된 계기이자, 싸울 가치가 있는 것들이 무엇인지 재확인해주는 과정이었습니다. 나는 지금 제가 여기에 있을 수 있게 도와준 모든 사람에게 감사를 표하고자 합니다.

감사를 드려야 할 사람이 많지만, 우선 제가 그들을 대표할 영광을 누려온 캘리포니아주 시민들에게 먼저 감사를 드립니다. 우리 주와 국가를 위한 더 나은 미래를 믿어주고, 그 미래가 이루어질 수 있도록 노력해주어서 고맙습니다. 오랫동안 저를 믿어주고, 믿음을 내게 주어서 고맙습니다. 저 또한 여러분의 믿음을 저버리지 않기 위해

매 순간 노력하고 있음을 알아주시길 바랍니다. 특히 그동안 저에게 편지를 보내주고, 그 일부를 이 책에 담게 해준 분들에게 감사드립니다. 여러분의 이야기는 항상 중요한 의미를 지닙니다.

저는 또한 미국인들을 위해 매일 헌신하는, 워싱턴과 캘리포니아에 있는 우리 상원의원실의 믿음직한 직원들에게 고마움을 전합니다. 저는 여러분의 목적의식과 헌신에 항상 감사하고 있습니다. 저는 이 일이 여러분에게도 매우 개인적인 의미를 가진다는 것을 알고 있습니다. 특히 저의 상원 첫날부터 언론담당 비서로 함께해왔고, 최근 암으로 사망한 타이론 게일에게 감사를 드립니다. 타이론은 대체 불가능한 존재였고, 뛰어난 재능을 가졌을 뿐만 아니라 친절하고, 따뜻하고, 관대하고, 공직에 헌신한 특별한 사람이었습니다. 그를 기억하는 우리는 그를 기억하면서 매일매일을 그를 본보기 삼아 살아갈 것입니다.

제 인생의 다른 모든 것들과 마찬가지로, 이 책은 가족의 사랑과 지원과 도움이 없었다면 불가능했을 것입니다. 더그, 당신의 조언과 응원, 그리고 도움에 고마워. 콜과 엘라, 너희들은 나에게 무한한 사랑과 기쁨이란다. 너희들이 세상에 나서고, 각자의 길을 선택하는 걸 보면 내가 너희들의 '마말라'라는 것이 너무나도 자랑스럽단다.

내 사랑하는 여동생 마야, 이 책을 쓰는 동안 우리 어린 시절을 회상할 수 있었어. 이 책은 내가 너에게 감사해야 할 것들을 나열하기에는 너무 짧아. 그러니 여기에서는 이 과정 동안 네가 나에게 해준 조언과 통찰들에 대해서 감사를 표하고 싶어. 또, 우리 가족에게 매제 토니를 소개해주어 고마워. 또, 미나에 대해서도. 미나, 나는 네가 두 살배기였을 때 우리 집에서 말 그대로 내 신발을 신고 돌아다녔던 시절을 기억한단다. 이제 너는 너 스스로 길을 개척하고, 내게도 소중한 충고를 해주는 리더로 성장했구나. 정말 고마워. 특히 나의 어린 조카 손주 아마라와 릴라, 그리고 그들의 멋진 아버지 닉을 알게 해주어서 고맙단다.

아버지, 제가 아주 어렸을 때부터 저보고 두려움을 갖지 말라고 해주셨던 거 고맙습니다. 나의 사랑하는 치티스, 사랄라, 친니, 그리고 발루 삼촌, 멀리 떨어져 있지만, 항상 사랑을 전해주셔서 고맙습니다. 내 인생에 중요한 존재인 레노어 이모, 그리고 어린 시절의 추억을 상기시켜준 오브리 삼촌, 감사합니다. 나를 항상 응원해주는 미미, 데니스, 고마워요.

크리셋, 그리고 레지, 이 책을 쓰라고 응원해줘서 고마워. 저는 이 책에서 저의 가장 가까운 친구들을 많이 소개했고, 그들에 대해서만 수십 권의 책을 쓸 수 있을 정도입니다. 우선은 에이미, 크리셋, 로, 스테이시, 바네사, 그리고 여기에 적기에 칸이 부족한 수많은 나의 친구들에게 함께 이 길을 걸어주어서 고맙다고 전하고 싶습니다. 사람들이 내 인생의 비법에 관해서 물을 때, 나는 그들에게 가족과도 같은 소중한 친구들이 바로 그 비결이라고 말하곤 합니다. 여러분은 저에게 바로 그 친구이고, 저 또한 여러분에게 그런 친구가 되려고 노력합니다. 또, 저에게 소중한 대자와 대녀들을 세상에 소개해주어 고맙습니다.

또 이 책은 더 넓은 의미의 가족, 그러니까 수년간 제 곁에 있어준 직원들과 없었다면 불가능했을 겁니다.

저의 오랜 조언자들, 에이스 스미스, 숀 클레그, 후안 로드리게스, 항상 제 곁에 있어주고, 저에게 나누어준 통찰력과 조언에 감사드립니다.

캘리포니아주 법무부 장관과 샌프란시스코 지방검사장 시절에 함께해준 전직 참모들에게 깊은 감사를 드립니다. 여러분은 각자의 길을 가기 위해 떠난 지금도 제 가족과도 같습니다. 제가 감사드려야 할 사람이 매우 많습니다. 특히 이 작업에 함께해준 비너스 존슨, 데비 메슬로, 브라이언 넬슨, 라테파 사이먼, 댄 수보르, 마이클 트론코소에게 감사드립니다. 또, 제 조카와도 같은 조시 더피 라이스, 초고를 읽어주고 조언을 주어서 감사합니다. 당신의 관점과 생각들을 매우 중요하게 생각하고 있습니다. 또 제가 아직도 의장님이라고 부르는 존 페레스, 그리고 마크 엘리아스의 현명한 조언에 감사드리고 싶습니다.

이 책은 펭귄출판사 편집부가 없었다면 불가능했을 것입니다. 스콧 모이어스 편집자님, 당신은 최고의 편집자이고, 제가 책에 담고자 한 비전을 이해해주셔서 감사드립니다. 크리에이티브 아티스트 에이전시, 특히 몰리 글릭, 데이빗 라라벨, 크레이그 게링, 미셸 키드 리, 그리고 라이더 화이트, 이 책이 있기까지 여러분의 노력에 감사드립니다.

저의 조력자인 빈카 라플뢰르와 딜런 뢰에게 여러분의 헌신과 공감은 물론 인내심에도 감사드립니다. 여러분은 이 과정을 즐기게 해준 원동력이었습니다.

자료조사와 팩트 체크를 맡아준 팀에게도 큰 감사를 전합니다.

브라이언 아글로, 자크 힌딘, 스티븐 켈리, 마흐무드 마크무도프, 매기 말론, 그리고 라울 퀸타나에게 고마움을 전합니다. 또, 이 책의 초기부터 중요한 작업을 도와준 도로시 허스트에게 감사드립니다.

마지막으로, 더 이상 제 곁에 없는 사랑하는 사람들에게 감사를 드리고 싶습니다. 펭귄출판사가 천국에서도 책을 배포하는지 모르겠지만, 이 책을 통해 메리 고모, 프레디 삼촌, 셔먼 삼촌, 셸턴 부부, 크리스 이모, 베아 아주머니, 헨리 렘지, 짐 리발도, 윌슨 선생님, 그리고 저의 할아버지 할머니께, 여러분이 제게 얼마나 큰 의미였는지, 그리고 제 인생을 얼마나 바꾸어놓았는지 알려드리고 싶습니다.

엄마, 엄마는 제 인생 모든 것의 의미이자, 이 책의 주인공입니다. 당신을 잃은 지 거의 10년이 되었지만, 저는 아직도 엄마가 너무 그리워요. 엄마가 없는 삶은 아직도 받아들이기가 어려워요. 하지만 저는 아직 엄마가 저희를 지켜보고 계시다고 믿어요. 저는 어려운 결정을 내려야 할 때, "엄마라면 어떻게 생각할까?" 하고 스스로에게 물어보곤 해요. 그럴 때마다 엄마는 항상 저와 함께 계시죠. 이 책을 통해 엄마를 만나본 적 없는 사람들이 엄마가 얼마나 대단하고 친절한 사람이었는지 이해할 수 있길 바라요. 샤말라 해리스로 산다는 것은 어떤 의미였는지, 그리고 그녀의 딸로 살아가는 것은 어떤 의미인지를요.

옮긴이

송숙자 : 한양대학교 음악대학 졸업 후 국제 관계 및 해외 언론 업무에 종사했고, 옮긴 책으로는 『아방가르드의 다섯 노총각』, 『사진론』, 『이집트 발견』, 『빈센트 반 고흐』, 『쇼팽』, 『아메리칸 인디언』 외 다수.

이윤지 : 한국외국어대학교 영문학과 졸업, 동대학원 영어번역학과를 수료했다. 단편소설 모음집 『처음, 옮기다』 번역에 참여했으며 두인디, HMM 등 인디 매거진 및 공연 관련 번역을 하고 있다.

조가은 : 연세대학교 아시아학과 졸업 후 서울대학교 외교학 석사를 마치고 미국 존스홉킨스대학교(Johns Hopkins University) 정치학과 박사과정에 진학했다. 옮긴 책으로는 『(거의) 모든 것을 기억하는 방법』이 있다.

조지현 : 세종대학교 교육학과 졸업, 현재 영국에 거주하며 프리랜서 번역가로 활동 중이다. 옮긴 책으로는 『F. 피츠제럴드 단편선』, 『위대한 개츠비』, 『웨딩』, 『가디언 엔젤』, 『이중주』 등이 있다.

미 주

서문

1) Phil Willon, "Kamala Harris Breaks a Color Barrier with Her U.S. Senate Win," *Los Angeles Times*, November 8, 2016, http://www.latimes.com/politics/la-pol-ca-senate-race-kamala-harris-wins-20161108-story.html.

2) Thurgood Marshall, "The Meaning of Liberty," acceptance speech after receiving the Liberty Award on July 4, 1992, http://www.naacpldf.org/press-release/thurgood-marshalls-stirring-acceptance-speech-after-receiving-prestigious-liberty-award-on-july-4-1992.

1장

1) Donna Murch, "The Campus and the Street: Race, Migration, and the Origins of the Black Panther Party in Oakland, CA," Souls 9, no. 4 (2007): 333–45, https://doi.org/10.1080/10999940701703794.

2) Martha Biondi, *The Black Revolution on Campus* (Berkeley: University of California Press, 2012), 47.

3) Richard Ramella, "The Rainbow Sign Can Use Some Help," *Berkeley Gazette*, April 18, 1975, 14.

4) Scott Duke Harris, "In Search of Elusive Justice," *Los Angeles Times Magazine*,

October 24, 2004, http://articles .latimes.com/2004/oct/24/magazine/tm-kamala43.

5) Harris, "In Search of Elusive Justice."

2장

1) *Pollution, Health, Environmental Racism and Injustice: A Toxic Inventory of Bayview Hunters Point, San Francisco* (San Francisco: Hunters Point Mothers Environmental Health and Justice Committee, Huntersview Tenants Association, and Greenaction for Health & Environmental Justice, 2012), http://greenaction.org/wp-content / uploads/2012/08/TheStateoftheEnvironment090204Final.pdf.

2) A Bill to Clarify the Rights of All Persons Who Are Held or Detained at a Port of Entry or at Any Detention Facility Overseen by U.S. Customs and Border Protection or U.S. Immigration and Customs Enforcement, S. 349, 115th Cong. (2017–2018), https://www.congress.gov/bill/115th-congress/senate-bill/349.

3) Nicolas Fandos, "A Study Documents the Paucity of Black Elected Prosecutors: Zero in Most States," *New York Times*, July 7, 2015, https://www.nytimes.com/2015/07/07/us/a-study-documents -the-paucity-of-black-elected-prosecutors-zero-in-most-states.html.

4) The University of London, Institute of Criminal Policy Research, *World Prison Brief*, accessed October 25, 2018, http://www .prisonstudies.org/highest-to-lowest/prison-population-total?field_region _taxonomy_tid=All.

5) Lee Romney, "Bill Would Fight Child Prostitution," *Los Angeles Times*, September 5, 2004, http://articles.latimes.com/2004 /sep/05/local/me-child5.

6) Kevin Cartwright, "Activist Awarded for Work with Troubled Youth," *The Crisis* 111, no. 1 (January/February 2004): 9, https://books.google.com/books?id=Ice84BEC2yoC&pg.

7) Carolyn Jones, "Lateefah Simon: Youth Advocate Nominated as Visionary of the Year," *SFGate*, January 5, 2015, https://www.sfgate.com/visionsf/article/Lateefah-Simon-Youth-advocate-nominated-as-5993578.php.

8) "NRRC Facts and Trends," National Reentry Resource Center, Council of State Governments Justice Center, https://csgjusticecenter.org/nrrc/facts-and-trends.

9) Bob Egelko, "Judge Thelton Henderson Ending Long Career Rallying for Oppressed," *San Francisco Chronicle*, January 15, 2017, https://www.sfchronicle.com/bayarea/article/Judge-Thelton-Henderson-ending-long-career-10859424.php; Associated Press, "Judge Thelton Henderson, Lawyer Fired for Loaning MLK a Car, Retiring," Al.com, January 20, 2017, https://www.al.com/news/birmingham/index.ssf/2017/01/judge_thelton_henderson_lawyer.html; and Jenifer Warren, "Judge Is No Stranger to Controversy," *Los Angeles Times*, December 16, 1996, http://articles.latimes.com/1996-12-16/news/mn-9670_1_federal-judges.

10) U.S. Department of Justice, Office of Justice Programs, *Back on Track: A Problem-Solving Reentry Court*, by Jacquelyn L. Rivers and Lenore Anderson, FS 00316 (Washington, DC, September 2009), https://www.bja.gov/Publications/backontrackfs.pdf.

11) Board of Governors of the Federal Reserve System, Survey of Consumer Finances, 2016 (Washington, DC, 2016), https://www.federalreserve.gov/econres/scfindex.htm.

12) Nick Pinto, "The Bail Trap," *New York Times Magazine*, August 13, 2015, https://www.nytimes.com/2015/08/16/magazine/the-bail-trap.html.

13) Kamala Harris and Rand Paul, "To Shrink Jails, Let's Reform Bail," op-ed, *New York Times*, July 20, 2017, https://www.nytimes.com/2017/07/20/opinion/kamala-harris-and-rand-paul-lets-reform-bail.html.

14) Christopher Ingraham, "More People Were Arrested Last Year over Pot Than for Murder, Rape, Aggravated Assault and Robbery—Combined," *Wonkblog, Washington Post*, September 26, 2017, https://www.washingtonpost.com/news/wonk/wp/2017/09/26/more-people-were-arrested-last-year-over-pot-than-for-murder-rape-aggravated-assault-and-robbery-combined.

15) "Marijuana Arrests by the Numbers," ACLU, https://www.aclu.org/gallery/marijuana-arrests-numbers.

16) "NYPD Ripped for 'Racially Biased Practices' After Stats Show Cops Still Targeting Minorities for Pot Arrests," *New York Daily News*, April 27, 2018, http://www.nydailynews.com /new-york/nyc-crime/nypd-targeting-minorities-marijuana-arrests-2018 -article-1.3957719.

17) *33 States Reform Criminal Justice Policies Through Justice Reinvestment* (Philadelphia: Pew Charitable Trusts, November 2016), http://www.pewtrusts.

org/~/media/assets/2017/08/33_states_reform _criminal_justice_policies_ through_justice_reinvestment.pdf.

18) Chris Mai and Ram Subramanian, *The Price of Prisons: Examining State Spending Trends*, 2010–2015 (New York: Vera Institute of Justice, May 2017), https://www.vera.org/publications /price-of-prisons-2015-state-spending-trends.

19) Jim Salter, "Missouri Report: Blacks 85 Percent More Likely to Be Stopped," *AP News*, June 1, 2018, https://apnews .com/58d9ad846ef14b93915ee26d3cf4663e.

20) C.K., "Black Boys Are the Least Likely of Any Group to Escape Poverty," *The Economist*, April 2, 2018, https: //www.economist.com/blogs/ democracyinamerica/2018/04/broken-ladder.

21) C.K., "Black Boys."

22) Janelle Jones, John Schmitt, and Valerie Wilson, *50 Years After the Kerner Commission* (Washington, DC: Economic Policy Institute, February 26, 2018), https://www.epi.org/publication /50-years-after-the-kerner-commission.

23) American Civil Liberties Union, "Written Submission of the American Civil Liberties Union on Racial Disparities in Sentencing Hearing on Reports of Racism in the Justice System of the United States," submitted to the Inter-American Commission on Human Rights, 153rd Session, October 27, 2014, https://www.aclu.org /sites/default/files/assets/141027_iachr_racial disparities_aclu_ submission _0.pdf.

3장

1) Wallace Smith, *Garden of the Sun: A History of the San Joaquin Valley*, 1772–1939, ed. William B. Secrest Jr., 2nd ed. (Fresno, CA: Craven Street Books, 2004).

2) Michael B. Teitz, Charles Dietzel, and William Fulton, *Urban Development Futures in the San Joaquin Valley* (San Francisco: Public Policy Institute of California, 2005), 18, http://www.solimar.org/pdf/urbandevsanjoaquin.pdf.

3) Bonhia Lee, "Emerging from the Bust, Fresno Housing Market Is Healthiest Nationwide," *Fresno Bee*, January 5, 2016, https://www.fresnobee.com/news/ business/article53168660.html.

4) U.S. Bureau of Labor Statistics, *Unemployment Rate in Fresno*, CA (MSA), retrieved

from FRED, Federal Reserve Bank of St. Louis, https://fred.stlouisfed.org/series/FRES406UR.

5) Alana Semuels, "The Never-Ending Foreclosure," *The Atlantic*, December 1, 2017, https://www.theatlantic.com/business/archive/2017/12/the-neverending-foreclosure/547181.

6) "Hidden Victims of Mortgage Crisis: Pets," NBC News, January 29, 2008, http://www.nbcnews.com/id/22900994/ns/business-real_estate/t/hidden-victims-mortgage-crisis-pets/#.W2dfby2ZOEI; and Linton Weeks, "The Recession and Pets: Hard Times for Snoopy," *All Things Considered*, NPR, April 6, 2009, https://www.npr.org/templates/story/story.php?storyId=102238430.

7) "2010's Record-Breaking Foreclosure Crisis: By the Numbers," *The Week*, January 14, 2011, http://theweek.com/articles/488017/2010s-recordbreaking-foreclosure-crisis-by-numbers.

8) "2010's Record-Breaking Foreclosure Crisis."

9) ProsperitasMember, "Pundits Explain Why Kamala Will Never Win (Oops)," YouTube video, 3:00, posted December 7, 2010, https://www.youtube.com/watch?v=1HemG2iLkTY.

10) Jon Brooks, "Video: Steve Cooley Prematurely Declares Victory Last Night," KQED News, November 3, 2010, https://www.kqed.org/news/4195/video-steve-cooley-prematurely-declares-victory-last-night.

11) Jack Leonard, "Kamala Harris Wins Attorney General's Race as Steve Cooley Concedes [Updated]," *Los Angeles Times*, November 24, 2010, http://latimesblogs.latimes.com/lanow/2010/11/steve-cooley-kamala-harris-attorney-general.html.

12) CBS News, "The Next Housing Shock," *60 Minutes report*, YouTube video, 14:06, posted April 3, 2011, https://www .youtube.com/watch?v=QwrO6jhtC5E.

13) Ryan Chittum, "*60 Minutes* with a Good Look at the Foreclosure Scandal," *Columbia Journalism Review*, April 5, 2011, https://archives.cjr.org/the_audit/60_minutes_with_a_good_look _at.php; and CBS News, "The Next Housing Shock."

14) California Department of Justice, "Attorney General Kamala D. Harris Convenes Roundtable with Foreclosure Victims," YouTube video, 15:59, posted November 22, 2011, https://www .youtube.com/watch?v=QbycqFzva5Q.

15) Douglas J. Elliott, "The Federal Role in Housing Finance: Principal Issues and

Policy Proposals," in *The Future of Housing Finance: Restructuring the U.S. Residential Mortgage Market*, ed. Martin Neil Baily (Washington, DC: Brookings Institution Press, 2011), https://www.brookings.edu/wp-content/uploads/2016/07 /thefutureofhousingfinance_chapter.pdf.

16) State of California Department of Justice, Office of the Attorney General, "Attorneys General of California and Nevada Announce Mortgage Investigation Alliance," press release, December 6, 2011, https://www.oag.ca.gov/news/press-releases/attorneys -general-california-and-nevada-announce-mortgage-investigation-alliance.

17) Janis Bowdler, Roberto Quercia, and David Andrew Smith, The Foreclosure Generation: *The Long-Term Impact of the Housing Crisis on Latino Children and Families* (Washington, DC: National Council of La Raza, 2010), https://communitycapital.unc.edu /files/2010/02/Foreclosure-Generation.pdf.

18) Aaron Reeves et al., "Increase in State Suicide Rates in the USA During Economic Recession," The Lancet 380, no. 9856 (November 24, 2012): 1813–14, https://www.thelancet.com/journals /lancet/article/PIIS0140-6736%2812%2961910-2/fulltext.

19) Patrick Clark, "Most U.S. Homes Are Worth Less Than Before the Crash," Bloomberg, May 3, 2017, https: //www.bloomberg.com/news/articles/2017-05-03/most-u-s-homes-are-worth -less-than-before-the-crash.

20) Sarah Burd-Sharps and Rebecca Rasch, *Impact of the US Housing Crisis on the Racial Wealth Gap Across Generations* (New York: Social Research Council, June 2015), https://www.aclu.org/files/field_document/discrimlend_final.pdf.

21) Peter Rudegeair, Rachel Louise Ensign, and Coulter Jones, "Big Banks Find a Back Door to Finance Subprime Loans," *Wall Street Journal*, April 10, 2018, https://www.wsj.com/articles/big-banks-find-a-back-door-to-finance-subprime-loans-1523352601.

4장

1) "Fed Court OKs Immediate Gay Marriages in California; SF Conducts 1st," KPIX CBS San Francisco, June 28, 2013, http://sanfrancisco.cbslocal.com/2013/06/28/federal-court-oks-gay-marriage-to-resume-in-california-immediately.

2) *Hollingsworth v. Perry*, 558 U.S. 183 (2010), oral arguments, March 26, 2013, https://www.supremecourt.gov/oral_arguments/argument_transcripts/2012/12-144_5if6.pdf.

3) Franklin D. Roosevelt, "Address on Constitution Day, Washington, D.C.," speech delivered September 17, 1937, American Presidency Project, http://www.presidency.ucsb.edu/ws/?pid=15459.

4) Malia Wollan, "California Couples Line Up to Marry After Stay on Same-Sex Marriage Is Lifted," *New York Times*, June 29, 2013, https://www.nytimes.com/2013/06/30/us/california-couples-line-up-to-marry-after-stay-on-same-sex-marriage-is-lifted.html.

5) Jill Tucker, "Pressuring Parents Helps S.F. Slash Truancy 23%," SFGate, June 9, 2009, https://www.sfgate.com/news/article/Pressuring-parents-helps-S-F-slash-truancy-23-3228481.php.

6) State of California Department of Justice, Office of the Attorney General, "Report on California Elementary School Truancy Crisis: One Million Truant Students, Billions in Economic Harm," press release, September 30, 2013, https://oag.ca.gov/news/press-releases/report -california-elementary-school-truancy-crisis-one-million-truant-students.

5장

1) Farhad Manjoo, "Why Silicon Valley Wouldn't Work Without Immigrants," *New York Times*, February 8, 2017, https://www.nytimes.com/2017/02/08/technology/personaltech/why-silicon -valley-wouldnt-work-without-immigrants.html.

2) Phil Willon, "Newly Elected Kamala Harris Vows to Defy Trump on Immigration," *Los Angeles Times*, November 20, 2016, http://www.latimes.com/politics/la-pol-ca-senate-kamala-harris-trump -20161110-story.html.

3) Leila Schochet, "Trump's Immigration Policies Are Harming American Children," Center for American Progress, July 31, 2017, https://www.americanprogress.org/issues /early-childhood/reports/2017/07/31/436377/trumps-immigration-policies -harming-american-children.

4) Randy Capps et al., *Implications of Immigration Enforcement Activities for the Well-Being of Children in Immigrant Families: A Review of the Literature*

(Washington, DC: Urban Institute and Migration Policy Institute, September 2015), https://www.urban.org/sites/default /files/alfresco/publication-exhibits/2000405/2000405-Implications -of-Immigration-Enforcement-Activities-for-the-Well-Being-of-Children-in -Immigrant-Families.pdf; and Seline Szkupinski Quiroga, Dulce M. Medina, and Jennifer Glick, "In the Belly of the Beast: Effects of Anti-Immigration Policy on Latino Community Members," American Behavioral Scientist 58, no. 13 (2014): 1723–42, https://doi.org/10.1177 /0002764214537270.

5) Schochet, "Trump's Immigration Policies."

6) Caroline Scown, "Countering the Effects of Trump's Immigration Policies in Schools," Center for American Progress, May 3, 2018, https://www.americanprogress.org/issues/education-k-12/news /2018/05/03/450274/countering-effects-trumps-immigration-policies -schools.

7) Scown, "Countering the Effects."

8) Leila Schochet, "Trump's Attack on Immigrants Is Breaking the Backbone of America's Child Care System," Center for American Progress, February 5, 2018, https://www.americanprogress.org /issues/early-childhood/news/2018/02/05/445676/trumps-attack-immigrants -breaking-backbone-americas-child-care-system.

9) Schochet, "Trump's Attack on Immigrants."

10) Schochet, "Trump's Attack on Immigrants."

6장

1) Sankar Raman, "A Cardiac Scientist with Heart," The Immigrant Story, July 10, 2017, http://theimmigrantstory.org/scientist.

2) Zoe Henry, "800,000 Workers, $460 Billion in Economic Output, Dozens of Entrepreneurs: What the U.S. Loses if DACA Goes Away," *Inc.*, March 5, 2018, https://www.inc.com/zoe-henry/dreamer-entrepreneurs-respond-to-daca-uncertainty.html.

3) Rocio Cara Labrador and Danielle Renwick, "Central America's Violent Northern Triangle," Council on Foreign Relations, June 26, 2018, https://www.cfr.org/

backgrounder/central-americas-violent-northern-triangle.

4) Labrador and Renwick, "Violent Northern Triangle."

5) Labrador and Renwick, "Violent Northern Triangle."

6) "Special Rapporteur on Violence Against Women Finalizes Country Mission to Honduras and Calls for Urgent Action to Address the Culture of Impunity for Crimes Against Women and Girls," Office of the United Nations High Commissioner for Human Rights, https://www.ohchr.org/EN/NewsEvents/Pages/DisplayNews.aspx?NewsID=14833.

7) Sonia Nazario, "The Children of the Drug Wars," *New York Times*, July 11, 2014, https://www.nytimes .com/2014/07/13/opinion/sunday/a-refugee-crisis-not-an-immigration-crisis .html.

8) Labrador and Renwick, "Violent Northern Triangle."

9) *Continued Rise in Asylum Denial Rates: Impact of Representation and Nationality*, Transactional Records Access Clearinghouse (TRAC) at Syracuse University, December 13, 2016, http://trac.syr.edu/immigration/reports/448.

10) Labrador and Renwick, "Violent Northern Triangle."

11) Anneliese Hermann, *Asylum in the Trump Era* (Washington, DC: Center for American Progress, June 13, 2018), https://www.americanprogress.org/issues/immigration/reports/2018/06/13/452025/asylum-trump-era.

12) Caitlin Dickerson, "Hundreds of Immigrant Children Have Been Taken from Parents at U.S. Border," *New York Times*, April 20, 2018, https://www.nytimes.com/2018/04/20/us /immigrant-children-separation-ice.html.

13) Colleen Kraft, "AAP Statement Opposing Separation of Children and Parents at the Border," American Academy of Pediatrics, May 8, 2018, https://www.aap.org/en-us/about-the-aap /aap-press-room/Pages/StatementOpposingSeparationofChildrenandParents .aspx.

14) Julie Zauzmer and Keith McMillan, "Sessions Cites Bible Passage Used to Defend Slavery in Defense of Separating Immigrant Families," *Washington Post*, June 15, 2018, https://www.washingtonpost.com/news/acts-of-faith/wp/2018/06 /14/jeff-sessions-points-to-the-bible-in-defense-of-separating-immigrant -families.

15) Katie Benner and Caitlin Dickerson, "Sessions Says Domestic and Gang Violence Are Not Grounds for Asylum," *New York Times*, June 11, 2018, https://www.

nytimes.com/2018/06/11/us/politics /sessions-domestic-violence-asylum.html.

16) Kamala D. Harris, U.S. Senator for California, "At Hearing on Family Separations, Harris Blasts Immoral Separations and Inhumane Detention of Pregnant Women," press release, July 31, 2018, https://www.harris.senate.gov/news/press-releases/at-hearing-on-family -separations-harris-blasts-immoral-separations-and-inhumane-detention -of-pregnant-women.

17) Caitlin Dickerson, "Trump Administration in Chaotic Scramble to Reunify Migrant Families," *New York Times*, July 5, 2018, https://www.nytimes.com/2018/07/05/us/migrant-children-chaos-family -separation.html.

18) "Sen. Kamala Harris Visits Otay Mesa Detention Center," NBC 7 San Diego, June 22, 2018, https://www .nbcsandiego.com/on-air/as-seen-on/Sen_-Kamala-Harris-Visits-Otay-Mesa -Detention-Center_San-Diego-486286761.html.

19) Brittny Mejia, "A 3-Year-Old Was Separated from His Father at the Border. Now His Parents Are Dealing with His Trauma," *Los Angeles Times*, July 3, 2018, http://www.latimes.com/local /lanow/la-me-ln-separation-trauma-20180627-story.html.

20) Esmeralda Bermudez, " 'I'm Here. I'm Here.' Father Reunited with Son amid Tears, Relief and Fear of What's Next," *Los Angeles Times*, July 15, 2018, http://www.latimes.com/local/california/la-me-family-reunion-20180715-htmlstory.html.

21) Lisa Desjardins, Joshua Barajas, and Daniel Bush, " 'My Son Is Not the Same': New Testimony Paints Bleak Picture of Family Separation," *PBS NewsHour*, July 5, 2018 (updated July 6, 2018), https://www.pbs.org/newshour/politics/my-son-is-not-the-same-new-testimony-paints-bleak-picture-of-family-separation.

22) Desjardins, Barajas, and Bush, "My Son."

23) Desjardins, Barajas, and Bush, "My Son."

24) Eleanor O'Neil, "Immigration Issues: Public Opinion on Family Separation, DACA, and a Border Wall," *AEIdeas* (blog), American Enterprise Institute, June 21, 2018, https://www.aei.org/publication/immigration-issues-public-opinion-on-family-separation-daca-and-a-border-wall.

7장

1) Linda Villarosa, "Why America's Black Mothers and Babies Are in Life-or-Death

Crisis," *New York Times Magazine*, April 11, 2018.

2) Dave A. Chokshi, "Income, Poverty, and Health Inequality," *Journal of the American Medical Association* 319, no. 13 (2018): 1312–13, https://jamanetwork.com/journals/jama/fullarticle/2677433.

3) Jillian Rayfield, "McConnell at CPAC: Repeal Obamacare 'Root and Branch,' " *Salon*, March 15, 2013, https://www.salon.com/2013/03/15/mcconnell_at_cpac_repeal_obamacare_root_and_branch.

4) Jack Gurdon, "Rand Paul: The Republican Frontrunner in Seven Quotes," *Telegraph*, October 2, 2014, https://www.telegraph.co.uk/news/worldnews/us-politics/11134793/Rand-Paul-the-Republican-frontrunner-in-seven-quotes.html.

5) "25 Unforgettable Obamacare Quotes," *Politico*, July 16, 2013, https://www.politico.com/gallery/2013/07/25-unforgettable-obamacare-quotes-001595?slide=11.

6) "H.R. 1628, Obamacare Repeal Reconciliation Act of 2017," cost estimate and analysis, Congressional Budget Office, July 19, 2017, https://www.cbo.gov/publication/52939.

7) U.S. Department of Health and Human Services, Office of Health Policy, *Health Insurance Coverage for Americans with Pre-Existing Conditions: The Impact of the Affordable Care Act* (Washington, DC, January 5, 2017), https://aspe.hhs.gov/system/files /pdf/255396/Pre-ExistingConditions.pdf.

8) "How Prescription Drug Prices Compare Internationally," *Wall Street Journal*, December 1, 2015, https://graphics.wsj.com/table/GlobalDrug_1201.

9) Rachel Bluth, "Should the U.S. Make It Easier to Import Prescription Drugs?" *PBS NewsHour*, March 22, 2017, https://www .pbs.org/newshour/health/u-s-make-easier-import-prescription-drugs.

10) "Public Opinion on Prescription Drugs and Their Prices," Henry J. Kaiser Family Foundation, https://www .kff.org/slideshow/public-opinion-on-prescription-drugs-and-their-prices.

11) Zack Struver, "Klobuchar Drug Importation Amendment Sees Votes Crossing the Aisle," Knowledge Ecology International, January 13, 2017, https://www.keionline.org/23248.

12) John Morgan, *A Bitter Pill: How Big Pharma Lobbies to Keep Prescription Drug Prices High* (Washington, DC: Citizens for Responsibility and Ethics in

Washington, 2018), https://www .citizensforethics.
org/a-bitter-pill-how-big-pharma-lobbies-to-keep-prescription -drug-prices-high.

13) Morgan, *A Bitter Pill.*

14) Morgan, *A Bitter Pill.*

15) Morgan, *A Bitter Pill.*

16) Morgan, *A Bitter Pill.*

17) Jenny Gold and Sarah Kliff, "A Baby Was Treated with a Nap and a Bottle of Formula. His Parents Received an $18,000 Bill," *Vox*, July 20, 2018, https://www.vox.com/2018/6/28 /17506232/emergency-room-bill-fees-health-insurance-baby.

18) Gold and Kliff, "Nap and a Bottle."

19) Sarah Kliff, "He Went to an In-Network Emergency Room. He Still Ended Up with a $7,924 Bill," Vox, May 23, 2018, https://www.vox.com/2018/5/23/17353284/emergency-room-doctor-out-of-network.

20) "Depression Is on the Rise in the US, Especially Among Young Teens," *Science Daily*, October 30, 2017, https://www.sciencedaily.com/releases/2017/10/171030134631.htm.

21) "Mental Health in America, Access to Care Data," Mental Health America, http://www.mentalhealthamerica.net/issues/mental-health-america-access-care-data.

22) "New Study Shows 60 Percent of U.S. Counties Without a Single Psychiatrist," press release, October 23, 2017, https://www.newamericaneconomy.org/press-release/new-study-shows-60-percent-of-u-s-counties-without-a-single-psychiatrist.

23) New American Economy, "New Study Shows."

24) "The State of Mental Health in America," Mental Health America, October 7, 2018, http://www.mentalhealthamerica.net/issues/state-mental-health-america.

25) U.S. Department of Health and Human Services, *Report of the Secretary's Task Force on Black and Minority Health*, vol. 1, by Margaret M. Heckler (Washington, DC, 1985), https://ia800501.us.archive.org/32/items/reportofsecretar00usde/reportofsecretar00usde.pdf.

26) Robin L. Kelly, *2015 Kelly Report: Health Disparities in America* (Washington, DC: Office of Congresswoman Robin L. Kelly, IL-02, 2015), 11, https://robinkelly.house.gov/sites/robinkelly.house.gov/files/2015%20Kelly%20Report_0.

pdf.

27) Olga Khazan, "Being Black in America Can Be Hazardous to Your Health," *The Atlantic*, July/August 2018, https://www.theatlantic.com/magazine/archive/2018/07/being-black-in-america-can-be-hazardous-to-your-health/561740.

28) Villarosa, "Why America's Black Mothers and Babies."

29) From the Heckler Report: "Moreover, in 1981, Blacks suffered 20 infant deaths per 1,000 live births, still twice the White level of 10.5, but similar to the White rate of 1960." U.S. Department of Health and Human Services, *Black and Minority Health*, 2; "Infant Mortality," Centers for Disease Control and Prevention, https://www.cdc.gov/reproductivehealth/maternalinfanthealth/infantmortality.htm.

30) Villarosa, "America's Black Mothers and Babies."

31) New York City Department of Health and Mental Hygiene, *Severe Maternal Morbidity in New York City, 2008–2012* (New York, 2017), https://www1.nyc.gov/assets/doh/downloads/pdf/data/maternal -morbidity-report-08-12.pdf; and Nina Martin and Renee Montagne, "Black Mothers Keep Dying After Giving Birth. Shalon Irving's Story Explains Why," *All Things Considered*, NPR, December 7, 2017, https://www.npr .org/2017/12/07/568948782/Black-mothers-keep-dying-after-giving-birth -shalon-irvings-story-explains-why.

32) David Bornstein, "Treating the Lifelong Harm of Childhood Trauma," *New York Times*, January 30, 2018, https://www .nytimes.com/2018/01/30/opinion/treating-the-lifelong-harm-of-childhood -trauma.html.

33) Khazan, "Being Black in America."

34) Khazan, "Being Black in America."

35) Robert Pearl, "Why Health Care Is Different if You're Black, Latino or Poor," Forbes, March 5, 2015, https: //www.forbes.com/sites/robertpearl/2015/03/05/healthcare-black-latino -poor/#650c70d37869.

36) Quinn Capers IV, "To Reduce Health-Care Disparities We Must Address Biases in Medical School Admissions," *The Hill*, April 14, 2018, https://thehill.com/opinion/healthcare/383154-to -reduce-health-care-disparities-we-must-address-biases-in-medical-school.

37) Pearl, "Why Health Care Is Different."

38) Villarosa, "America's Black Mothers and Babies."

39) Rob Haskell, "Serena Williams on Motherhood, Marriage, and Making Her Comeback," *Vogue*, January 10, 2018, https://www.vogue.com/article/serena-williams-vogue-cover-interview -february-2018.

40) Haskell, "Serena Williams," *Vogue*.

41) April Dembosky, "Training Doctors to Spot Their Own Racial Biases," CNN, September 7, 2015, https://www.cnn .com/2015/09/07/health/healthcare-racial-bias/index.html.

42) "Diversity in the Physician Workforce: Facts & Figures 2014," Association of American Medical Colleges, 2014, http://www.aamcdiversityfactsandfigures.org.

43) "End Stage Renal Disease in the United States," National Kidney Foundation, updated January 2016, https://www.kidney.org/news/newsroom/factsheets/End-Stage-Renal-Disease-in-the-US.

44) "Low Income Linked to Higher Levels of Kidney Disease Among African Americans," National Kidney Foundation, November 5, 2012, https://www.kidney.org/news/newsroom/nr/Low-Income-Linked-to-Higher-Levels-of-Kidney-Disease.

45) Andrew Pollack, "Dialysis Equipment Maker Settles Lawsuit for $250 Million," *New York Times*, February 18, 2016, https://www.nytimes.com/2016/02/19/business/dialysis-equipment-maker-settles-lawsuit-for-250-million.html.

46) U.S. Department of Justice, "DaVita to Pay $350 Million to Resolve Allegations of Illegal Kickbacks," press release, October 22, 2014, https://www.justice.gov/opa/pr/davita-pay-350-million-resolve-allegations-illegal-kickbacks.

47) Melanie Saltzman, "Ohio Sues Big Pharma over Increase in Opioid-Related Deaths," PBS NewsHour, October 7, 2017, https://www.pbs.org/newshour/show/ohio-sues-big-pharma-increase-opioid-related-deaths.

48) Joel Achenbach, "No Longer 'Mayberry': A Small Ohio City Fights an Epidemic of Self-Destruction," *Washington Post*, December 29, 2016, https://www.washingtonpost.com/national/health-science/no-longer-mayberry-a-small-ohio-city-fights-an-epidemic-of-self-destruction/2016/12/29/a95076f2-9a01-11e6-b3c9-f662adaa0048_story.html.

49) "Fentanyl and Related Drugs like Carfentanil as Well as Cocaine Drove Increase in

Overdose Deaths," in Ohio Department of Health, *2016 Ohio Drug Overdose Data: General Findings* (Columbus, 2016), https://www.odh.ohio.gov/-/media/ODH/ASSETS/Files/health/injury-prevention/2016-Ohio-Drug-Overdose-Report-FINAL.pdf.

50) Achenbach, "No Longer 'Mayberry.' "

51) Achenbach, "No Longer 'Mayberry.' "

52) Achenbach, "No Longer 'Mayberry.' "

53) Paula Seligson and Tim Reid, "Unbudgeted: How the Opioid Crisis Is Blowing a Hole in Small-Town America's Finances," Reuters, September 27, 2017, https://www.reuters.com /article/us-usa-opioids-budgets/unbudgeted-how-the-opioid-crisis-is -blowing-a-hole-in-small-town-americas-finances-idUSKCN1BU2LP.

54) Seligson and Reid, "Unbudgeted."

55) Achenbach, "No Longer 'Mayberry.' "

56) Julia Lurie, "A Brief, Blood-Boiling History of the Opioid Epidemic," *Mother Jones*, January/February 2017, https://www .motherjones.com/crime-justice/2017/12/a-brief-blood-boiling -history-of-the-opioid-epidemic.

57) "History of the Opioid Epidemic."

58) Lurie, "History of the Opioid Epidemic."

59) Keith Humphries, "How Legal Drug Companies Helped Revive the Heroin Trade," Wonkblog, Washington Post, June 15, 2018, https://www.washingtonpost.com/news/wonk/wp/2018/06 /15/how-legal-drug-companies-helped-revive-the-heroin-trade.

60) Karen Kaplan, "Opioid Overdose Deaths Are Still Rising in Nearly Every Segment of the Country, CDC Says," *Los Angeles Times*, March 29, 2018, http://www.latimes.com/science /sciencenow/la-sci-sn-opioid-overdose-deaths-20180329-htmlstory.html.

61) Scott Higham and Lenny Bernstein, "The Drug Industry's Triumph Over the DEA," *Washington Post*, October 15, 2017, https://www.washingtonpost.com/graphics/2017/investigations /dea-drug-industry-congress.

62) German Lopez, "She Paid Nothing for Opioid Painkillers. Her Addiction Treatment Costs More Than $200 a Month," *Vox*, June 4, 2018, https://www.vox.

com/science-and-health /2018/6/4/17388756/opioid-epidemic-health-insurance-buprenorphine.

8장

1) Steven Ross, Allison Graham, and David Appleby, *At the River I Stand* (San Francisco: California Newsreel, 1993), documentary film, 56 min., https://search.alexanderstreet.com/preview/work /bibliographic_entity%7Cvideo_work%7C1858429.

2) Martin Luther King Jr., "All Labor Has Dignity," King Series, ed. Michael K. Honey (Boston: Beacon Press, 2011).

3) King, "All Labor Has Dignity."

4) Tanza Loudenback, "In 33 US States It Costs More to Send Your Kid to Childcare Than College," *Business Insider*, October 12, 2016, http://www.businessinsider.com/costs-of-childcare-in-33-us-states-is-higher-than-college-tuition-2016-10.

5) Michelle Jamrisko and Ilan Kolet, "College Costs Surge 500% in U.S. Since 1985: Chart of the Day," Bloomberg, August 26, 2013, https://www.bloomberg.com/news/articles/2013-08-26/college-costs-surge-500-in-u-s-since-1985-chart-of-the-day.

6) Jenny Luna, "Buying a Home Is Nearly Impossible for Teachers in These Cities," *Mother Jones*, February 4, 2017, https://www.motherjones.com/politics/2017/02/buying-house-nearly-impossible-teachers-these-cities-2.

7) U.S. Department of Labor, Bureau of Labor Statistics, "Fastest Growing Occupations," Occupational Outlook Handbook, April 13, 2018, www.bls.gov/ooh/fastest-growing.htm.

8) Brandie Temple and Jasmine Tucker, *Equal Pay for Black Women* (Washington, DC: National Women's Law Center, July 2017), https://nwlc.org/resources/equal-pay-for-black-women.

9) Lawrence Mishel, Elise Gould, and Josh Bivens, *Wage Stagnation in Nine Charts* (Washington, DC: Economic Policy Institute, 2015), http://www.epi.org/publication/charting-wage-stagnation.

10) Mishel, Gould, and Bivens, *Wage Stagnation.*

11) Diana Hembree, "CEO Pay Skyrockets to 361 Times That of the Average Worker," *Forbes*, May 22, 2018, https://www.forbes.com/sites/dianahembree/2018/05/22/ceo-pay-skyrockets-to-361-times-that-of-the-average-worker.

12) Christopher Ingraham, "The Richest 1 Percent Now Owns More of the Country's Wealth Than at Any Time in the Past 50 Years," *Wonkblog, Washington Post*, December 6, 2017.

13) Harriet Torrey, "Americans' Wealth Surpasses $100 Trillion," *Wall Street Journal*, June 7, 2018, https://www.wsj.com/articles/u-s-net-worth-surpasses-100-trillion-1528387386.

14) Quentin Fottrell, "50 Million American Households Can't Even Afford Basic Living Expenses," *MarketWatch*, June 9, 2018, https://www.marketwatch.com/story/50-million -american-households-cant-afford-basic-living-expenses-2018-05-18.

15) Daniela Hernandez, "Seven Jobs Robots Will Create—or Expand," *Wall Street Journal*, https://www.wsj.com/articles /seven-jobs-robots-will-createor-expand-1525054021.

16) James Manyika et al., Jobs Lost, *Jobs Gained: Workforce Transitions in a Time of Automation* (Washington, DC: McKinsey Global Institute, 2017), https://www.mckinsey.com/~/media /McKinsey/Featured%20Insights/Future%20of%20Organizations/ What%20the%20future%20of%20work%20will%20mean%20for%20jobs%20skills%20and%20wages/MGI-Jobs-Lost-Jobs-Gained-Report -December-6-2017.ashx.

17) Karen Harris, Austin Kimson, and Andrew Schwedel, "Quick and Painful: Brace for Job Automation's Next Wave," Bain and Company, March 7, 2018, http://www.bain.com/publications/articles /quick-and-painful-brace-for-job-automations-next-wave-labor-2030-snap -chart.aspx.

18) Jeff Goodell, "Welcome to the Age of Climate Migration," *Rolling Stone*, February 25, 2018, https://www .rollingstone.com/politics/politics-news/welcome-to-the-age-of-climate -migration-202221.

19) Eileen Drage O'Reilly and Alison Snyder, "Where Climate Change Will Hit the U.S. Hardest," Axios, June 29, 2017, https://www.axios.com/where-climate-change-will-hit-the-us-hardest -1513303282-6566eea4-6369-4588-88cc-c2886db20b70.html.

20) Goodell, "Age of Climate Migration."

9장

1) Andrea Elliott, "Sewage Spill During the Blackout Exposed a Lingering City Problem," *New York Times*, August 28, 2003, https://www.nytimes.com/2003/08/28/nyregion/sewage-spill-during-the -blackout-exposed-a-lingering-city-problem.html.

2) G. Brooke Anderson and Michelle L. Bell, "Lights Out: Impact of the August 2003 Power Outage on Mortality in New York, NY," *Epidemiology* 23, no. 2 (March 2012): 189–93, https://www.ncbi.nlm.nih.gov/pmc/articles/PMC3276729.

3) Sherisse Pham, "How Much Has the US Lost from China's IP Theft?" *CNN Business*, March 23, 2018, https://money.cnn.com/2018/03/23/technology/china-us-trump-tariffs-ip-theft/index.html.

4) James Lewis, *Economic Impact of Cybercrime—No Slowing Down* (Washington, DC: Center for Strategic and International Studies and McAfee, February 2018), https://www.mcafee.com/enterprise/en-us/assets/reports/restricted/economic-impact-cybercrime.pdf.

5) Keith Alexander, "U.S. Cybersecurity Policy and the Role of USCYBERCOM," transcript of remarks at Center for Strategic and International Studies Cybersecurity Policy Debate Series, Washington, DC, June 3, 2010, https://www.nsa.gov/news-features/speeches-testimonies/speeches/100603-alenander-transcript.shtml.

6) State of California Department of Justice, Office of the Attorney General, "Attorney General Kamala D. Harris Announces Creation of eCrime Unit Targeting Technology Crimes," press release, December 13, 2011, https://oag.ca.gov/news/press-releases/attorney-general-kamala-d-harris-announces-creation-ecrime-unit-targeting; and State of California Department of Justice, Office of the Attorney General, "Attorney General Kamala D. Harris Announces California Cyber Crime Center Initiative in Fresno," press release, October 10, 2016, https://oag.ca.gov/news/press-releases/attorney-general-kamala-d-harris-announces-california-cyber-crime-center.

7) Hans A. von Spakovsky, "Nominated for a Cabinet Position? Liberal Senators Just Want to Know Your Position on 'Climate Change,' " Heritage Foundation, February

24, 2017, https://www.heritage.org/environment/commentary/nominated-cabinet-position-liberal-senators-just-want-know-your-position.

8) See Andrew Seifter, "Yes, CIA Director Nominee Mike Pompeo Needs to Answer Questions About Climate Change," *Media Matters for America blog*, January 13, 2017, https://www.mediamatters.org/blog/2017/01/13/yes-cia-director-nominee-mike-pompeo-needs-answer-questions-about-climate-change/215013.

9) Centers for Disease Control and Prevention, "Illnesses from Mosquito, Tick, and Flea Bites Increasing in the US," press release, May 1, 2018, https://www.cdc.gov/media/releases/2018/p0501-vs -vector-borne.html.

10) Centers for Disease Control and Prevention, "Mosquito, Tick, and Flea Bites."

11) Krista Mahr, "How Cape Town Was Saved from Running Out of Water," *Guardian*, May 4, 2018, https://www.theguardian .com/world/2018/may/04/back-from-the-brink-how-cape-town- cracked-its-water-crisis.

12) U.S. Environmental Protection Agency and CDM Smith, *2017 Potable Reuse Compendium* (Washington, DC, 2017), 30, https://www.epa.gov/sites/production/files/2018-01/documents /potablereusecompendium_3.pdf.

13) Ben Westcott and Steve George, "Asia Under Water: How 137 Million People's Lives Are Being Put at Risk," CNN, August 30, 2017, https://www.cnn.com/2017/07/24/asia/climate-change -floods-asia/index.html.

14) Leyla Santiago, Catherine E. Shoichet, and Jason Kravarik, "Puerto Rico's New Hurricane Maria Death Toll Is 46 Times Higher Than the Government's Previous Count," CNN, August 28, 2018, https ://www.cnn.com/2018/08/28/health/puerto-rico-gw-report-excess-deaths.

15) See Nishant Kishore et al., "Mortality in Puerto Rico After Hurricane Maria," *New England Journal of Medicine* 379, no. 2 (July 12, 2018): 162–70, https://www.nejm.org/doi/full/10.1056 /NEJMsa1803972#article_citing_articles.

10장

1) Bill Gates, "Here's My Plan to Improve Our World—and How You Can Help," *Wired*, November 12, 2013, https ://www.wired.com/2013/11/bill-gates-wired-essay.

2) Mimi Kirk, "One Answer to School Attendance: Washing Machines," *CityLab*, August 22, 2016, https://www.citylab.com /solutions/2016/08/school-attendance-washing-machines/496649.

3) Niraj Chokshi and Astead W. Herndon, "Jeff Flake Is Confronted on Video by Sexual Assault Survivors," *New York Times*, September 28, 2018, https://www.nytimes.com/2018/09/28/us/politics /jeff-flake-protesters-kavanaugh.html.

4) Jesus Rodriguez, "Woman Who Confronted Flake 'Relieved' He Called for Delaying Kavanaugh Vote," *Politico*, September 28, 2018, https://www.politico.com/story/2018/09/28/jeff-flake-protester-kavanaugh-852971.

5) Paul Blumenthal and Jennifer Bendery, "All the Lies Brett Kavanaugh Told," *Huffington Post*, October 1, 2018, https://www.huffingtonpost.com/entry/brett-kavanaugh-lies_us_5bb26190e4b027da00d61fcd.

6) "Kavanaugh Hearing: Transcript," *Washington Post* (transcript courtesy of Bloomberg Government), https://www.washingtonpost.com/news/national/wp/2018/09/27/kavanaugh-hearing-transcript. Subsequent references to information presented during the Kavanaugh hearing may also be found here.

7) Associated Press, "American Bar Association Reopens Kavanaugh Evaluation," *PBS News Hour*, October 5, 2018, https://www.pbs.org/newshour/politics/american-bar-association-reopens-kavanaugh-evaluation.

8) Susan Svrluga, " 'Unfathomable': More Than 2,400 Law Professors Sign Letter Opposing Kavanaugh's Confirmation," Grade Point (blog), *Washington Post*, October 4, 2018, https://www.washingtonpost.com/education/2018/10/04/unprecedented-unfathomable-more-than-law-professors-sign-letter-after-kavanaugh-hearing.

9) "Kavanaugh Hearing: Transcript."

10) Holly Yan, "The National Sexual Assault Hotline Got a 201% Increase in Calls During the Kavanaugh Hearing," CNN, September 28, 2018, https://www.cnn.com/2018/09/24/health/national-sexual-assault-hotline-spike/index.html.

인명 색인